Peter Eich

Geschichte der Hohen Römischen Kaiserzeit

Oldenbourg
Grundriss der Geschichte

Herausgegeben von Hans Beck,
Karl-Joachim Hölkeskamp, Achim Landwehr,
Steffen Patzold und Benedikt Stuchtey

Band 57

Peter Eich

Geschichte der Hohen Römischen Kaiserzeit

ISSN 2190-2976
ISBN 978-3-11-914786-6
ISBN 978-3-11-220606-5 (PDF)
ISBN 978-3-11-220638-6 (EPUB)
DOI https://doi.org/10.1515/9783112206065

Library of Congress Control Number: 2026934765

Bibliografische Information der Deutschen Nationalbibliothek
Die Deutsche Nationalbibliothek verzeichnet diese Publikation in der Deutschen Nationalbibliografie; detaillierte bibliografische Daten sind im Internet über http://dnb.dnb.de abrufbar.

De Gruyter und Walter de Gruyter GmbH sind Teil von De Gruyter Brill.
www.degruyterbrill.com

Fragen zur allgemeinen Produktsicherheit:
productsafety@degruyterbrill.com

Vorwort der Herausgeber

Die Reihe *Oldenbourg Grundriss der Geschichte* dient seit 1978 als wichtiges Mittel der Orientierung, sowohl für Studierende wie für Lehrende. Sie löst seither ein, was ihr Titel verspricht: ein Grundriss zu sein, also einen Plan zur Verfügung zu stellen, der aus der Vogelschau Einsichten gewährt, die aus anderen Perspektiven schwerlich zu gewinnen wären.

Seit ihren Anfängen ist die Reihe bei ihren wesentlichen Anliegen geblieben. In einer bewährten Dreiteilung wollen ihre Bände in einem ersten Teil einen Überblick über den jeweiligen historischen Gegenstand geben. Ein zweiter Teil wird bestimmt durch einen ausgiebigen Forschungsüberblick, der nicht nur den Studierenden in einem historischen Forschungsgebiet eine Übersicht über gegenwärtige wie vergangene thematische Schwerpunkte und vor allem Debatten gibt. Denn angesichts der Komplexität, Internationalität sowie der zeitlichen Tiefe, die für solche Diskussionen kennzeichnend sind, stellt es auch für Wissenschaftler eine zunehmende Herausforderung dar, über die wesentlichen Bereiche einer Forschungsdebatte informiert zu bleiben. Hier leistet die Reihe eine wesentliche Hilfestellung – und hier lässt sich auch das Merkmal identifizieren, das sie von anderen Publikationsvorhaben dieser Art deutlich abhebt. Eine umfangreiche Bibliographie rundet als dritter Teil die jeweiligen Bände ab.

Im Laufe ihrer eigenen Historie hat der *Oldenbourg Grundriss der Geschichte* auf die Veränderungen in geschichtswissenschaftlichen Diskussionen und im Geschichtsstudium reagiert. Sie hat sich nach und nach neue Themenfelder erschlossen. Es geht der Reihe in ihrer Gesamtheit nicht mehr ausschließlich darum, in der griechisch-römischen Antike zu beginnen, um das europäische Mittelalter zu durchschreiten und schließlich in der Neuzeit als unserer erweiterten Gegenwart anzukommen. Dieser Gang durch die Chronologie der deutschen und europäischen Geschichte ist für die Orientierung im historischen Geschehen weiterhin grundlegend; er wird aber zunehmend erweitert durch Bände zu nicht europäischen Themen und zu thematischen Schwerpunkten. Die Reihe dokumentiert damit die inhaltlichen Veränderungen, die sich in den Geschichtswissenschaften international beständig vollziehen.

https://doi.org/10.1515/9783112206065-201

Mit diesen Inhalten wendet sich die Reihe einerseits an Studierende, die sich die Komplexität eines Themenfeldes nicht nur inhaltlich, sondern auch forschungsgeschichtlich erschließen wollen. Andererseits sollen Lehrende in ihrem Anliegen unterstützt werden, Themengebiete in Vorlesungen und Seminaren vermitteln zu können. Im Mittelpunkt steht aber immer der Versuch zu zeigen, wie Geschichte in ihren Ereignissen und Strukturen durch Wissenschaft gemacht wird und damit selbst historisch gewachsen ist.

Hans Beck
Karl-Joachim Hölkeskamp
Achim Landwehr
Steffen Patzold
Benedikt Stuchtey

Vorwort

Die Überlieferung zur Hohen Römischen Kaiserzeit (2. / 3. Jh. n. Chr.) bildet ein kompliziertes Puzzle, das trotz intensiver Forschung unterschiedlich zusammengesetzt werden kann. Der Band 57 aus der Reihe Oldenbourg Grundriss der Geschichte möchte Studierenden und anderen interessierten Leserinnen und Lesern einen Wegweiser durch die vielgestaltigen Quellen sowie die reichhaltige moderne Literatur geben und so die Gewinnung eines eigenen Bildes von dieser wichtigen Epoche ermöglichen. Beides, Quellen wie Forschungsbeiträge, kann allerdings nur in Auswahl vorgestellt werden. Der Band setzt sich zudem das Ziel, die geographischen und kulturellen Dimensionen des Römischen Reichs im 2. und 3. Jh. n. Chr. präsent zu halten und auf die vielfältigen Traditionen einzugehen, die das Imperium in ganz unterschiedlicher Form mitbeeinflusst hat.

Viele Kolleginnen und Kollegen, Freundinnen und Freunde sowie Mitarbeiterinnen und Mitarbeiter haben Beiträge zum Entstehen dieses Bandes geleistet. Sie alle aufzuführen, ist bedauerlicherweise nicht möglich. So seien nur langfristige Prägungen und konkrete Hilfen angesprochen. Mein Lehrer Werner Eck hat meine Sicht auf das Imperium und die Wahl meiner Methoden wesentlich beeinflusst. Gespräche mit meinem Bruder Armin, unter anderem selbst Autor einer Römischen Geschichte, waren und sind ein steter Quell der Inspiration und Bereicherung. In Freiburg haben mir Julia Wilm und Philip Straub, beide doctores in spe, inhaltlich, technisch und durch ihre nie erlahmende Hilfsbereitschaft geholfen. Mathilda Obermann und Samuel Huber haben unter anderem als mobile Boten Bücherketten aus den vielen Bibliotheken Freiburgs in mein Büro gelegt. Mona Emamverdi, Johanna Humburg und Irini Sevastaki haben sie bei diesen und ähnlichen Aufgaben immer wieder unterstützt. Bettina Neuhoff hat mich mit ihrem Lektorat vor manchem Fehler bewahrt. Jens Lindenhain und Kathleen Prüfer zeigten Entgegenkommen und Geduld im Entstehungsprozess. Ihnen allen sei herzlich gedankt. Die Fehler sind leider meine eigenen.

Freiburg, den 8. 2. 2026 Peter Eich

https://doi.org/10.1515/9783112206065-202

Inhaltsverzeichnis

I Darstellung

1 Die Hohe Kaiserzeit als Epoche und Untersuchungsgegenstand

Frühe und Hohe Kaiserzeit

Die antiken Quellen, die eine Geschichtserzählung bieten, grenzen aus der Rückschau eine Form von Kollektivherrschaft, die wir Republik nennen, von einer Alleinherrschaft ab, die der Diktator C. Iulius Caesar (46–44 v. Chr.) oder, klarer und dauerhaft, sein Adoptivsohn Octavian/Augustus (31/27–14 n. Chr.) eingeführt habe. Sie unterscheiden dagegen nicht explizit zwischen einer Frühen und einer Hohen Kaiserzeit. Zwar haben sich bei dem Historiographen (P.?) Cornelius Tacitus (ca. 55–120 n. Chr.) und dem Redner C. Plinius d. J. (61/2–um 112/3? n. Chr.) Aussagen erhalten, nach denen mit dem Tod Kaiser Domitians 96 n. Chr. und der Herrschaft von Nerva (96–98) und Trajan (97/98–117) ein neues Zeitalter angebrochen sei. Doch dürfen die Zufälle der Überlieferung nicht darüber hinwegtäuschen, dass vermutlich alle neuen Kaiser mit übertriebenem Lob begrüßt worden sind. Einen Bruch markierte die Herrschaft Trajans höchstens für eine kleine Gruppe von Aristokraten, die Senatoren, die Roms wichtigste Berater, Generäle und Priester stellten.

Prinzipat

Die moderne Rezeption hat gleichwohl oft mit unterschiedlichen zeitlichen Ansätzen zwischen den Anfängen der Alleinherrschaft und der Spätantike die Unterepoche einer Hohen, das heißt entwickelten Kaiserzeit ausgemacht. Differenzkriterien bildeten im 19. und 20. Jh. wohl zunächst die Überlieferungslage und die Schwerpunktsetzung in der antiken Literatur. Die Frühe Kaiserzeit ist bei den antiken Schriftstellern, die uns Leitfäden an die Hand geben, geprägt durch das Scheitern des Herrschaftsmodells eines Ersten unter Gleichen. Diese Sprache hatte Augustus zur Beschreibung seiner Machtstellung gewählt, um auf Vorbehalte der Eliten gegenüber der Monarchie Rücksicht zu nehmen. Nach dem Quellenbegriff *princeps* („Erster“) nennen moderne Darstellungen diese Ordnung oft Prinzipat. Augustus hatte die Integration eines Entscheiders in das römische Gemeinwesen mit seinen gemessen an römischen Kriterien überragenden Erfolgen begründet, und das hieß vor allem mit Siegen in zahlreichen Kriegen. Zugleich hatte er eine Familienherrschaft der Julier angestrebt, die aber nicht einfach auf der Abstammung von ihm beruhen sollte. Seine Nachfah-

https://doi.org/9783112206065-001

ren sollten ebenfalls den von ihm definierten Leistungsvorgaben gerecht werden. Dieser Herausforderung sollen die folgenden Principes meist jedoch nicht gewachsen gewesen sein. Die in der Regel rückblickenden Erzählungen von einer Frühen Kaiserzeit berichten vom Versagen unzulänglicher Charaktere, die der Aufgabe, als herausragende Imperatoren des Reichs in der Stadt Rom als akzeptierte Erste zu regieren, nicht gewachsen gewesen seien. Diese Darstellungen liefern Schwarzbücher falschen Regierungshandelns, die sich nicht ohne weiteres hinterfragen lassen.

2. Jh. n. Chr.

Im 2. Jh. n. Chr. gab es weniger Konflikte zwischen Herrschern und Senatoren. Zugleich haben sich weniger zeitnah verfasste Werke erhalten, die wie die Schriften von Tacitus und C. Suetonius Tranquillus (ca. 70–ca. 130 n. Chr.) detaillierte Kaiserkritik bieten. Dass die literarische Auseinandersetzung mit den Kaisern nicht an Interesse verloren hatte, zeigt sich in mehreren Historiographien aus der ersten Hälfte des 3. Jh. Viele einschlägige Werke sind aber nur fragmentarisch überliefert oder durch Erwähnungen bekannt. Zufälle lenken hier die Perspektive der modernen Darstellungen. Mit dem Aufstieg des politischen Christentums im frühen 4. Jh. schloss die Rezeption dann meist die zeitliche Klammer um die Hohe Kaiserzeit.

Schwarz- oder Weißzeichnungen von Herrschercharakteren bilden aus heutiger Sicht keine Basis für Binnendifferenzierungen historischer Epochen. Sie geben nur Elitendiskurse wieder und richten ihr Augenmerk allzu sehr auf die Stadt Rom, wodurch wichtige Entwicklungen in dem enormen Herrschaftsraum zwischen Atlantik und Euphrat, Solway Firth und Aurès-Gebirge marginalisiert werden. Schließlich sind die Kaiserbilder der Quellen gerade auch aus diesem Grund in der Vergangenheit zu oft aus eurozentrischer Perspektive ausgedeutet worden.

Es gibt jedoch auch aus der aktuellen Forschung abgeleitete Gründe dafür, zwischen einer Frühen und einer Hohen Kaiserzeit zu unterscheiden. Bspw. bilden sich seit der zweiten Hälfte des 1. Jh. n. Chr. Prozesse der Verstetigung ziviler und militärischer Institutionen des Imperiums in den Quellen ab, die im 2. Jh. für längere Zeit weitgehend abgeschlossen zu sein scheinen. Die monarchische Stellung der Principes wurde ebenfalls spätestens seit dem Beginn des 2. Jh. nicht mehr in Frage gestellt. In diesem Band wird daher das Kunstwort „Kaiser“ für die Entscheider des 2. und 3. Jh. verwendet. Immer öfter hielten sich die Herrscher mit mobilen Zentralen

Verstetigung ziviler und militärischer Institutionen

mobile Zentralen

fern der Hauptstadt im Reich auf. Sie trugen damit Transformationen im Verhältnis von Zentrum und Peripherien Rechnung und haben zugleich Verschiebungen in diesem Verhältnis noch verstärkt. In den Quellen bilden sich zudem Wechselwirkungen zwischen den unterschiedlichen Religionen seit dem späteren 1. Jh. auch im Gesamtreich klarer ab. Die wirtschaftliche Verflechtung großer Bereiche des Imperiums hatte schon in republikanischer Zeit eingesetzt. Wann sie ihren Höhepunkt erreicht hat, wird diskutiert. Die vielfältigen Chancen eines geschützten Binnenraums zeigen sich aber mit besonderer Deutlichkeit, wenn man die Friedenszeiten des 2. Jh. mit den militärischen Wirren in Teilen des 3. Jh. vergleicht.

wirtschaftliche Verflechtung

Die Aussagekraft jedes einzelnen genannten Indikators dafür, dass die Hohe Kaiserzeit eine Unterepoche bildet, kann in Zweifel gezogen werden. Gemeinsam mit den zuvor angesprochenen, vielleicht zufälligen, aber doch unstrittig gegebenen Veränderungen in der Quellenlandschaft legen sie dennoch nahe, die Kaiserzeit in eine experimentelle, stark rombezogene Periode und eine Phase imperialer Durchdringung und etablierter Strukturen zu unterteilen, die dann im 3. Jh. neuen Herausforderungen ausgesetzt wurden. Die genannten Entwicklungen lassen sich unterschiedlich datieren und verliefen mit unterschiedlichen Geschwindigkeiten. Aber die Veränderungen bilden sich vor allem seit dem 2. Jh. in den Quellen ab, während im 3. Jh. wieder eine beschleunigte Transformation beobachtet werden kann.

Hohe Kaiserzeit

Die Forschung zur Hohen Kaiserzeit ist sehr vielfältig. Mit großer Zurückhaltung lassen sich viele Beiträge aber größeren Strömungen zuordnen, die auch in Untersuchungen der Frühen Kaiserzeit ausgemacht werden können. Politikgeschichtliche Studien, die im 20. Jh. lange Zeit vorherrschten, werden heute als weniger relevant angesehen. Dennoch dient wie auch in diesem Band die Kaisergeschichte oft als Strukturierungsprinzip, da der Quellenfokus diese Vorgehensweise nahelegt. Andere Materialanordnungen sind möglich, aber setzen die chronologische Matrix der Kaisergeschichte meist voraus. Für Einführungen sind solche Herangehensweisen weniger geeignet. In der zweiten Hälfte des 20. Jh. gewannen in der Forschung zur Kaiserzeit sozial- und strukturhistorische Fragestellungen und Methoden an Bedeutung. Sie untersuchen Grundbedingungen sozialen Lebens, konkret oft die Zusammensetzung sozialer Gruppen wie der Senatoren oder Eliten provinzialer Städte, die von den Vertretern dieser Gruppen bekleideten Ämter und die Entwick-

politikgeschichtliche Studien

sozial- und strukturhistorische Fragestellungen

lung politischer Institutionen. Während solche Ansätze zurzeit in der Forschung zur Frühen Kaiserzeit seltener verfolgt werden, haben sie aufgrund der Eigenheiten des Quellenmaterials ihre Aktualität für die Hohe Kaiserzeit bewahrt. Kulturgeschichtliche Ansätze, die seit dem späten 20. Jh. die Beschäftigung mit der Frühen Kaiserzeit dominieren, befassen sich mit allen Formen der Umsetzung menschlicher Wahrnehmungen in interpretierende Zeichensprachen. In der Forschung zur Kaiserzeit führt die Anwendung dieses Paradigmas oft zu Analysen von Kommunikations- und Repräsentationsformen sowie zeitspezifischer Medialisierungen von Weltbildern und deren Ausdeutung. Für kulturhistorische Studien dieses Typs liegen aus der Hohen Kaiserzeit abgesehen von zahlreichen Nischen eigentlich nur während der hadrianischen Regierung sowie aus den Jahrzehnten zwischen 180–220 hinreichende Quellenzeugnisse vor. Imperialgeschichtliche Herangehensweisen betrachten das Imperium eher aus der Vogelperspektive. Sie arbeiten etwa mit quantifizierenden Ansätzen oder Vergleichen und unterlegen dabei oft Zustände des 2. Jh. Ihre Ausgangsbasis bilden bspw. die errechneten und erschlossenen Einnahmen und Ausgaben des Imperiums sowie Vermutungen über dessen wirtschaftliche Performanz. Für die Zeit ab etwa 235 n. Chr. stehen uns viel weniger literarische, inschriftliche und papyrologische Quellen zur Verfügung, sodass Modellbildungen an Bedeutung gewinnen, soweit nicht das Edieren von Texten wie Fragmenten oder das Erstellen von Chronologien angestrebt werden, um Deutungen auf eine stabile Basis zu stellen. Die folgende Darstellung der Hohen Kaiserzeit wird mit Blick auf diese Strömungen Akzente setzen.

kulturgeschichtliche Ansätze

imperialgeschichtliche Herangehensweisen

2 Das kurze 2. Jh. ca. 120–193

2.1 Tiefe Wurzeln des kurzen 2. Jh.

Bürgerkrieg

Die größte Zäsur in der politischen und sozialen Entwicklung des Imperiums im 1. Jh. n. Chr. bildete der Bürgerkrieg, der 68 n. Chr. zunächst die Familienherrschaft der Julier und der mit ihnen liierten Claudier beendete und dann 69 in einen reichsweiten Konflikt um die Herrschaft mündete. Er brachte große Verluste an Menschenleben und Ressourcen mit sich und führte zudem allen Beobachtern in der bis dahin noch stadtrömisch orientierten Welt die politische Relevanz der Provinzen und der Provinzarmeen vor Augen. Für den obersten Stand der römisch-imperialen Gesellschaft, die Senatoren und ihr Umfeld (der *ordo senatorius*), bedeutete dieser Bürgerkrieg einen personellen Umbruch. Langsam stieg der Anteil der Provinzialen in der Reichselite. Die neue Regierung der Flavier änderte zudem die Verteilung der Truppen im Reich und viele Grenzregime. Sie schloss aber zugleich mit den Mitteln der Repräsentation an die Vergangenheit an und erzeugt einen Eindruck von Kontinuität, der zwar im Einzelnen nur schwer zu überprüfen ist, aber zumindest von den literarisch tätigen Mitgliedern der Elite an der Wende zum 2. Jh. akzeptiert wurde.

der Senat

Aufgrund dieses Traditionalismus hielt sich auch in der Hohen Kaiserzeit die Wertvorstellung, dass das Zentrum von Religion, Politik und Administration der Senat in Rom bilden sollte. Dieser Ältestenrat bestand aus ca. 600 Großgrundbesitzern, die zunächst eine Karriere in Rom durchliefen. Das höchste Amt (Magistratur) war noch immer der Konsulat. Doch amtierten die Konsuln, stets zwei, gerade noch wenige Monate, sodass das Amt meist keine Machtposition, sondern nur eine Qualifikation für bedeutendere Funktionen im Dienst der Kaiser bildete. Denn aus den Senatoren wählten die Kaiser, und, weniger bedeutsam, das Gemeinwesen (die *res publica*), die höchsten Richter, Priester, Administratoren und Generäle aus. Bis in die zweite Hälfte des 3. Jh. wurden die meisten Provinzen von hochrangigen senatorischen Statthaltern geleitet. Der Senat konnte Beschlüsse von Gesetzeskraft fassen und agierte als Hohes Gericht. Durch die häufige Abwesenheit der Kaiser verlor er jedoch an Bedeutung. Unterhalb dieser schmalen Aristokratie existierte auch weiterhin eine politisch definierte größere soziale Elite. Sie hieß nach dem formalen Aufnahmeakt Ritterstand (*equester ordo*). Nach Schätzungen scheint es in der Hohen Kaiserzeit gleichzeitig zumindest etwa 20 000 Ritter gegeben zu haben. Aus dieser Gruppe gingen nicht nur hohe Offiziere hervor. Die Kaiser wählten aus ihnen auch eine kleine Zahl von persönlichen Helfern, von denen die Gardekommandeure (Prätorianerpräfekten), die Dienststellenleiter des Regierungssekretariats und die Administratoren großer Teile des Steuerwesens und des enormen kaiserlichen Privatbesitzes (die Prokuratoren) die wichtigsten waren.

Ritterstand

Beseitigung der Kriegsschäden

Die Kaiser Vespasian und Titus (69–81) aktualisierten den von Augustus begründeten Führungsanspruch in der *res publica* durch militärische Erfolge. Diese Erfolge, die sie wie Augustus de facto im

Bürgerkrieg, in der Selbstdarstellung eher gegen andere Feinde, in diesem Fall im Jüdischen Krieg von 66–74, erzielt hatten, lagen in der jüngeren Vergangenheit und bedurften daher keiner unmittelbaren Wiederholung. Diese Ausgangslage erlaubte es der Regierung, sich auf die Beseitigung der Kriegsschäden zu konzentrieren und das Imperium zu stabilisieren. Der jüngere Sohn Vespasians, Domitian, wurde 81 dagegen wieder wie ein Caligula oder Nero Herrscher, ohne bereits Leistungen nach römischen Vorstellungen erbracht zu haben. Er und sein zweiter Nachfolger Trajan verbrachten lange Zeit an Fronten, beide an der Donau, Trajan auch an der Ostgrenze zum Partherreich (vor allem im Iran und Irak). Inwieweit sie an der Donau auf Bedrohungen durch reichsfremde Gruppen wie die sogenannten Daker (im heutigen Rumänien) reagierten oder diese Bedrohungen durch den Willen, sich als würdige Imperatoren zu erweisen, erst schufen, bleibt unklar. In jedem Fall trugen ihre Kriege dazu bei, dass die die mobile kaiserliche Begleitung zu einem zweiten Zentrum neben Rom wurde.

Domitian

Ausgleich mit den Senatoren

Unter Domitian, der die Distanz zur soziopolitischen Elite betont zu haben scheint, kam es zu einer Anzahl von Prozessen gegen Senatoren, die hingerichtet oder verbannt wurden. Nach der Ermordung des Kaisers wurde über seine Figur daher auch ausgehandelt, wie ein Kaiser sein oder nicht sein sollte. Seine kurzlebiger Nachfolger Nerva und der von ihm adoptierte Trajan dagegen setzten auf einen Ausgleich mit den Senatoren und politisch aktiven Rittern, der prägend wirken sollte. Kaiser wurden im 2. Jh. oft erprobte Senatoren, die trotz kurzer Krisen in der Regel akzeptiert wurden. Trajan, der sich als eine Art Über-Imperator stilisierte, versuchte ab 113 allerdings auch, den einzigen Rivalen Roms, das Nachbarreich der Parther jenseits des Euphrats, auszuschalten. Diese Offensive ging im Widerstand der lokalen Bevölkerung, parthischen Gegenschlägen und einem Aufstand jüdischer Gruppen im Imperium unter. Kämpfe in Britannien, in Nordwestafrika und an der unteren Donau waren eine Folge. Mit den traditionellen Mitteln römischer Politik und Strategie ließ sich diese Herausforderung nicht in den Griff bekommen. Trajans Krieg hatte die Kräfte des Imperiums überfordert und seine Linien überdehnt. Die vielen Konflikte demonstrierten, dass große Gruppen im Reich kaum integriert waren. Als der schon länger kranke Trajan 117 starb, gab es anscheinend unterschiedliche Meinungen in der Machtelite, wie Rom auf die Gefahrenlage reagieren sollte. Aus dem Handeln der folgenden Kaiser,

Nachbarreich der Parther

Hadrian (117–138) und Antoninus (138–161), lässt sich der Wunsch ablesen, Konstellationen wie die Krise von 116/7 durch eine zurückhaltende Politik in Zukunft zu vermeiden. Kurzfristig sollte dies wohl durch einen Konsolidierungskurs geschehen, langfristig auch in einer neuen Ausbalancierung des Verhältnisses von Zentrum und Peripherien.

2.2 Imperiale Hellenisierung und friedliche Integration: Hadrian und Antoninus Pius

2.2.1 Kontinuität und Wandel in der Hohen Kaiserzeit

P. Aelius Hadrianus

P. Aelius Hadrianus übernahm 117 n. Chr. die Herrschaft unter nicht ganz geklärten Umständen. Der Verdacht stand im Raum, dass seine Adoption und Bestimmung zum Nachfolger von Trajans Umfeld orchestriert und nicht von dem nicht mehr handlungsfähigen Kaiser selbst angeordnet worden war. Andererseits befand sich das Imperium 116/7 in der größten Krise seit dem Bürgerkrieg von 69. Den von Trajan begonnenen Partherkrieg hat der neue Kaiser daher unmittelbar auf der Basis des Status quo der Zeit vor dem römischen Angriff eingefroren. Hadrian dürfte den Abbruch der Kämpfe noch zu Lebzeiten Trajans als Gouverneur der römischen Schlüsselprovinz Syrien vorbereitet haben. Der Verzicht auf Expansion kann nach den Siegesbotschaften Trajans aus dem Feindesland in den Jahren zuvor nur als Niederlage gedeutet worden sein, die aber typischerweise nicht eingeräumt wurde. Der Leichnam Trajans feierte einen postumen Triumph und der tote Kaiser blieb der *Parthicus*, Parthersieger, schlechtweg. Zu einem stabilen Frieden zwischen den beiden Großreichen kam es aber erst 123 nach einer erneuten Zuspitzung, ein Zeichen, wie instabil die Lage am Euphrat blieb. Hadrian konnte nur nach Verzögerungen nach Rom reisen. Persönlich oder über Vertraute verhandelte er mit den nördlich der Donau siedelnden Roxolanen, um einen größeren Krieg in und um das von Trajan eroberte Dakien (in Rumänien) zu verhindern. Auch in dieser Region wurden Teile des annektierten Gebietes geräumt. An der unteren Donau wurde zeitweilig ein Sonderkommando unter dem fähigen General Q. Marcius Turbo eingerichtet. Turbo war Ritter, sodass sein Oberbefehl durch eine ungewöhnliche Rechtskonstruktion abgesichert werden musste. Offenbar traute Hadrian den füh-

größte Krise seit dem Bürgerkrieg

Dakien

renden Senatoren, offiziell seinen Standesgenossen, noch nicht hinreichend, um einem von ihnen ein Sonderkommando zu übertragen. (Rest-)Dakien wurde mittelfristig reorganisiert und in drei Untereinheiten unterteilt. Der Abbruch der Offensive im Osten zahlte sich jedoch zumindest strategisch aus. Für den Partherkrieg mobilisierte Truppenteile konnten in ihre Stationierungsorte zurückkehren und dort die römische Ordnung wiederherstellen. Zugleich musste dadurch nicht mehr neben Rom noch ein zweites Zentrum in Form einer Invasionsarmee versorgt werden, sodass die finanzielle Belastung merklich zurückging. Dass der Herrscher Steuerrückstände abschreiben konnte, mag Realismus geschuldet gewesen sein, passt aber auch in dieses Bild. Das Imperium stabilisierte sich.

das Imperium stabilisiert sich

Dennoch startete das neue Regime durch den Verzicht auf Trajans Eroberungen im Osten vermutlich mit einer erheblichen Hypothek. Hadrian hatte vielleicht noch in Erinnerung, dass Trajan anfangs ein Herrschaftsmodell als Erster unter Gleichen praktiziert hatte. Dies mochte seinen Vorstellungen entsprochen haben, doch war er den mächtigen Senatoren, die ihn als Kaiser installiert hatten, sicher auch verpflichtet gewesen. Hadrian ging einen anderen Weg und ließ den Gardepräfekten P. Acilius Attianus dafür sorgen, dass vier prominente senatorische Freunde Trajans wegen einer Verschwörung beseitigt wurden. Sie wären genauso qualifiziert gewesen wie er selbst und standen vermutlich für Trajans Expansionskurs. Die Frage nach der Macht in Rom war danach geklärt, doch hat sich Hadrians Verhältnis zum Senat von dieser Säuberungsaktion nicht mehr erholt. Der Kaiser blieb nur bis 121 in Rom.

Verschwörung

Reformen

Leider bildet sich die politische Geschichte der beiden folgenden Jahrzehnte nur unzureichend in den literarischen Quellen ab. Aus den wenigen tradierten Informationen sind in der Neuzeit Geschichtserzählungen entwickelt worden, die sich in gewisser Weise verselbständigt haben. Die Haupttexte, die Lebensbeschreibung des Kaisers in der späten und oft unzuverlässigen *Historia Augusta* und byzantinische Exzerpte und Wiedergaben aus Cassius Dios Römischer Geschichte, stellen vor allem die unersättliche Neugier Hadrians in den Fokus, der sich in alles eingemischt habe. Die ältere Forschung hat ein Gegennarrativ gebildet, das vor allem aus den Reisen des Kaisers herausgesponnen wurde und Hadrian zu einem großen Reformer machte. Für Reformen lassen sich allerdings kaum Beispiele beibringen. Zwar soll der Herrscher das Edikt eines hohen Amtsträgers, des Stadtprätors, das in der Vergangenheit als Motor der Anpassung von Rechtsregeln an neue Lagen gedient hatte, in den 130er Jahren durch einen kaisernahen Juristen dauerhaft fixiert haben. Doch bildete diese in Authentizität und Reichweite umstrittene Maßnahme höchstens den Abschluss einer langen Entwicklung. Allerdings ist Hadrian der erste Kaiser, von dem sich eine größere Zahl von Reskripten (Antwortschreiben) in spätantiken Rechtssammlungen erhalten hat. Dass Hadrians Reskripte von den für spätantike Kompilationen ausgewählten Juristen häufiger berücksichtigt worden sind, könnte darauf hindeuten, dass sich die Rechtsbildung ab dieser Zeit klarer von den stadtrömischen Institutionen abkoppelte. Die Auswahl der Reskripte könnte aber auch dem Zufall geschuldet sein.

Reskripte

Den Ausgangspunkt für eine Charakterisierung von Hadrians Prinzipat müssen zweifellos die Reisen des Herrschers bilden. Hadrian war länger als alle seine Vorgänger ohne kriegerische Anlässe in den Provinzen unterwegs. Von 121–125 und 128 bis vielleicht 133/4 besuchte er die meisten Großregionen des Imperiums, das er mit seinem Stab von seinem jeweiligen Standort aus regierte. Die erste längere Reise führte den Kaiser noch auf einer traditionell wirkenden militärische Expedition nach Britannien, wo es erneut zu Kämpfen, vielleicht gegen die Volksgruppe der Briganten in Nordengland (121/2), gekommen war. Schon im Vorlauf zu Hadrians Ankunft begann zwischen Solway Firth und Tyne der Bau einer massiven Befestigungsanlage, des sogenannten Hadrianswalls. Da bereits ab 119 im rätisch-obergermanischen Raum (so am Rand des Westerwalds oder im Taunus) Palisadenlinien errichtet worden waren, ist Hadrians Grenzpolitik früher oft als Zäsur gedeutet worden, als Umstellung auf eine defensive Strategie mit linearen Grenzen. Doch stand die Verstärkung des *limes* (der Sicherheitszone) im süddeutschen Gebiet in der Tradition der flavischen Politik und baute vor allem auf Vorarbeiten Trajans auf. Heute werden nicht nur der Zaun auf dem Festland, sondern auch der britische Wall höchsten als Instrumente der Kontrolle von Zugangswegen, wenn nicht als symbolische Trennlinien, als Zeichen römischer Selbstbeschränkung, gedeutet. Sie waren keine Staatsgrenzen, bei größeren Angriffen vermutlich nicht einmal wirksame Verteidigungsanlagen. Hadrian und sein Nachfolger gaben dem Imperium durch den Verzicht auf Angriffskriege eine fiskalische Erholungspause. Eine grundsätz-

Verstärkung des *limes*

Hadrianswall

liche strategische Neuorientierung des Imperiums lässt sich dagegen nicht nachweisen.

Städteförderung

Die folgenden Reisen Hadrians scheinen zumeist keinen militärischen Hintergrund gehabt zu haben. Der Herrscher hat sich auf ihnen intensiv mit dem Aufbau und dem Erhalt der zivilen Infrastruktur im Reich beschäftigt. Nachhaltig müssen die Unterstützungsmaßnahmen für Städte in Ost und West gewirkt haben, die andererseits so heterogen blieben, dass von einer klar definierten Städtepolitik keine Rede sein kann. Gemeinden in der Donauregion oder Nordafrika etwa erhielten oft ein neues, nach römischen Vorstellungen höherrangiges Stadtrecht, das ihnen mehr Rechtssicherheit gab. Zudem wurden einige Gemeinden, die schon das latinische Bürgerrecht, eine Vorstufe zum römischen Bürgerrecht, besaßen, zusätzlich privilegiert. Nicht mehr nur ihre Amtsträger, sondern auch die Ratsmitglieder wurden römische Bürger, und damit Gruppen, die in größeren Städten hundert oder mehr Personen umfassen konnten. Andere Städte wurden finanziell, etwa durch Bauten, unterstützt. Oft waren enorm reiche Aristokraten aus provinzialen Städten die Ansprechpartner der Zentrale vor Ort, bisweilen aber auch Vertreter der Intelligenzija, die eher Ansehen genossen, als über Gelder verfügten. Der Athener Herodes Atticus vereinte beide Formen der Prominenz und wurde in der Literatur zur prägenden Gestalt der Redekunst und Memorialkultur dieser Zeit. Die vielen Rechtstreitigkeiten, in die Herodes verwickelt war, zeigen die Ambivalenz der kaiserlichen Gunst für solche machtbewussten Mäzene auf, die von ihrem provinzialen Umfeld kaum mehr zu kontrollieren waren. Städteförderung konnte aber auch auf ganz andere Motive zurückgehen. Auf einer touristisch anmutenden Reise durch Ägypten gründete der Kaiser (formal 130) eine neue Stadt griechischer Ordnung, erst die vierte selbständige Stadtgemeinde (*polis*) in dieser durch Eigentraditionen geprägten Provinz: *Antinoupolis*. Dass dies zu Ehren seines zuvor unter mysteriösen Umständen verstorbenen Geliebten Antinoos geschah, scheint ein kurzes Schlaglicht auf Hadrian zu werfen, dem zudem ein gespanntes Verhältnis zu seiner Frau Sabina nachgesagt wurde. Ein Antinoos gewidmeter Kult wurde in vielen Regionen des Reichs aufgenommen, blieb also keine persönliche Obsession des Herrschers.

2.2.2 Die römische Hellenisierung der Ostprovinzen

Die kaiserliche Regierung hat viele Regionen im Reich unterstützt, keine aber in dem gleichen Ausmaß wie die griechisch geprägten Ostprovinzen. Hadrian soll schon in seiner Jugend großes Interesse an der hellenischen Kultur, Erinnerungen an griechische Größe und vor allem an der zeitgenössischen Ausdeutung dieses kulturellen Erbes gezeigt haben. Als Kaiser setzte er die Mittel des Imperiums zur Förderung griechischer Stadtkultur ein. Ob er damit eine persönliche Vorliebe auslebte oder durch die Betonung des griechischen Elements der imperialen Gesellschaft Kohäsionseffekte in dem heterogenen römischen Großreich erzielen wollte, kann nicht geklärt werden. Beide Motive müssen sich zudem nicht ausschließen. Ausformuliert oder gar konsequent umgesetzt wurde die Politik der Kohärenzstiftung aber sicher nicht. Hadrian ging im Gegenteil sehr selektiv vor. Vor allem Athen galt seine Hochschätzung. Noch dreimal hat er sich länger vor Ort aufgehalten und die römische Welt von dort ebenso regiert wie die *polis* selbst. Hadrian hat in Athen eine massive Bautätigkeit angestoßen und etwa Jahrhunderte nach Baubeginn den Tempel des Olympischen Zeus fertigstellen lassen. Hinzu traten mit der Bibliothek ein gefeierter Neubau und zahlreiche weitere Projekte, die in der Summe Athen markant verändert haben. Zudem wurde um ein gemeingriechisch ausgerichtetes Heiligtum in Athen eine Art Liga griechischer Städte gegründet, deren Leitungsgremium (das Panhellenion) ebenfalls in Athen angesiedelt war. Hier trafen sich die Gesandten der teilnehmenden Städte für kultisch-kulturelle Feiern. Ob der Anstoß zur Gründung dieses Verbunds auf den Kaiser zurückging, ist allerdings unklar. Wir kennen achtundzwanzig Städte, die Abgesandte entboten, darunter solche, die aus heutiger Sicht ihr Griechisch-Sein erst fiktional begründen mussten. Prominente Städte der imperialen hellenischen Welt sind dagegen nicht als Teilnehmerinnen belegt, vielleicht aufgrund der sehr fragmentarischen Überlieferung. Zum ersten Mal wurde auch eine größere Zahl reicher Repräsentanten Kerngriechenlands in den römischen Senat aufgenommen. Insgesamt dürften allerdings unter dem als eher westlich orientiert dargestellten Trajan mehr Honoratioren aus griechischsprachigen Provinzen Senatoren und Ritter geworden sein als unter dem prohellenischen Hadrian.

die griechisch geprägten Ostprovinzen

Athen

Das hadrianische Erbe wirkt zwiespältig. Seine Bauten in Athen etwa haben der Stadt eine neue Blüte beschert, sie zugleich aber

neue Hellenisierung

auch an andere, nunmehr griechisch-römische Städte angenähert. Das angesprochene Olympieion etwa wahrte zwar seine archaischen und hellenistischen Züge, erhob sich aber in einem römisch geprägten Sakralbezirk. Auch in anderen Teilen der östlichen Mittelmeerwelt kreierte imperiale Förderung zwar auf den ersten Blick eine neue Hellenisierung, ließ aber oft auch ähnlich wirkende imperiale Mischformen entstehen. Der Eigenständigkeit der griechischen Gemeinden waren zudem weiterhin klare Grenzen gesetzt. Auch unter Hadrian setzten Vertreter des Imperiums auf das seit langem erprobte Mittel, die soziale Ordnung mithilfe religiöser Institutionen zu festigen. Die römische Förderung speziell traditioneller Kulte lässt viele Sakrallandschaften zwar zunächst fast zeitlos wirken. Dieser Schein trügt jedoch. Die Sakraltopographie, die der kleinasiatische Grieche Pausanias etwas später in einer Art Reiseführer durch das griechische Kernland vorführt, ist eben nicht die der griechischen Klassik, sondern eine römischzeitliche mit hellenistischen Fundamenten. Unterhalb der imperial-römischen Hellenisierung der Welt lassen sich denn auch zahlreiche lokale, bauliche oder rituelle Akzentsetzungen beobachten, mit denen wohl Eigenständigkeit betont werden sollte. Auch in der rhetorisch-literarischen Sphäre haben sich Debatten über die Folgen der römischen Herrschaft für griechische, oft gerade lokale Traditionen erhalten. Griechische Intellektuelle waren durchaus bereit, römische Aufstiegskanäle zu nutzen. Berühmte Redner machten aber zugleich die Bewahrung einer teils allgemein-griechischen, teils gerade städtisch oder doch regional geprägten Vergangenheit zum Thema ihrer Gegenwart. Diese Beschäftigung mit dem Alten war oft ein rekonstruktiver Vorgang, der Neues schuf. Ob die Sammelbezeichnung einer „Zweiten Sophistik“ für diesen aktiven Umgang mit dem kulturellen Erbe eher hilfreich ist oder zu vage bleibt, ist in der Forschung umstritten. Das Wortpaar wird aber oft als lose Beschreibung zeitgenössischer Tendenzen verwandt. Die Begeisterung für eine philosophisch verbrämte Rhetorik teilten auch einige Vordenker der jungen christlichen Bewegungen, die sich unter dem Radar römischer Repräsentanten ausbreiteten. Die skizzierten Entwicklungen beschränken sich natürlich nicht auf die hadrianische Zeit. Durch die Kaiserreisen legen sich nur in diesen Jahrzehnten bisweilen unterschiedliche Quellenfoki übereinander, sodass Kontinuitäten und Dynamiken in den Provinzen klarer hervortreten.

„Zweite Sophistik“

Hadrians erhöhtes Interesse an den Lebenswirklichkeiten in den Provinzen ist über diverse Formen der Medialisierung auch in Italien und Rom sichtbar geworden. Mochten Mitglieder der literarischen oder Machtelite Nichtbürger immer noch als „Sklaven der Römer" abqualifizieren, erschienen doch die Provinzen auf Münzbildern jetzt als Teile eines integrierten Imperiums. Auch erhielten griechische Bauformen verstärkt Einzug in der Hauptstadt. Einzelne Autoren wie der zeitgenössische Dichter Juvenal – oder Stimmen, die er zu Wort kommen lässt – reagierten gereizt auf eine angebliche Überfremdung Roms. Ob solche fremdenfeindlichen Kommentare eine verstärkte Migration widerspiegeln, können wir nicht entscheiden. Sehr bedauerlich ist, dass eine vermutlich einschneidende Reform Hadrians fast nur in wenigen Sätzen in einer spätantiken Biographiensammlung, der *Historia Augusta*, vielleicht aber auch in einer Inschrift tradiert ist. Der Kaiser setzte neue Richter in Italien ein. Dass seine lange Abwesenheit einen Rückstau in der Abwicklung von Prozessen auslöste, ist plausibel genug. Doch trugen die Richter wie die meisten Statthalter im Reich vermutlich die Amtsbezeichnung *legati Augusti pro praetore*. Zwar wurden in Italien noch keine Kopf- und Bodensteuern erhoben, doch muss traditionsbewussten Bewohnern des Kernlandes aufgefallen sein, dass der Abstand zu den Provinzen geringer wurde. Hadrians Nachfolger Antoninus (138–161) hat diese Maßnahme rückgängig gemacht, Marcus (161–180), der sich bald darauf für längere Zeit an die Donaufront begab, hat wieder Richter für Italien ernannt, aber mit anderem Titel (*iuridicus*) und eingeschränktem Portfolio. Diese Entwicklung deutet auf Kritik an Hadrians Richtern hin. Insgesamt hat Hadrian Roms Hauptstadtrolle aber nicht in Zweifel gezogen. Wie oft unter länger abwesenden Herrschern wurde in und bei der Stadt intensiv gebaut, sodass die architektonischen Veränderungen geradezu den abwesenden Herrscher ersetzten. Heute noch Touristenmagnet ist der gewaltige Kuppelbau des erneuerten Pantheons, in dem der Kaiser, wenn er in Rom war, in tiefreligiöser Umgebung Hof halten konnte. Die Region um die alte Wahlstätte des römischen Volkes diente zudem durch einen Tempel von Trajans Nichte Matidia der Verherrlichung der Kaiserfamilie.

die Provinzen als Teile eines integrierten Imperiums

Pantheon

In der Summe haben Hadrians Regierungsakte in den Provinzen ein positives Echo gefunden. Zumindest in einem Fall scheint er die Wirkung seines Vorgehens aber falsch eingeschätzt zu haben. 130 erreichte seine mobile Entscheidungszentrale *Iudaea*. 116/7 hatte

Iudaea

der trajanische General Hadrian die katastrophalen Folgen des jüdischen Diaspora-Aufstandes miterlebt. In *Iudaea* stand mittlerweile eine zweite Legion. Auf dem Gebiet des 70 zerstörten Jerusalem nun eine römische Stadt errichten zu lassen, mochte der Belebung der Gegend durch Legionäre und ihrem Umfeld Rechnung tragen. Der Kaiser hat dort in der Tat eine Kolonie anlegen lassen, doch ist nicht sicher, ob dies vor oder nach dem letzten großen jüdischen Aufstand geschah. Einiges spricht aber für Cassius Dios Darstellung, dass Hadrians Aufenthalt in der Region die entscheidende Phase der Planung für die *colonia Aelia Capitolina* darstellte. Wenn dies zutrifft, hat die Zentrale den Widerstand der jüdischen Bevölkerung gegen die Überschreibung ihrer Traditionen in ihrem Kernland unterschätzt. Sollte Hadrian allerdings in dieser Zeit auch ein Beschneidungsverbot erlassen haben, wie es die *Historia Augusta* überliefert, muss man seine Politik fast als Abrechnung mit der jüdischen Bevölkerung verstehen.

„Bar Kochba-Aufstand"

In jedem Fall erhoben sich zwischen 132 und 136 noch einmal Teile der jüdischen Reichsbevölkerung gegen Rom. Cassius Dio hat diese Kämpfe als zunächst verlustreich für Rom und dann als Desaster für Judäa beschrieben. Die ältere Forschung hat seine Darstellung stark relativiert. Neue archäologische und dokumentarische Befunde lassen heute aber keinen Zweifel mehr daran, dass die Kämpfe, die wir nach dem wichtigsten Vertreter der jüdischen Seite, Shimon Bar Kosiba, „Bar Kochba-Aufstand" nennen, mit größter Intensität ausgefochten wurden. Die kaiserliche Zentrale hat ihren Sieg angesichts der eigenen Verluste zwar in der Region, aber nicht wie noch die Flavier auch in Rom durch Repräsentationsbauten zu Selbstdarstellungszwecken genutzt.

Nachfolgeregelung

Die Zeit nach den Wirren von 116–118 scheint für große Teile des Reichs dennoch von Frieden und Wohlstand geprägt gewesen zu sein. Wie kontingent politische Stabilität auch in dieser Hochzeit innerer Ruhe war, zeigen die Ereignisse um den folgenden Herrscherwechsel. Wie Trajan hatte Hadrian keinen offensichtlichen Nachfolger, wie Trajan zögerte er seine Entscheidung für einen Kandidaten hinaus, auch nachdem er bereits ernsthaft krank war. Erst 136 traf er seine Wahl, die in der Rezeption oft auf Überraschung gestoßen ist: Er adoptierte L. Ceionius Commodus, der danach L. Aelius Caesar hieß. Der Caesar (designierte Nachfolger) soll 136 schon krank gewesen zu sein, was sein baldiger Tod zu belegen scheint. Doch muss Hadrian dies nicht beachtet haben, oder er hat etwaige Zeichen falsch eingeschätzt. Commodus gehörte zu dem Netzwerk der einflussreichsten Familien seiner Zeit. Er war auch mit einem der zu Beginn von Hadrians Regierungszeit getöteten Konsulare verbunden, sodass mit seiner Person vielleicht die Hoffnung auf eine Heilung dieser tiefen Wunde verknüpft wurde. Commodus hatte noch keine bedeutende Karriere absolviert, war aber, wohl auch als Patrizier, Mitglied der angesehensten Gruppe im Senatorenstand und daher 136 ein junger Konsul. Damit hatte er ein Schlüsselamt inne, falls der Kaiser schnell versterben sollte. Etwa fünfunddreißig Jahre alt hatte er auch schon Kinder, darunter einen Sohn, der 161 Kaiser werden sollte. Hadrian entsandte ihn im Jahr danach zu einem größeren Heer in die zusammengelegten pannonischen Provinzen (den Großraum um das Donauknie). Dieses Vorgehen weist eine gewisse Ähnlichkeit mit der Installierung Trajans 97 auf. Aelius Caesar unterschied sich vom Sozialprofil nicht wesentlich von Trajan. Die Entscheidung für ihn war nicht absurd, sondern stand im Einklang mit dem Kaiserideal dieser Zeit. Dennoch stieß Hadrians Wahl auch auf Kritik. Der Kaiser hat denn auch zwei Verwandte, den hochbetagten Mann einer verstorbenen Schwester (L. Iulius Ursus Servianus) und dessen Enkel, seinen Großneffen (Cn. Pedanius Fuscus Salinator), beseitigen lassen, weil sie ihre Ablehnung der Nachfolgeregelung deutlich machten. In dieser Zeit starb auch Hadrians Frau Sabina, und die Gerüchte, dass der Kaiser sie habe vergiften lassen, müssen trotz der Allgegenwart solcher Behauptungen nicht notwendig falsch sein. Sabina war jung genug, um durch Neuverheiratung einem anderen Anwärter auf die Herrschaft Akzeptanz zu sichern. Am 1. Januar 138 verschied dann aber auch Hadrians Caesar. Die Krise wurde entschärft, weil Hadrian lang genug lebte, um eine neue Nachfolgeregelung durchzusetzen. Hätte Aelius Caesar jedoch Hadrian kurze Zeit überlebt, wäre eine sehr viel schwierigere Situation eingetreten, da es keinen offensichtlichen Kandidaten für die Position des Kaisers gegeben hätte. Rom ist 136–138 nur knapp einem inneren Konflikt entgangen. Die zweite Nachfolgeregelung des langsam sterbenden Kaisers erwies sich – auch durch die vorhergegangene skrupellose Beseitigung potentieller Störenfriede – als belastbar.

Antoninus

Hadrian adoptierte einen Vertrauten, der ebenfalls Teil des Familiennetzwerks der Profiteure des Bürgerkriegs von 69 n. Chr. war: T. Aurelius Fulvus Boionius Arrius Antoninus. Die Familie stammte aus dem südfranzösischen *Nemausus* (Nîmes), war aber wie die Ulpii und Aelii in Italien integriert. Antoninus, wie wir den Kaiser nennen, hatte keine besonderen Auszeichnungen vorzuweisen und keine lebenden Söhne. Über seine Frau gehörte er jedoch zu dem erweiterten familiären Umfeld des Kaiserhauses. Hadrian hatte ihm eine der wahrscheinlich kontrovers diskutierten Richterstellen in Italien übertragen, muss ihm also vertraut haben. Zudem hatte Antoninus wie andere als kaiserwürdig angesehene Personen dieser Zeit große Erfahrungen mit den Alltagsgeschäften im Senat und damit gute Vorkenntnisse für einen Kaiser in Friedenszeiten. Er adoptierte nun den Sohn des verstorbenen Caesars sowie den Enkel des dreimaligen Konsuls und Patriziers M. Annius Verus und konnte dadurch die Herrschaft des Familiennetzwerks absichern. 138 starb Hadrian. Dass Antoninus die Erhebung des Verhassten unter die Staatsgötter (*divi*, daher: Divinisierung) im Senat durchsetzte, brachte ihm den Beinamen *Pius*, der Pflichtgetreue, ein. Auch Antoninus' Frau Faustina wurde nach ihrem Tod 140 vergöttlicht. War die Rolle der Frauen an der Seite der Herrscher in der Frühen Kaiserzeit noch kritisiert worden, war die Position der *Augustae* nun etabliert.

2.2.3 Herrschaft per Brief. Die verschüttete Regierung von Antoninus Pius

Historia Augusta

Antoninus' Herrschaft ist politikgeschichtlich für uns weitgehend verloren. Für eine zusammenhängende Erzählung sind wir auf seine Biographie in der fragwürdigen *Historia Augusta* angewiesen, in der immerhin einiges zuverlässiges Material vorzuliegen scheint. Hiervon abweichende, vielleicht auch kritische Interpretationen von Antoninus' Regierung fehlen. Dagegen hat sich eine Quelle anderer Art erhalten, die Rede eines berühmten griechischen Redners

Ailios Aristeides

auf Rom: Ailios Aristeides lobt in ihr in der Stadt selbst die Segnungen des Imperiums Mitte des 2. Jh., Frieden, wirtschaftlichen Wohlstand und die Ausbreitung des römischen Bürgerrechts. Solche Reden, von denen wir nicht einmal wissen, wer sie gehört und verstanden hat, wird es viele gegeben haben. Sie haben jedoch nicht überlebt. Durch diese Alleinstellung hat Aristeides Geschichtserzählungen seit dem 18. Jh. stark geprägt. Doch das entworfene Bild ungetrübter Ruhe könnte täuschen. Dass die symbolische Scheidelinie in Britannien nach Schottland an die schmale Stelle zwischen Firth of Forth und Firth of Clyde vorverlegt wurde, hatte in der Tat kaum

Relevanz. Dieser Antoninuswall sollte nach Beginn der Arbeiten wohl nur zwanzig Jahre genutzt werden. Potentiell sehr viel weitreichender waren langwierige Kämpfe im westlichen Nordafrika (142–157), die offenbar streuten. Die genannte Vita des Kaisers erwähnt allgemein weitere Aufstände. Gegen Ende der Regierung des Antoninus begann sich ein Konflikt an Roms Ostgrenze, im Umfeld des Königreichs Armenien (zwischen Ostanatolien und dem Kaspischen Meer), abzuzeichnen, der von dem Nachbarreich der Parther ausgelöst worden zu sein scheint. Konflikte mit Senatoren werden in der Lebensbeschreibung fast beiseitegeschoben, doch sind Aburteilungen belegt. Die Hintergründe bleiben leider unklar.

Kämpfe im westlichen Nordafrika

Der auffälligste Zug von Antoninus' Herrschaft ist, dass er nach Hadrians Reisen in Italien blieb und per Brief regierte. Dies war vermutlich einer der Gründe, warum er auf die von seinem Vorgänger in Italien eingesetzten Richter verzichten konnte. Aus den erhaltenen Hinweisen lässt sich ansonsten noch auf eine sparsame Finanzadministration schließen, die ein Schlaglicht auf eine Reichspolitik à la Trajan wirft: Mehr Soldaten und mehr Kriege konnte das Imperium kaum noch bezahlen. Gleichzeitig zeigen Aktivitäten wie die Vorverlegung der britannischen Grenze, dass auch Antoninus von der Ideologie eines Imperiums ohne ebenbürtige Feinde und echte Grenzen nicht abgegangen ist. Dieser Widerspruch wurde nie wirklich gelöst.

Herrschaft per Brief

Antoninus scheint gegen Hadrians Willen gewünscht zu haben, dass nur der ältere seiner Adoptivsöhne sein Nachfolger werden sollte. Wir nennen ihn ab dieser Zeit Marc(us) Aurel(ius) oder nur Marcus. Marcus hat dann seinen Adoptivbruder L. Verus zum Mitherrscher gemacht.

Marc(us) Aurel(ius)

2.3 Kipppunkte der Hohen Kaiserzeit: die Jahre unter Marc Aurel und Commodus

2.3.1 Die Doppelherrschaft von Marcus und Verus: Partherkrieg und Epidemie

Binnenschwellen

Unsere Schriftquellen markieren für die Kaiserzeit bis 235 mehrere Binnenschwellen, die aus der Sicht der senatorischen Elite gesetzt werden. Bspw. soll nach 96 ein neues Zeitalter der Freiheit angebrochen sein. *Libertas* meint hier vor allem senatorische Teilhabe an

Entscheidungen, die Rom und Italien betrafen, vielleicht auch Meinungsfreiheit und vor allem persönliche Sicherheit. Herrscher wurden ab Trajan erfahrene Senatoren, die in der Summe als adäquate Kaiser gewertet wurden. Ab 180 regierte dann aber zum ersten Mal seit Domitian ein Alleinherrscher, dessen Machtanspruch sich ausschließlich auf seine Abstammung stützte und der zudem erst achtzehn Jahre alt war. Das Jahr 180 bietet sich also erneut als Zäsur an. Andere Konzeptionen von Geschichte legen andere Periodisierungen nahe. Cassius Dio, der die ganze römische Geschichte in den Blick nahm, maß den Bürgerkriegen besondere Bedeutung zu. Aus der Rückschau mindestens ebenso wichtig waren große Kriege mit externen Feinden: Sie brachten den Grenzregionen oft großes Leid, geraubten Wohlstand in den weitgehend entmilitarisierten Binnenraum, bei Niederlagen aber auch massive Destabilisierung nach Rom.

Viel zu der zuerst angesprochenen Periodisierung um das Jahr 180 hat die antike Verklärung von Marcus Aurelius (161–180) beigetragen, die von der neuzeitlichen Rezeption lange Zeit noch verstärkt wurde. Marcus sah sich philosophischen Prinzipien verpflichtet. Seine Intellektualität schien ihn in der Betrachtung vieler europäischer Denker für die Aufgabe als Kaiser zu prädestinieren. Gemessen an dem Aufgabenprofil eines Herrschers ist dieses Urteil kaum haltbar. Zwar hatte Marcus lange Zeit als akzeptierter Nachfolger Antoninus zur Seite gestanden. Erfahrung mit der Herrschaftsausübung in den Provinzen hatte er jedoch nicht gesammelt. Dass beide neuen Kaiser 161 nur die stadtrömische Perspektive kannten, wurde umso folgenreicher, als unter Marcus und seinem Mitherrscher L. Verus von Kaisern geleitete Kriege wieder zum wichtigsten Mittel imperialer Politik wurden. Nach einer Provokation durch die Parther hat Verus einen disproportionalen Angriff in das Nachbarreich hineingetragen. Nachhaltig hat der sich anschließende Konflikt in Zentraleuropa die mit Hadrian einsetzende Konsolidierungsphase des Imperiums beendet. Ein Teil der Forschung hat wiederum die ab der Mitte der sechziger Jahre wütende Seuche als Zäsur gedeutet. Aus imperialgeschichtlicher Perspektive führten jedenfalls die Epidemie und die Kriege weit eher zu einer Annäherung an fiskalische, ökonomische und sozialhistorische Kipppunkte als die Regierungswechsel von 96 und 180.

Konflikt in Zentraleuropa

Epidemie

Als Antoninus starb, war Marcus vierzig, nach römischen Vorstellungen das ideale Alter für eine verantwortungsvolle Aufgabe.

Er hatte die kaiserlichen Rechte erhalten und das Regieren von seinem Adoptivvater gelernt. Marcus hat diese praxisnahe Ausbildung in seinen Lebensbetrachtungen selbst hervorgehoben. Mit seiner Frau Faustina hatte er wohl vierzehn Kinder, von denen allerdings viele früh starben. Die hohe Mortalität in der kaiserlichen Familie sollte politisch noch bedeutsam werden, wirft aber auch ein Schlaglicht auf einen oft grausamen Alltag. Insgesamt waren die Voraussetzungen für eine stabile Regierung aber gut.

hohe Mortalität in der kaiserlichen Familie

Dazu trug auch bei, dass Marcus vor und nach 161 enge Kontakte zu Senatoren pflegte. Sie bilden sich etwa im Briefcorpus eines seiner Mentoren, M. Cornelius Fronto, ab, der Marcus in lateinischer Rhetorik oder, vielleicht besser, im Umgang mit der sozialen Elite unterrichtete. Fronto war ein Vertreter einer spezifischen literarisch-rhetorischen Blüte. Römische Literaten waren dabei oft einem vorklassischen Latein verpflichtet. Ebenso dienten diverse rhetorische Gattungen im Griechischen vor allem dazu, ohrenfällig die Beherrschung einer speziellen Form des Attischen zu demonstrieren. Die Produkte galten früher als wortreiche Belege für Sinnentleerung. Heute geht die Forschung eher davon aus, dass über solche Reden ausgehandelt wurde, was Griechisch- oder Römischsein in einem heterogenen Imperium bedeuten könne.

enge Kontakte zu Senatoren

Frühzeitig hat Marcus Entscheidungen getroffen, die seiner Regierung eine andere Prägung als der des Antoninus gaben. Er kam dem Wunsch Hadrians nach und ließ seinen Adoptivbruder Lucius Verus zum Augustus erheben. Augustus war ursprünglich ein (Bei-)Name, bezeichnete aber regelmäßig die Rolle als Entscheider, die wir Kaisertum nennen. Diese Doppelherrschaft nahm zukünftige Entwicklungen vorweg. Marcus könnte geostrategische Gefahren im Blick gehabt haben, in die – eine zweite wichtige Entscheidung – Verus und er wieder aktiver als Antoninus intervenieren wollten. In Britannien und Süddeutschland sowie den angrenzenden Alpengebieten sind Kämpfe bezeugt. Schon unter Antoninus war es zudem zu Spannungen mit den Parthern gekommen, die zu Truppenkonzentrationen geführt hatten. Zeichnete sich ein Krieg mit dem Nachbarreich ab, übernahm meist ein Mitglied des Kaiserhauses die Leitung vor Ort. Mit Blick auf diese Konstellation ist vielleicht die Zuwahl von Verus zu verstehen. Pietät gegenüber dem sonst eher vergessenen Hadrian könnte sich aber auch mit einem praktischen Motiv verbunden haben: Als Sohn von L. Aelius Caesar hatte

Lucius Verus Augustus

Verus Ansprüche und vermutlich mächtige Freunde. Ihn zu fördern, ersparte vielleicht spätere Konflikte.

die Stoa

In Rom wie bei dessen Nachbaren wurde darauf geachtet, wie sich neue Kaiser verhielten, wenn sie mit Krieg konfrontiert wurden. Marcus erscheint in den Hauptquellen vor allem als Philosophen-Herrscher, und er selbst hat das Bild des reflektierten Intellektuellen mitkreiert. Obwohl die Beleglage nicht ganz eindeutig ist, wird Marcus oft als Stoiker angesehen. Die Stoa war eine philosophische Ausrichtung mit einer komplexen Physik und einer anspruchsvollen Logik. Sie wurde jedoch schon länger von vielen römischen Anhängern auf eine spezifische Ethik reduziert. Diese Ethik zeichnete sich durch eine enge Verknüpfung mit den je vorherrschenden Werten aus. Marcus zeigte sich denn auch römischen Traditionen in einer zeitgenössischen Ausdeutung verpflichtet. Aktive Kriegführung war in diesem Wertegerüst fest verankert. Dass

Konflikt mit den Parthern

der Konflikt mit den Parthern so rasch eskalierte, lag aber auch an einer rein kontingenten Entwicklung. Seit einer römischen Niederlage unter Nero galt zwischen den beiden Großmächten die Absprache, dass die parthische Seite einen König für das Pufferreich Armenien vorschlug, den Rom dann inthronisierte. Nach Trajans Niederlage hatten innere Konflikte im Partherreich das Kräfteverhältnis in der Region wieder zugunsten Roms verschoben. Der Partherkönig Vologaeses IV. (III.?) setzte vor den Hintergrund dieses Verlustes an Einfluss nach Antoninus' Tod mit Gewalt ein Mitglied seines Herrschaftshauses (der Arsakiden) als König in Armenien ein. Vermutlich sollte dies auch ein Test für die neue Regierung in Rom sein. Der zuständige römische Statthalter im zentralanatolischen Kappadokien hatte viele Möglichkeiten zu reagieren und wählte die schlechteste. Er ließ sich von einem der damals zahlreichen Scharlatane namens Alexander von *Abonuteichos* (Inebolu am Schwarzen Meer) beraten. Der von Alexander inspirierte Angriff mit unzureichenden Kräften führte zu einem Desaster. Kurz darauf musste der syrische Legat ebenfalls eine Niederlage hinnehmen. Damit kehrte die Situation zurück, die Neros Sturz eingeleitet hatte. Marcus und Verus reagierten und bauten schon von Antoninus zusammengezogene Truppen zu einer großen Invasionsarmee aus. Der beste General des Reichs, M. Statius Priscus, wurde aus Britannien nach Kappadokien versetzt, ein Indiz, dass die Lage als ernst einge-

Verus

schätzt wurde. Priscus leitete anfangs die folgende Offensive. Verus scheint dagegen eher das symbolische Oberhaupt der römischen Invasion gewesen zu sein. Wie üblich, wenn Kaiser im Osten waren, schlug er sein Hauptquartier im syrischen *Antiocheia* (dem türkischen Antakya) auf. Dass er dort oder in anderen Großstädten ein Luxusleben geführt haben soll, entspricht Standardgerüchten und kann, muss aber nicht stimmen. Der Gegenschlag wurde jedenfalls mit Wucht vorgetragen und führte zu Erfolgen. 163 wurde Armenien erobert und erhielt einen römischen Klientelkönig. 164 stießen die Legionen nach Mesopotamien vor, 165 wurde eine der parthischen Residenzen, *Ktesiphon* (bei Bagdad) erobert. Die griechisch geprägte Nachbarstadt *Seleukeia* wurde den Truppen zur Plünderung übergeben und vernichtet. Vielleicht haben sich die römischen Soldaten dort, zwischen den Leichen in der Hitze Mesopotamiens, eine neue Krankheit zugezogen. In jedem Fall hat der Rückmarsch der Armee der Verbreitung des Erregers, möglicherweise eine Variante der Pocken, im Reich Vorschub geleistet. Auffällig ist, dass die siegreichen Römer zwar eine ihnen genehme armenische Lösung durchsetzten, aber nur kleinere territoriale Zugewinne reklamierten.

eine neue Krankheit

In Italien und im Reich zeigten sich schon rasch Folgen des Krieges. Der Edelmetallanteil der Reichsmünzen wurde verringert. Anscheinend wurden auch mehr kaiserliche Beauftragte für die Finanzkontrolle in Städten des Imperiums ernannt (sogenannte *curatores civitatis*). Marcus rechnete wohl damit, dass auch er bald aus dem Kernland abwesend sein würde. Denn in Italien erschienen wie unter Hadrian zusätzliche Richter, die die stadtrömischen Gerichte entlasten sollten. Ihr vage bleibender Titel (*iuridicus*) und ihr eingeschränktes Portfolio trugen wohl der Kritik an Hadrians Angleichung Italiens an die Provinzen Rechnung.

Folgen des Krieges

Zu den bestehenden Problemen trat die Epidemie. Unzweifelhaft hat sie viele Leben gekostet, vor allem dort, wo die Menschen eng beieinander lebten: in Großstädten wie Rom, aber auch in Militärlagern. Die Krankheit und der folgende Krieg haben große Lücken im Heer, aber auch in den Reihen der Elite hinterlassen. Massive Bemühungen um Rekruten verweisen ebenso auf Auswirkungen der Seuche wie Aufsteiger im Senat, deren Zahl und Sozialprofil für die Zeit davor untypisch waren. Über das Ausmaß der Übersterblichkeit im Reich wird heute allerdings ebenso kontrovers diskutiert wie über die ökonomischen Folgen der Epidemie.

Epidemie

2.3.2 Die „Markomannenkriege" und ihre Folgen

Verus siegreicher Imperator

Das Quellennarrativ vom Idealkaiser Marcus brachte es mit sich, dass Verus als schwach dargestellt wurde. Er übernahm in Rom wie zuvor im Osten die geselligen Aufgaben eines Kaisers, die Marcus offenbar nicht schätzte. Aber Verus wählte nach seinem Parthersieg auch die Selbstdarstellung als siegreicher Imperator, die nach römischen Werten einen Mitherrscher eigentlich hätte herausfordern müssen. Bei Marcus stellen die Leitquellen jedwede negative Empfindung wie Neid in Abrede. Seine Entscheidung, selbst an der seit einiger Zeit unruhigen Donaugrenze Krieg zu führen, könnte gleichwohl von Verus' Sieg mitbeeinflusst worden sein.

Sicherheitsarchitektur Mitteleuropas

Ob in den Jahren zuvor nördlich des mittleren Donauabschnitts eine neue Bedrohungslage entstanden war, lässt sich nicht mehr eindeutig klären. Das alte Erklärungsmodell für den folgenden Krieg, erste Ausläufer einer Völkerwanderung hätten zu Verschiebungen in der Sicherheitsarchitektur Mitteleuropas geführt, steht heute oft in der Kritik. Doch wurde Kontinentaleuropa Mitte des 2. Jh. offenbar konfliktreicher. Diese Konflikte strahlten auch auf das Imperium aus, ohne dass sich aus dieser Konstellation ableiten ließe, dass ein Krieg weit jenseits der Reichsgrenzen eine strategisch sinnvolle Reaktion darstellte. Als Feinde Roms genannt werden am häufigsten die schon längere Zeit im tschechischen bzw. slowakisch-nordösterreichischen Gebiet ansässigen Markomannen und Quaden sowie südöstlich in Richtung Theiß die Jazygen. Dass Marcus' Entscheidung für einen großen Krieg durch vorhergehende Angriffe in das Reich fast schon erzwungen wurde, wie viele Studien annehmen, muss zumindest umstritten bleiben. Die Aushebung zweier neuer Legionen in Italien, ein Schritt, der oft Eroberungspläne andeutet, ging einem ersten Einbruch germanischer Kampfgruppen (wohl 166/7) jedenfalls voraus. Die vorhandenen Indizien lassen sich auch plausibel so deuten, dass die Marcus-Regierung bei den heftigen Kämpfen des folgenden Jahrzehnts aktiv einen größeren militärischen Erfolg suchte und zumindest als Folge von Eigendynamiken des Kriegs auf die Errichtung neuer Provinzen abzielte. Eine Folge war mittelfristig eine massive Restrukturierung der Grenze am Donauoberlauf, bei der *Raetia* (um *Cambodunum*/Kempten und *Augusta Vindelicum*/Augsburg) und *Noricum* (um *Virunum* in Kärnten) nördlich Italiens eine Legionsbesatzung und senatorische Gouverneure erhielten. Das militärische Engagement des Kaisers an und jenseits der Donau muss andererseits nicht nur auf rational nachvollziehbare Motive zurückzuführen sein. In Rom herrschte eine tiefe Verunsicherung, die der Kaiser durch zahlreiche religiöse Riten zu besänftigen suchte. Alarmismus war typisch für die Zeit. 177 etwa sind durch einen Zufall antichristliche Pogrome in *Lugdunum* (Lyon) und *Vienna* (Vienne) überliefert, die lokale Ursachen hatten, sich aber in die gleiche Stimmung religiöser Vigilanz einfügen.

Alarmismus

Der Krieg und die Epidemie führen in jedem Fall zu hohen Verlusten an Soldaten und Kommandeuren. Anfang 169 starb auch L. Verus. 170 brachen quadische und markomannische Kampfgruppen durch die ausgedünnten römischen Linien und zogen bis vor die norditalische Handelsmetropole Aquileia. Sie wurden mühsam von Ti. Claudius Pompeianus zurückgedrängt, den Marcus mit seiner Tochter Lucilla, Verus' Witwe, vermählt hatte. Pompeianus war eigentlich keine standesgemäße Partie, sondern eher ein Repräsentant der Aufsteiger dieser Jahre, oft Hardliner, die einen endgültigen Sieg nördlich der Donau erzwingen wollten. Diese Kreise dominierten im Umfeld des Kaisers. Stimmen, die zum Frieden rieten, haben sich weniger klar erhalten, doch muss es sie gegeben haben. Gründe dafür gab es jedenfalls genügend. In Ägypten, den mauretanischen Provinzen (in Nordwestafrika) bis hinüber nach Spanien, aber auch im römisch kontrollierten Armenien kam es zu Unruhen, die nur mit Mühe niedergerungen werden konnten. Plünderungen germanischer Gruppen im Reich sorgten für Schäden in den Donauprovinzen, aber verschleppte Provinziale trugen auch zu einem erzwungenen Transfer wichtiger Kulturtechniken nach Nordosten bei. Vor allem aber entstanden unter dem römischen Druck neue Bündnisse, die Zentraleuropa bis in das Baltikum hinein verändern sollten.

Plünderungen germanischer Gruppen

Dass der Offensivkrieg nicht alternativlos war, zeigte sich spätestens 175, als Marcus gezwungenermaßen Frieden schloss. Im östlichen Reichsteil war es zum ersten Mal seit langer Zeit zu einer gefährlichen Usurpation (einer illegalen Machtergreifung) gekommen. Seit Anfang des Jahrzehnts hatte C. Avidius Cassius, der Schlächter von *Seleukeia*, ein übergeordnetes Kommando über diesen Großraum inne. Eine solche Stellung war Senatoren, die nicht dem Kaiserhaus angehörten, seit hundert Jahren nicht übertragen worden. Marcus vertraute Cassius offenbar sehr, der gleichwohl von ihm abfiel. Der Historiograph Cassius Dio behauptet, die Augusta Faustina sei in die Erhebung verwickelt gewesen. Mittlerweile lebte vermut-

Usurpation

Augusta Faustina

lich nur noch ein Sohn des Kaiserpaares, Commodus, der bereits Caesar (designierter Nachfolger), aber noch nicht in besonderer Weise herausgestellt worden war. Faustina habe um seine Nachfolge gefürchtet, da sie mit einem baldigen und damit für den jungen Commodus (geb. 161) zu frühzeitigem Tod von Marcus gerechnet habe. Faustina hätte in diesem Fall ein Bindeglied zwischen Commodus und Marcus gesucht. Der eingeweihte Avidius Cassius soll sich dann aufgrund einer Falschmeldung von Marcus' Tod voreilig zum Herrscher erklärt haben, ein Schritt, der nicht zurückgenommen werden konnte. Überprüft werden kann diese Erklärung nicht. Faustina war und blieb eng in das Marcus-Regime eingebunden. Seit 174 führte sie den neuartigen Beinamen *mater castrorum*, Mutter der Heere, und symbolisierte damit die Militarisierung des ganzen Herrscherhauses. Nach ihrem zeitnahen Tod 176 wurde sie vergöttlicht. Wenn sie Cassius zu der Usurpation verleitet hatte, reagierte Marcus entweder sehr großzügig oder war gänzlich unwissend. Cassius fand zwar rasch Anerkennung in Teilen des Ostens, wurde jedoch nach drei Monaten von einem Offizier ermordet, sodass Rom die Katastrophe eines Bürgerkriegs erspart blieb. Aber Marcus sah sich genötigt, mit seinem Sohn im Osten Präsenz zu zeigen. Commodus wurde 177 mit sechzehn Jahren zum Augustus erhoben. Das spätere Bild vom „purpurgeborenen Prinzen" gewinnt seine Farbigkeit erst durch diese Krise.

Marcus' Tod

Der Frieden an der Donau hat diesen internen Konflikt Roms nicht lange überdauert, ohne dass wir die Gründe für das Wiederaufflammen der Kämpfe klar angeben könnten. 178 brach Marcus wieder an die Front auf, wo er im Frühjahr 180 gestorben ist. Da er stets kränklich war, sind die Gerüchte, Commodus habe seinen Tod beschleunigt, wenig glaubwürdig.

Regierungsbilanz

Gemessen an dem exorbitanten Lob von Marcus in antiken Quellen und der Rezeptionen seit der Renaissance fällt seine Regierungsbilanz ernüchternd aus. Die Idee vom Philosophen auf dem Kaiserthron löst die Erwartung einer Art antiker Aufklärung aus. In der Tat scheint sich Marcus um Reflexion und Selbstbeherrschung bemüht zu haben. Der Kaiser hat eine an den Philosophen Epiktet angelehnte Schrift hinterlassen, die in der Antike kaum, in der Neuzeit umso mehr gelesen worden ist. Chronologie und Aufbau dieser „Selbstbetrachtungen" stellen die Forschung vor Probleme, aber die oft knapp gehaltenen Absätze sind für die Deutung von Marcus' Regierungsprinzipien ohnedies nur bedingt ergiebig. Seine Gedanken kreisen oft um das Thema Sterblichkeit. Die Stoa zeichnete sich durch einen theoretischen Gleichheitsanspruch aus, schrieb in der Praxis aber auch die Anerkennung bestehender Lebenswirklichkeiten vor. Sozialreformerische Ansätze waren daher nicht zu erwarten. Will man in Marcus' Rechtsbildung Spuren eines philosophischen Humanitätsideals finden, muss man zumindest die Ansprüche an das Ziel einer Verbesserung des oft harten Loses vieler Menschen stark absenken. Eher schon enthält die übrige Überlieferung vermehrt Hinweise auf eine straffere Organisation des kaiserlichen Stabes unter den Prätorianerpräfekten, eigentlich den Gardekommandeuren, eine Folgewirkung des Kriegs und fiskalischer Probleme.

2.3.3 Die Rückkehr der permanenten Herausforderung der Zentrale: Commodus

politische Instabilität

Die Alleinregierung des Commodus leitet zu einer Phase größerer politischer Instabilität über. Vertreter der soziopolitischen Elite beklagten vor allem Skandale, für die in den ersten zehn Jahren des Regimes Günstlinge wie Saoterus (182 †) oder Cleander (190 †) standen. Sie waren zumindest ursprünglich Freigelassene, nach römischen Normen gesellschaftlich deklassierte Personen, die aufgrund ihrer Kaisernähe kurze Zeit als eigentliche Lenker der Politik erscheinen, um dann beseitigt zu werden. Fünfundzwanzig Konsuln in einem Jahr (190) sind ein Indiz dafür, dass die erhobenen Korruptionsvorwürfe nicht nur auf Vorurteilen beruhten. Diese Günstlingswirtschaft und das exaltierte Auftreten des Kaisers, der in seiner Spätzeit als Gladiator posierte, sollen zu Spannungen mit traditionsorientierten Teilen des Senats geführt haben. Zudem verstärkte sich die schon unter Marcus zu beobachtende Tendenz, dass die Machtelite sozial und hinsichtlich der geographischen Herkunft diverser wurde. Diese Entwicklung bildete die stärkere Integration des Imperiums ab. Konservativen Kreisen galt sie ebenfalls als skandalös.

Günstlingswirtschaft

politik- und kulturgeschichtliche Ansätze

Politik- und kulturgeschichtliche Ansätze führen bei der Betrachtung der Commodus-Regierung zu sehr unterschiedlichen Resultaten. Letztere deuten neue Kommunikationsformen des Kaisers als innovative Personalisierung der Herrschaft und sehen seine Repräsentation als wegweisend an. Die erstgenannten Herangehensweisen bleiben näher an den Narrativen der Hauptquellen. Deren

Stimmigkeit und Ähnlichkeit werden je nach Blickwinkel entweder als undurchdringliche Schwarzmalerei oder als Zeichen einer gewissen Plausibilität interpretiert.

Commodus und seine Berater trafen nach Marcus' Tod zwei langfristig prägende Entscheidungen. Zum einen hat die neue Führung die Kämpfe nördlich der Donau zwar nicht sofort, aber doch möglichst rasch beendet, indem sie im Wesentlichen zu dem Arrangement zurückkehrte, das Marcus 175 in der Folge des Avidius Cassius-Putsches auch schon getroffen hatte. Die Quellenannahme, dass damit eigentlich schon eroberte Gebiete grundlos aufgegeben worden seien, ist nicht überprüfbar und auch nicht wahrscheinlich. Doch konnte ein solches Gerücht für den Herrscher zu einer Hypothek werden. Ähnlich wie Hadrian begab sich Commodus nach Beendigung des Kriegs in die Hauptstadt. Anders als Hadrian scheint er aber in der Folge keinen eigenen Regierungsstil entwickelt zu haben. Sein Verweilen in Rom kann, wie es die feindseligen Quellen suggerieren, Vergnügungssucht und Desinteresse an Politik geschuldet gewesen sein. Vielleicht hielten der Kaiser und sein Umfeld es aber auch für notwendig, im Zentrum Präsenz zu zeigen. Schon die Usurpation von 175 wird mit Faustinas Sorge in Verbindung gebracht, nach Marcus' Tod könnten Konkurrenten Commodus herausfordern. Ende 181 oder Anfang 182 formierte sich in der Tat ein Putsch gegen den jungen Kaiser, offenbar mit seiner Schwester Lucilla als Fixpunkt eines Clusters senatorischer Anwärter. Dieser Umsturzversuch bildete den Auftakt zu zahlreichen Hinrichtungen potentieller Feinde des Kaisers. Commodus' Regierung erreichte nie die Stabilität, die man bei einem Sohn eines in den Führungskreisen angeblich beliebten Herrschers eigentlich hätte erwarten dürfen. Er galt offenbar Teilen der Elite nicht als fähig, und dass die Historiographen Commodus feindselig gegenüberstehen, widerlegt diese Annahme nicht. Die Alltagsgeschäfte ließ Commodus außer von den schon genannten Günstlingen von den Gardepräfekten führen, die er bei Gegenwind leichter fallen lassen konnte als prominente Konsulare. Die Präfekten agierten immer öfter als Stabschefs der Kaiser in Krieg und Frieden, für die einzelnen Funktionsträger endete ihre Dienstzeit aber oft tödlich. Auch ihre Stellung beruht nur zum kleinen Teil auf verrechtlichten Kompetenzen. Cleander, ein Freigelassener, stieg zu einer Art Schattenpräfekt auf. Bei Hof waren solche Kombinationen ohne weiteres möglich.

Umsturzversuch

Präfekten als Stabschefs

regionale Konflikte

Die Commodus-Regierung hat auf eine aktive Kriegsführung weitgehend verzichtet. Regionale Konflikte sind dennoch belegt. Intensive Kämpfe erschütterten Britannien. Im Nachgang zu diesem Konflikt stürzte 185 der Prätorianerpräfekt Perennis, der noch für eine gewisse Stabilität gestanden hatte. Perennis hatte versucht, die Militärpolitik zu koordinieren und verfuhr dabei anscheinend sehr kreativ. In Obergermanien und im angrenzenden Gallien (etwa Süddeutschland und Frankreich) kam es etwa 185/6 zu einem regelrechten Krieg gegen Deserteure. Das Ausmaß dieser Kämpfe kann als Indiz dafür gelten, wie unpopulär die Rekrutierungen unter Marcus gewesen waren. Auch im Donauraum sind Probleme bezeugt.

Personenkult

Mit der Zeit lässt sich dann in Rom ein übersteigerter Personenkult beobachten. Commodus wurde an verschiedene Götter angenähert. In seiner Spätzeit wurde diese Form der Selbstdarstellung dann von einer langsamen, weitgehenden Identifizierung des Herrschers mit dem (Halb-)Gott Hercules überlagert. Hercules stand in dieser Zeit für den Übergang von einem Heros, fast Mensch, zu einem Gott, und war dadurch ein Grenzgänger zwischen menschlichem Los und Unsterblichkeit. Akte der Selbstüberhöhung wie die Umbenennung von Rom in *Colonia Commodiana* 192 stoßen in den Quellen auf große Kritik, die viele moderne Darstellungen lange Zeit wiederholt haben. Die jüngere Kulturgeschichte hat aus den Botschaften auf den Reichsmünzen auf die ursprünglichen politischen Ziele der kaiserlichen Selbstdarstellung geschlossen. In der Repräsentation der Regierung sei ein neues glückliches Zeitalter von einem einzigartigen Herrscher garantiert worden. Der wachsend auf sich gestellte Kaiser hätte sich überhöht, um sich gegen Konkurrenten zu feien. Seine Hercules- und Gladiatorenrepräsentation hätten aber auch die Chance geboten, sich jenseits des Schlachtfelds individuell zu bewähren. Sie konnten schließlich von der hauptstädtischen *plebs* (der ärmeren freien Bevölkerung) und Provinzialen als Schutzversprechen wahrgenommen werden. Diese Symbolsprache wurde in Rom und den Provinzen auch aufgegriffen. Zumindest bei den Truppen scheint Commodus populär gewesen zu sein.

der Kaiser als politischer Akteur

In seinen letzten Jahren scheint der Kaiser auf die Politik vorstrukturierende „Minister“ verzichtet zu haben und trat selbst klarer als politischer Akteur hervor. Dies war die Zeit der Selbstinszenierung als herkulischer Athlet. Für die senatsnahen Autoren war der Kaiser spätestens jetzt nicht mehr Herr seiner Sinne. Wie schon bei Caligula oder Nero war dies keine medizinische Diagnose. Mitglieder der soziopolitischen Elite beklagten aus der Rückschau eine für sie unakzeptable Normendevianz. Ein anderes Ereignis dieser Spätphase muss als schlechtes Vorzeichen gewertet worden sein. Ein oder auch mehrere Brände wüteten in Rom und zerstörten Teile des Palasts. Wichtiger für die heutige Geschichtsforschung ist, dass offenbar viele Archivbestände verloren gegangen sind. Diese Verluste könnten sich auf antike Materialsammlungen ausgewirkt haben und unser Bild von der Reichsadministration beeinflussen.

Commodus ermordet

Ende Dezember 192 wurde Commodus ermordet. Zu den Problemen, die dramatischen Ereignisse dieses und des nächsten Jahres richtig zu deuten, trägt bei, dass die über sie berichtenden Historiographen frühere Kaiserwechsel vor Augen hatten. Sie könnten Neues an alte Vorgaben angepasst haben. Commodus fiel Mitgliedern seiner engsten Umgebung zum Opfer. Da er sich gegenüber seinen Günstlingen wenig loyal zeigte, war dies eine reale Gefahr gewesen Andere Personen kamen selten in seine Nähe. Und doch erinnern die Berichte von Cassius Dio oder des ohnedies bisweilen als Romancier bezeichneten Historiographen Herodian auffällig an die Tötung des Kaisers Domitian 96 n. Chr. Auch sonst ähneln die Darstellungen oft bekannten Drehbüchern. Jedenfalls sollen der Prätorianerpräfekt Q. Aemilius Laetus, ein Kammerdiener sowie eine Konkubine entschieden haben, dass sie zwar kurzfristig von dem Regime profitierten, aber vermutlich wie ihre Vorgänger enden würden und beseitigten Commodus.

P. Helvius Pertinax

Die nun folgende rasche Abfolge von Kaisern lässt wie in einem Zeitraffer wesentliche soziale Veränderungen in der römischen Gesellschaft erkennen, die sich politisch auswirkten. Der Gardepräfekt Laetus bot die Herrschaft dem amtierenden Stadtpräfekten, P. Helvius Pertinax, an. Die Stadtpräfektur bildete in der Regel den ehrenvollen Höhepunkt der Karriere prominenter Senatoren. Insofern war dieser Vorschlag naheliegend. Pertinax war aufgrund seiner Herkunft allerdings sicher nicht für die Herrschaft prädestiniert. Er war der Sohn eines Freigelassenen und erst vergleichsweise spät über das Militär in den Ritterstand aufgestiegen. Danach hatte er sich als so fähiger Soldat erwiesen, dass er auch in den Senat aufgenommen wurde, den Konsulat erreichte und bedeutende Heeresprovinzen leitete. Krieg, die Seuche sowie die Hinrichtungen unter Commodus hatten das Netzwerk von Familien, dass seit dem Bürgerkrieg 68/9 den Senat und die Politik dominiert hatte, geschwächt.

Seine Mitglieder stammten wie die Kaiser zwar ursprünglich oft aus provinzialen Familien, waren aber ebenso oft in oder bei Rom aufgezogen worden. Die Lücken im Senat waren mit stärker provinzial geprägten Neulingen gefüllt worden. Einige hatten zunächst eine ritterliche Karriere begonnen und waren dann auf einer schon höheren Rangstufe in den Senat aufgenommen worden. Viele verdankten ihre Karriere ihren militärischen Leistungen. Solche Aufsteiger hatten eine andere Einstellung zu dem Verhältnis von Peripherie und Zentrum als Senatoren aus etablierten Familien. Patrizier etwa, Mitglieder einer inneren Statusgruppe im Senatorenstand, bekleideten oft nur wenige Ämter in Rom und Italien. Für einige vornehme Mitglieder des höchsten Gremiums war Commodus' Gehabe exzentrisch. Für andere muss sein Regierungsstil zu romfixiert gewesen sein.

Peripherie und Zentrum

Nach unseren Leitquellen war Pertinax nicht Teil der Verschwörung gegen Commodus. Diese Erzählungen räumen aber ein, dass er rasch reagierte und eine andere Schlüsselperson des Regimewechsels sich vorgeblich zufällig an einer strategisch günstigen Stelle in der Stadt befand, als der Kaiser starb. Pertinax war sich seiner sozialen Hypothek bewusst, sodass er vor der Herrschaftsübernahme lange sondierte. Ihm wird viel guter Wille zugeschrieben, doch konnte er den Spagat zwischen den Anhängern des alten Regimes, der Garde und den traditionsbewussten Kreisen im Senat nicht durchhalten. Von der Garde soll Pertinax zudem finanzielle Zurückhaltung gefordert haben, auch versursacht durch finanzielle Engpässe in der Hauptstadt. Daraufhin ließ ihn Laetus fallen, und Pertinax wurde von Prätorianern erschlagen.

Pertinax von Prätorianern erschlagen

Laetus kam als Ritter offenbar noch nicht als Herrscher in Frage. Nach Pertinax' Tod stützte sein Schwiegervater T. Flavius Sulpicianus seinen Versuch, die chaotische Situation in der Hauptstadt zu seinen Gunsten auszunutzen, wiederum auf die Stadtpräfektur. Sein unmittelbarer Konkurrent M. Didius Iulianus ist aufgrund der folgenden Ereignisse nur als Witzfigur in die Geschichte eingegangen. 193 war er ein erprobter Senator, der vielleicht auch mit der alten Kaiserfamilie verwandt war. Der Machtanspruch dieser Kandidaten kann 193 eigentlich nicht abwegig gewirkt haben. Jedoch disqualifizierten sie sich nach unseren Leitquellen durch die Form, in der die Konkurrenz ausgetragen wurde. Beide Senatoren sollen sich an der Prätorianerkaserne ein Bietergefecht um die Herrschaft geboten haben. Selbst wenn es sich bei den Schilderungen ihres

M. Didius Iulianus

Verhaltens um eine spätere Konkretisierung eines weniger körperlich inszenierten Werbens um die Soldaten gehandelt haben sollte, wird doch deutlich, dass von einer Auswahl des Besten keine Rede sein konnte. Unabhängig von der Plausibilität der Details demonstriert das Vorgehen der Prätorianer, dass sie die Kaiserwürde für eine innerstädtische Größe hielten. Dies war 193 eine noch größere Fehleinschätzung als 68/9. Iulianus konnte sich kurzfristig durchsetzen. Doch nicht einmal in Rom kehrte Ruhe ein. Rhythmische Sprechchöre begleiteten ihn und weisen darauf hin, dass Gegenspieler in der Stadt Unzufriedenheit zu orchestrieren verstanden. Und die Kommandeure der Militärprovinzen haben anders als 41, 96/7 oder 117 nicht stillgehalten.

3 Wachsende Instabilität in der Zentrale, kulturelle Integration des Reichs: die Severer

3.1 Die zweite Bürgerkriegszäsur

Statthalter mit ausreichender Truppenstärke

Drei Statthalter kaiserlicher Provinzen (*legati Augusti pro praetore*) mit ausreichender Truppenstärke reagierten unmittelbar auf Pertinax' Ermordung. D. Clodius Albinus kommandierte die große Garnison Britanniens. L. Pescennius Niger hatte das syrische Heer unter sich und konnte rasch auch die anderen Ostlegionen für sich gewinnen. L. Septimius Severus war Legat von Oberpannonien (um *Carnuntum*, beim österreichischen Petronell). Zwei Gründe wurden für seinen Erfolg entscheidend. Zum einen stellten sich rasch auch die anderen Truppenkommandeure der Donaulegionen unter sein Kommando, so etwa sein Bruder P. Septimius Geta als Leiter der Provinz *Moesia inferior* (um den Unterlauf der Donau). Zudem akzeptierten die germanischen Provinzen Severus' Anspruch. Zwar standen in ihnen nicht mehr so viele Legionen wie noch in der Frühen Kaiserzeit. Dennoch war diese Koalition militärisch sehr stark. Zweitens handelte Severus schneller als seine Konkurrenten. Rasch nach dem Erhalt der Nachricht von Pertinax' Tod brach er nach Rom auf. Dieses Tempo hat Anlass zu der Frage gegeben, wann seine Planungen begonnen haben.

Septimius Severus

Dass die genannten Männer in der angespannten Schlussphase der Commodus-Regierung große Truppenverbände kommandierten, zeigt, dass der Kaiser (oder Laetus?) ihnen vertraut oder sie doch für ungefährlich gehalten hatte. Im Fall von Severus wird dies durch die Wahl seines Bruders als Statthalter in der gleichen Region noch zusätzlich hervorgehoben. Septimius Severus hatte keine beeindruckende Karriere absolviert und kann vor 193 kaum als aussichtsreicher Kandidat für die Kaiserwürde gegolten haben. Dass er bereits mit Blick auf einen späteren Griff nach der Macht ausgewählt worden war, ist zumindest nicht belegbar. Über die anderen beiden Prätendenten wissen wir wenig Verlässliches. Pescennius Niger scheint nach unserer besten Quelle, dem zeitgenössischen Historiographen Cassius Dio, ein Aufsteiger aus dem Ritterstand gewesen zu sein. Clodius Albinus, dessen Familie aus dem numidischen *Hadrumetum* (Sousse in Tunesien) gestammt zu haben scheint, wird anders als seine Kontrahenten als Insider der stadtrömischen Politik dargestellt. Severus und vermutlich Niger hatten immerhin gute Kenntnisse von weiten Teilen des Imperiums. Severus war seit etwa 187 in zweiter Ehe mit Iulia Domna verheiratet, die aus einem prominenten Priestergeschlecht aus dem syrischen *Emesa* (Homs) stammte. Und Severus hielt weiterhin Kontakt zu seiner Heimatgemeinde *Leptis Magna* (Lebda in Libyen), das er später prachtvoll ausbauen ließ. Trotz dieser Herkunft ist die in der Forschung in unterschiedlicher Form vorgebrachte These, Severus sei ein afrikanischer Kaiser gewesen, nicht weiterführend. Seit längerer Zeit stiegen Männer aus den reichen Städten Nordafrikas in Rom zu hohen Ämtern auf. In Rom kannte man Afrika (*Libya*) dennoch nur als geographische Kategorie, nicht als politische Größe. Man kann nur feststellen, dass sich mittlerweile nicht nur die soziale, sondern auch die Machtelite aus fast allen Regionen der Mittelmeerwelt rekrutierte.

Pescennius Niger

Clodius Albinus

Energischen Widerstand gegen Severus hat Didius Iulianus von Rom aus nicht organisieren können. Dazu hätten die Prätorianer und die in Italien stationierten Flottensoldaten allein wohl auch nicht ausgereicht. Der Einzug der Donauarmee in Rom hat großen Eindruck bei den Zuschauern hinterlassen, aber noch verhielt sich der Überraschungskaiser moderat. Iulianus fand mit einigen Anhängern den Tod, aber es gab kein Blutbad. Schon zeitnah nach diesem Etappenerfolg hat Severus für das Imperium wegweisende Entscheidungen getroffen. Er löste zunächst die alten Prätorianerkohorten auf und besetzte die neue Garde mit Soldaten aus seinen Legionen. Daraus ergab sich keine „Barbarisierung“ der Truppe,

Didius Iulianus

eine neue Garde

wohl aber setzten die reorganisierten Prätorianer in den Folgejahren neue Akzente auf dem politischen Parkett Roms. Gewaltsame Auseinandersetzungen mit der städtischen Bevölkerung oder anderen Truppenteilen in der Hauptstadt sind bezeugt. Severus hat sodann zeitnah drei neue Legionen aufgestellt und damit die Schlagkraft der römischen Armee, aber auch die Ausgaben für das Militär stark erhöht. Es ist nicht ganz sicher, wann dies geschehen ist, doch spricht viel für die Zeit seines Kriegszugs gegen Pescennius Niger im Osten. Eine dieser Legionen, die *legio II Parthica*, erhielt ein Standlager bei Rom (Monte Albano), wenn sie nicht bei *Apameia* (Qal'at al-Madiq in Nordsyrien) stationiert war. Für die Sicherstellung der Ruhe in der Stadt brauchte man diese Legion vermutlich nicht. Severus hat aber auch einige der schon existenten stadtrömischen Einheiten vergrößert, wenn auch das Ausmaß umstritten bleibt. In und bei Rom entstand so eine neuartige Interventions- und Begleitarmee der Zentrale.

Interventions- und Begleitarmee der Zentrale

3.2 Integration des Reichs durch Krieg und Dynastiebildung: die Severer

3.2.1 Severus' militärische Siege und Reformen

Pescennius Niger

Zu Severus' Erfolgen der nächsten Jahre trug wesentlich bei, dass er sich schnell mit dem britannischen Usurpator Albinus verständigen konnte. Albinus wurde zu Severus' Caesar und durch die mit diesem Status verbundene Aussicht auf Mitherrschaft zum Stillhalten bewogen. Der Gegenkaiser Pescennius Niger im Osten konnte in der Folge schnell beseitigt werden. Es etablierte sich ein zukunftsweisender Trend. Die besten Truppen des Imperiums wurden in den Donauprovinzen rekrutiert. Mit ihnen konnten Severus' Generäle die feindlichen Truppen nach Anfangsschwierigkeiten mehrfach schlagen, vor allem in der Schlacht von *Issos* 194. Beide Seiten hatten massive Verluste zu beklagen, nach Cassius Dio allein Nigers Heer 20 000 Mann. Zwar hielt die Festung Byzanz (Istanbul) noch bis Ende des Jahres 195 aus. Ihre anschließende Bestrafung sollte der späteren Neugründung durch Constantin I. (den Großen) den Weg bereiten. Der Widerstand der Niger-Gruppe kollabierte ansonsten aber rasch. Niger wurde 194 hingerichtet. Severus' Armee griff in der Folge auch die mit Niger verbündeten, unabhängigen Nachbarn des Imperiums und wohl auch das Partherreich an. Vermutlich entstand bereits jetzt in der östlichen Türkei und im Nordirak die neue Provinz *Mesopotamia*, Teile der Landschaft *Osrhoene* (um *Edessa*/Şanlıurfa, das erst Caracalla hinzufügte) wurden Syrien angegliedert. Die Machtbasis seines Feindes Niger teilte der Sieger danach in zwei Provinzen, *Syria Coele* und *Syria Phoenice*. In *Mesopatamia* wurden mittelfristig zwei der neu ausgehobenen Legionen stationiert, die wie die Provinz selbst ritterlichen Präfekten unterstellt wurden. Dadurch eröffneten sich den Offizieren aus diesem Stand zusätzliche Aufstiegsmöglichkeiten, ohne dass die senatorische Dominanz bei den Leitungsfunktionen im Heer bereits deutlich geschwächt worden wäre. Die Auswirkungen der Entscheidung, die römische Herrschaft nachhaltig über den Euphrat auszudehnen, waren enorm. Schon seit Verus' Krieg gewannen Festungen in der Region an Bedeutung. Entlang der unter den Severern vorgeschobenen, noch stärker militärisch geprägten Grenzregion kam es in den nächsten Jahrhunderten immer wieder zu Konflikten mit dem Nachbarimperium, dessen Regierungen die römische Expansion Richtung Tigris und in den arabischen Raum offenbar stets als Provokation ansahen.

das Partherreich

Expansion Richtung Tigris

Noch im Osten stellte Severus seine Herrschaft auf neue Grundlagen. Nach seiner Usurpation hatte er den Namen Pertinax angenommen, um sich als Rächer des ermordeten kurzlebigen Kaisers zu stilisieren. Dieser erste Versuch, seinen Griff nach der Macht zu begründen, wurde nun mit mehreren, leider schwer in eine Reihenfolge zu bringenden Verkündigungen ergänzt. Iulia Domna wurde wie Marc Aurels Frau zur „Mutter der Heerlager" (*mater castrorum*). Wichtiger war die rückwirkende Anbindung an die alte Kaiserdynastie. Severus vollzog überraschend eine Selbstadoption in die Familie Marc Aurels und fand damit, was ihm fehlte: einen Vater mit angemessenem Status und ein legitimes Erbe, in dem 192 erschlagenen Commodus aber auch einen neuen Bruder. Offenbar hatte der ermordete Kaiser der Arena noch Anhänger. Bei Teilen des Senats löste seine Divinisierung (Vergöttlichung) allerdings Erbitterung aus. Anders als der Eintritt in die Familie von Toten zunächst vermuten lässt, implizierte Severus' fiktionale Stammbaumbildung eine Abkehr von der Kaiserherrschaft des 2. Jh. Denn noch vor seiner Rückkehr nach Rom machte Severus wohl 195 seinen älteren Sohn zum Caesar, also zum designierten Nachfolger. Zumindest aus der Rückschau erscheint die Erhebung seines Sohnes als

rückwirkende Anbindung an die alte Kaiserdynastie

ein viel offeneres Bekenntnis zu einer Familienherrschaft, als es die vorhergehenden Kaiser vor 177 abgegeben hatten. Mit Trajan, Hadrian, Antoninus und – bereits in geringerem Maße – Marcus waren zuvor erprobte Senatoren Kaiser geworden. Severus setzte dagegen ganz auf das dynastische Prinzip. Die Folgen dieser an sich naheliegenden Entscheidung waren weitreichend. Auch die Kaiser des 2. Jh. hatten den Zusammenhalt der regierenden Großfamilie hervorgehoben, doch tendenziell eher in der Retrospektive, durch die Betonung ihrer eigenen Beziehungen zu legitimen Herrschern. Severus' Familienpolitik war eher prospektiv ausgerichtet und öffnete dadurch auch den Weg für die Herrschaft von Kinderkaisern. Sein Sohn, nunmehr M. Aure(l)lius Antoninus (genannt Caracalla), war zum Zeitpunkt seiner Erhebung zum Caesar etwa neun Jahre alt. Die Überhöhung und Sakralisierung der kaiserlichen Familie (die *domus divina*, das göttliche Haus) setzten nicht erst unter den Severern ein, erreichten in dieser Zeit aber eine neue Qualität. Dadurch wurden mittelfristig die Möglichkeiten hochrangiger Senatoren reduziert, an dem Prestige oder gar der Macht in der Zentrale teilzuhaben. Unmittelbar wirkte sich die Caesar-Ernennung Caracallas auf Severus' Verhältnis zu dem schon früher zum Caesar bestellten Clodius Albinus aus, der offensichtlich zum Störfaktor wurde. Albinus könnte sich allerdings bereits zuvor selbst gegen Severus gewandt haben. Dann hätte Severus wohl erst 196 überstürzt wie Marc Aurel nach 175 wegen der Erhebung des Avidius Cassius mit der Herausstellung seines Sohnes geantwortet.

das dynastische Prinzip

domus divina

Albinus

Albinus wird von den Prätendenten des Jahres 193 als der am besten vernetzte Senator beschrieben. Seine Unterstützer in Rom machten sich denn auch für einen Ausgleich stark, ohne die Eskalation stoppen zu können. Ende 196 nahm Severus den Krieg gegen den ehemaligen Caesar auf. Die Schlacht von *Lugdunum* (Lyon) im Februar 197 hinterließ erneut viele Tote, unter ihnen Albinus. Kämpfe in seinen Hochburgen Britannien und Spanien schlossen sich an.

Wiederum waren die Folgen weitreichend. Severus rechnete in brutaler Weise mit echten oder vermeintlichen Anhängern seines Feindes ab. Die bei Cassius Dio überlieferte Angabe von 29 getöteten Senatoren wird von der Forschung in Zweifel gezogen, doch ist es in jedem Fall zu zahlreichen Hinrichtungen gekommen. Auch wenn die neuere Forschung eher die Kontinuität zwischen den senatorischen Familien des 2. Jh. und des 3. Jh. betont, haben die Jahrzehnte unter Marcus und Severus den ersten Stand ohne Zweifel sozial verändert. Sodann enteigneten die Sieger im ganzen Reich Feinde, sodass Zahl und Umfang von Besitzungen aller Art, die von kaiserlichen Funktionsträgern kontrolliert wurden, stark zunahmen. Zumindest ab dieser Zeit scheint die schon länger existente Institution der *res privata*, des „Sondervermögens“, für die Administration konfiszierter Güter zuständig geworden zu sein.

die Parther

Nach der Beseitigung allen inneren Widerstandes wandten sich Severus und seine Generäle erneut oder, nach einer anderen Deutung, zum ersten Mal offen gegen die Parther (vor allem im heutigen Irak und Iran). Das Nachbarimperium wurde schon länger von einem der für diesen losen Verbund unterschiedlicher Herrschaftsräume typischen internen Konflikte erschüttert, sodass Severus bis nach *Ktesiphon*, einer der Hauptstädte (bei Bagdad), vorstoßen und die Stadt plündern konnte. Spätestens im Zuge dieses (zweiten) Partherkriegs wurde die Provinz *Mesopotamia*, in der später das römische *Osrhoene* (um Şanlıurfa) aufging, fest etabliert. Bei einer anschließenden Reise durch Ägypten 199/200 verlieh Severus durch eine in ihren Auswirkungen umstrittene Reform *Alexandria* und den bisher nicht als „Städten“ eigenen Rechts gewerteten Zentralorten der administrativen Untereinheiten Ägyptens Stadträte. Diese sogenannten „Gaumetropolen“ näherten sich seit einiger Zeit den griechischen Städten mit einer gewissen Selbstverwaltung (*poleis*) an. Abgeschlossen war dieser Prozess aber noch nicht. Severus’ Reform hat ihn deutlich beschleunigt. Die Förderung von Städten stand auch sonst hoch auf der Agenda der Severus-Regierung. 193–200 wurde das Reich institutionell noch stärker umgestaltet als nach dem Bürgerkrieg von 68/9.

Privilegien für Soldaten

Der Nachwelt ist Severus aber vor allem wegen anderer Entscheidungen in Erinnerung geblieben. Der Kaiser gab den Armeeangehörigen neue Privilegien, deren exakter Inhalt umstritten ist, und erhöhte auch den Sold substantiell. Diese Maßnahmen sind unterschiedlich gedeutet worden. Eine quellennahe Forschungstradition sieht darin den Versuch, das Heer fest an Severus und sein Haus zu binden und es zur einzigen Machtbasis der Severer, aber auch künftiger Herrscher zu machen. Man kann nach hundert (oder doch siebzig) Jahren ohne Soldanpassungen allerdings auch von einem überfälligen Schritt sprechen. In den letzten Jahren wurde mehrfach auf die Rekrutierungsprobleme unter Marcus und die hohen Verluste in der Bürgerkriegsphase hingewiesen. Sollte der Dienst in den Legionen wieder attraktiver werden? In jedem Fall stellte die Erhöhung eine massive Belastung der imperialen Kassen dar. Die erwähnten Konfiskationen dürften sie abgefedert haben, doch waren dies einmalige Einnahmen. Die aus den beibehaltenen Gütern gewonnenen Erträge können die neuen Kosten kaum gedeckt haben. Zudem wurde der Edelmetallgehalt des vielleicht wichtigsten Zahlungsmittels, des Denars abgesenkt. Auch wenn dies nicht mit einer Inflation gleichbedeutend war, ist die Anpassung ein Indikator, dass die Ausgaben die Einnahmen überstiegen. Schließlich wurde eine neue, zum Teil verrechnete Abgabe (die *annona*) für mobile Heeresgruppen eingeführt.

3.2.2 Die severische Familienherrschaft in der Praxis

Vernachlässigung der Hauptstadt?

Erst 202 kehrte Severus für längere Zeit als nur für einen Zwischenstopp nach Rom zurück. Dass er zehn Jahre lang Kampagnen und Reisen in den Provinzen aneinandergereiht hatte, könnte man als Vernachlässigung oder gar Entwertung der Hauptstadt deuten. Dieser Eindruck beruht jedoch wesentlich auf der Rückschau aus dem 3. Jh., in dem sich die kaiserlichen Zentralen dauerhaft von der alten Hauptstadt abzukoppeln begannen. Die Stationierung von einer größeren Truppenzahl bei Rom zeigt, dass die Tibermetropole für Severus auch aus militärischer Perspektive das Zentrum des Imperiums bleiben sollte. Zugleich veränderte ein massives Bauprogramm das Gesicht der von den Bränden in der Commodus-Zeit gezeichneten Kapitale. Unter anderem wurde in Infrastruktur investiert. Markant bildet sich aber auch die kaiserliche Repräsentation in den Baumaßnahmen ab, in deren Zentrum eine mit der neuen Dynastie verbundene Stabilitätshoffnung stand. Severus schloss an Augustus und Vespasian an: Nach einem Bürgerkrieg sollte ein neues glänzendes Zeitalter beginnen. Der Neubeginn im Zeichen des Alten fand seinen Höhepunkt in der Zelebrierung der „Zeitalterspiele“ (*ludi saeculares*) 204, deren Datum unterschiedlich berechnet wurde und die deswegen überraschend oft gefeiert wurden. Bei diesem Ritual sollte die Zeit stillstehen, die Jahre eines Augustus schienen zurückzukehren. Zugleich wurden jedoch die gesellschaftlichen Veränderungen der letzten Jahrzehnte deutlich, etwa durch die größere Prominenz, die Frauen zugewiesen wurde. Auch die Provinzen wurden im Arrangement des Fests als Teile eines Ganzen ausgewiesen.

„Zeitalterspiele“

Kontinuität und beschleunigter Wandel

Kontinuität und beschleunigter Wandel bilden in der Severerzeit auch in anderen gesellschaftlichen Bereichen oft eine komplexe Gemengelage. Severus scheint das politische Alltagsgeschäft zu großen Teilen seinem Prätorianerpräfekten C. Fulvius Plautianus überlassen zu haben, einem Verwandten und Unterstützer der ersten Stunde. Plautians Macht und späterer Sturz werden von den Leitquellen in die Form einer Parabel gekleidet. Überreich und mächtig sei er an seinem Hochmut gescheitert. Wichtiger dürfte sein, dass die Präfektur immer deutlicher zur Schlüsselfunktion der Reichsadministration aufstieg, ohne dass diese Entwicklung normativ fixiert wurde. Plautian war offenbar aufgrund der ihm gewährten Gunst und von erfolgreichem Bullying in der Lage, sich auch gegenüber Senatoren durchzusetzen. Diese Überordnung einer ritterlichen Funktion über senatorische Amtsträger barg jedoch viel sozialen Sprengstoff. Dass Plautian nach offizieller Zählung zweimal Konsul wurde, deutete einen Ausweg aus diesem Dilemma an. Dauerhaft wurden die Probleme, die sich aus Statusdifferenzen in der Administration ergaben, jedoch erst im 4. Jh. gelöst. Unter den Severern kulminierte sodann eine weitere Tendenz des 2. Jh. Spezifisch auf der Position *a libellis*, als Sekretäre für die Bearbeitung von Bittschriften, wurden immer öfter prominente Juristen beschäftigt. Sie blieben auch danach in der ritterlichen Administration aktiv und berieten den Kaiser in Rechtsfragen. Aemilius Papinianus, der offenbar auch wegen seiner juristischen Kompetenz als *a libellis* ausgewählt worden war, wurde einer der Nachfolger Plautians als Gardepräfekt. Wie der etwas später agierende Präfekt Domitius Ulpianus hat er dazu beigetragen, das römische Recht zu präkodifizieren, also durch Kommentare, Einzelschriften und die Auswahl von maßgeblichen kaiserlichen Verfügungen mehr Ordnung in die große Masse einschlägiger Texte zu bringen. Juristisches Fachwissen wurde nie zu einer Voraussetzung für eine Karriere im kaiserlichen Dienst, ist aber in dieser Zeit häufiger belegt. Wie auch im Logistikwesen des Militärs lassen sich auch bei zivilen Positionen in ritterlichen Karrieren Anzeichen einer Professionalisierung beobachten. Ansehen, Geld und Beziehungen blieben aber auch weiterhin die wichtigsten Kriterien für den Aufstieg in der Administration.

prominente Juristen

Zusammenhalt der kaiserlichen Familie

Dass die zweite Regierungshälfte des Severus ruhiger, aber nicht friedlich verlief, lag daran, dass Severus' Kernprojekt zu scheitern drohte. 203 hatte der Herrscher einen Ausflug in seine Herkunftsregion, das römische Nordafrika, unternommen. Durch militärische Kampagnen erhielt der römische Machtbereich in Afrika seine größte Ausdehnung. Daneben stand Städteförderung auf der Agenda. Severus' Heimatgemeinde *Leptis Magna* (Lebda) wurde mit prächtigen Bauten und Privilegien ausgestattet. Schon in Nordafrika, aber vor allem danach in Rom wurde jedoch deutlich, dass der Zusammenhalt der kaiserlichen Familie viel geringer war, als es die Repräsentation nach außen darzustellen bemüht war. Der vorgesehene Nachfolger, Severus' ältester Sohn M. Aurellius Antoninus (Caracalla), wohl seit 197 (Mit-)Augustus, vertrug sich anscheinend in keiner Weise mit seiner Frau, der Tochter des Präfekten Plautian, und stand auch mit seinem Bruder und potentiellen Mitherrscher P. Septimius Geta in ungezügelter Konkurrenz. 205 stürzte Plautians Familie über diese Streitigkeiten. Er wurde erschlagen, seine Tochter verbannt. Die Konkurrenz von Severus' Söhnen aber hielt an. 208 brach der gichtkranke Kaiser ein letztes Mal auf, um in Schottland Krieg zu führen. Vielleicht machte die Schwächung der britannischen Garnison nach dem Albinus-Krieg eine Intervention notwendig. Nach einer glaubhaften Quellenvermutung wollte Severus aber zudem die Lagerbildung seiner Söhne in Rom aufheben. Zumindest der ältere Sohn sollte wohl Kriegsruhm erwerben. Doch ließ Severus auch seinen jüngeren Sohn Geta (geb. 189) 209 zum Augustus erheben. Die Kämpfe in Nordbritannien zielten wohl auf Gebietserwerbungen ab. Als Severus 211 in York starb, hatte er jedoch keines seiner militärischen Ziele im Norden erreicht. Vor allem aber war die Rivalität seiner Söhne ungebrochen. Die ihm schon zu diesem Zweck in den Mund gelegten letzten Worte an seine Söhne, wichtig seien nur Eintracht und der gute Wille der Soldaten, sind in der Moderne oft als Überschrift für die heraufziehende Zeit verwendet worden.

Konkurrenz

Kämpfe in Nordbritannien

3.2.3 Das Scheitern der Fortführung von Severus' Politik: Caracalla

Mord an Geta

Der neue Kaiser M. Aurellius Antoninus sollte wie sein Namensvetter Marc Aurel mit einem Bruder, Geta, regieren. Wir nennen ihn mit einem seiner Spitznamen Caracalla. Der Name verweist auf einen von ihm favorisierten Kapuzenmantel, aber auch auf das Fremdländische des angeblich gladiatorhaften Herrschers. Solche bei den Historiographen zu findende Verzerrungen sind von der bürgerlichen Geschichtsschreibung im 19. und 20. Jh. oft wiederholt worden. Die Quellen lassen es aber bis heute nur selten zu, ihr mit grellen Farben gemaltes Caracalla-Bild zu korrigieren. Die Herrscherfamilie kehrte 211 nach Rom zurück und wohl noch in diesem Jahr ließ Caracalla den Bruder ermorden, mit der üblichen Schutzbehauptung, der andere habe eben dies geplant. Eine spektakuläre Zahl von Anhängern Getas soll der folgenden Säuberung zum Opfer gefallen sein. Mit Namen belegen lässt sich dies nicht. In jedem Fall wurden aber Verwandte früherer Kaiser als potentielle Konkurrenten prophylaktisch ermordet. Auch alte Weggefährten des Severus wie etwa der ehemalige Präfekt Papinian fanden den Tod. Die Regierung Caracallas stand danach im Schatten dieses Herrschaftsbeginns.

Caracalla wurde 186 oder 188 geboren. 211 war er kein Kind mehr und schon seit 197 Mitherrscher, hatte aber nach römischen Wertvorstellungen außer der Leitung der weitgehend ergebnislos abgebrochenen Kämpfe in Britannien kaum etwas geleistet. Sein Machtanspruch stützte sich nur auf die Zugehörigkeit zum „göttlichen" Kaiserhaus, der *domus divina*, und die Familie hatte er durch den Mord an seinem Bruder wesentlich geschwächt. Nach den Historiographen, die den Hass senatorischer Kreise widerspiegeln, wurde er von keiner relevanten Gruppe akzeptiert. Ab 212 scheint er sich daher mit allen Mitteln bemüht zu haben, die Akzeptanz seiner Herrschaft zu erhöhen. Um das stadtrömische Volk warb er etwa durch den Bau von Thermen, deren Ruinen noch heute beeindrucken. In diesen Sinnzusammenhang muss eine der spektakulärsten Verfügungen der römischen Kaiserzeit eingeordnet werden.

domus divina

Thermen

Constitutio Antoniniana

Caracalla erließ ein Edikt, durch das allen freien, noch als „Fremde" oder gar Unterworfene geltenden Bewohnerinnen und Bewohnern des Imperiums das römische Bürgerrecht verliehen wurde. Zwar haben sich Teile dieser Anordnung, die wir nach dem (richtigen) Kaisernamen als *Constitutio Antoniniana* bezeichnen, erhalten (P. Giss. I 40, col. I.). Ansonsten bildet sich diese Maßnahme in der Überlieferung aber fast nur in den Namen der Neubürger ab, die in der Folge wie nach römischem Recht üblich oft nach dem Kaiser M. Aurel(l)ius oder Aurelia hießen. Die Reichweite der *Constitutio Antoniniania* wurde daher auch sehr unterschiedlich bewertet.

Die ältere Forschung hatte angenommen, dass die Zentrale das römische Bürgerrecht schon lange aktiv verbreitet hatte, sodass Caracallas Regelung nur einen wenig bedeutsamen Endpunkt einer langen Entwicklung dargestellt habe. Nach einer jüngeren Schätzung war allerdings vor der *Constitutio Antoniniana* wohl eher erst ein Drittel der freien Bevölkerung des Imperiums bereits Bürgerinnen und Bürger, bei einem klaren West-Ostgefälle. Wenn diese Berechnung zutrifft, kann von einem folgerichtigen Abschluss eines offensichtlichen Trends keine Rede sein. Warum Caracalla das Edikt erlassen hat, bleibt aufgrund der Überlieferungssituation undurchsichtig. Wollte er nach der Ermordung seines Bruders im Reich neue Anhänger mobilisieren? Oder strebte der Kaiser, der seit der Tötung seines Bruders in auffälliger Weise das Wohlwollen der Götter erlangen und unter Beweis stellen wollte, danach, Roms Pantheon neue Verehrerinnen und Verehrer zuzuführen? Oder zielte seine Verfügung, wie Cassius Dio meint, ganz prosaisch auf die Erhöhung bestimmter Steuereinnahmen ab? Schließlich könnte das Edikt Rekrutierungsproblemen bei den Legionen, also den Bürgertruppen, abgeholfen haben. Dies sind Versuche, ein Kalkül hinter der *Constitutio* auszumachen. Der als sprunghaft dargestellte Caracalla kann aber auch aus ganz anderen Motiven gehandelt haben. Wir würden auch gerne mehr über die konkrete Umsetzung des Edikts wissen. Nach den für diese Zwecke besten Quellen, den ägyptischen Papyri, hat die *Constitutio* die Rechtspraxis zumindest kurzfristig kaum beeinflusst. Mittelfristig hat das sich wandelnde römische Privatrecht noch bestehende lokale Rechtspraktiken dann aber deutlicher verdrängt oder integriert. Eine indirekte Konsequenz der Verleihung des Bürgerrechts wurde erst später deutlich: Der Integrationsdruck im Imperium erhöhte sich deutlich.

Kämpfe in Südwestdeutschland gegen Alamannen

Die von der Tradition vorgegebene Form, wie ein neuer Kaiser Prestige erwerben konnte, war der Krieg. 213 leitete Caracalla Kämpfe in Südwestdeutschland gegen sogenannte Alamannen, die in diesem Zusammenhang zuerst in den Schriftquellen genannt werden. Soweit erkennbar waren die Alamannen aber nur in Teilen Neuankömmlinge. Ebenso wichtig wie Zuwanderung wurde, dass sich nordöstlich der römischen Grenzzonen neue Organisationsformen ausbildeten, die auf den Transfer finanzieller Mittel und kultureller Techniken aus dem Imperium zurückzuführen sein könnten. Neben friedlichem Austausch dürften Verschleppungen eine Rolle gespielt haben.

Der Kaiser blieb in der Folge meist an der Spitze eines Heeresverbandes. Er scheint die Nähe der Soldaten gesucht und bei ihnen nachhaltig Zustimmung gefunden zu haben. Dazu trug sicher eine erneute Solderhöhung bei. Doch mehren sich gleichzeitig die Hinweise, dass Kriege, Solderhöhungen und Bauten die zentralen Kassen stark belasteten. Dass die Bürgerrechtsverleihung unter anderem auf neue Einnahmen abzielte, ist also nicht abwegig. Unter Caracalla sind wiederum Konfiskationen belegt. Der Kaiser gab zudem eine neue Silbermünze heraus, die wir nach seinem Namen *Antoninianus* nennen. Vermutlich handelt es sich nominell um einen Doppeldenar. In diesem Fall ist der Edelmetallgehalt gemessen am Gewicht markant verringert worden.

neue Silbermünze

214 zog der Kaiser mit einem großen Heer nach Osten, wahrscheinlich bereits mit dem Ziel eines neuen Partherkriegs. Vielleicht ahmte er, wie die Quellen spöttisch vermuten, Alexander den Großen, sicher aber seinen Vater in dessen erfolgreichsten Jahre nach und besuchte daher auch *Alexandria* bei Ägypten. Auf den üblichen Spott der dortigen Bevölkerung reagierte er mit einem Blutbad. Dass Terror zu Caracallas Herrschaftsinstrumenten gehörte, lässt sich schwerlich leugnen. Für seine Umgebung muss er als Risikofaktor erschienen sein.

Partherkrieg

216 führte Caracalla eine Kampagne im Vorfeld des Partherreichs. Nach den nicht ganz stimmigen Quellen übernahmen sowohl die Kaiserinmutter Iulia Domna als auch sein Prätorianerpräfekt M. Opellius Macrinus Teile des zivilen Regierungsgeschäfts. Der eigentliche Feldzug kam jedoch nicht mehr zustande. Caracalla wurde von einem Mitglied seines militärischen Stabs mit einem persönlichen Rachemotiv erschlagen. Die Leitquellen benennen Macrinus als Anstifter der Tat, weil er sich vom Kaiser bedroht gefühlt habe. Auch wenn die Beschuldigung unüberprüfbar bleibt, fügt sich diese Motivzuschreibung doch in ein gewisses Muster von Kaiserstürzen ein. Herrscher, die bereit waren, gegenüber der sozialen Elite auf Gewalt zu setzen, mussten sich ihrer unmittelbaren Umgebung sicher sein. Dehnte sich der an sich erwünschte Schrecken auf dieses Umfeld aus, waren Attentate nur schwer zu verhindern.

Caracalla erschlagen

Es gelang Macrinus, obwohl er als Prätorianerpräfekt Ritter war, nach schwierigen Verhandlungen genügend Unterstützung bei den Vertretern der Machtelite vor Ort zu erhalten, um sich selbst die Herrscherrolle zu sichern. In dieser Episode zeigt sich, dass sich

Macrinus

das Verhältnis von Zentralität zu den Peripherien

das Verhältnis von Zentralität zu den diversen Peripherien verschoben hatte. Die kommandierenden Offiziere des römischen Heeres während einer Invasion hielten es für sinnvoll, einen der Logistiker der Kampagne zum Kaiser zu wählen, ohne den Stimmungen in Rom Beachtung zu schenken. Ebenso konnten kurzfristig strategisch gut gelegene Städte imperiale Zentren werden. Aber mit der Multiplikation der Zentren kam es auch zu einer Multiplikation der Kandidaten. Und in Rom dürften traditionsorientierte Kreise die Wahl eines Ritters aus grundsätzlichen Erwägungen heraus abgelehnt zu haben. Auch das stadtrömische Volk soll gegenüber dem Kandidaten der Armee misstrauisch gewesen sein. Macrinus konnte sich nicht von Caracalla distanzieren, der bei den Soldaten beliebt blieb, während viele Senatoren ihn hassten. Seine Regierung stand daher von Anfang an vor großen Herausforderungen. Als ein Vorstoß der Parther zu einer römischen Niederlage führte, wurde Macrinus' Lage sehr schwierig. Er musste für einen Frieden große Zahlungen aufbringen und senkte daher die Besoldung für Rekruten und Prätorianer wieder auf das Vor-Caracalla-Niveau ab. Die an eine Politik des lockeren Geldes gewöhnten Truppen sahen darin wohl einen Vorboten von Macrinus' Zielen und solidarisierten sich in Teilen mit den Betroffenen. Zugleich band die Sparmaßnahme die Soldaten noch fester an das alte Kaiserhaus. Iulia Domna hatte den Tod Caracallas nicht überleben wollen. Aber ihre jüngere Schwester Iulia Maesa hatte von einem konsularen Ehemann zwei Töchter, Iulia Soaemias und Iulia Mamaea. Beide hatten einen Sohn, die zu Kristallisationskernen der Dynastie wurden.

das alte Kaiserhaus

3.2.4 Neue geostrategische Herausforderungen jugendlicher Herrscher

Elagabal

Politisch folgte nun eine Phase der Konfusion, die aber noch nicht zu militärischer Instabilität an den Grenzen geführt zu haben scheint. Allerdings wissen wir über die folgenden Regierungen sehr wenig, weil ein darstellerischer Schleier über ihnen liegt. Varius Avitus, der dreizehn- oder vierzehnjährige Sohn der Soaemias, war, vermutlich nach einer Jugend bei Hof in seine Heimat, das syrische *Emesa* (Homs) zurückgekehrt. Dort übte er eine ihm erblich zufallende Funktion als Priester eines lokalen Gottes, des Elagabal, aus. Elagabal war mit der Zeit zu einer etwas außergewöhnlichen Variante einer im arabischen Syrien verbreitet anzutreffenden Gottheit geworden, die in *Emesa* in Form eines Meteoritensteins verehrt wurde. Eine Legion hatte ihr Lager in der Umgebung von *Emesa*. Nach der Entwicklung der letzten Jahrzehnte konnten die Frauen aus dem Kaiserhaus, vor allem Iulia Maesa, glaubhaft als Vertreterinnen der alten Dynastie auftreten. Sie gaben Avitus als unehelichen Sohn Caracallas aus, um seinen Anspruch auf die Nachfolge des Ermordeten plausibler erscheinen zu lassen. Er gewann Anhänger unter den Truppen, und schon bald standen sich römische Soldaten feindselig gegenüber. Die entscheidende Schlacht im Sommer 218 verlor Macrinus. Er floh, wurde gestellt und mit seinem zuvor zum Augustus erhobenen Sohn hingerichtet.

Frauen aus dem Kaiserhaus als Vertreterinnen der alten Dynastie

Das neue Regime blieb zunächst im Osten, vor allem in dem immer bedeutender werdenden *Nikomedeia* (Izmit). Erst im Spätsommer 219 kam der Hof in Rom an. Von der Herrschaft des Priesters haben sich danach aber fast nur feindselige Anekdoten erhalten. Viele Kaiser haben auf dem Gebiet der Religion eigene Akzente gesetzt. Aber Elagabal, wie wir den nächsten Aurel(l)ius Antoninus zur Unterscheidung nennen, scheint sich ganz dem Kult seiner namensgebenden Gottheit gewidmet zu haben, dem die römischen Götter fast untergeordnet wurden. Auch das Sexleben des neuen Herrschers soll gemessen an römischen Normen ungewöhnlich gewesen sein. Autorinnen und Autoren der Jetztzeit haben dies als Stärkung der Diversität in Rom eingestuft. Aber die heutigen Maßstäbe waren nicht die der Zeit selbst.

Herrschaft des Priesters

221 scheint in der Regierung selbst der Gedanke aufgekommen zu sein, dass die Macht Elagabals nicht auf einem festen Fundament stand. Auch die andere Nichte Domnas, Iulia Mamaea, hatte einen Sohn, Bassianus Alexianus. Im Sommer 221 wurde er zunächst in einem für die Zeit nicht unüblichen Alter von etwa zwölf Jahren für volljährig erklärt und von Elagabal adoptiert. Der jüngere Severer erhielt den Namen Alexander und wurde Caesar, in etwa Juniorkaiser. Durch die Adoption hätte sich die Herrschaft des Priesterkaisers stabilisieren können. Stattdessen bildeten sich in der kaiserlichen Familie Lager. Im März 222 fanden Elagabal und seine Mutter Soaemias in diesen Konflikten den Tod. Für Alexander agierten seine Großmutter Maesa und seine Mutter Mamaea, die für das alte Netzwerk der Severer standen.

Alexander

Iulia Mamaea

Teile der schriftlichen Überlieferung über den neuen Kaiser sind als Fürstenspiegel konzipiert. Das gilt insbesondere für die spät verfasste Biographie in der sogenannten *Historia Augusta*.

Idealisierungen

Nach solchen Idealisierungen hat Alexander einflussreiche Senatoren, einen aus ihnen gebildeten Rat und auch den Senat insgesamt stärker in die Regierung des Imperiums eingebunden, als es zu irgendeiner Zeit nach den Anfängen Trajans geschehen war. Dieses Bild von einer wieder heilen Welt ist schwer zu überprüfen. Fast als eigentlicher Kaiser erscheint der Gardepräfekt Ulpian, der wohl bekannteste Jurist seiner Zeit. In der antiken Historiographie steht er für eine professionell geführte Regierung. Doch wurde Ulpian schon 223 von den Prätorianern erschlagen. Solche Gewalttaten sind ein Indiz dafür, dass die seit Severus aus den Provinzheeren rekrutierte Garde in Rom für zusätzlichen Konfliktstoff sorgte. Unruhen unter Truppeneinheiten werden auch sonst vermerkt und verweisen auf ein Autoritätsproblem Alexanders.

Ulpian

politische Auseinandersetzungen in der Hauptstadt

Die politischen Auseinandersetzungen in der Hauptstadt blieben für das Imperium zunächst weitgehend folgenlos. Das Partherreich wurde wieder von internen Konflikten gelähmt, wie sie diesen losen Herrschaftsverband häufig erschütterten. Doch dieses Mal stürzte das Herrscherhaus der Arsakiden, und an seine Stelle trat wieder eine persische Dynastie, die wir Sassaniden nennen. Der erste Herrscher aus diesem Haus, Ardashir, ergriff nach seinem Sieg 224 an seiner Westgrenze die Offensive. 231 bedrohte der neue Großkönig das römische Mesopotamien und Syrien. Vergeblich näherte sich etwa der große Handelsposten *Hatra* (bei Mosul im Irak) bis hin zu einer förmlichen Integration an Rom an. Die Stadt fiel 240/1. Schon vorher scheinen Rom wichtige Festungen wie *Nisibis* (Nusaybin) verloren gegangen zu sein. Die Historiographen beschreiben die Sassaniden als viel gefährlicheren Feind Roms als die Parther. Ihre Herrschaftsorganisation war sicher nicht identisch mit der arsakidischen, wich aber auch nicht scharf von ihr ab. Wie viel kampfstärker ihr Heer war, bleibt letztlich unklar. Römische Autoren vermuteten, die Sassaniden hätten das alte Achaimenidenreich des 5./4. Jh. v. Chr. wieder erstehen lassen, also Westasien ihrer Herrschaft unterwerfen wollen. Die Selbstdarstellung der sassanidischen Könige, etwa die große Inschrift Schapurs I. bei Naqsh-i-Rustam (bei Schiras), lässt eine solche Interpretation durchaus zu. Solche Inschriften und Reliefs aus den Jahren persischer Erfolge sind willkommene Ergänzungen der römischen Sicht, illustrieren in ihrer Einseitigkeit aber auch die Eindimensionalität der römischen Quellen. In jedem Fall prägte die neue militärische Herausforderung Roms die folgenden Jahrzehnte, ja Jahrhunderte.

Sassaniden

die Selbstdarstellung der sassanidischen Könige

Veränderungen der geostrategischen Konstellation

Das Narrativ eines großen Ost-West-Konflikts verdeckt allerdings, dass in der Folgezeit primär die severischen Eroberungen in Mesopotamien im Mittelpunkt der Auseinandersetzungen standen. Sicher wirkte sich auch aus, dass die kaiserliche Zentrale auf den ersten Angriff aus dem Osten seit langer Zeit nicht gut vorbereitet war. Vor allem aber wurde langfristig immer deutlicher, dass die Verlegung großer Truppenteile an eine Front gravierende Folgen für andere, dadurch schlechter gesicherte Grenzzonen haben konnte. Die Probleme, die sich in der Spätphase Trajans und nach L. Verus' Angriff auf die Parther eingestellt hatten, wurden zu einem Dauerzustand. Diese Veränderungen der geostrategischen Konstellation, nicht Kaiserwechsel, führten zu einer Zeitenwende.

der erste römisch-persische Krieg

Die Alexander-Regierung versuchte nach dem Scheitern diplomatischer Bemühungen, ein militärisches Übergewicht an der Ostfront herzustellen und danach zum Gegenangriff überzugehen. Doch die südliche Kolumne des römischen Vormarschs wurde schwer geschlagen, und auch die weiteren Kämpfe führten zu römischen Verlusten. Der erste römisch-persische Krieg endete durch die Einstellung der Feindseligkeiten ohne Frieden. Dieser de facto-Waffenstillstand war für die Alexander-Regierung unattraktiv. Vorhergehende Herausforderungen Alexanders waren noch chancenlos geblieben, vielleicht, weil die Usurpatoren nicht prominent genug waren. In der Zwischenzeit hatten sich Invasionen über Rhein und Donau ereignet. Externe Kriegergruppen plünderten römisches Gebiet. Die aus betroffenen Provinzen abgezogenen Einheiten von Alexanders Ostarmee reagierten erregt auf die Angriffe in ihrer Abwesenheit, die auch ihre Familien betroffen haben mochten. Der Kaiser eilte daher zu den neuen Krisenherden und schlug sein Hauptquartier in *Moguntiacum* (Mainz) auf. Schon der eher die Perser begünstigende Kriegsschluss im Osten hatte die Regierung geschwächt. Auch am Rhein setzten Alexander und sein Stab auf Verhandlungen, nach den jüngsten Verlusten eine nachvollziehbare Entscheidung. Doch Teile der Truppen wandten sich gegen den zögerlich wirkenden Kaiser und seine Mutter. 235 fanden beide den Tod. Mit ihnen endete die Dynastie.

Invasionen über Rhein und Donau

4 Die Genese eines neuen imperialen Staates in Zeiten militärischer Defensive

Stabilität Das wirtschaftliche Leben im Imperium war in der Severerzeit trotz der internen Konflikte der Jahre 193–197 in vielen Regionen von Stabilität geprägt. Die kaiserliche Förderung vieler Städte hat dazu wesentlich beigetragen. Die imperial-angleichende Kultur, für die Autoren wie Cassius Dio oder Herodian standen, erreichte eine Blüte. Die Zentralregierung wirkte dagegen nach Septimius Severus unter den primär dynastisch abgesicherten, zuletzt auch jugendlichen Kaisern wachsend instabil. Sie wurde aber militärisch nicht sofort auf die Probe gestellt und hatte durch die hohen Aufwendungen für die Truppen auch Loyalitätsüberschüsse geschaffen. Mit der neuen Konflikthaftigkeit der Beziehungen zum östlichen Nachbarn und den Herausforderungen an Rhein und Donau veränderte sich jedoch die strategische Lage des Imperiums nachhaltig. Analytisch eher hinderlich ist, dass diese neue Gefährdungslage 235 scheinbar in einem Fanal einen prägnanten Ausdruck fand. Alexander wurde durch einen Herrscher ganz anderen Typs ersetzt. Einzelne Quellen stellen diesen Regierungswechsel als Reaktion einer sich verselbständigenden Armee gegen ein Frauenregime dar. Solche moralischen Bewertungen sagen primär etwas über das Weltbild von Mitgliedern der soziopolitischen Elite aus. Kritische Auseinandersetzungen mit strategischen Problemen bieten diese Autoren kaum.

4.1 Von den späten Severern zur Mitte des 3. Jh.: fortlaufende Trends

4.1.1 Die Maximinus-Jahre: Episode oder Schwelle?

Kontingenz Antike Berichterstatter waren von dem Umsturz von 235 tief beeindruckt. In Anlehnung an ihre Werturteile hat die ältere Forschung dieses Jahr oft als eine Zeitenwende gedeutet. Dieser Eindruck beruht jedoch primär auf kontingenten Faktoren. Der neue Kaiser, C. Iulius Maximinus, war wie Macrinus Ritter, hatte aber eine primär militärische Karriere durchlaufen. Er kam von der unteren Donau, vielleicht aus Thrakien (vor allem in Bulgarien), und damit nicht aus den kulturellen Kernzonen des Reichs. Die Donauprovinzen waren besonders bedroht und stellten viele Rekruten. Wenn Maximinus' Usurpation ein Signal war, dann für den Anspruch von Vertretern dieser Region, in Zukunft angemessen an der Regierung beteiligt zu werden. Maximinus war auch körperlich das Gegenteil seines Vorgängers. Von der Größe und Tapferkeit dieses „Soldatenkaisers" wurden wunderbare Geschichten erzählt. Wenn Körper und Bild eines Kaisers Versinnbildlichungen seiner Herrschaft waren, trat mit Maximinus in der Tat ein Bruch ein.

militärische Probleme an Rhein und Donau

Der Usurpator hat eine formale Bestätigung seiner Erhebung aus Rom erhalten. Zeit für die Hauptstadt hatte er nicht. Seine Kernaufgaben mussten die militärischen Probleme an Rhein und Donau sein, deren Bewältigung viele Soldaten Alexander nicht zugetraut hatten. Auf sie hat er denn auch alle Ressourcen verwandt. Angaben in den Schriftquellen, Maximinus sei tief in das heutige deutsche Gebiet vorgestoßen, galten früher als unrealistisch. Doch lassen sich Funde einer Schlacht am Harzhorn plausibel mit diesen Offensiven verbinden. Maximinus tat anscheinend zudem, was Severus und Caracalla vor ihm erfolgreich praktiziert hatten, Elagabal und Alexander dagegen nicht: Er erhöhte den Sold. Diese Anhebung ist jedoch unsicher tradiert und in ihrem Umfang noch stärker umstritten als die severischen Anpassungen.

Geldsorgen

Die Kehrseite dieser Form der Stabilisierung des Imperiums und des Regimes, an dem Maximinus auch seinen Sohn C. Julius Maximus beteiligte, waren Geldsorgen. Die kaiserliche Fiskaladministration soll denn auch mit energischen Beschaffungsmaßnahmen reagiert haben. Die erhaltenen Historiographien, die gegenüber Maximinus feindselig eingestellt waren, berichten, dass Abgaben aller Art mit äußerster Härte erhoben wurden. Auch gegen Christen soll Maximinus vorgegangen sein. Die Repression könnte sich allerdings auf die Stadt Rom und wenige andere Orte beschränkt haben. In jedem Fall erhielt die christliche Meistererzählung neue Nahrung, Verfolger seien nur Kaiser gewesen, die auch in der von den Senatoren beeinflussten kollektiven Erinnerung als Tyrannen galten. Verhängnisvoll wurde dem Maximinus-Regime, dass es anders als die vorhergehenden Regierungen bereit war, die sozialen Eliten stärker an den Kosten für die Kriege des Imperiums zu beteiligen. Konflikte um Abgabenerhebungen bei dem lokalen Zentrum *Thysdrus* (beim tunesischen El Djem) führten dazu, dass junge Männer aus der lokalen Grundbesitzerschicht einen kaiserlichen Prokurator (einen Fiskalagenten) töteten. Sie überzeugten danach den schon älteren Prokonsul (den erlosten Statthalter) der römischen Provinz

Africa (vor allem in Tunesien), M. Antonius Gordianus, sich zum Gegenkaiser ausrufen zu lassen. Auch er ernannte seinen gleichnamigen Sohn zum Mitherrscher. Zu diesem Zeitpunkt, wohl Anfang 238, muss die Gordian-Usurpation wie ein Himmelfahrtskommando gewirkt haben. Und doch nahm ein großer Teil der Senatoren, insbesondere in Rom, das Angebot eines gemeinsamen Vorgehens gegen Maximinus an, vielleicht auch aufgrund einer konfusen Informationslage. Senatoren, die außerhalb Roms tätig waren, haben sich aus unterschiedlichen Gründen variabel zu dem Aufstand verhalten. Der Widerstand gegen Maximinus war also kein Klassenkampf. Und doch ist bemerkenswert, dass so viele Senatoren bereit waren, sich gegen die Herrschaft des Aufsteigers zu wenden, der durchaus militärische Erfolge vorweisen konnte.

die Gordian-Usurpation

der Gegenschlag des Regimes

Noch im Januar 238 erfolgte der Gegenschlag des Regimes: Der Kommandeur der westlichen Nachbarregion, *Numidia*, Capellianus, mobilisierte sein Heer inklusive der einzigen Legion im außerägyptischen Nordafrika (*III Augusta*). Gegen organisierte Truppen hatten die Aufständischen keine Chance. In einem Gefecht starb der jüngere Gordian, sein Vater scheint sich selbst getötet zu haben. Capellianus soll aus persönlichen Motiven gehandelt haben. Die militärische Lage bot aber auch kaum Gründe, seinen Treueeid gegenüber dem Kaiser zu brechen.

Senatsaristokratie

In Rom hatten sich viele Senatoren so stark exponiert, dass eine Rückkehr zum Gehorsam nicht mehr möglich erschien. Wohl zu diesem Zeitpunkt schuf der Senat sich daher eine Art Exekutivkomitee von zwanzig Männern, die Italien gegen Maximinus verteidigen sollten. Wir kennen immerhin sieben von ihnen. Sie bilden einen Querschnitt durch die senatorische Führungsschicht. Auch die beiden Kaiser, die der Senat aus dieser Gruppe wählte, sollten wohl Repräsentanten der Senatsaristokratie sein, standen aber nur für einen Teil dieser Elite. Sie wiesen interessante Gemeinsamkeiten und Unterschiede auf. M. Clodius Pupienus Maximus und D. Caelius Balbinus waren anscheinend beide Patrizier, gehörten also dem inneren Kern des Senatorenstandes an. Der Status als Patrizier wurde vom Kaiser verliehen, aber dann vom Vater auf den Sohn weitergegeben. Pupienus war wohl der erste Patrizier seiner Familie und soll eine Karriere mit vielen Stationen durchlaufen haben. Seine guten Beziehungen zu Hilfstruppen aus einer der germanischen Provinzen, in der er Statthalter gewesen war, scheinen einer der Gründe für seine Wahl zum Kaiser gewesen zu sein. Balbinus dagegen stand für den alten Adel und könnte, ein interessantes Indiz für das Selbstverständnis dieser Gruppe, weitläufig mit Trajan und Hadrian verwandt gewesen sein. Die Senatoren gaben sich zwei Kaiser, wie es seit alters her zwei Konsuln gab. Pupienus und Balbinus dürften allerdings auch die Profiteure einer schwierigen Kompromissfindung unter den Senatoren gewesen sein, die nur in der Feindschaft zu Maximinus geeint waren. Rasch wurde ihnen von einer aufgebrachten, dynastisch denkenden Menge der gleichnamige Enkel des älteren Gordian als Mitherrscher aufgezwungen. Gordian III. war zu diesem Zeitpunkt etwa 13 Jahre alt. Die Belastungsprobe dieser Dreiecksbeziehung wurde auf die Zeit nach einem eventuellen Sieg über Maximinus verschoben.

Gordian III.

Maximinus' Scheitern

Als Antwort marschierte Maximinus mit größeren Teilen seiner Armee nach Italien. Da dieser Angriff nicht angemessen vorbereitet worden war, fehlte es aber rasch an Lebensmitteln, die aus dem Land selbst nicht über längere Zeit bezogen werden konnten. Als das Maximinus-Heer vor *Aquileia*, der wichtigsten Handelsmetropole des nördlichen Italiens, zum Stillstand kam, ließen die Versorgungsprobleme die Stimmung kippen. Truppen mit einer engeren Beziehung zur Stadt Rom erschlugen Maximinus und seinen Sohn. Die Insurrektion war erfolgreich und eröffnete die Chance zu einer Neubestimmung der politischen Koordinaten. Diese Möglichkeit konnte jedoch von den Beteiligten nicht genutzt werden. Die Senatsherrscher konkurrierten mit Gordian und untereinander. Pupienus und Balbinus wurden zudem von den seit Severus aus den Provinzheeren rekrutierten Prätorianern abgelehnt, die vermutlich den Einfluss jenes Teils der Aristokratie, für die die Senatskaiser standen, auf die Lenkung des Reichs und der Stadt wieder beschränken wollten. Nach Konflikten in Rom, die von Anhängern Gordians angestachelt worden sein dürften, wurden Pupienus und Balbinus von Gardesoldaten erschlagen. Die Großgrundbesitzer, die im Senat ihr politisches Organ fanden, hatten 238 bewiesen, dass sie zu Gegenmaßnahmen gegen einen zu stark in ihre Interessen intervenierenden Kaiser in der Lage waren. Aber ihr Sieg war auch dem Zufall geschuldet gewesen. Einige Senatsmitglieder, vielleicht speziell Aufsteiger, die nicht dem bereits etablierten inneren Zirkel der Aristokratie angehörten, hatten an dessen Machtzuwachs kein Interesse und setzten wieder auf die Ausbildung einer Familienherrschaft, auch zu dem Preis eines neuen „Kinderkaisers". Die meisten Senatoren stammten aus den weitgehend entmilitarisierten Provin-

Pupienus und Balbinus erschlagen

zen wie *Africa*, *Asia* (die Westtürkei), Südfrankreich oder Südspanien oder eben aus Italien. Dort hatten sie auch ihre Netzwerke und Einflussmöglichkeiten. Doch auch die bedrohten Regionen an der Donau oder am Euphrat stellten mittlerweile Mitglieder des *ordo senatorius*. In diesen Gebieten konnten die Interessen der Vertreter der Reichsaristokratie, der Provinzialen und der Truppen eng verflochten sein. Diese unterschiedlichen Gruppen auf einen Konsens zu verpflichten, wurde immer schwieriger. Die Jahre 235–238 erbrachten bei dem Versuch Extremlösungen. In dieser Hinsicht sind sie aufschlussreich, doch traten die Extreme nur kurz in Erscheinung. Maximinus' Nachfolger folgten wieder dem spätseverischen Vorbild. Auch waren die Jahre 235–238 von den gleichen Themen geprägt wie das vorhergehende Jahrzehnt. Maximinus' Regierung von 235 war ein Einschnitt, aber keine Epochengrenze.

4.1.2 Das Einsetzen einer strategischen Defensive

Herodian

Mit dem Jahr 238 endet Herodians eigenwilliges, aber immerhin weniger als eine Generation nach Maximinus' Sturz niedergeschriebenes Geschichtswerk. Für die Zeit nach dem Herrschaftsbeginn Gordians III. stehen uns für die Aktivitäten der Zentralregierung keine längeren Narrative von einer gewissen Verlässlichkeit mehr zur Verfügung. Wir müssen das Geschehen aus deutlich später, meist im 4. Jh. verfassten, oft sehr knapp gehaltenen historiographischen Werken, Fragmenten, wenigen Dokumenten und Rechtsbescheiden, Münzen und (anderen) archäologischen Quellen rekonstruieren (1.3). Daher lassen sich für die Zeit bis in das späte 3. Jh. eher allgemeine Entwicklungstrends herausarbeiten, als dass eine detailreiche politische Geschichte des Imperiums oder gar seiner Nachbarn geschrieben werden könnte.

Entwicklungstrends

Kontinuitäten zur spätseverischen Zeit

Zu den erkennbaren Trends gehört zum einen, dass die Phase von Gordian bis zur Mitte des 3. Jh. einige Kontinuitäten zur spätseverischen Zeit aufweist, die die Herrscher speziell in ihrer dynastischen Politik, durch die Hervorhebung ihrer Frauen und, eventuell, Kinder, auch gezielt herausstellten. Weiterhin wurden die wichtigsten Positionen in der Administration mit Senatoren besetzt, die ihre Karrieren unter den Severern begonnen hatten.

Herausforderungen des Imperiums

Auch die Herausforderungen des Imperiums und seiner Regierung waren grundsätzlich noch die gleichen wie unter den späten Severern, wenn auch neue Feinde hinzukamen. Das Reich wurde an mehreren Fronten bedroht. Mochten auch immer noch Gegenschläge tief in Feindesland geführt werden, wurde das Imperium in der Folge doch immer deutlicher in eine strategische Defensive gedrängt. Gordian starb bei dem Versuch, die sassanidische Stärke zu brechen, bei *Misiche* (beim irakischen Falludscha), vor der gegnerischen Hauptstadt. Sein Tod könnte Folge einer Verwundung gewesen sein, wie es vor allem die Selbstdarstellung des persischen Großkönigs Schapur (Šābuhr) I. suggeriert. Vielleicht hat ihn aber auch sein Gardepräfekt M. Iulius Philippus beseitigt, der nach Gordians Tod wie zuvor Macrinus während eines Ostfeldzugs die Herrschaft übernahm. Philippus konnte nur durch hohe Zahlungen Frieden von den Persern erkaufen (500 000 Münzen, wohl *aurei*, Goldmünzen), und dieser Frieden blieb brüchig. Armenien zwischen Ostanatolien und dem Kaspischen Meer entglitt zusehends Roms Kontrolle. Auch andere Grenzregionen fielen unter persischen Einfluss. Im Osten baute sich langsam eine militärische Krise auf. Auch am Rhein und an der oberen Donau wurde das Reich herausgefordert. In den vierzig Jahren nach Alexanders Tod bei Mainz waren es jedoch vor allem die Provinzen an der mittleren und unteren Donau, die von Invasionen heimgesucht wurden. Carpen und Goten genannte Gruppen dehnten ihre Streifzüge im Reich immer weiter aus.

sassanidische Stärke

die Provinzen an der mittleren und unteren Donau

Völkerwanderung?

Die Schriftquellen behandeln diese Kriegergruppen nur aus römischer Perspektive, als Feinde. Erst viel später wurden auch Geschichten von „Goten“ in griechisch-römischer Tradition verfasst, die sie als eines oder mehrere wandernde Völker auswiesen. Die ältere Forschung hatte diese späten Quellen mithilfe kreativer Archäologie bestätigen wollen und die vorhandenen Zeugnisse vor der Folie eigener Erfahrungshorizonte ausgedeutet. Sie verband daher die militärischen Probleme des Imperiums mit der Ankunft ganzer Völker an der unteren Donau. Zurückhaltender interpretierte eine einflussreiche Forschungsposition Traditionen von Adelsfamilien oder Heerführern als Stabilitätskerne von heterogenen wandernden Gruppen, die langsam zu Völkern im antiken Sinn zusammengewachsen seien. Abstammungsgemeinschaften waren die neuen Feinde an der Donau sicher nicht, und auch sogenannte „Traditionskerne“ lassen sich nur mit viel gutem Willen herausarbeiten. Die neuere Forschung hat archäologische Befunde und die erhaltenen Schriftzeugnisse aus der Zeit selbst sorgfältiger ausgewertet. Vor allem hat sie nationalistische Fehlinterpretationen des

19. und frühen 20. Jh. zurückgewiesen, die kampfstarke Verbände wie die Alamannen zu Vorläufern der eigenen Völker umdeuten wollten. Aber sie hat auch ihre eigenen Erfahrungshorizonte an die Stelle der älteren gesetzt. Diversitätsbetonungen haben daher Homogenitätspostulate abgelöst. Ähnlich hatten schon antike Schriftsteller die neuen Mitspieler an den Rändern des Reichs in ihnen bekannte Konzepte eingeordnet. Im Sinne postkolonialer Theorie greifen wir die Goten daher nur in römischer Sicht.

die zentralen *rationales* und Präfekten

Die Kaiser des 3. Jh. mussten die Armeen zumindest auf Sollstärke halten oder sogar neue Einheiten aufstellen, den Truppen Sonderzahlungen gewähren und sie zwischen den Kriegstheatern hin- und her bewegen. Dies alles verschlang große Summen. Für die Beschaffung von Ressourcen war vor allem die aus dem zweiten Stand, den Rittern, rekrutierte Administration zuständig, das heißt die Prokuratoren. Ein weiterer fortlaufender Trend war daher, dass die Bedeutung dieser Funktionsträger unter der Leitung der zentralen *rationales* (der höchsten Fiskalagenten) und der Prätorianerpräfekten kontinuierlich zunahm. Steuererhöhungen waren in einer Welt, in der viele Menschen nicht substantiell über dem Subsistenzniveau lebten, allerdings kaum durchsetzbar. Sie hätten spezifisch die Reicheren in den Blick nehmen müssen. Das Schicksal des Maximinus scheint diesbezüglich zumeist als Warnung gedient zu haben. Stattdessen gaben die Münzstätten des Reichs vor allem in Nähe von Kampfzonen Silbermünzen mit immer geringerem Edelmetallgehalt aus. Dazu könnte neben höherem Geldbedarf auch nachlassende Ergiebigkeit von Bergwerken beigetragen haben. Noch stiegen die Preise anscheinend nicht, doch wissen wir nicht, wie der geringere Eigenwert der Münzen von der Bevölkerung aufgenommen wurde.

unterschiedliche Geschwindigkeiten der Veränderungen

Ein weiterer aus der späten Severerzeit fortlaufender Trend war, dass sich die Politik, die gesellschaftliche(n) Ordnung(en), Ökonomie(n) und andere Teilbereiche der imperialen Kultur mit unterschiedliche Geschwindigkeiten und dadurch ungleichzeitig entwickelten. Das politische System auf Reichsebene wurde immer instabiler. Das städtische und ländliche Leben war in vielen Regionen dagegen von Kontinuitäten geprägt. Die iberische Halbinsel, Nordafrika, Südgallien oder Kleinasien blieben zunächst weitgehend von Invasionen oder Bürgerkriegen verschont. Die oft als Indikator gewertete Bautätigkeit in solchen friedlichen Zonen erlahmte noch nicht. Wenn das Imperium allerdings wirtschaftlich so stark integriert war, wie es die Forschung zurzeit oft darstellt (6.2.1), müssen auch die Menschen in diesen Gebieten Disruptionen in der Produktion und dann Distribution von Gütern in anderen Regionen registriert haben. Wie die Bevölkerung in den sicheren Reichsteilen auf Nachrichten von Einfällen anderenorts reagierte, bleibt in der Regel leider unklar. Christen entwickelten aufgrund ihrer Neigung zu eschatologischem Denken, etwa dem Glauben an ein zeitnahes Ende der Welt, ab der Mitte des 3. Jh. oft ein zu feines Gespür für mögliche Untergangsszenarien. Entsprechend könnten sie die Auswirkungen lokaler Probleme überbetont haben. Ihre Deutungen müssen also nicht repräsentativ sein. Nach der Jahrhundertmitte stieg die Zahl der Regionen, die von Invasionen betroffen waren, jedoch stetig an. Immer mehr Menschen erlebten Einfälle, Flucht, Verschleppungen und Zerstörung ihres Eigentums. Wie tiefgreifend die Folgen einzelner Invasionen war, bleibt oft unklar, doch war das Imperium mit fortschreitender Zeit von vielen kleinen Krisen geprägt, deren Bedeutung für die Betroffenen nicht relativiert werden sollte.

Kampf gegen Usurpatoren

Die Vielzahl militärischer Herausforderungen bewirkte schließlich, dass sich ein grundsätzlich schon länger bestehender Trend signifikant verstärkte. Bei Bedrohungen wollten Truppen und Provinzialbevölkerung „ihren" Kaiser bei sich haben, eine Forderung, der die Kaiser wegen der Dimensionen des Imperiums nicht immer nachkommen konnten. Viele Kaiser haben daher ihre Söhne zu Mitherrschern ernannt, die aber oft noch zu jung waren, um ihrer Aufgabe gewachsen zu sein. Immer häufiger haben daher Truppen und die lokale Bevölkerung in gefährdeten Grenzzonen die vor Ort kommandierenden Generäle zu Kaisern erhoben. Die vom Senat anerkannten, „legitimen" Herrscher haben dem Kampf gegen solche Usurpatoren oft Priorität eingeräumt und dadurch wiederum andere Fronten gefährdet.

Philippus

Nach dem Tod Gordians 244 gelang es Philippus zeitweilig, die Gesamtlage des Reichs zu stabilisieren. Er baute seinen gleichnamigen Sohn zum Nachfolger auf, der jedoch gerade einmal sechs oder sieben Jahre alt war und keine sichere Zukunftsoption darstellte. Der Kaiser setzte zudem seinen Bruder C. Iulius Priscus als Oberkommandeur im Osten ein. Einen weiteren Verwandten namens Severianus sandte er in die hart umkämpfte Region an der unteren Donau, wo er allerdings gegen die Angriffe von Gruppen wie den Carpen um den dakischen (rumänischen) Raum wenig ausrichten konnte. Priscus nahm seine Aufgabe im Osten zunächst als Prätorianerpräfekt wahr. Severianus war zeitweilig formal als Stellvertreter des Kaisers ausgewiesen. Beide verdankten ihren Aufstieg ihrer Verwandtschaft mit dem Kaiser. Ihre Machtposition in den Provinzen beruhte jedoch nicht einfach auf Gunst oder auf Senatsbeschlüssen. Sie wurde durch ihre Stellung in der Reichsverwaltung definiert. Unter Philippus führten zudem die höchsten Fiskalagenten (*rationales*) selbständig eine Reform in der Provinz *Aegyptus* durch. Speziell die ritterliche Reichsadministration gewann immer mehr ein Eigengewicht. Rollen wurden formalisiert. Zugleich wurden die Anzahl und Bedeutung der Aufgaben, die senatorische Amtsträger unter nominell geringerer Kontrolle durch den Herrscher ausfüllen konnten, noch weiter beschränkt. Wohl unter dem Nachfolger Philipps wurde ein großer Teil der Provinz *Asia* (Westkleinasien), einer der prestigereichsten Provinzen des römischen Volkes, aus der Zuständigkeit des per Los bestellten Prokonsuls herausgenommen und als *Caria et Phrygia* einem kaiserlichen Legaten unterstellt. Ebenso erhielt die prokonsularische Provinz *Baetica* im Süden Spaniens einen kaiserlichen Gouverneur. Kontrollwünsche führten zu Vereinheitlichungen.

Reichsadministration

4.2 Religiöse Konflikte und militärische Probleme: Trends der Jahre 249–260

4.2.1 Neue Formen religiöser Vigilanz und der Tod auf dem Schlachtfeld

die Philippi

Die Philippi kamen aus dem römischen *Arabia*, vielleicht dem heutigen Schahba an der syrisch-jordanischen Grenze. Immer mehr Regionen des Imperiums stellten Mitglieder der Entscheidungselite oder wichtige Truppenkontingente. Maurische (aus dem Nordwesten Afrikas) und osrhoenische Reiter (aus der Gegend um Şanlıurfa) etwa gewannen stetig an Bedeutung. Wie die erst spät belegten Beinamen *Thrax* für Maximinus oder *Arabs* für Philippus zeigen, betrachteten traditionsbewusste Kreise diese Entwicklung mit Skepsis. Insgesamt aber zeigte sich im 3. Jh. die Integrationskraft des Reichs. Die Philippi konnten 248 in Rom dessen tausendjähriges Bestehen feiern. Doch der von Philippus nach Severianus mit einem Oberkommando an der unteren Donau ausgestattete Senator C. Messius

Quintus Decius Valerianus stellte sich gegen den regierenden Kaiser und konnte mit den besten Truppen des Reichs Philippus in einer nicht lokalisierbaren Schlacht besiegen. Gründe für die Usurpation waren vermutlich nicht nur die militärischen Probleme in den Donauprovinzen, sondern auch der harte Steuerdruck des Philippus-Regimes, der zuvor auch bei lokal gut vernetzten Kräften im Osten zu Widerstand geführt hatte.

Decius

Der neue Kaiser war ein erfahrener Kommandeur mit einer langen senatorischen Karriere. In der Maximinus-Krise war Decius dem Kaiser treu geblieben. Über seine Motive können wir nur Mutmaßungen anstellen, aber ein Indiz könnte doch aussagekräftig sein. Decius kam wie Maximinus selbst aus den Donauprovinzen, aus der Nähe von *Sirmium* (dem serbischen Sremska Mitrovica), einer der wichtigsten Städte in der Region. Wie Maximinus wollte Decius sich anscheinend auf den Schutz dieses Gebietes konzentrieren. Der Balkanraum wurde immer mehr zum imperialen Kerngebiet, zwischen Ost und West und im Zentrum der Gefahren.

der Balkanraum

Decius' Opferedikt

Decius orientierte sich allerdings weit mehr als Maximinus an der römischen Tradition. Dass er sich Traianus nannte, muss als Teil eines Programms gedeutet werden. Decius stellte sich in eine Reihe mit den guten Kaisern Roms. Noch glaubte man offenbar verbreitet, dass physische und moralische Anstrengungen alle Probleme würden lösen können. Doch wurden diese Anstrengungen anscheinend immer stärker als Aufgabe aller Bürgerinnen und Bürger verstanden. Decius sah jedenfalls Anlass, seine Herrschaft reichsweit abzusichern, aber auch ein explizites Bekenntnis zum Imperium einzufordern. Ende 249 erließ er ein Edikt, dass die Bevölkerung zum Opfer für die von Rom anerkannten Götter verpflichtete. Viele Traditionsstränge sind in dieses Edikt eingegangen, die Betonung des kaiserlichen Nahverhältnisses zu den Göttern, kollektive Bittrituale in Notsituationen oder schon frühzeitig mehr oder minder deutlich abverlangte Loyalitätskundgebungen. Aber durch die Verleihung des Bürgerrechts an alle Freien 212 wurde die Zielgruppe solcher Versuche, Zustimmung zu erzeugen, deutlich größer. Neu war in jedem Fall, dass alle Bürgerinnen und Bürger sich ihr Opfer bescheinigen lassen mussten. Die Bevölkerung sollte auf die Gottheiten der traditionellen Religionen festgelegt werden, die als Bestandsgaranten galten. Niederlagen forderten den Glauben an ihre Schutzwirkung heraus.

christliche Opfer

Christliche Quellen deuten Decius' Edikt als einen gegen ihre Religion gerichteten Verfolgungsbeschluss. Auf Papyrus erhaltene Opferbescheinigungen widerlegen diese Darstellung. Gleichwohl stellte das Opfergebot für überzeugte Christen eine große Gefahr dar, da ihre Religion die Verehrung anderer Götter selbst in geheuchelter Form ausschloss, während Juden von alten Privilegien geschützt wurden. Christen berichten, dass es schon vor dem Edikt zu Toten in ihren Reihen gekommen sei, und von Flucht sowie Versagen bzw. Täuschungsversuchen beim Opfertest. Ob auch andere Religionen von Exilierungen und Hinrichtungen betroffen waren, wissen wir nicht, doch hatte die Regierung die Christen jedenfalls im Blick. Der Kampf um die religiöse Hoheit im Reich war damit eröffnet. Er sollte noch lange weitergehen, erst gegen, dann unter Christen.

Goten

Decius hatte seine Frau Herennia Etruscilla mit den üblichen Ehrentiteln für Kaiserinnen ausgestattet. Sein ältester Sohn Q. Herennius Etruscus wurde Caesar, also designierter Nachfolger, und dann Augustus, Mitherrscher. Er war erwachsen, und die Chance zu einer Dynastiebildung daher groß. Trotzdem musste Decius Usurpationen bekämpfen. Etruscus brach schon bald an die Donau auf, wo Goten unter dem Anführer Cniva die römischen Provinzen verheerten. Decius folgte, doch blieben die Kämpfe wechselhaft. Mitte 251 folgten die römischen Truppen Feinden auf ungünstiges Terrain und wurden bei *Abrittus* (Razgrad, Bulgarien) schwer geschlagen. Beide Augusti fielen. Dass dem Legaten einer wichtigen Frontprovinz (wohl *Moesia inferior*) von einigen Quellen eine Mitschuld an Decius' Katastrophe unterstellt wird, gehört zum Standard der Darstellung gewaltsamer Herrscherwechsel. Dieser C. Vibius Trebonianus Gallus wurde noch in der Region zum Kaiser ausgerufen. Dass ein Kaiser und sein Sohn auf dem Schlachtfeld blieben, konnte von interessierten Seiten in unterschiedlicher Weise symbolisch gedeutet werden. Für Christen bot sich eine einfache Erklärung für dieses unerhörte Ereignis an: Gott habe die Verfolger gestraft.

Decius' Katastrophe

Trebonianus Gallus

Trebonianus Gallus stammte aus Italien und hatte offenbar senatorische Vorfahren. Wie Decius konnte er sich zudem auf einen bereits erwachsenen Sohn stützen. Dennoch wurden beide sofort herausgefordert. Zusätzlich breitete sich eine neue Epidemie aus, die speziell, aber keineswegs nur, in *Africa* bezeugt ist. Die Auswirkungen können wir nicht einschätzen, doch hat die Seuche vermutlich nicht nur viele Menschenleben und damit auch Kampfkraft und Steuereinnahmen gekostet. Sie dürfte auch die Zweifel an dem privilegierten Verhältnis der Kaiser zu den Göttern, das stets reklamiert, aber immer seltener unter Beweis gestellt wurde, weiter erhöht haben. Nach zwei Jahren wurden Gallus und sein Sohn von den eigenen Soldaten erschlagen. Die Truppen hatten sich dem Kampf mit einem neuen Usurpator, der wie zuvor Gallus eine der moesischen Provinzen an der unteren Donau geleitet hatte, nicht stellen wollen. Dieser Angreifer, M. Aemilius Aemilianus, wurde vom Senat kurzfristig anerkannt. Doch hatte das alte Regime noch frische Einheiten aus dem Westen angefordert. Ihr Kommandeur war der schon seit der Maximinus-Krise öfter als graue Eminenz in Rom ausgemachte P. Licinius Valerianus, der Aemilianus nicht zu akzeptieren bereit war. Aemilianus wurde nach nicht drei Monaten Regierung ebenfalls von seinen Soldaten getötet. Diese Zeit nutzte der persische Großkönig Schapur zu einem breit vorgetragenen Angriff auf den römischen Osten. Wichtige Grenzfestungen wie *Nisibis* (Nusaybin, Türkei) oder *Dura* (in Ostsyrien) gingen dem Imperium kurzzeitig verloren. *Antiocheia* (Antakya), Zentralort nicht nur Syriens, sondern des griechisch-römischen Nahen Ostens, wurde geplündert. Lokale Größen organisierten die Verteidigung oder handelten die Übergabe von Städten aus.

P. Licinius Valerianus

4.2.2 Teilung der Herrschaft im Konsens in Zeiten militärischer Eskalation: Valerian

die Licinier

P. Licinius Valerianus wurde unmittelbar, nachdem er die Herrschaft übernommen hatte, mit großen Herausforderungen in fast allen Grenzzonen konfrontiert. Zu seinem Vorteil wirkte sich aus, dass er wie vor ihm Decius mit P. Licinius Egnatius Gallienus einen bereits erwachsenen Sohn hatte, den er zum Caesar und dann auch zum Augustus ernennen ließ. Ein zweiter Sohn blieb bedeutungslos, weil Gallienus seinerseits bereits Söhne hatte. Die Chancen zur Gründung einer neuen Dynastie waren damit ungewöhnlich gut. Die Licinier beschleunigten in der Folge einen Trend, der über das tetrarchische Herrschaftsmodell (5) in die spätantike Präfekturverfassung münden sollte. Die Augusti teilten die bedrohten Regionen in loser Form unter sich auf. Gallienus' Söhne Valerianus junior (Caesar wohl 256) und Saloninus (Caesar 258) sollten später mit als verlässlich eingeschätzten Beratern das Kaiserhaus an weiteren

Fronten symbolisch repräsentieren. Valerian selbst brach zeitnah in den Osten auf, um die Folgen der Plünderungszüge Schapurs abzumildern und die Reichsadministration wieder zu stabilisieren. Zugleich musste er einer neuen Gefahr Rechnung tragen. Nachdem mit lokaler Beteiligung die gefährdeten Städte des heutigen Griechenlands besser geschützt worden waren, griffen gotische Gruppen nun verstärkt die Nordküste des Schwarzen Meeres an. Das Binnenmeer entglitt der römischen Kontrolle, das bedeutende *Trapezunta* (Trabzon) wurde geplündert. Nachhaltige Hilfe konnte Valerian nicht leisten, zumal er und sein Stab die Persergefahr als größer einschätzten. Im Osten wurde *Samosata* (bei Samsat in Südostanatolien) Valerians Hauptquartier. Die Provinz *Mesopotamia* stand unter großem Druck. *Dura* in Ostsyrien wurde endgültig von den Persern erobert und hat sich nicht mehr erholt. Auffällig ist, dass vor allem die Verteidigung der späten Eroberungen *Mesopotamia* und das stark gesicherte Dakien die Kräfte des Reichs überanstrengten. Das Imperium war aus Prestigegründen übermäßig ausgedehnt worden. Dafür zahlten die Menschen in diesen Regionen hohe Preise. Da die Perser aber noch nur große Raubzüge durchführten, verlor das Reich Menschen, Güter und Städte, aber nicht ganze Provinzen, sodass sich Valerian kurzzeitig zurückzog.

die Persergefahr

Beschlüsse gegen christliche Kirchen

Gallienus wandte sich zunächst der Donaufront zu und schlug sein Hauptquartier vermutlich in *Viminacium* (dem serbischen Kostolac) auf. Dort konnte er kleinere Verteidigungserfolge erzielen. Auch in dieser Region trat 256 scheinbar Ruhe ein. Dass die Entscheidergruppe um die beiden Augusti die Lage Ende 256 für stabilisiert hielt, kann man wohl mit einiger Sicherheit aus zwei aufeinanderfolgenden Beschlüssen der Jahre 257/8 folgern, die gegen die christlichen Kirchen gerichtet waren. Sie setzen die Vorstellung voraus, dass die Kaiser sich Handlungsspielräume für ein ambitionierteres Vorgehen im Reich erkämpft hatten. Die Maßnahmen der kaiserlichen Regierung sind nur aus christlichen Quellen bekannt und entsprechend gefärbt. Aber noch so lässt sich erkennen, dass die antichristliche Politik der imperialen Zentrale eine neue Qualität gewann. Spätestens seit Kaiser Trajan (98–117) galt Christsein als ein todeswürdiges Verbrechen, doch hatte dieser Kaiser zugleich aktive Verfolgungen untersagt. Aus den anderthalb Jahrhunderten danach sind Pogrome oder einzelne Hinrichtungen überliefert. Zumeist scheinen die Christen aber im Windschatten von imperialer Ignoranz, Selbstbescheidung oder vielleicht auch der Toleranz von

Amtsträgern in Frieden gelebt zu haben. Decius' Opferedikt von 249 hatte bereits eine andere Dimension, sich aber nicht gegen die Christen, sondern an alle Reichsbürgerinnen und -bürger gewandt. 257 aber erließ Valerian zunächst ein Verbot von Versammlungen, die durch christliche Kleriker einberufen wurden, die zudem bei Strafe der Verbannung den Göttern des Imperiums opfern sollten. 258 folgte ein radikalerer Schritt in Form eines vom Kaiser initiierten Senatsbeschlusses. Aufgelistete Würdenträger der Kirche sollten unmittelbar nach richterlichem Beschluss hingerichtet werden. Auch christlichen Mitgliedern der hohen *ordines* (also des Senatoren- und des Ritterstandes) sowie Vertretern der Administration wurden bei Opferverweigerung gestaffelt hohe Strafen angedroht. Beiläufig wird deutlich, dass die Zentrale ihren selbsternannten Feind mittlerweile besser kannte. Christen galten ihr nicht mehr als sozial niedrigstehende Subjekte mit einem verwerflichen Irrglauben. Eine Bewegung der Armen und Entrechteten war diese Religion nie gewesen. Aber erst im 3. Jh. scheint sie auch eine größere Zahl von Anhängerinnen und Anhängern in den Eliten gefunden zu haben. Thascius Caecilius Cyprianus, Bischof Karthagos (bei Tunis) und eine unserer besten Quellen für christliches Leben der Zeit, gehörte der Oberschicht dieser Großstadt an. Dem decischen Edikt hatte er sich noch entzogen. Nun erlitt er wie der römische Bischof Sixtus II. das Martyrium, starb also für seine Überzeugung. Wie üblich wurde die kaiserliche Verfügung ansonsten sehr unterschiedlich umgesetzt.

Verbot von Versammlungen

kirchliche Würdenträger sollen hingerichtet werden

Valerian und sein Umfeld hatten vermutlich auch fiskalische Beweggründe für ihr Vorgehen. Handlungsleitend dürften sie aber nicht gewesen sein. Die Kaiser des 3. Jh. waren überzeugte Verfechter der traditionellen Religionen. Die Christen untergruben durch den Exklusivitätsanspruch ihrer Religion nach der Vorstellung der Machtelite wohl den Zusammenhalt der Gesellschaft(en). Durch den Opferzwang sollten sie (wieder) in eine römisch-imperiale Gemeinschaft integriert werden. Interessant ist, dass Valerian weniger gegen die Christen als gegen die Kirche(n) vorging. Offenbar wertete die Zentrale die sich ausbildenden Strukturen der Christen als Stärke bzw. als Bedrohung. Aber die Verfolgung suggerierte doch mehr christliche Einheit, als es in der Antike je gegeben hat. Zwar mehren sich im 3. Jh. die Hinweise auf überstädtische kirchliche Versammlungen in Form regionaler Konzile. Die administrative Verdichtung des Imperiums färbte auf die Kirchen ab. Dennoch blieben die ein-

vielerlei Christentümer

zelnen Gemeinden das Rückgrat der christlichen Bewegungen. Die Antike kannte stets vielerlei Christentümer, mit vielerlei Überzeugungen und vielen Sprachen.

die Rheingrenze

Wenn die Zentralregierung 256/7 davon ausgegangen war, dass sie die militärischen Probleme des Reichs im Griff hatte, wurde sie rasch eines Besseren belehrt. Valerianus junior übernahm symbolisch die Verteidigung der Donaugrenze, weil Gallienus sein Hauptquartier gezwungenermaßen an den Rhein, wohl nach Köln, verlegen musste. Im Zusammenhang mit den folgenden Auseinandersetzungen begegnet allerdings in späten Quellen ein neuer Feind. Die Franken scheinen wie die Alamannen noch ein loser Verband gewesen zu sein, der schon lange bezeugte Kriegergesellschaften am Niederrhein in noch lockeren Strukturen integrierte.

Ab dieser Zeit wird die Chronologie des Kampfgeschehens ganz unsicher. Die Rheingrenze konnte offenbar nicht mehr dauerhaft gesichert werden. Germanische Gruppen konnten zeitweilig bis nach Südspanien, ja Nordafrika vorstoßen. Auch in Süddeutschland überquerten Feinde die römischen Verteidigungslinien und gelangten in heute schweizerisches Gebiet und nach Norditalien. Juthungen genannte Gruppen konnten wohl 259 noch weiter vorrücken.

Rom in Gefahr

Selbst Rom scheint in Gefahr gewesen zu sein. Zudem starb 258 der jüngere Valerian an der Donau. Diese Front wurde daher wieder einem General ohne Verbindung zur Dynastie unterstellt, der bald fast schon erwartungsgemäß putschen sollte. Am Niederrhein hatte Gallienus 258 seinen jüngeren Sohn Saloninus zum Caesar erhoben, der nach den Angriffen im Süden die Dynastie nun allein vor Ort repräsentieren musste. Der Kaiser selbst konnte alamannische

Mediolanum/Mailand

Gruppen bei *Mediolanum*/Mailand besiegen. Mailand sollte in den folgenden hundertfünfzig Jahren immer mehr zum Zentralort des Westens werden. Die Stadt lag strategisch günstig zwischen Rom sowie der Rhein- und der Donaufront. Trotz des Sieges und Saloninus' Erhebung konnte die Zentralregierung die vielen Konfliktherde im Westen aber nicht kontrollieren.

Valerian in Gefangenschaft

Zeitgleich verschlechterte sich auch die Lage im Osten wieder. Valerian war wohl Anfang 258 in diesen Reichsteil zurückgekehrt. Über das Schwarze Meer drangen gotische Gruppen bis in Kerngebiete des Reichs vor und zerstörten bedeutende Städte wie das regionale Zentrum *Nikomedeia* (Izmit). Die kaiserliche Armee konnte diesen Gebieten kaum Hilfe bringen. Öfter hören wir davon, dass Gruppen innerhalb des Imperiums mit den Invasoren kooperierten.

Ein Imperium, das seine Grenzen nicht verteidigen konnte, verlor nicht nur an Zustimmung, sondern auch seinen Schrecken. Vermutlich Anfang 260 wandte sich Valerian wieder gegen den Perserkönig Schapur, der erneut ins Reich eingedrungen war. Bei einem Versuch, den Großkönig abzudrängen, fielen der Kaiser und andere hochrangige Vertreter des Imperiums bei einer Schlacht im heutigen türkisch-syrischen Grenzgebiet den Persern in die Hände. Valerian lebte noch einige Jahre in unwürdiger Gefangenschaft. Diese Katastrophe Roms spiegelt sich für uns vor allem in Schapurs Siegesfanfaren und christlicher Häme. Gallienus unternahm nicht einmal den Versuch, seinem Vater zu helfen. Die Kräfte der Zentralregierung reichten gerade einmal dazu, den Mittelteil des Reichs zu halten. Bezeichnenderweise brauchte die Reichsarmee die Hilfe improvisierter Aufgebote, um die aus Italien zurückkehrenden Juthungen nahe Augsburg zu besiegen. In diesem Licht muss man wohl auch Gallienus' Abbruch der Christenverfolgung sehen. Sie galt ihm wohl nur noch als eine Belastung.

Modelle und Erfahrungswerte

Valerians Festnahme markiert unzweifelhaft eine der schwersten Niederlagen, die Rom je erlitten hat. Die historische Interpretation der Jahrzehnte, die von diesem Fanal zumindest scheinbar überschattet werden, hat sich in den letzten Jahrzehnten allerdings deutlich gewandelt. Die schlechte Überlieferungslage macht es schon seit langer Zeit notwendig, zu ihrer Rekonstruktion auf Modelle und Erfahrungswerte zurückzugreifen. In der Zeit rivalisierender europäischer Nationalstaaten und Imperien des 19. und des frühen 20. Jh. sahen Historiker in Rom bisweilen eine Art Vorläufer. Niederlagen Roms konnten daher als Erinnerungen an die Endlichkeit imperialer Macht gewertet werden. Die Alamannen und die Franken boten Forschern aus Deutschland oder Frankreich andererseits auch alternative Identifikationsangebote, die mit viel Kreativität genutzt wurden. Spätestens nach den Katastrophenerfahrungen der Weltkriege etablierte sich dann aber ein anderes Erklärungsmodell für belegte und erschlossene Entwicklungen im 3. Jh.: Das römische Reich sei in eine umfassende Krise geraten. Der Begriff Krise wurde dabei nur selten näher bestimmt, sondern meist als Generalschlüssel zur Erklärung aller möglichen Veränderungen verwendet. Diese Herangehensweise ist Ende des letzten Jahrhunderts kritisiert und dann aufgegeben worden. Der Terminus Krise bezeichne, wenn er technisch gebraucht werde, schnell ablaufende Prozesse, nicht einen langfristig verlaufenden Wandel. Transforma-

Krise

tionen in ganz unterschiedlichen Teilbereichen der imperialen Gesellschaft (Politik, Wirtschaft, Sozialstruktur) mit einem einheitlichen und dadurch vagen Konzept zu beschreiben, erschwere zudem die methodisch gebotene ergebnisoffene Analyse dieser Veränderungen. Die Vorstellung einer Reichskrise trage zudem den regionalen Besonderheiten im Imperium in keiner Weise Rechnung. Diese stärkere Differenzierung zwischen unterschiedlichen (Wirtschafts-)Räumen im Imperium ging schließlich mit einem Wechsel im Quellenfokus einher: Das Hauptaugenmerk liegt nicht mehr auf den späten Schriftquellen, sondern auf den archäologischen Befunden aus der Zeit selbst. Diese revisionistische Deutung dominiert seit längerer Zeit in der deutschen Altertumswissenschaft. Doch ist auch die neuere Forschung auf Erfahrungswerte, Modelle und Vermutungen angewiesen, um den beschleunigten Wandel zu erklären, der uns unscharf zumindest in der imperialen Politik und Administration des 3. Jh. entgegentritt. Die Interpretation der Veränderungen im 3. Jh. illustriert daher in besonderer Weise die Standortgebundenheit historischer Analysen.

regionale Besonderheiten im Imperium

4.3 Der Kollaps der einheitlichen Zentralgewalt und die Wiedervereinigung

4.3.1 Teilung des Reichs im Zeichen innerer Konflikte: die Gallienus-Jahre

die Katastrophe Valerians

Unter dem Eindruck der Katastrophe Valerians zersplitterte das Imperium. So unsicher die Zusammenhänge bleiben müssen, so wahrscheinlich ist es doch, dass die Nachricht von der Gefangennahme des Kaisers eine Kettenreaktion auslöste. Der Oberkommandierende an der Donaufront, Ingenuus, reklamierte wohl zu diesem Zeitpunkt die Herrschaft für sich. Im Osten organisierten die verbleibenden hohen Vertreter Roms Fulvius Macrianus und Ballista die Verteidigung. Die syrische Metropole *Antiocheia* (Antakya) wurde anscheinend erneut eingenommen, das östliche Kleinasien überrannt. Persische Streifzüge drangen bis nach *Eikonion* (Konya) vor. Die Entfernung von ihren Basen erschwerte jedoch die Versorgung der persischen Armeen, sodass die römische Führung erste Gegenschläge landen konnte. Da die Zentralregierung keine Hilfe leistete, installierten die Entscheidungsträger vor Ort die Söhne Macrians,

Macrianus und Ballista

Macrianus junior und Quietus, als Kaiser. Am Rhein beseitigte der ritterliche Funktionsträger M. Cassianus Latinius Postumus nach Spannungen Gallienus' Sohn Saloninus und seinen Stab und machte sich selbst zum Kaiser. Diese Usurpation könnte der Nachricht von Valerians Gefangennahme sogar vorhergegangen sein. An der Donau wurde Gallienus mit weiteren Plünderungen konfrontiert. Immer öfter mussten lokale Milizen ihre Heimat schützen, weil die Reichsarmee geschlagen oder abgezogen worden war.

Postumus

Dass das Reich sich nicht vollständig desintegrierte, scheint einer Mischung aus Zufällen und klugen Entscheidungen geschuldet gewesen zu sein. Die Usurpationen, die sonst zur Schwächung des Imperiums beitrugen, ermöglichten es in diesem Fall, die Verteidigung regional zu organisieren. Gallienus kontrollierte mit der Hauptstadt auch den römischen Senat und hatte deswegen den Schein der Legalität auf seiner Seite. Mit dem Westkaiser Postumus, dessen Herrschaft neben dem gallisch-germanischen Raum (Frankreich mit Teilen Westdeutschlands) und zeitweilig Rätien (um Augsburg und Regensburg) spätestens seit 261 auch Spanien und Britannien umfasste, koexistierte er für längere Zeit in passiver Feindschaft. Ob dieses Verhalten strategischen Zwängen, kluger Selbstbescheidung, Zufall oder Schwäche geschuldet war, ist aus den verworrenen antiken Berichten nicht mehr sicher herauszulesen. Jedenfalls wurde es äußerst wichtig, dass sich die Auseinandersetzungen zwischen der Zentralregierung und dem gallischen Sonderreich auf kurze Kampfhandlungen beschränkten. Gallienus hatte schon vor der Gefangennahme seines Vaters begonnen, eine Einsatzarmee mit einem ungewöhnlich hohen Anteil von Kavallerie um sich zu scharen, mit der seine Generäle das Mittelreich verteidigen konnten. Leider ist bei einigen der später bezeugten Reitereinheiten nicht klar, ob sie von Gallienus aufgestellt worden sind. So bleibt umstritten, wie stark bereits Gallienus die severische Interventionsarmee weiterentwickelt hat. Zum Begleitheer des Kaisers gehörten aber in jedem Fall weiterhin auch Legionen. Schon frühzeitig hatten Herrscher für Feldzüge neben ganzen Legionen mit Tross auch kampfstarke Abteilungen aus anderen Einheiten, sogenannte *vexillationes*, mobilisiert. Speziell unter Gallienus konnten sich solche Vexillationen auch verselbständigen, bspw. wenn ihre Stammlegionen im Postumus-Reich stationiert waren. Neue Einheiten entstanden. Auch die Offiziersstruktur wurde sukzessive reformiert. Verlierer dieser Umstrukturierung waren die Grenzarmeen,

Usurpationen

Kavallerie

die Offiziersstruktur

die Kerntruppen abgeben mussten. Auch die Prätorianer büßten an Exklusivität ein, da viele neue Begleittruppen schon in ihren Bezeichnungen auf den Schutz des Kaisers verpflichtet wurden, um Loyalitäten zu stärken. Zukunftsweisend wurde zudem der Einsatz größerer Gruppen germanischer Soldaten, die römische Verluste kompensieren sollten. Obwohl einzelne Veränderungen schwer zu datieren sind, ist die Armee unter Gallienus wahrscheinlich nachhaltig umgestaltet worden. Eine Einbahnstraße waren diese Entwicklungen aber nicht. Einheiten des Kaiserheeres sind später auch wieder den Grenztruppen zugewiesen worden.

der kaiserliche Stab

In die Jahre nach 260 fällt zudem die deutliche Beschleunigung eines schon angesprochenen Trends, der die nächsten fünfzig Jahre Reichsgeschichte ganz wesentlich mitbestimmen sollte. Schon seit der Zeit des Marcus und der Severer hatte der aus ritterlichen Funktionsträgern gebildeten kaiserliche Stab stetig an Einfluss gewonnen. Dieser Stab kontrollierte essentielle Ressourcen wie die Finanzen und viele Versorgungsgüter der Armee, aber auch die Kommunikation der Herrscher auf Reisen. Die Ritter dieser Jahrzehnte waren sozial allerdings nicht mehr mit dem zweiten Stand der römischen Gesellschaftsordnung des 1. und 2. Jh. vergleichbar. Bis in das 3. Jh. hatten, nach der Überlieferung zu schließen, unter den Rittern Großgrundbesitzer dominiert, die den Senatoren vom Sozialprofil her ähnlich waren. Dagegen rekrutierten sich die Ritter insgesamt wie auch der kaiserliche Stab spätestens seit der Mitte des 3. Jh. in immer höherem Ausmaß aus im Heer aufgestiegenen Offizieren. Noch immer aber waren viele Leitungspositionen wie zu Beginn der Kaiserzeit Senatoren vorbehalten, die weniger militärische Erfahrung, aber einen höheren Status hatten. Soziale Zwänge verhinderten, sie Rittern unterzuordnen, die die zentralen Funktionen in Kaisernähe wahrnahmen. Angesichts der veränderten Bedingungen von administrativem Handeln hat die Gallienus-Regierung offenbar in diese gewachsenen Strukturen eingegriffen, wenn auch Tragweite, Zeitpunkt und Absichten dieser Intervention umstritten bleiben. Die Regierung hat Kommandopositionen bei den Legionen (ein Tribunat, die Leitung der Legion) nicht mehr mit Senatoren besetzt. Zudem wurden die meisten prätorischen und einige konsulare Provinzen ritterlichen Statthaltern unterstellt, die aber zunächst noch den Titel Stellvertreter des Gouverneurs (*agens vice praesidis*) trugen, um die Neuerung als Provisorium auszuweisen. Die neue Personalpolitik könnte im Jahr 262 angestoßen oder über Jahre hin-

Ritter

Senatoren

weg sukzessive umgesetzt worden sein. Sie könnte das Ziel verfolgt haben, rasch und kurzzeitig professionelle Militärs zu fördern. Vielleicht sollten Senatoren aber auch dauerhaft auf zivile Aufgabe beschränkt werden. In jedem Fall wurde das geschilderte Strukturproblem von Statusdiskrepanzen in der imperialen Administration entschärft. Der den Kaiser begleitende Stab wurde dem größten Teil der Provinzialadministration und den Legionskommandeuren klar übergeordnet. Die Reichsverwaltung gewann deutlich an Kohärenz.

Gallienus' Einsatzarmee

Die folgenden Jahre waren von Siegen von Gallienus' Einsatzarmee geprägt. Zugleich bildete diese mobile Heeresgruppe die Schule für die Führungskräfte der nächsten Generation. Gallienus bzw. sein Kavalleriekommandeur Aureolus konnten die Usurpationen von Ingenuus und dessen Nachfolger Regalian niederschlagen und 261 das aus dem Kollaps der Valerian-Regierung hervorgegangene Ostregime um die Kaiser Macrianus und Quietus bei geringen eigenen Verlusten größtenteils beseitigen. Gleichwohl gab es noch weitere Versuche, Kaiser zu etablieren, die aber weitgehend folgenlos blieben. Die wohl überraschendste Entwicklung zeigte sich im äußersten Osten des Imperiums. Seit dem frühen 1. Jh. n. Chr. war die reiche Handelsstadt Palmyra (bei Tadmor in Syrien) Teil des Imperiums, wenn vielleicht auch nur in loser Anbindung. Palmyra war eine der Organisatorinnen und Profiteure des Warenaustauschs, der durch die von interimperialen Freiräumen geprägte Steppe zwischen dem römischen Nahen Osten und dem parthischen Mesopotamien verlief. Unter anderem sorgte Palmyra diplomatisch, aber auch mit bewaffneten Einheiten für den Schutz der Händler und reduzierte so die Kosten für die Beteiligten, mit enormen eigenen Gewinnspannen. Der Handel zwischen dem Mittelmeerraum und Indien oder China ist in den letzten Jahren unter dem Eindruck der wirtschaftlichen Globalisierung des 20. und 21. Jh. intensiv erforscht worden. Einfache Deutungen von Palmyra als einer Karawanenstadt sind mit komplexeren Theorien ergänzt worden, die das Zusammenwirken vieler Akteure in weitverzweigten Netzwerken sichtbar machen und erklären. In jedem Fall stellten die häufigen Kriege zwischen Persern und Römern seit den dreißiger Jahren des 3. Jh. jedoch eine akute Bedrohung des Geschäftsmodells des „Gateway" Palmyra dar. Wohl erst in den frühen fünfziger Jahren konnte sich in der Folge eine Art Stadtherr etablieren, dessen Position aber schwer zu bestimmen ist. Im Lateinischen oder im imperialen Grie-

Palmyra

Odaenathus

chisch der Zeit wird er Septimius Odaenathus genannt. Odaenathus war schon vor der Katastrophe Valerians in den römischen Senat aufgenommen worden und vermutlich auch zum Konsulat aufgestiegen. Zeitweilig scheint er als Statthalter einer der syrischen Provinzen (wohl *Phoenice*) agiert zu haben, war also ganz offiziell in die Administration der Region eingebunden. Bestrebt, Palmyra vor den Folgen von Valerians Katastrophe zu schützen, hatte Odaenathus nach anfänglichem Zögern die Verteidigung Roms zu seiner Sache gemacht und den Reichtum seiner Heimatstadt sowie mit Schutztruppen Palmyras verstärkte reguläre römische Einheiten gegen die Sassaniden eingesetzt. Schon 260 konnte er Schapur eine empfindliche Niederlage beibringen. 261 beseitigte er die Reste des Macrianus-Regimes. Gallienus, der nicht eingreifen konnte, ernannte Odaenathus zum Oberkommandierenden und vielleicht zu seinem Stellvertreter im römischen Osten. In der Folge setzte der Palmyrener zum Gegenschlag gegen Schapur an und drang zumindest einmal, 262/3, tief in das Perserreich ein. *Mesopotamia* wurde (zeitweilig) zurückerobert, wichtige Grenzorte wurden wieder besetzt oder weitgehend zerstört. Nominell war damit die Herrschaft des Gallienus über den römischen *Oriens* wiederhergestellt.

Odaenathus Oberkommandeur im römischen Osten

Odaenathus' Zukunftspläne

Militärische Kooperationen mit lokalen Kräften, die den Schutz des Reichsgebiets sicherstellen sollten, waren schon seit langer Zeit üblich. Mit Odaenathus' Kommando erreichte diese Form der Zusammenarbeit aber eine ganz andere Qualität. Odaenathus' Zukunftspläne lassen sich aus der Überlieferung nicht mehr rekonstruieren. Seit 263 nannte er sich König der Könige, als Zeichen seiner Persersiege, aber auch, um gestiegene Ansprüche zu verdeutlichen. Sie betrafen wohl primär Palmyra selbst, wo Odaenathus eine Dynastiegründung anstrebte. Aus der Außensicht müssen seine Ambitionen jedoch mehrdeutig gewirkt haben.

das westliche Sonderreich

Zugleich gingen am Rhein, an der Donau und im Schwarzmeergebiet die Kämpfe gegen Invasoren weiter. Für das westliche Sonderreich stehen uns nur wenige verlässliche Quellen zur Verfügung. Die Bilder und Umschriften auf den dort geprägten Münzen spiegeln religiöse Vorstellungen seines germanisch-gallischen (westdeutsch-französischen) Kerngebietes wider. Postumus setzte aber auch einen Senat und Konsuln, also typisch römische Institutionen, ein. Ob eine Verstetigung dieses Reichs mit Gallien als Zentrum angestrebt wurde, lässt sich nicht klären. Die Postumus-Regierung erzielte immerhin zeitweilig Erfolge gegen externe Feinde. Doch konnten einige rechtsrheinische Gebiete auch nicht mehr geschützt werden und entglitten Roms Kontrolle.

Raubzüge über die Donau

Weiterhin sind auch Raubzüge über die Donau bis tief in die mediterranen Zonen überliefert. Der berühmte Tempel der Göttin Artemis von Ephesos (bei Selçuk) ging in Flammen auf. Kämpfe an den Thermopylen (in Mittelgriechenland) wurden im Licht der berühmten Schlacht während der Perserkriege des 5. Jh. v. Chr. gedeutet und verliefen ähnlich negativ. In der Folge wurden griechische Städte verheert. Bei einem der gotischen Plünderungszüge wurden die Vorfahren des späteren „Apostels" der Goten Ulfilas aus dem Reich verschleppt. Doch auch diese Angriffe gingen seit etwa 262 anscheinend zurück. Damit trat die kurios anmutende Situation ein, dass in größeren Teilen des Imperiums trotz einer de facto-Dreiteilung wieder Frieden herrschte und bisweilen sogar Wohlstand möglich war. Gallienus soll sich nach feindseligen Darstellungen vor allem in Rom aufgehalten haben. Dort stand er 266 in einen losen Austausch mit dem bekanntesten Philosophen seiner Zeit, dem Platoniker Plotin. 264 begab er sich wie Hadrian nach Athen. Der Dialog mit Plotin zeitigte aber keine Ergebnisse und der Athen-Besuch diente nicht der Pflege griechischer Kultur, sondern Verteidigungszwecken. Die relative Ruhe nach dem Sturm um das Jahr 260 hielt denn auch nicht lange.

de facto-Dreiteilung

Odaenathus ermordet

Wohl 266 und 267 unternahm Gallienus erfolglos Versuche, den Westen wieder seiner Herrschaft zu unterwerfen. 267 wurde Odaenathus mit seinem ältesten Sohn ermordet, möglicherweise auf Veranlassung des Kaisers, dem sein Helfer zu mächtig geworden sein könnte. Dieser Mord setzte eine Serie von Lageverschärfungen in Gang. Ein weiterer Sohn des Ermordeten, der um 260 geborene L. Iulius Aurelius Septimius Vaballathus, für den seine Mutter Zenobia agierte, übernahm de facto die Machtposition seines Vaters. Die beiden konnten den Kernbereich Odaenaths halten. Anders als Odaenathus waren sie durchaus bereit, Interessen auch gegen die Zentralgewalt durchzusetzen und gingen 270 etwa in Ägypten und 271 in Kleinasien in die Offensive. Dennoch suchte die neue Palmyra-Regierung explizit die Anerkennung der Zentralregierung als Vertretung des Kaisers, die sie jedoch nie erhielt. Vaballathus' Titulatur und Münzbilder spiegeln größer werdenden Ansprüche wider. Langsam drohte auch in und um Syrien ein Sonderreich zu entstehen, in dessen Zentren *Antiocheia* und Palmyra sich ein vielfältiges Hofleben entwickelte.

Vaballathus

Gallienus ermordet

Vor dem Hintergrund der Anfänge dieser Entwicklung entschied Gallienus, den Ostfeldzug vorzubereiten, den er 260 nicht hatte organisieren können. Dass sich die Reichsteile nun wieder gegeneinander wandten, führte zu erneuten Einfällen. So konnten 267 unter anderem sogenannte Heruler trotz lokalen Widerstandes Athen erobern. Dieser Vorfall hat gerade in der späteren Rezeption der Krisenjahre großen Nachhall gefunden. Vielleicht wurde seine Tragweite überschätzt. In jedem Fall aber verdeutlichte die Plünderung Athens, dass keine Stadt im Reich sicher war. Gallienus besiegte die Heruler auf dem Rückweg am Fluss Nestos, doch fiel im Anschluss sein wichtigster General, Aureolus, von ihm ab. Gallienus konnte ihn zwar schlagen und in Mailand einschließen, wurde aber dort von seinen Offizieren ermordet.

Dass Gallienus die Gefangennahme Valerians überstanden hat, überrascht ebenso wie sein Sturz nach den Erfolgen der sechziger Jahre. Mehr denn je gilt, dass die Überlieferungslage es nicht zulässt, gut begründete Urteile über die Motive der Beteiligten abzugeben. Immerhin erscheint die Vermutung plausibel, dass die aus dem Balkanraum stammenden Offiziere Gallienus' Ostpläne ablehnten, weil ihnen vor allem an der Sicherung des Donaufront lag.

4.3.2 Die Beseitigung der sichtbarsten Symptome imperialer Schwäche 268–284

Claudius II.

Die folgenden Herrscher waren oft ausschließlich im Heer sozialisiert worden und blieben auf das Engste mit den Truppen verbunden. Wenn die früher als Epochenüberschrift gewählte Bezeichnung „Soldatenkaiserzeit“ für irgendeine Phase des 3. Jh. Aussagekraft besitzt, dann für die Regierungszeiten der militärischen Aufsteiger, die auf Gallienus folgten. Über den Nachfolger von Gallienus, M. Aurelius Claudius (Claudius II.), haben wir allerdings kaum verlässliche Informationen. Späte Überhöhungen sind zum Teil damit zu erklären, dass Constantin I. (der Große) ihn ab 310 als Vorfahren ausgab und Constantins Dynastie lange herrschen sollte. Claudius musste sich wie seine Vorgänger mit Angriffen von Goten und anderen Gruppen auseinandersetzen. Gotische Gruppen griffen zu Schiff das südliche Kleinasien an und gefährdeten damit auch den engeren Kreis von bisher oft in Frieden lebenden Provinzen. Ein beschleunigter Befestigungsbau im Reich erschwerte den Angreifern mittlerweile jedoch die rasche Einnahme reicher Städte. Zudem gewann die römische Flotte langsam wieder die Hoheit über das Mittelmeer zurück. Vor allem aber konnte Claudius andere Goten in einer größeren Schlacht bei *Naissus* (Niš) 269 stellen und mit hohen Verlusten besiegen. Diese Schlacht hat ihn als *Gothicus*, Gotensieger, in die Geschichte eingehen lassen. Mit diesem Sieg gelang es seit längerer Zeit zum ersten Mal, die Angriffe der Goten einzudämmen. Dazu trug allerdings auch die seit den fünfziger Jahren grassierende Seuche wesentlich bei.

Das westliche Sonderreich wurde wachsend von den gleichen Problemen destabilisiert wie zuvor das Gesamtreich. Nach der Usurpation eines Laelianus verweigerte Postumus 269 seinen Soldaten die Plünderung von Mainz, die ihn daraufhin erschlugen. Nach einer Phase des Chaos wurde mit Victorinus der zweite Mann hinter Postumus Westkaiser. Die spanischen Provinzen ordneten sich aber noch im gleichen Jahr wieder dem Mittelreich unter. Zudem erhoben sich sogar im gallischen Kerngebiet des Sonderreichs die Häduer um Autun (*Augustodunum*). Die Claudius-Regierung konnte nicht wirksam helfen, vielleicht wegen der Höherwertung des Grenzschutzes an der Donau, vielleicht wegen der Anfänge der schon angesprochenen Ausdehnung des palmyrenischen Machtbereichs. Und schon im September 270 fiel Claudius der Seuche zum Opfer. Die Regierung seines Bruders Quintillus blieb ein Randphänomen.

das westliche Sonderreich

Victorinus

Die Siege der Zentralregierung waren zu einem großen Teil der von Gallienus ausgebauten mobilen Interventionsarmee zu verdanken. Dass 270 ein weiterer Kavalleriegeneral aus diesem Verband Kaiser wurde, erscheint daher fast folgerichtig. L. Domitius Aurelianus sollte es gelingen, das seit 260 in zwei und spätestens seit 272 in drei Teile zerfallende Imperium wiederzuvereinigen. Doch zeigen noch die Anfänge des neuen Herrschers, wie kontingent die Reichsgeschichte in dieser Zeit verlief. Nach ersten Erfolgen gegen Juthungen und Vandalen kam es zu massiven Angriffen auf Italien. Juthungen besiegten 271 bei Piacenza Aurelian selbst, Usurpationen waren die Folge. Rom erhielt spätestens jetzt ebenfalls eine Mauer, die nach Aurelian benannt wird. Alles Erreichte war in Gefahr. Es gelang dem Kaiser aber, die Juthungen schwer zu schlagen und mehrere Usurpationen zu unterdrücken. Eine dieser Revolten wurde von dem paramilitärisch organisierten Personal der stadtrömischen Münze getragen. Allein bei deren Unterdrückung sollen Tausende Menschen, inklusive Senatoren, getötet worden sein.

Aurelian

die dakischen Provinzen

Aurelian konnte sich zwar behaupten, doch litt die Donauregion trotz Claudius' Sieg schon wieder unter Einfällen. Der Kaiser hat die Lage dort nur durch einen drastischen Schritt in den Griff bekommen. Die dakischen Provinzen (in Rumänien) zu sichern, forderte einen immensen Aufwand. Aurelian gab sie auf. Auch wenn dieser Rückzug nicht ganz sicher datiert werden kann, fällt er doch wahrscheinlich in das Jahr 271. Der Name *Dacia* sollte in einer und dann zwei neuen Provinzen südlich der Donau weiterleben, wie auch Teile der Bevölkerung den römischen Truppen folgten. An dieser Front wurde die imperiale Überdehnung rückgängig gemacht. Auch aus Teilen Süddeutschlands zog sich das Imperium langsam zurück.

Palmyra

Die neue Stabilität an der Donau war teuer erkauft. Der Rückzug trug aber vermutlich wesentlich dazu bei, dass die Zentralregierung das Gallische Sonderreich und den palmyrenischen Einflussbereich wieder ihrer Autorität unterstellen konnte. Aus dem gallischen Raum wurde Aurelian nicht bedroht, sodass er sich erst gegen Palmyra wenden konnte. Erst im Zuge dieser Kämpfe nahm Vaballathus 272 den Kaisertitel an. Für das Imperium war es ein glücklicher Umstand, dass der Widerstand von Zenobia und Vaballathus nach Gefechten bei *Antiocheia* (Antakya) und *Emesa* (Homs) rasch kollabierte. Zu seinem Erfolg trug bei, dass Aurelian auf Milde setzte und damit die stabilisierende Rolle Palmyras nach Valerians Katastrophe rückwirkend honorierte. Der Kaiser zog zudem weitere Lehren aus dem vergangenen Jahrzehnt und etablierte neue administrative Mittelebenen zwischen der Zentralregierung und den Ostprovinzen. Er ernannte einen Oberkommandierenden der Ostarmee (Aurelius Marcellinus) und setzte auch einen Richter an Kaisers statt ein (Virius Lupus), der die Wiedereingliederung der Großregion leiten sollte. In der zweiten Hälfte des 3. Jh. experimentierten die Regierungen, wie Monarchie mit der Vielzahl der Aufgaben vereinbart werden könne. Palmyra wagte 273 noch einen Aufstand. Als römische Garnison verlor es danach an Bedeutung. Die Machtstellung der Stadt in den Jahren zwischen 260 und 272 wird unterschiedlich interpretiert. Man kann sie als Fortführung römischer Herrschaft mit anderen Mitteln werten: Die Entscheidungsträger hätten dann nie aktiv eine Abkopplung angestrebt, sondern wären höchstens zu ihr gedrängt worden. Doch lassen die Quellen auch die Deutung zu, dass die Entstehung des Palmyrenischen Machtblocks eher regionalen Eigendynamiken geschuldet war, die

administrative Mittelebenen

nicht zwingend auf eine Wiedervereinigung hätten hinauslaufen müssen.

Ende des Gallischen Sonderreichs

Anfang 274 griff Aurelian nach fünfzehn Jahren der Spaltung das Gallische Sonderreich an. Bereits 271 war Victorinus erschlagen worden. Sein Nachfolger C. Pius Esuvius Tetricus entstammte wie er der gallischen Aristokratie, war aber nicht in gleicher Weise mit dem Grenzheer verbunden. Zentralort wurde endgültig das weiter im Hinterland liegende, besser geschützte Trier. Neue Barbareneinfälle sind bezeugt. Diese Ausgangslage erschwerte die Verteidigung gegen Aurelians Armee. Die verlustreiche Schlacht bei Châlons (*Catalaunum*) beendete die Zweiteilung des Reichs. Der undurchsichtig agierende Tetricus wurde gegen die Regeln der Zeit nicht getötet und übernahm später sogar eine Statthalterschaft in Italien.

Tetricus

Überdehnung des Imperiums

Aurelian beseitigte mit seinen Siegen die Fragmentierung der Herrschaftsgewalt. Er stellte aber zugleich auch die Problemlage wieder her, die die militärische Krise erst ausgelöst hatte. Eine einzelne Zentralregierung konnte die weitgespannten Grenzzonen des Imperiums nicht nachhaltig schützen. Dass die Kaiser seit Decius einen erwachsenen Sohn zum Mitherrscher gemacht hatten, hatte die Probleme nicht beheben können. So gesehen war die de facto-Dreiteilung des römischen Machtbereichs zwischen 260 und 272/4 weit eher zukunftsweisend als die hart erkämpfte Wiedervereinigung. Im Falle Dakiens hatte die Aurelian-Regierung zu einem hohen Preis Schlüsse aus der Überdehnung des Imperiums gezogen. Auch auf anderen Feldern bemühte sich die Zentrale um neue Lösungen. Italien, wo die Interventionsarmee oft stationiert und das immer häufiger selbst Kriegsgebiet war, wurde, wie die Tetricus-Episode zeigt, immer stärker an die Provinzen angenähert. Auch die Reichswährung verlangte die Aufmerksamkeit der Regierung. Vor allem der von den Münzstätten ausgegebene Antoninian (Doppeldenar) hatte nur noch einen sehr geringen Silbergehalt. Die Kosten der Dauerkriege waren für das Imperium kaum noch zu stemmen. 274 erfolgte daher eine große Münzreform, die in fast allen Details umstritten ist. Nach der neueren Forschung setzte sie aber einen wichtigen Trend in Gang. Ein niedriger Edelmetallgehalt war an sich kein Indiz für eine Geldentwertung. Bevölkerung und Soldaten akzeptierten – anders anscheinend als Reichsfeinde – nach wie vor die von der Zentrale ausgegeben „Silbermünzen" zum offiziellen Wert und mussten dies auch. Diese Münzen waren ein Kreditgeld und erhielten Kredit. Was Aurelian mit seiner Reform angestrebt

große Münzreform

hat, ist nicht sicher, doch waren seine neuen Münzen sehr wahrscheinlich in noch höherem Maße überbewertet als die der vorhergehenden Zeit. Anscheinend wurde durch diesen Eingriff der Bogen überspannt. In Ägypten, wo sich durch Papyri hinreichend Hinweise erhalten haben, verzehnfachten sich die Preise. Das Zeitalter der Inflation hatte begonnen. Es sollte sich weit in das 4. Jh. hinziehen.

Inflation

Sol invictus

Schließlich könnte ein schon länger laufender Trend unter Aurelian einen ersten Höhepunkt erreicht haben. Je prekärer die Position der Kaiser wurde, desto stärker betonten sie ihr Nahverhältnis zu den Göttern und oft zu einem persönlichen Schutzgott. Auch Aurelian war nicht nur im Kult selbst ein Gott, er wurde auch an unterschiedliche Gottheiten angeglichen. Seit 272 oder 273 hob er in auffälliger Weise seine Beziehung zu *Sol invictus*, dem unbesiegbaren Sonnengott, hervor, ja könnte sich als dessen Vertreter auf Erden dargestellt haben. Leider ist die Beleglage für Aurelians politische Theologie nicht gut. Geholfen hat ihm die reklamierte Nähe zu *Sol* ohnehin nicht: Er wurde 275 in einem banalen Komplott aufgrund persönlicher Motive getötet.

Tacitus

Dass der Wiederhersteller (*restitutor*) der imperialen Einheit ermordet wurde, hatte anscheinend niemand erwartet. Ein kurzes Interregnum trat ein. Über den in der Folge als Herrscher installierten M. Claudius Tacitus waren die Quellen so schlecht unterrichtet, dass auf den wenig bekannten Kaiser Idealvorstellungen projiziert wurden. Tacitus war offenbar ein Konsular, also führender Senator. Aber mehr ist über ihn nicht gesichert überliefert, und nach einer plausiblen Vermutung hatte er zuvor eine ritterliche Karriere im Heer absolviert. In diesem Fall hätte sich sein Sozialprofil kaum von dem seiner Vorgänger unterschieden. Tacitus musste sich sofort mit einem Einfall gotischer Gruppen auseinandersetzen. Nach einem ersten Erfolg fand er bereits Mitte 276 den Tod. Auch er könnte ermordet worden sein. Sein Prätorianerpräfekt und, nach einigen Quellen, (Halb-)Bruder Florianus konnte sich nicht gegen einen Usurpator im Osten, M. Aurelius Probus, durchsetzen, der wieder ein typischer Soldatenkaiser war. Probus gelang es, den Konsolidierungskurs im Reich fortzusetzen. Nach Kämpfen gegen Goten führte er die Interventionsarmee nach Gallien, das in der Folge des Zusammenbruchs des Sonderreichs unter schweren Angriffen litt. Siege über Alamannen und Franken verschafften diesen Regionen eine Atempause. Trotz solcher Erfolge musste sich der Kaiser gegen zahlreiche Usurpationen wehren. Zudem sind bspw. in Ägypten

Probus

oder in Nordwestafrika Kampfhandlungen belegt. Und im Südwesten Kleinasiens kam es 279 zu Kämpfen gegen sogenannte Räuber, ein vages Etikett für unterschiedliche Gruppen, das in diesem Fall auch Isaurier aus dem Taurusgebirge meint. Sie blieben auch in der Folgezeit ein Störfaktor.

Isaurier

Zwei Entscheidungen der Probus-Regierung können schließlich als Anzeichen für die großen Veränderungen gedeutet werden, die seit der Severerzeit im und um das Imperium eingetreten waren. Wohl seit Septimius hatten Kaiser für Regionen, die besonderer Aufmerksamkeit bedurften, Beauftragte ernannt, die vor Ort als Stellvertreter der Herrscher Recht sprechen sollten. Dass die Kaiser und explizit Probus einen solchen *iudex vice sacra* auch in Rom einsetzten, illustriert die Verschiebung im Gefüge von Zentrum und Peripherien, die sich im 3. Jh. ergeben hatte. Zudem werfen die Probus-Jahre ein Schlaglicht auf die wichtigste strategische Grundgegebenheit des Imperiums seit der späten Severerzeit. Die Erholung der Jahre 263–282 war möglich gewesen, weil die Kämpfe mit den Persern geruht hatten. Nach den Erfolgen des Odaenathus hatte sich ein unsicherer Frieden mit den Sassaniden eingestellt. Die Lage an der Grenze war jedoch weiter unübersichtlich. Probus scheint verhandelt zu haben, sein Nachfolger griff das Perserreich frontal an. Rom gelangte damit zwar wieder in die Offensive, doch band die Dauerfeindschaft im Osten viele Kräfte und Ressourcen.

iudex vice sacra

unsicherer Frieden mit den Sassaniden

Probus fand trotz erfolgreicher Kampagnen ein ähnliches Ende wie seine Vorgänger. Nach den Quellen hatte er seine Armee auch zur Hebung der Bodenqualität in Grenzregionen eingesetzt. Dies war zwar keine Neuerung, doch konnten schon kleinere Verstimmungen der Truppen Anlass zu einem gewaltsamen Wechsel im Oberkommando geben. Dieses Mittel war nun etabliert, es gab trotz der geringen Lebenserwartung der Herrscher genügend Aspiranten, und im Feld konnten die Kaiser nicht hinreichend geschützt werden. Dass erfolgreiche Generäle wie Probus genauso ermordet wurden wie Verlegenheitskaiser, illustriert die Instabilität dieser Jahre. Als sich mit dem aus Gallien stammenden Prätorianerpräfekten M. Aurelius Carus eine Machtalternative zeigte, ließen die Soldaten Probus fallen. Carus scheint sich nach der mehrdeutigen Überlieferung nicht förmlich um die Zustimmung des Senats zu seiner Wahl bemüht zu haben. Solche Notizen aus dem 4. Jh. haben mit zu der Bezeichnung der Phase als Soldatenkaiserzeit beigetragen. Die Sache selbst war eher nebensächlich.

Soldatenkaiserzeit

Carus

Dieser erneute Kaiserwechsel führt vor Augen, was die Zentrale in diesen Jahren mehr als alles andere brauchte. Die Herrscher werden in den späten Quellen zwar teils verunglimpft, teils heroisiert. Gemeinsam haben sie aber eine Reihe von Instrumenten entwickelt, um die militärischen Probleme des Reichs in den Griff zu bekommen. Sie experimentierten mit einer Dezentralisierung des Oberkommandos. Ein Teil der Armee war mobilisiert und der Befestigungsbau intensiviert worden. Einige nur mit großem Aufwand zu haltende Außenposten wurden geräumt. Die Administration war vergrößert und besser organisiert worden. Aber die vielen eher unvermittelt getroffenen Maßnahmen mussten noch in stabile Formen gegossen werden. Dazu benötigte die jeweils regierende Gruppe vor allem Zeit, über die kein Kaiser verfügte, solange er zwischen Fronten hin- und herzog und jederzeit erschlagen werden konnte. Belastbare Konsequenzen aus den geostrategischen Herausforderungen wurden erst gezogen, als eine längere Atempause strukturierende Eingriffe in den imperialen Überbau zuließ.

Aufteilung in einen Ost- und einen Westschwerpunkt

Carus hatte bereits zwei erwachsene Söhne, sodass wieder eine simple Aufteilung des Reichs in einen Ost- und einen Westschwerpunkt möglich wurde. Mit Numerianus begab er sich auf einen Perserfeldzug, Carinus blieb im Westen. Der Anlass für den Vorstoß ins Perserreich scheinen innere Konflikte im Nachbarimperium gewesen zu sein. Wie unter Trajan und Verus war der Angriffskrieg daher zunächst erfolgreich, wieder einmal wurde *Ktesiphon* erobert. Wiederum begannen die Probleme danach. Carus starb im Sommer 283 im heutigen Irak, vielleicht durch einen Zufall, doch waren die klimatischen Bedingungen für ältere Menschen in jedem Fall widrig.

Numerianus

Numerianus nahm wie zuvor sein älterer Bruder Carinus den Augustusrang an und leitete den Rückzug, dessen Folgen für beide Kriegsparteien nicht ganz klar werden. Doch der neue Augustus zog sich ein Augenleiden zu und wurde in einer geschlossenen Sänfte transportiert. Angeblich soll Leichengeruch im November 284 offenbart haben, dass Numerian bereits einige Zeit tot war. Das Problem der Suche nach einem Verantwortlichen löste der zuvor von den Offizieren zum neuen Kaiser bestimmte Kommandeur einer Gardeeinheit (der *protectores domestici*) Diocles mit dem Schwert. Ob er durch die Tötung des Gardepräfekten Aper den Schuldigen bestrafen, einen möglichen Rivalen beseitigen oder von sich ablenken wollte, muss offenbleiben. Diocles wurde dadurch zwar Kaiser im Osten, aber die anschließende Schlacht gegen den anderen Sohn des Carus, Carinus, an der Morava im Sommer 285 verlor er. Gegen die Erwartung ließen die siegreichen Truppen ihren Kaiser aber fallen und anerkannten Diocles, der sich nach einer Übergangsphase der Herrschaft C. Aurelius Valerius Diocletianus nannte. Erst Diocletian sollte es gelingen, das rasante Karussell der Kaiserwechsel zu stoppen und Zeit für die Stabilisierung des Imperiums im Wortsinn zu erkämpfen.

Carinus

Diocletian

5 Die Institutionalisierung einer neuen Staatlichkeit: die Tetrarchien

Strukturwandel

In den über zwanzig Jahren, die Diocletian das Imperium mitprägte, lässt sich in vielen Teilbereichen der imperialen Gesellschaft ein Strukturwandel beobachten. Ein neuartiges Kaiserkollegium sollte den Dimensionen des Reichs besser Rechnung tragen, eine innovative politische Theologie die kollegiale Herrschaft absichern. Ein neues Steuersystem entstand, neu in Italien eingeführte Provinzen wurden der Besteuerung unterworfen, die anderen anscheinend systematisch geteilt, neue Münzen ausgegeben und religiöse Dissidenten mit einer nie dagewesenen Härte verfolgt. Vielen dieser Neuerungen war kein dauerhafter Erfolg beschieden. Das gilt schon für die namensgebende Innovation – der allerdings erst modern verwendete Begriff Tetrarchie meint „Viererherrschaft". Dass Diocletian zunächst (285/6) mit Maximianus einen Mitherrscher ernannte und später (293) mit Constantius und Galerius zwei Nachfolger (*Caesares*) aufbaute, blieb nur eine Etappe auf dem langen Weg zu der Unterteilung in ein West- und ein Ostimperium. Auch die Münzreform scheiterte. Die dichtere Provinzialverwaltung und das neue Steuerwesen prägten dagegen die folgenden Jahrhunderte.

Tetrarchie

die Überlieferung

Viele Aspekte des angesprochenen Strukturwandels bilden sich allerdings nur unscharf ab. Zwar stehen für die tetrarchische Zeit wieder mehr Quellen zur Verfügung. Dennoch bleibt die Überlieferung ein Puzzle aus ganz unterschiedlichen Bausteinen, die sich auch bei großer Sorgfalt zu unterschiedlichen Bildern zusammenfügen lassen. Geschichtserzählungen, wie sie für die Frühe Kaiserzeit geschrieben worden sind, haben sich nicht erhalten. Diese Funktion übernimmt eine Streitschrift des christlichen Rhetorikprofessors L. Caelius Firmianus Lactantius („Über die Todesarten der Verfolger"),

Lactantius

der in der Christenverfolgung Diocletians unter unklaren Bedingungen seine Stellung verlor. Die Kirchengeschichte des Eusebios von *Kaisareia* (bei Tel Aviv) liefert neben sozialgeschichtlich interessanten Informationen zur Entwicklung der christlichen Gemeinden auch politikgeschichtlich relevantes Material. Die lateinischen Kurzgeschichten (Breviarien) aus dem 4. Jh. bleiben sehr allgemein. Hinzu treten Momentaufnahmen, wie Reden auf tetrarchische Kaiser (*Panegyrici latini*). Auch liegen uns wieder mehr Inschriften und Papyri vor. Die Überlieferung wirkt vielgestaltig, aber auch fragmentiert. Daher bleibt das Risiko bestehen, aufgrund der seit langer Zeit etablierten Etikettierung Diocletians als Reformkaiser langfristige Transformationsprozesse oder erst spätere Innovationen mit Gesetzen dieses Herrschers zu verknüpfen.

Eusebios

Breviarien

Sicherheitslage

Blickt man auf die Sicherheitslage in und um das Reich, unterschied sich die erste Hälfte der Regierungszeit Diocletians in vielen Aspekten noch nicht wesentlich von den vorhergehenden Jahrzehnten. Diocletian und die von ihm ernannten Mitherrscher kämpften an vielen Fronten gegen auswärtige Feinde, die in das Imperium eindringen und Beute, vielleicht aber auch Land gewinnen wollten. Bspw. sind Kämpfe gegen Franken am Niederrhein oder Markomannen an der mittleren Donau belegt. Neu hinzu treten als Feinde sogenannte Sarazenen, arabische Gruppen, deren Bedeutung in der Region stetig wuchs. Zweimal wurden große Schlachten gegen die Perser geschlagen, deren erste (im Winter 296/7) mit einer empfindlichen Schlappe endete, während die zweite zu einem großen Triumph speziell für den Caesar Galerius wurde (Sommer 297). Zudem musste die Diocletian-Regierung drei große Aufstände unterdrücken, die auf eine massive Unzufriedenheit der Zivilbevölkerung hinweisen. Spätestens 285/6 war im nördlichen Gallien eine Revolte aufsässiger Landbewohner und Vertriebener ausgebrochen, die unter dem Namen Bagauden bekannt geworden sind. Bewegungen mit diesem Namen begegnen in dieser Region später noch öfter. Wohl 293 rebellierten die oberägyptischen Städte *Busiris* und *Koptos*. 297 bildete sich in Ägypten erneut ein großer Aufstand, der mit dem Perserkrieg zusammenfiel und damit zu einer äußerst gefährlichen Zeit ausbrach.

Schlachten gegen die Perser

Bagauden

Ägypten

römische Expansion im Osten

Der große Persersieg des Galerius bei *Satala* (Sathag) 297 mit anschließender Eroberung einer der Hauptstädte, *Ktesiphon*, wurde als Überwindung der von Valerians Gefangennahme initiierten Probleme zelebriert. Die römische Einflusszone wurde über den Tigris hinaus verschoben. Die erneute römische Expansion verhärtete die Konflikte im Osten noch weiter, kurzfristig sorgte dieser Sieg jedoch für Entlastung. Da 296/7 auch die eine große Usurpation dieser Jahre, die Bildung eines britannischen Sonderreichs, beseitigt worden war, muss danach die geostrategische Lage des Imperiums deutlich stabiler gewirkt haben. Einige der bedeutenden Neuerungen der Tetrarchie bilden sich denn auch erst zu Beginn des 4. Jh. klarer ab. Doch mag dieser Eindruck auch Verzerrungen in der Überlieferung geschuldet sein.

5.1 Strukturwandel und Kontinuitäten um die Wende zum 4. Jh.

5.1.1 Große Reformen der ersten Tetrarchie

Ungewöhnlichkeiten

Auch wenn die Kampfhandlungen in den Grenzzonen weitergingen, wiesen doch schon die ersten Jahre des neuen Regimes auch Ungewöhnlichkeiten auf. Diocletian hat eine militärische Niederlage gegen den im Anschluss ermordeten Carinus überstanden und nach Übernahme der Alleinherrschaft sogar Funktionsträger des Carinus im Amt belassen. Er genoss offenbar Unterstützung von Offizieren, die unter Probus gedient und das Intermezzo unter der gallischen Familie des Carus nicht mit ganzer Kraft mitgetragen hatten. Mit Diocletian kehrten die Illyrer, das heißt die Militärs vom Balkan, zurück. Als Diocletian offenbar in Anlehnung an die Doppelherrschaft Marc Aurels mit Lucius Verus 285 einen Mitstreiter ernannte, wählte er mit M. Aurelius Valerius Maximianus einen erfahrenen Offizier aus der gleichen Region (aus der Umgebung von *Sirmium*/ Sremska Mitrovica). Vermutlich agierte Maximian zunächst als Caesar, Juniorkaiser mit eingeschränkten Rechten. Seine erste Aufgabe war die Niederschlagung der ländlichen Protestbewegung der Bagauden. Ob dieser Aufstand überhaupt der Grund dafür war, dass Diocletian einen Mitherrscher ernannt hat, der in keinerlei verwandtschaftlichem Verhältnis zu ihm stand, kann leider nicht geklärt werden. Auch in den folgenden zwanzig Jahren bilden konkrete Anlässe und sehr weitreichende Reaktionen der Zentralregierung undurchsichtige Gemengelagen. Maximianus wurde bald darauf (Sommer 286?) zum Augustus erhoben. Der ältere Diocletian blieb aber eindeutig der bestimmende Partner. Maximianus hat zu dem Gelingen des Diocletianischen Experiments in den folgenden zwan-

Illyrer

Maximian Caesar

zig Jahren entscheidend beigetragen, indem er die Oberherrschaft Diocletians akzeptierte. *Concordia*, Eintracht, wurde von einem unerhörten Gebet zu einer politischen Realität. In den Anfangsjahren der beiden Kaiser wurde diese Form der Doppelherrschaft in eine theologische Bildsprache gekleidet. Diocletian stellte sich als von Iuppiter erwählt dar, Maximian wurde zu einem Vertreter des Sohnes von Iuppiter, Hercules, dem Gott gewordenen Heros schlechthin. Die Attribute *Iovius* und *Herculius* scheinen auf eine Hierarchie zu verweisen, doch wählten die Augusti eine Repräsentation als Brüder. Nicht nur das Verhältnis der Kaiser zueinander, auch ihre Beziehungen zu ihren Schutzgottheiten wurden nicht eindeutig ausformuliert. In den weitestgehenden Aussagen wirkten die Götter durch die Kaiser, die als ihre Söhne gedeutet werden konnten. Aber diese Form der Darstellung wurde nicht durchgängig verwendet. Die Kaiser waren zugleich die obersten Verehrer der Götter. Der traditionelle Kaiserkult bestand fort. Die Repräsentation der Herrscher berief sich neben Iuppiter und Hercules zudem auch auf andere Götter. Ansätze zu einer neuen politischen Theologie sind erkennbar, systematisiert wurden sie nicht.

Concordia

Iovius und *Herculius*

ein britannisches Sonderreich

Schon bald wurde das neue Regime ernsthaft herausgefordert. Der Admiral M. Aurelius Maus(aeus) Carausius hatte Angriffe von Sachsen und Franken auf die Küsten Galliens und Britanniens abwehren sollen. Er agierte erfolgreich, zog jedoch den Verdacht Maximians auf sich und rebellierte. Maximians eilige Gegenmaßnahmen scheiterten völlig. Ein britannisches Sonderreich mit gallischem Vorraum um den wichtigsten Hafen *Gesoriacum* (Boulogne-sur-mer) entstand. Notgedrungen arrangierten sich die legitimen Kaiser zunächst mit dieser Konstellation, die aber eine Provokation blieb. Mit deren Beseitigung wurde 293 ein neuer Caesar im Westen beauftragt. Flavius Valerius Constantius war ebenfalls ein illyrischer Offizier, der seinen Aufstieg seiner Laufbahn in der Armee verdankte und schon 284/5 in einflussreicher Position bei Diocletians Etablierung mitgewirkt hatte. Wohl 289 heiratete er eine Tochter Maximians. Zu diesem Zweck hatte er eine eheähnliche Verbindung, wohl ein langjähriges Konkubinat, mit einer Frau aus sehr einfachen Verhältnissen, Helena, aufgegeben, mit der er bereits einen, vermutlich illegitimen, Sohn namens C. Flavius Valerius Constantinus hatte. Mit seiner neuen Frau Theodora hatte er ebenfalls Kinder. Damit war der Keim für schwere Konflikte innerhalb dieser Familie, die zu einer Dynastie werden sollte, gelegt. Auch Diocleti-

Constantius

Constantinus

an, der anders als Maximian keinen Sohn hatte, verheiratete einen illyrischen Offizier mit seiner Tochter und ernannte ihn zu seinem Caesar. Die Quellen nennen diesen Mitherrscher, der ein sehr ähnliches Sozialprofil wie die übrigen Kaiser aufwies, oft Maximianus, wir wegen der Namensgleichheit mit dem Augustus Galerius (C. Galerius Valerius Maximianus). Wie weit Diocletian bei diesen Entscheidungen vorab und in die Zukunft plante, ist umstritten. Die Integration der beiden Juniorkaiser in ein neues Kollegium scheint aus der Rückschau einer starken Taktung unterworfen zu sein, um den Eindruck von Gleichzeitigkeit hervorzurufen. Ob schon die Einsetzung der Caesares im Frühjahr 293 als konzertierte Aktion inszeniert gewesen ist, muss unklar bleiben. Zwischen den beiden Zeremonien könnten Monate gelegen haben. Wir können auch nicht mit Sicherheit sagen, ob Diocletian mit der Wahl zweier nicht mit den Augusti blutsverwandter Caesares aus eigenem Antrieb heraus eine neue Herrschaftskonzeption entwickelte oder auf diese Weise nur auf die Entstehung neuer Brandherde in den Provinzen reagierte.

Galerius

Anlässe für die Ernennung zusätzlicher Herrscher

Anlässe für die Ernennung zusätzlicher Herrscher könnten neben der anhaltenden Abspaltung Britanniens ein Aufstand in Ägypten um die Städte *Busiris* und *Koptos* gewesen sein. Dass Diocletian mit der Erhebung der Caesaren auf ein neues Modell von Kaiserherrschaft setzte, scheint aber doch die plausibelste Deutung zu sein. In jedem Fall wurde die Herrschaft der Vier in der Folge mit allen Medien im Reich als Fundament neuer Stabilität und Inbegriff des Zusammenhalts gefeiert. Anders als üblich kam die Initiative dafür von oben. Die Entscheider scheinen sich bewusst gewesen zu sein, dass das als heilige Familie dargestellte, aber durch Kooptation der „Besten" konstruierte Herrscherkolleg ungewöhnlich war. Die Caesares, die nicht viel jünger waren als ihre Augusti, wurden durch Adoption, Heirat und unterstellte göttliche Sanktionierung in die Familie der Iovier und Herculier aufgenommen. Constantius war älter und wurde stets vor Galerius genannt. Beide bestanden in Kriegen ihre Feuertaufen. Diocletian hat dadurch ein wichtiges Problem der vorhergehenden Jahrzehnte zeitweilig in den Griff bekommen: Da Generäle nach Siegen oft zu Kaisern ausgerufen wurden, griff der Oberherrscher solchen potentiellen Herausforderungen vor. Die Caesaren hatten die Augustusrolle vor Augen, sodass eine Usurpation an Reiz verlor. Und weitere Generäle konnten nicht mehr hoffen, durch den Tod eines Mannes selbst Alleinherrscher zu werden: Sie wären mit drei Rächern konfrontiert gewesen.

die Einheit des Imperiums

Die Herrschaftsteilung war keine Reichsteilung. Vielmehr sollte gerade die Einheit des Imperiums sichergestellt werden. Wichtige Gesetze wurden im Namen aller Kaiser erlassen. Mit Blick auf die Kriegführung wählten die Herrscher allerdings Haupteinflussgebiete. Diocletian hatte zumeist den Osten unter sich, Galerius tendenziell den Donauraum. Constantius war mit dem Regiment in Gallien und Britannien beauftragt. Maximian kontrollierte die übrigen Westprovinzen – und Italien. Das Imperium sollte einheitlich regiert werden. Dieser Gedanke spiegelt sich auch in einer Reform dieser Jahre, die eine Zäsur in der Geschichte der Kaiserzeit bildet.

Sonderstatus Italiens aufgehoben

Der Sonderstatus Italiens wurde weitgehend aufgehoben. Schon länger sind dort „Sonderbeauftragte" (*correctores*) belegt, die Statthalter ähnelten. Sie führten Italien im Titel, waren aber vielleicht schon zu Beginn von Diocletians Herrschaft nur für einzelne Regionen zuständig. Ende des 3. Jh. wurde Italien dann auch formal in Untereinheiten geteilt, die Provinzen gleichkamen. Dass deren Gouverneure zum Teil Ritter (*viri perfectissimi*) waren, verdeutlichte zusätzlich, dass die offizielle Heimat aller Senatoren nicht mehr als imperiales Kernland galt. Angesichts der massiven Stationierung von Truppen im Norden wurde dieser Teil der Halbinsel wohl schon länger zu unregelmäßigen Beiträgen zur Heeresversorgung herangezogen. Unter Diocletian folgte der entscheidende Schritt: Italien wurde der regulären Besteuerung für das Reich oder Rom unterworfen. Städte behielten zwar noch gewisse Privilegien. Im Fall Roms zeigte sich die veränderte Lage zunächst eher in Form eines benevolenten Desinteresses, das immerhin mit einiger Bautätigkeit einherging. Gleichwohl war diese Reform eine wirkliche Zeitenwende.

Neujustierung des Verhältnisses von Peripherien und Zentren

Die Provinzialisierung Italiens trug der Neujustierung des Verhältnisses von Peripherien und Zentren Rechnung, die sich aus den ständigen Grenzkriegen und dem veränderten Sozialprofil der Kaiser und Verwalter ergeben hatte. Rom war und blieb das eine symbolische Haupt des Imperiums. Aber politische, administrative, militärische und wirtschaftliche Zentralität im übrigen Imperium musste in der Folge immer wieder neu ausgehandelt werden. Die

Residenzen

Herrscher der Tetrarchie wählten sich Residenzen in der Nähe von gefährdeten Zonen, die in ähnlicher Weise zu Zentralorten ausgebaut wurden. Zu diesen temporären Residenzen zählten schon länger als Subzentren dienende Städte wie *Mediolanum* (Mailand) oder *Augusta Treverorum* (Trier). Hinzu traten Orte wie Thessaloniki und vermutlich *Corduba* (Córdoba). Diocletian hielt sich öfter am Ort seiner Kaiserwahl *Nikomedeia* (Izmit) auf. Die Stadt war wegen ihrer Lage seit severischer Zeit ein wichtiges Schaltkreuz kaiserlicher Herrschaft. Der Aufstieg des nahen Byzanz ab 330 schloss an diese Entwicklung an.

5.1.2 Administrative und militärische Reformen der Tetrarchenzeit

Eine weitere prägende Neuerung, die Diocletian angestoßen hat, scheint wie die Aufhebung des Sonderstatus von Italien und die Kreation eines Kaiserkollegiums das Ziel gehabt zu haben, Lasten besser zu verteilen. Schon seit 287 sind erste Schritte einer langfristig angelegten Steuerreform zu beobachten. Die Sicherheit des Reichs hing von der Schlagkraft der Armee ab, deren Bezahlung und Versorgung immer mehr zu einer Herausforderung wurden. Invasionen, die aurelianische Inflation sowie die Vernachlässigung der für den Einzug notwendigen Datenerhebung hatten die überkommenen Kopf- und Bodensteuern unpraktikabel werden lassen. Die Diocletian-Regierung hat aus dieser Lage Schlüsse gezogen. Sie konnte bei der Reform in Teilen, aber sicher nicht im Ganzen auf Vorarbeiten von Vorgängern zurückgreifen. Steuerreform

Die genaue Funktionsweise des neuen Steuersystems wird wegen der Quellenlage immer umstritten bleiben. Grundsätzlich zeichnet sich aber folgendes Bild ab: Sukzessive wurde das Imperium in Einheiten aufgeteilt, die aus abstrakt konzipierten Grundstücken (je ein *iugum*) bestanden. Vermutlich hat es unterschiedliche Einheitsgrößen gegeben. Hinzu konnte eine weitere Bemessungsgrundlage treten, die sich aus der für das Land zur Verfügung stehenden Arbeitskraft (Menschen und Tiere) ergab. Teile der Steuerlast wurden auch auf die aus ihr gebildeten Einheiten umgelegt. Aus den beiden (nicht überall kombinierten) Bemessungseinheiten, die später kompatibel sein sollten, leitet sich der oft verwendete Name für die neue Steuer, *iugatio sive capitatio*, ab. *iugum* *caput*

Seit dem Ende des 3. Jh. ließen die Kaiser allmählich im ganzen Reich einen akribischen Zensus durchführen. Diese Aufstellung des Besitzes mit der zugehörigen Bevölkerung wurde in der Folge nur punktuell ergänzt und für längere Zeit zur Grundlage für die Bemessung der Abgaben, die auf die Steuereinheiten nach einem regionalen Schlüssel umgelegt wurden. Wohl schon unter Diocletian Zensus errechneten die Stäbe der Prätorianerpräfekten den Ressourcenbedarf des Imperiums pro Jahr. Die kalkulierten Mengen an Naturalien bzw. Geldern etc. wurden den Statthaltern und von ihnen den Städten und Dörfern mitgeteilt. Auf dieser unteren Ebene sollte dann sichergestellt werden, dass die fiskalischen Einheiten, meist *iuga* und *capita*, entsprechend den Anforderungen der Zentrale belastet wurden. Städter, jedenfalls solche ohne Grundbesitz, waren anscheinend zumindest regional bessergestellt. Durch Diocletians Steuerreform entstand so zum ersten Mal eine Art imperialer „Haushalt", für den die Präfekten verantwortlich waren.

regionale Unterschiede

Diocletians Steuersystem ist von einem Willen zur Herstellung von Einheitlichkeit geprägt. Umso auffälliger sind die vielen regionalen Unterschiede in der Umsetzung einschließlich der Maßeinheiten, die eine Rekonstruktion der neuen Besteuerungsform erschweren. Angesichts der Größe und Heterogenität des Reichs sind solche Abweichungen allerdings stets zu erwarten. Die Datengrundlage sollte eigentlich immer wieder erneuert werden. Dieses Ziel führte ab etwa 312/3 zur Etablierung eines fünfzehnjährigen Steuerzyklus', der das Zeitgefühl der Spätantike mitprägen sollte (der *indictio*). Die Absicht hinter der Einführung der *iugatio sive capitatio* scheint gewesen zu sein, die Besteuerung wieder stärker an den realen Besitzverhältnissen zu orientieren. Wie die Zeitgenossen die Reform aufnahmen, ist kaum zu klären. Es wird Gewinner und Verlierer gegeben haben, aber wir hören nur die Verlierer. Der ägyptische Aufstand von 297 lässt sich kaum anders erklären, als dass die Folgen der neuen Steuerpolitik klarer geworden waren. Die Güter und die Bevölkerung wurden nicht nur für die Steuererhebung erfasst.

Rekrutierung

Auch die Rekrutierung wurde an die erhobenen Daten gekoppelt. Das Imperium brauchte dringend Rekruten für seine Armee. Probleme blieben dennoch bestehen, da die Landbesitzer ihre besten Kräfte behalten wollten und der Militärdienst unpopulär war. Die Administration nahm daher oft Zahlungen für Rekruten an, die kurzfristig halfen, externe Soldaten anzuwerben, langfristig aber die Distanz zwischen Armee und Bevölkerung vergrößerten.

Naturalabgaben

Die neue Hauptsteuer wurde in der Regel in Naturalien erhoben, was dabei half, Marktdynamiken zu regulieren. Die Geldwirtschaft im Reich ist deswegen aber nicht zum Erliegen gekommen. Die Umrechnung der Naturalabgaben in Münzgeld blieb stets möglich. Auf den Märkten wurde weiterhin mit den Reichsmünzen gezahlt, und auch die wichtigen Donative, „Geldgeschenke" an die Soldaten, die praktisch Teil des Solds waren, wurden in Münzgeld ausgegeben. Aber das Imperium als Organisation hat durch die *iugatio sive capitatio* seine Abhängigkeit von Markttransaktionen verringert und die Folgen von Preisschwankungen abgemildert. Dies war umso wichtiger, als das Vertrauen in die Reichsmünzen noch immer nicht wiederhergestellt war. Die Reichsregierung hat versucht, Vertrauen zurückzugewinnen und vielleicht 293 oder kurz danach neue Münzen ausgegeben. Dazu zählten eine knapp unter 10 g schwere, mit Silbersud überzogene Münze aus unedlen Metallen, die als wichtigstes Zahlungsmittel gedacht war (der *nummus*), und eine neue Silbermünze, der *argenteus* (*denarius*?), der den Silberfeingehalt der Denare aus neronischer Zeit aufwies. Diese Rückkehr zu den Standards der Vergangenheit muss als symbolträchtig angesehen werden. Die Regierung scheint damit gerechnet zu haben, dass die Bevölkerung auf den Feingehalt achtete, auch wenn sie den Nominalwert der Münzen akzeptierte. Dieses Vertrauen in die kaiserliche Währung konnte Ende des 3. Jh. aber nicht mehr vorausgesetzt werden. Die Goldmünzen, die bereits *solidi* hießen, wurden zu einem so geringen Wert ausgegeben, dass sie mit Verlust ausgeprägt wurden. Die niedrige Bewertung des Goldes begünstigte das Imperium bei den spät belegten Zwangsankäufen des Edelmetalls, die sich zu einer empfindlichen Besteuerung für die Reichen entwickelten, die ihre Goldbestände wegen der Geldpolitik der Regierung horteten. Den Wert der *nummi*, die für die meisten Menschen das Standardzahlungsmittel darstellen sollten, haben die Kaiser dagegen hochgehalten. Diese Maßnahme stand im Einklang mit der auch in anderen Teilen der Gesetzgebung erkennbaren Fürsorge der Tetrarchen für die ärmeren Menschen. Doch was immer die Ziele bei der Ausgabe der neuen Münzen gewesen waren, sie wurden offenbar nicht erreicht. Diocletian und seine Mitkaiser entschieden sich daher Anfang des 4. Jh. (301), den Wert einiger Münztypen in einem radikalen Schritt deutlich anzuheben. Der zeitliche und inhaltliche Zusammenhang zwischen den beiden wichtigsten Verordnungen ist allerdings umstritten. Zum einen scheint die Regierung den Nominalwert der Münzen unterhalb des Goldsolidus verdoppelt zu haben. Dieser Eingriff in das Verhältnis der Münzen zueinander ist frappierend und musste massive Folgen zeitigen. Vielleicht hat die Regierung diese Folgen unterschätzt und nicht mit Preissprüngen gerechnet. Wahrscheinlicher ist, dass sie diese Entwicklung aufgrund der Erfahrung mit Aurelians Neutarifierung

Münzgeld

neue Münzen

Fürsorge der Tetrarchen für die ärmeren Menschen

vorweggenommen und daher im Vorgriff eine zweite weitreichende Verordnung publiziert hat. Für in diesem Edikt bezeichnete Waren wurden Höchstpreise festgelegt. Dadurch sollte offenbar verhindert werden, dass die angeordnete Verdopplung des Wertes einiger Münztypen durch Preiserhöhungen zunichte gemacht werden konnte. Gekoppelt war dies mit Angriffen auf vorgebliche Spekulanten, die allein asoziales Verhalten als Grund für die Instabilität der Märkte ausmachten und schwerste Strafen androhten. Zwar hatte diese Form des Dirigismus Vorläufer auf städtischer Ebene. Für das Gesamtreich sind die Edikte aber ohne Parallele. Diese Politik ist gescheitert. Das Preisedikt, das von Anfang an schwer durchzusetzen war, fand schon rasch keine Beachtung mehr. Unter Constantin wurde der Feingehalt der *solidi* zwar herabgesetzt, die Goldwährung stabilisierte sich jedoch, während der Wert jener Münzen, die die einfache Bevölkerung verwendete, langsam verfiel. Hiervon profitierten Gruppen, die regelmäßig Goldmünzen in ihrem Besitz hatten, wie etwa höherrangige Mitglieder der reorganisierten Administration.

Höchstpreise

Dirigismus

Neuerungen in der Provinzialverwaltung

Die Münzpolitik der Tetrarchen war nur eine Etappe in der langsamen Entstehung der spätantiken Geldwirtschaft. Sowohl kurz- wie langfristig prägend haben dagegen die tetrarchischen Neuerungen in der Provinzialverwaltung gewirkt. Um 285 war das Reich in etwa fünfzig Provinzen geteilt. An ihrer Spitze stand jeweils ein Statthalter, der Recht sprach, die Ordnung aufrechterhalten sollte und seit der Mitte des 3. Jh. in der Regel auch für die Besteuerung zuständig war. Der räumliche Umfang der in der Republik und in der frühen Kaiserzeit entstandenen Großprovinzen hatte sich zumeist aus dem Verlauf von Eroberungskriegen oder auch Zufällen ergeben. Diese Einheiten waren seither aus unterschiedlichsten Gründen geteilt worden. Diese Tendenz zur Verkleinerung der administrativen Sprengel wurde unter der Tetrarchie noch einmal forciert. Im zweiten Jahrzehnt des 4. Jh. existierten mit den italischen über hundert Provinzen. Es gab also mehr Richter, mehr Hauptstädte und wahrscheinlich mehr zivile Administratoren. Ob die Tetrarchen den Prozess der Aufspaltung langsam vorangetrieben haben oder ob er in Schüben verlief, ist umstritten. Einzelne Teilungen sind früh belegt. Im Süden Ägyptens etwa ist in den neunziger Jahren nach einem der Aufstände eine neue Provinz *Thebais* eingerichtet worden. Aber eine größere Zahl dieser Aufspaltungen ist erst für die Zeit zu Beginn des 4. Jh., um 302–4, dokumentiert. Constantin I. hat viele Teilungen zunächst zurückgenommen, bevor sie erneut durchgeführt und mit weiteren Anpassungen verstetigt wurden. Im 4. Jh. hatten die Gouverneure hundert administrative Helfer unter sich, im Imperium agierten ca. 35 000 zivile Funktionsträger. Das sind gemessen an der Größe des Reichs immer noch wenige, aber doch weit mehr reguläre Administratoren, als im 2. Jh. aktiv gewesen waren. Die Zivilverwaltung unterstand den Prätorianerpräfekten, die ihre militärischen Aufgaben unter Constantin verloren. In dieser Hinsicht wie in der Gestaltung der Zentraladministration blieb Diocletian konservativ.

Diözesen

Lange Zeit wurden die Provinzteilungen von der Forschung unmittelbar mit einer anderen Innovation verknüpft, weil diese Kopplung aus der Rückschau sinnvoll erschien. Im 4. Jh. wurden die neuen kleineren Provinzen zu größeren Provinzclustern, den sogenannten Diözesen, zusammengefasst. An deren Spitze stand entweder ein Prätorianerpräfekt oder, im Normalfall, ein Stellvertreter eines Präfekten, ein sogenannter Vicar. Die Vicariate bildeten eine administrative Mittelinstanz zwischen den Zentralen und den Statthaltern. Unter Diocletian sind bereits mehrere Stellvertreter der Präfekten bezeugt. Doch haben neuere Studien darauf hingewiesen, dass es sich bei ihnen noch um Administratoren mit Sonderaufgaben gehandelt haben dürfte, die sich nicht zweifelsfrei einer regionalen Verwaltungseinheit zuweisen lassen. Diözesen sind erst in den Jahren nach Diocletian sicher bezeugt. Dieser Befund bedeutet nicht, dass Diocletian nicht dafür verantwortlich war, dass mit den Vicariaten eine zusätzliche Verwaltungsebene eingezogen wurde. Mit diesem Bauprinzip hat er bei der Schaffung dauerhafter regionaler Münzstätten und in der Fiskaladministration durchaus operiert. Doch können wir die Kreation der Diözesen zurzeit keinem einzelnen Kaiser zuordnen.

Vicar

tetrarchische Militärpolitik

Noch unschärfer ist das Bild, das auf der Basis unseres jetzigen Kenntnisstands von der tetrarchischen Militärpolitik gezeichnet werden kann. Die langen Entwicklungslinien vom 3. in das 4. Jh. scheinen klar genug zu sein. Spätestens seit den Severern wurde ein Begleitheer der Kaiser auf- und ausgebaut, die mit diesen mobileren Einheiten rasch zu den jeweils bedrohten oder für Offensiven ausgewählten Zonen eilen konnten. Für Feldzüge wurden weitere Einheiten von den Provinzialtruppen abkommandiert, bei Legionen allerdings meist nur Detachements (Vexillationen), nicht der ganze Verband. Kavallerie gewann an Bedeutung. Im Laufe des 4. Jh. wur-

Begleittruppen

Befestigungsanlagen

Teilung der Kompetenzen

de eine formale Unterscheidung zwischen den Grenzen zugewiesenen Truppen (*limitanei*) und Bewegungsarmeen (*comitatenses*) vorgenommen. Aber die gerade skizzierte Entwicklung scheint in der Zeit Diocletians zumindest zu stagnieren. Es gab Begleittruppen der Kaiser, aber es scheint sich eher um kleinere Kontingente gehandelt zu haben, die für Feldzüge verstärkt wurden. Grenzschutz stand hoch auf der Agenda der Kaiser, wie viele in dieser Zeit errichtete Befestigungsanlagen zeigen. Eine wichtige Veränderung im Militärwesen, die erst in späterer Zeit eindeutig nachgewiesen werden kann, die Reduktion der Mannschaftsstärke der Legionen von nominell über 5 000 Soldaten auf eine wesentlich kleinere Zahl, könnte in tetrarchischer Zeit eingesetzt haben. Doch die erhaltenen Informationen wie etwa Lagergrößen sind nicht eindeutig. Eine letzte wichtige Entwicklung des 4. Jh. scheint bereits angestoßen, aber noch nicht flächendeckend umgesetzt worden zu sein: Die Gouverneure der kleineren Provinzen hatten später keine militärischen Befugnisse mehr. Die seit Augustus bestehende Teilung der Kompetenzen, die nur die Finanzen aus den Aufgaben der Statthalter der wichtigsten Provinzen herausnahm, wurde damit aufgegeben. Danach wurde die Armee von einer klar separierten Zivilverwaltung unterstützt und zugleich kontrolliert. Wohl schon in der Zeit der ersten Tetrarchie erscheinen in größeren Grenzabschnitten *duces*, Militärkommandeure mit regionaler Zuständigkeit, die bereits auf eine solche Trennung der Kompetenzen verweisen. Aber noch waren auch einzelne Gouverneure mit militärischen Aufgaben befasst, und *dux* ist ein allgemeiner Begriff, aus dem kaum Rückschlüsse auf eine Reform gezogen werden können. Die Scheidung in einen zivilen und einen militärischen Administrationszweig war um die Wende zum 4. Jh. angelegt, aber nicht abgeschlossen.

5.2 Die großen Konflikte um die religiöse Deutungshoheit

religiöse Dissidenten

Nach dem Sieg über die Perser von 297/8 sind zwar weitere Kampfhandlungen in den unscharf definierten Grenzregionen des Imperiums belegt, aber sie nahmen nicht mehr das Ausmaß des Kriegs gegen die Sassaniden an. Geleitet wurden sie meist von den Caesares, während sich die Augusti gegen Gruppen im Reich wandten, die aus Sicht der Zentrale den Zusammenhalt der Gesellschaften in den Städten des Imperiums gefährdeten. Als solche Unruhestifter galten vorgebliche Spekulanten, vor allem aber religiöse Dissidenten, speziell Manichäer und Christen. Beide wurden als einheitliche Gemeinschaften gedeutet, die sie nicht waren, durch die Repression aber vielleicht zum Teil wurden. Bereits vor dem Beginn der eigentlichen Verfolgung sind antichristliche Maßnahmen bezeugt, mit denen offenbar eine Art „Säuberung“ von Militär und Hof angestrebt wurde. Ob diesen Entlassungen und Hinrichtungen eine einzelne Verfügung zugrunde lag und ob man sie als Vorlauf zu einer schon geplanten reichsweiten Verfolgung zu deuten hat, kann nicht mehr geklärt werden. Anfang des 4. Jh. wurden dann aber viel weitreichendere Repressionen gegen die genannten Gruppen eingeleitet, die zu Barbaren im Inneren degradiert wurden. 302 wandte sich Diocletian an den Prokonsul von *Africa* (vor allem in Tunesien) Iulianus, der ein Dossier über die Religion der Anhänger Manis zusammengestellt hatte. Für *Africa* war Maximianus zuständig, doch war das Reich nicht geteilt und galt Diocletian gerade in religiösen Fragen eindeutig als das Oberhaupt des Herrscherkollegiums. Mani war im Zweistromland in einem von jüdischen und diversen christlichen Einflüssen geprägten Umfeld aufgewachsen. Nach Berufungserlebnissen und ausgedehnten Reisen begann er, eine synkretistische (verschiedene Traditionen vereinigende) Religion ins Leben zu rufen. In ihrem Zentrum stand ein scharfer Licht-Finsternis-Dualismus iranischer Prägung, doch verband sie sich bei der Verbreitung auch gezielt mit Elementen anderer Religionen aus den jeweiligen Missionierungsgebieten. Im Perserreich zunächst von Großen gefördert, stieß Mani später bei dem mächtigen Klerus der zoroastrischen, das heißt auf Zarathustra zurückgehenden Religion auf Widerstand und fiel in Ungnade. Über seinen Tod im Kerker (wohl 276 oder 277) gibt es unterschiedliche Erzählungen. Der Ausbreitung seiner Lehre hat dieses Ende nicht geschadet. Sie fand auch weiterhin zahlreiche Anhänger, und dies auch im Imperium Romanum. Eine „persische“ Religion war sie nie. Nach seinem Reskript (einem autoritativen Antwortschreiben) an den Prokonsul Iulianus zu schließen, hat Diocletian den „Manichäismus“ aber so gedeutet. Er ordnete eine brutale Repression an, die einer vorgeblichen persischen Unterwanderung einen Riegel vorschieben sollte. Wie in anderen Verlautbarungen berief er sich dabei auf die Pflicht zur Wahrung der Tradition, die ein Gut an sich sei. Mit der Verfolgung der Manichäer verband Diocletian ein Vorgehen gegen deren Schriften. Schon nach dem zweiten regionalen Aufstand in Ägypten hatte er

Anhänger Manis

Verfolgung der Manichäer

heilige Schriften

Bücher einsammeln lassen, die man vielleicht in loser Terminologie als alchemistisch beschreiben könnte. Auch von den Christen forderte er die Auslieferung heiliger Schriften. Für die Einsammlung und Zerstörung von Texten religiöser Minderheiten gab es zwar erneut Vorbilder, jedoch wiederum eher auf städtischer Ebene und bei magischen oder astrologischen Traktaten. Im 3. Jh. wurde auch die Gruppe der beanstandeten Schriften weiter gefasst.

die Kaiser als Vorkämpfer der traditionellen Religionen

Die Kaiser traten als Vorkämpfer der traditionellen Religionen in ihrer zeitspezifischen Ausprägung auf. Zumindest ursprünglich waren dies keine Buchreligionen, sondern auf gemeinsame Performanz ausgerichtete Kulte. Zwar hatten diese sehr unterschiedlichen Religionen durchaus auch andere Züge, kannten heilige Texte und öffneten sich individuellen Glaubensformen. Ihre wichtigsten Komponenten wie das von Priestern durchgeführte Opfer bildeten gleichwohl öffentliche Handlungen. Ihre sakrale Bedeutung steht außer Zweifel, doch waren sie auch ein Mittel, die gesellschaftliche Ordnung zu bewahren und normenkonformes Verhalten zu kontrollieren. An den kaiserlichen Residenzen gewannen gleichzeitig aber auch Intellektuelle Einfluss, die ihrerseits Kanons von religiös wichtigen Schriften anlegten und religionsphilosophische Werke schrieben. Zwischen diesen in der Moderne gelegentlich als Professoren verspotteten paganen (nichtchristlichen) Schriftstellern und christlichen Denkern bestand bisweilen eine tiefe Abneigung, die sich ebenso aus religiösen Differenzen wie aus dem gemeinsamen Interesse an Theologie speiste. Sie könnten die Regierung gegen die aufsteigenden Religionen eingenommen haben. Die Verbreitung des Manichäismus hat Diocletian nicht aufhalten können. Auch die christlichen Kaiser, die seine Repression gegen die mit den Kirchen konkurrierenden Lehre Manis weiterführten, blieben lange Zeit ähnlich erfolglos.

Christenverfolgung

Lactantius und Eusebios

Am 24. Februar 303 publizierte die Regierung in Diocletians Hauptresidenz *Nikomedeia* (Izmit) ein Edikt mit einem Katalog von Strafandrohungen und rechtlichen Einschränkungen, der sich gegen die Religionsgemeinschaft der Christen richtete. Über die sich anschließende Verfolgung haben sich ausführliche Schilderungen christlicher Autoren erhalten. Neben Märtyrerakten mit zweifelhaftem Quellenwert berichten vor allem der christliche Rhetor Lactantius und der Kirchenhistoriker Eusebios von *Kaisareia* aus eigener Anschauung über das Vorgehen imperialer Amtsträger. Da vor allem nach Laktanz die Kaiser, die sich gegen Christen wandten, durch göttliche Rache einem furchtbaren Tod anheimgefallen sein sollen, wurde Diocletian, der 305 zurücktrat und als Seniorkaiser weitgehend zurückgezogen lebte, erzählungsintern zu einem Störfaktor. Bei Laktanz erscheint Galerius als der eigentliche Christenfeind. Sein Sterben 311 fügte sich weit besser in das gewählte Narrativ von Verblendung und Rache ein. Getrieben von Ehrgeiz und Christenfeindschaft habe Galerius Diocletian nach einer Erkrankung als vertrottelten Greis beiseitegeschoben. Diese Darstellung deckt sich nicht mit unserer sonstigen Kenntnis von der Rolle Diocletians in der Tetrarchie und könnte also nur ein rhetorischer Trick sein, um Diocletians friedlichen Tod zu erklären. Doch profitierte Galerius auch unstreitig am meisten von der Nachfolgelösung, die Diocletian 305 jedenfalls mittrug. Das Verhältnis der beiden Männer zu rekonstruieren, entzieht sich historischer Methodik.

Galerius als Christenfeind

Laktanz erwähnt explizit nur eine antichristliche Verordnung, das schon angesprochene Edikt vom Februar 303. Später führt er allerdings noch weitere Bestimmungen an, die er möglicherweise nachträgt. Euseb dagegen scheint vier Verfügungen aus der Zeit bis 304 zu kennen, die unterschiedliche Schwerpunkte setzen. In den Grundzügen aber stimmen die unterschiedlichen Quellen überein. Die Tetrarchen wandten sich gegen Kirchen und Kleriker, über die die Zentralen offenbar gute Kenntnisse hatten. Heilige Texte wurden eingesammelt und ebenso wie Versammlungsstätten zerstört. Bekennende Christen verloren Privilegien und Teile ihrer Rechtsfähigkeit. Bischöfe und andere exponierte Vertreter der Gemeinden mussten mit Verhaftungen und bei Opferverweigerung zumindest mit Folter rechnen. Spätestens 304 wurde ein allgemeines Opfergebot erlassen, das aber wahrscheinlich nur im Osten Geltung erlangte. Kleinasien, Syrien und Ägypten bildeten aber die Schwerpunkte christlichen Lebens. Hinzu trat das lateinische Nordafrika. Im Nordwesten waren die Gemeinden noch kleiner. Wir können weder die Zahl der Christen im Reich zu Beginn des 4. Jh. näherungsweise bestimmen, noch angeben, wie viele von ihnen Opfer dieser Repression geworden sind. Aber die Folterschilderungen sind eindringlich, und es ist offenbar auch zu etlichen Hinrichtungen gekommen. Sicher beschränkte sich die Christenfeindschaft nicht auf die Kaiser und ihr militärisches Umfeld. Doch sind auch Formen eines friedlichen soziokulturellen Austauschs zwischen Anhängern unterschiedlicher Religionen erschließbar, bis hin zu Hilfen Andersgläubiger für Christen, die sich vor der Verfolgung wegducken wollten.

Rechtsgrundlage der Christenverfolgung

die Motive der Kaiser

Ob die Regierung die Christen „nur" zwingen wollte, den anderen Göttern zu opfern, oder ob sie das Christentum als Religion und Glaubensgemeinschaft vernichten wollte, kann wie bei der valerianischen Repression nicht geklärt werden. Gleichwohl sind wir über die Motive der Kaiser aufgrund von Selbstzeugnissen besser als gewöhnlich informiert. Die Herrscher nahmen offenbar ihre Aufgaben als Oberhäupter der akzeptierten Religionen sehr ernst. Das Heil des Reichs beruhte nach traditionell-römischer Vorstellung auf der *pax deorum*, dem Beistand der Götter, der durch sorgfältige Beachtung der religiösen Pflichten gewonnen werden konnte. Die Niederlagen in den mittleren Jahrzehnten des Jahrhunderts und die Siege der Tetrarchen wurden wohl so gedeutet, dass das Imperium die Gunst der Götter zeitweilig verloren und zuletzt wieder erlangt hatte. Nun sollten vermutlich Abweichler bestraft werden, die für die Probleme der vorhergehenden Jahrzehnte mitverantwortlich gemacht wurden. Zudem verlieht die *Iovius/Herculius*-Ideologie von der Präsenz der Götter in den erfolgreichen Kaisern der religiösen Herrscherabsicherung zusätzliche Bedeutung. In seinem Toleranzedikt von 311 hat Galerius zudem seine Sorge für das Gemeinwohl (*utilitas publica*) als Grund für die Zwangsanwendung gegen Dissidenten angeführt. Im 3. Jh. verwies dieser Begriff immer stärker auf das Imperium als Organisation, auf das, was in späterer Zeit der Terminus „Staat" meint. Für die Herrscher dürfte auch eine Rolle gespielt haben, dass die Christen in den vorhergehenden Jahrzehnten sichtbarer geworden waren. Bspw. wird in *Nikomedeia* ein großes Kirchengebäude erwähnt.

pax deorum

die *Iovius/Herculius*-Ideologie

parallele Strukturen

Ein letzter Grund für die kaiserliche Repression lässt sich nur erschließen. 302, also zeitnah zu den Verfolgungen, hatte Diocletian in dem vor wenigen Jahren noch hart gestraften *Alexandria* bei Ägypten Hilfen für ärmere Menschen organisiert. Auf ihr Wohlergehen scheint auch die Währungspolitik der Tetrarchen abgezielt zu haben. Die ältere Forschung hatte angenommen, in der Krise des Reichs hätten das Christentum und andere Heilsreligionen die traditionellen Kulte verdrängt, weil sie ein Leben nach dem Tod verhießen. Richtiger ist vielleicht, dass in Zeiten von Invasionen und hartem Fiskaldruck viele Menschen Entscheidungen über eine Gruppenzugehörigkeit von einer Unterstützung im Diesseits abhängig machten. So wenig es den Gedanken eines Sozialstaates gab, so hatten die Institutionen aller Ebenen in griechisch-römischen Städten doch oft Ärmeren Chancen geboten, ihr Leben zu fristen. Diese

Chancen waren seit der Mitte des 3. Jh. geringer geworden. So waren Nischen für religiöse Gemeinschaften entstanden, die Nächstenliebe praktizierten. Christliche Gemeinden waren für ihre Wohltätigkeit auch gegenüber Fremden bekannt. Die Tetrarchen wollten vermutlich auch einfache Menschen wieder aus diesen parallelen Strukturen zurückgewinnen.

Martyrium

Christen haben ganz unterschiedlich auf die Verfolgung reagiert. Zwischen dem aktiven Annehmen eines Martyriums und der Abkehr von einer vielleicht nie mit letzter Konsequenz aufgenommenen Religionspraxis hat es viele Grautöne gegeben. Regional wurden die Repressionen sehr unterschiedlich umgesetzt. Die gerade in dieser Zeit bezeugten Provinzverkleinerungen in Nordafrika könnten eben dazu gedient haben, die Strafverfolgung zu erleichtern. In Gallien und Britannien scheint sich Constantius mit symbolischen Gesten begnügt zu haben.

5.3 Der Zerfall der zweiten Tetrarchie als Vorbereitung einer zeitlichen Schwelle

Diocletians Rückzug

Ab 305 verknüpfte sich die Christenverfolgung mit der letzten großen Neuerung Diocletians. Der Kaiser trat am 1. Mai von seiner Rolle als aktiver Herrscher zurück. Er wurde zwar nicht Privatmann, sondern behielt als *senior Augustus* gewisse Rechte. Gleichwohl trat Diocletian in eine Art Ruhestand, ein bis dahin einzigartiger Schritt. Viele Fragen bleiben unbeantwortbar. Wir wissen bspw. nicht, seit wann Diocletian über einen Rückzug nachgedacht hat. Die Planungen können schon 293 oder auch erst kurz vor der Machtübergabe eingesetzt haben. In der Summe ist es aber wahrscheinlich, dass der Erfinder eines Kollegiums von zwei Haupt- und zwei Juniorkaisern die Möglichkeit eines Herrschaftswechsels frühzeitig in seine Überlegungen einbezogen hatte. Der langwierige Bau einer Altersresidenz bei *Spalathos* (Split) setzt entsprechende Absichten eigentlich voraus. Auch Maximian zog sich zurück, war aber mit diesem letzten Wunsch seines Gönners nicht einverstanden. Er blieb näher bei Rom, wo er einen potentiellen Unruhefaktor darstellte, der bald aktiviert werden sollte.

Galerius und Constantius Augusti

Galerius und Constantius wurden 305 Augusti. Sowohl Constantius als auch Maximian hatten jeweils einen bereits erwachsenen Sohn, Constantinus und Maxentius. Caesaren wurden aber ein uns fast unbekannter Flavius Valerius Severus sowie ein Galerius Valerius Maximinus mit dem inoffiziellen Beinamen Daza oder Daia. Beide Offiziere kamen aus dem Balkanraum. Diocletian, der Marc Aurel verehrte, wollte anscheinend keinen neuen Commodus als Kaiser sehen. Maxentius scheint gar nicht in der Armee in Erscheinung getreten zu sein. Constantin hatte dagegen bspw. am Perserkrieg teilgenommen. Er stammte allerdings vermutlich aus einem Konkubinat und könnte ein nicht vollständig legitimer Sohn des neuen Augustus gewesen sein. Es gab Gründe, die beiden nicht in die Nachfolge einzubeziehen. Doch Maximinus Daia war der Neffe von Galerius. Dass diese Verwandtschaft keinen Einfluss auf seine Erhebung gehabt haben soll, ist schwer vorstellbar und ein Indiz dafür, dass Galerius nach seinem Persersieg an Einfluss gewonnen hatte.

das dynastische Prinzip

Die von Diocletian und vielleicht Galerius konzipierte Nachfolgeordnung scheiterte. Aus der Rückschau erscheint es fast zwingend, dass sich das dynastische Prinzip durchsetzte. Noch die überformten antiken Erzählungen belegen jedoch, dass kontingente Ereignisse die weiteren Entwicklungen wesentlich beeinflussten. Entscheidend wurde, dass Constantius bereits im Sommer 306 während eines Feldzugs in *Eboracum* (York) starb. Dass Diocletian und seine Mitherrscher überhaupt so lange gelebt hatten, war unter den Bedingungen der Zeit alles andere als selbstverständlich. Der Tod des West-Augustus kurz nach dem Herrschaftswechsel hatte jedoch erhebliche Auswirkungen. Die Herculier der ersten Tetrarchie drohten zu einem Zeitpunkt die großen Verlierer des Rückzugs von Diocletian zu werden, als sich Severus noch nicht als West-Caesar hatte etablieren können. Die Instabilität der Lage muss für alle offensichtlich gewesen sein. Constantin war beim Tod des Vaters bei ihm und seinem Heer, laut einem Quellenstrang nach abenteuerlicher Flucht von Galerius' Hof. Dass die legitimen Kaiser der ersten Tetrarchie außer seinem Vater Constantin von Anfang an feindselig gegenübergestanden haben sollen, könnte aber auch Teil einer von Freunden wie Feinden betriebenen Legendenbildung sein. Die Truppen des verstorbenen Vaters erhoben jedenfalls 306 den erfolgreichen Offizier Constantin zu einem Mit-Herrscher, ob zum Augustus oder Caesar, ist unklar. Wir können nicht sicher sein, ob die von vielen aktuellen Darstellungen gewählte Interpretation, Constantin habe die Macht usurpiert, die Geschehnisse des Jahres 306 richtig wiedergibt. Eigentlich alle Quellen gehen über diesen heiklen Punkt hinweg. Aber auch wenn Constantins Erhebung eine Usurpation war, musste dies nicht mit dem Scheitern der zweiten Tetrarchie gleichbedeutend sein. Constantin stammte aus dem Offiziersmilieu, aus dem Diocletian seine Mitkaiser gewählt hatte, und war von ihm gefördert worden. Vielleicht aus Pragmatismus angesichts der starken Stellung von Constantius' Sohn, vielleicht aber auch aus der Einsicht, dass die herculische Seite einen Vertreter in der neuen Ordnung brauchte, hat Galerius Constantin denn auch als Caesar unter dem zum Augustus beförderten Severus anerkannt. Diese Anerkennung ist vermutlich erfolgt, bevor sich im Oktober 306 in oder bei Rom auch Maximians Sohn M. Aurelius Valerius Maxentius zum (Mit-)Herrscher ausrufen ließ. Nur aus der Zusammenschau dieser Ereignisse entsteht der Eindruck eines dynastischen Gegenschlags gegen die tetrarchische Ordnung von 305. Beide neuen Kaiser des Jahres 306 konnten sich auf Loyalitätsreserven von Herrschern aus der ersten Tetrarchie stützen. Aber Maxentius war anscheinend nicht Offizier gewesen. Bei seinem Griff nach der Macht dürfte die Unzufriedenheit in Italien wegen der kurz zuvor erfolgten Provinzialisierung ein wesentlicher Faktor gewesen sein. Zudem sollen Planungen bekannt geworden sein, den Sonderstatus Roms weiter einzuschränken. Maxentius' Erhebung hatte also andere Gründe als der Aufstieg Constantins.

Constantin Caesar

Galerius, nach Constantius' Tod Oberhaupt der legitimen Herrschergruppe, wurde anscheinend völlig überrascht. Maxentius hat er nicht akzeptiert, vermutlich, weil er ein Kaiser der traditionellen Art war, der sich auf seine Abstammung, Rom, die Senatoren und noch in Rom stationierte Prätorianer stützte. Maxentius war und blieb der Fremdkörper in dem sich nun herausbildenden zwieträchtigen Herrscherkollegium. Dass er sich halten konnte, verdankte er auch strategischen Fehlern seiner Gegner. Galerius gab anscheinend dem Schutz der Reichsgrenzen den Vorrang und überließ den Zug nach Rom dem neuen Augustus Severus. Dieser hatte Teile des Heeres von Maximian übernommen, mit denen er nun dessen Sohn beseitigen sollte. Maxentius bewegte im Folgenden seinen Vater dazu, ihm beizustehen. Einige Truppen gingen zu Maximian über, der daraufhin Severus festsetzte. Maximians Treue hatte das Diocletian-Experiment möglich gemacht, seine Untreue zerstörte es. Galerius beging nun den zweiten strategischen Fehler und eilte selbst mit unzureichenden Kräften nach Rom. Da auch er mit Desertionen zu kämpfen hatte, musste er sich zurückziehen. Severus'

Tod des Severus

Hinrichtung dürfte das Tischtuch zwischen den Kaisern zerschnitten haben.

christliche Erzählungen

In christlichen Erzählungen über die folgenden Ereignisse agiert Constantin selbstlos, während seine Kontrahenten von Machthunger und Christenfeindschaft getrieben werden. In diesen Narrativen erscheint der Aufstieg einer neuen, gottgewollten Ordnung unausweichlich und Constantin als ihr Instrument. Diese Teleologie zurückzuweisen, ist einfach. Die Handlungsmotive und politischen Ziele der Herrscher plausibel zu rekonstruieren, fällt angesichts dieser Quellenlage dagegen schwer. Maximian bemühte sich offenbar nach 307, eine neue, „herculische" Ordnung im Westen aufzubauen. Er reiste zu Constantin an den Rhein und trat dort anscheinend als Oberkaiser eines erneuerten Kollegiums auf. Constantin nahm von ihm die Rangerhöhung zum Augustus an und akzeptierte ihn als höhergestellten, aktiven Herrscher. Besiegelt wurde diese Aktualisierung des herculischen Bündnisses durch Constantins Ehe mit Maximians Tochter Fausta. Diese Allianz zwischen dem Senior und dem Sohn seines Schützlings mag Machtstreben beider Personen geschuldet gewesen sein. Doch war nach Severus' Tod Constantin auch fraglos der erste Anwärter auf die Stellung als Augustus im Westen. Und Maximian verfügte nach zwanzig Jahren erfolgreicher Herrschaft sicher über erhebliche Legitimationsreserven. Aber bei seiner Rückkehr nach Rom entzweite er sich mit seinem Sohn und musste zu Constantin fliehen. Dieser Streit lässt sich nicht mit Sachzwängen erklären. Der Ausgang überrascht, weil die Quellen nahelegen, dass Maxentius sich 306/7 vor allem auf übergelaufene Truppen aus Maximians altem Heer stützte. Einheiten der afrikanischen Armee fielen denn auch nach der Vertreibung des Vaters vom Sohn ab, vermutlich, weil sie Maximian die Treue hielten. Wenn allerdings in Rom vor allem die Kerntruppen des Maxentius vor dem Feldzug des Severus standen, ist Maximians Sturz leichter verständlich. Er stand für die Provinzialisierung Italiens und war wohl kaum jemand, auf dem die Hoffnungen der Römer ruhten.

eine neue, „herculische" Ordnung im Westen

Maximians Sturz

Konferenz in *Carnuntum*

307/8 war die scheinbar feste Ordnung Diocletians zerbrochen. In diesen chaotischen Monaten bemühten sich Galerius und Maximian darum, das charismatische Oberhaupt der ersten Tetrarchie auf ihre Seite zu ziehen. 308 nahm Diocletian noch einmal an einer Konferenz mit seinen früheren Mitstreitern in *Carnuntum* (bei Petronell) teil. Er konnte auch tatsächlich Maximian dazu bewegen, sich wieder mit der Rolle eines *senior Augustus* zu begnügen. Constantin sollte weiterhin Caesar bleiben. Zudem adoptierte wohl Diocletian einen Militär aus Galerius' Umfeld in die jovische Familie: Valerius Licinianus Licinius sollte unmittelbar Augustus werden. Licinius war wohl schon um 265 geboren und ein erprobter Offizier. Maximinus Daia galt offenbar (wie Constantin?) als noch zu jung für die Position als Oberkaiser. Zumeist wird davon ausgegangen, dass Licinius Augustus des Westens werden sollte, sobald er diesen Reichsteil durch Beseitigung des Maxentius auch hätte beherrschen können. Aber sicher ist dies nicht, denn Licinius wurde durch die Adoption ein *Iovius*. Möglich ist auch, dass Galerius wie Diocletian fünf Jahre später nach zwanzig Jahren Regierung abtreten wollte. Dann hätte Licinius auch seine Nachfolge antreten können. Constantin wäre in einem solchen Plan nach Licinius' Wechsel in den östlichen Reichsteil allgemein akzeptierter Augustus im Westen geworden. Constantin hat die in *Carnuntum* vorgenommene (erneute?) Rückstufung zum Caesar zwar nicht mehr akzeptiert, aber anscheinend glaubte Galerius, dass ein Ausgleich mit ihm möglich sei. In jedem Fall fiel Licinius die Beseitigung des Maxentius-Regimes zu. Dies musste zeitweilig als plausible Möglichkeit erscheinen, weil sich die afrikanischen Provinzen unter dem Diözesenvorsteher L. Domitius Alexander wohl 308 oder 309 von Maxentius abgewandt hatten. Maxentius musste sich nun allein auf die Ressourcen Italiens stützen. In Rom kam es zu einem Aufstand, der blutig niedergeschlagen wurde. Im Anschluss gelang es dem Prätorianerpräfekten von Maxentius, C. Ceionius Rufius Volusianus, jedoch, *Africa* mit wenigen Truppen zurückzuerobern. Volusianus war ein Senator aus alter Familie, der zuvor Prokonsul in *Africa* gewesen war. Seine Wahl ist ein weiteres Indiz dafür, dass Maxentius in diesem Kreis Unterstützer hatte. Er konnte diese Krise meistern und sich in Rom behaupten, das unter ihm noch einmal in vollem Umfang Kaiserresidenz wurde. Mit einem groß angelegten Bauprogramm stellte der Herrscher seine Bindung an die erste Stadt im Reich heraus. Noch heute beeindrucken die Überreste seiner riesigen Audienzhalle („Maxentius-Basilica"), die bezeichnenderweise bei dem in Teilen erneuerten Tempel der Roma (und Venus) errichtet wurde.

Licinius unmittelbar Augustus

Rom noch einmal in vollem Umfang Kaiserresidenz

Auch Maximinus Daia hat die Ergebnisse von *Carnuntum* nicht akzeptiert. 310 nahm er den Augustusrang an, ohne sich allerdings von Galerius abzuwenden. Verlierer von *Carnuntum* war Maximian, der sich zu Constantin zurückzog. Über sein Ende haben die Quellen teils durch Kürze, teils gerade durch Dramatik einen Schlei-

Vision Constantins

er gelegt. Nach Verrat an Constantin soll er sich 309 oder 310 erhängt haben. Trotz des Zerwürfnisses mit seinem Vater wurde Maxentius dadurch automatisch zum Feind Constantins. Dieser blieb außerhalb seines Herrschaftsgebietes anerkannter Caesar oder kurzfristig „Sohn der Augusti“, innerhalb Augustus und Sohn des verehrten Constantius. Bald wurde er reichsweit als Augustus anerkannt. Dennoch stellte der erzwungene Tod des ersten Herculiers eine Herausforderung für ihn dar. Der Eintritt seines Vaters in diese Kunst-Familie hatte die Grundlage für den Führungsanspruch seines Hauses gelegt. Diese Grundlage war mit Maximians Tod entfallen. Constantin reagierte, wenn auch die ursprüngliche Tragweite seiner Reaktion unklar bleiben muss. Wir wissen auch nicht, auf wessen Initiative sie zurückging. 310 erwähnt ein unbekannter Lobredner Constantins zwei neue Repräsentationselemente. Der Herrscher erscheint nunmehr überraschend als Nachfahr Kaiser Claudius' II. (268–270), des Gotensiegers. Sodann erwähnt der Redner eine Vision Constantins, die dieser beim Apollon-Heiligtum bei Grand in den Vogesen gehabt habe. Apollon war vor Ort ein Name für den indigenen Gott Grannus, reichsweit dagegen ein Synonym für den Sonnengott, der bei den Soldaten große Verehrung genoss und wohl schon der Hauptgott von Constantius gewesen war. Imperiale Schattierungen und lokale Ausgestaltungen gingen in Grand eine enge Verbindung ein. Man wird den Panegyriker so deuten dürfen, dass ein (Sonnen-)Gott Constantin die Alleinherrschaft verheißen habe. Es gibt keinen Anlass, an der Religiosität der Menschen dieser Zeit zu zweifeln. Andererseits waren Politik und Religion so eng miteinander verknüpft, dass es sinnlos erscheint, Constantins Motive nach solchen modernen Ordnungsprinzipien aufzuschlüsseln. Wir wissen zudem nicht, wie gut der Redner über die Vorstellungen des Kaisers informiert war. Ob Constantin später weitere Visionen reklamiert oder zu unterschiedlichen Zeiten eine religiöse Erfahrung, die er bei Grand gemacht zu haben glaubte, unterschiedlich ausgedeutet hat, bleibt umstritten. Die Berichte seines Biographen Euseb lassen die zweite Interpretation plausibler erscheinen.

Toleranzedikt des Galerius 311

Die Christenverfolgung war zu diesem Zeitpunkt im Westen bereits eingestellt worden, auch von Maxentius, den die christlichen Autoren aber nur als Feind Constantins behandeln. Im Osten allerdings wurden weiterhin Christen eingesperrt, gefoltert und getötet. Erst unter dem Eindruck einer finalen Krankheit hat Galerius 311 die Verfolgung beendet. Mit dem bei Laktanz und Euseb erhaltenen

Toleranzedikt des Sterbenden liegt uns eine der interessantesten Selbstaussagen römischer Kaiser vor. Vermutlich wurde durch dieses Edikt die Ausübung der christlichen Religion zum ersten Mal förmlich von einer Reichsregierung legalisiert. Maximinus hat zwar die Repressionen nach einer kurzen Phase relativer Zurückhaltung noch einmal aufgenommen und seine Maßnahmen mit neuartigen Mitteln der Werbung um die Provinzialen flankiert. Sein Tod 313 sorgte für ein baldiges Ende der Verfolgungen von Christen durch Andersgläubige.

Galerius' Tod

Galerius' Tod löste eine Kette von militärischen Reaktionen aus. Sowohl Maximinus als auch Licinius bemühten sich, möglichst große Teile von Galerius' Herrschaftsbereich für sich zu gewinnen und stießen am Bosporus aufeinander. Sie verschoben den Konflikt jedoch, ohne einen Ausgleich zu finden. 311/312 brachen Constantin und Maxentius ihr ohnedies kaum existentes Verhältnis ganz ab. Die nun folgende militärische Kampagne, die mit einem vollständigen Sieg Constantins endete, wird in den Quellen, vor allem bei Laktanz und in einer anonymen Lobrede auf Constantin aus dem Jahr 313, gänzlich unplausibel dargestellt. Constantin soll 312 mit unzureichenden Kräften einen Präventivschlag gegen Maxentius geführt haben und wie zuvor Severus und Galerius vor die Tore Roms marschiert sein. In diesem Fall hätte er einen offensichtlichen Fehler wiederholt. Als Kerntruppen des stadtrömischen Kaisers werden andererseits Prätorianer genannt. Zwar soll das Heer des Maxentius sehr groß gewesen sein. Wenn diese Angaben überhaupt zutreffen, wird man sie wohl mit Rekrutierungen in Italien erklären müssen. Gegen Rekruten wären Constantins an der Rheinfront erprobte Soldaten sicher im Vorteil gewesen. Laktanz berichtet, vor der entscheidenden Schlacht am 28.10.312 an der Milvischen Brücke habe Constantin ein Traumgesicht gehabt, aufgrund dessen er im Namen Christi gefochten habe. Die auf diesen Bericht zurückgehende Vorstellung von einer sehr konkreten konstantinischen Wende, nach der Constantin sich innerhalb von Stunden erst offen zum Christentum bekannt haben soll und dann durch seinen Sieg dieser Religion zum Triumph im Westen des Reichs verhalf, ist offenbar falsch. Constantins religiöse Repräsentation blieb in der Folge ambivalent. Er und Licinius vereinbarten 313 in Mailand Religionstoleranz und gestalteten Galerius' grundlegendes Edikt weiter aus. Dennoch wurden die organisierten christlichen Gemeinden schon rasch wichtige politische Mitspieler, sodass sich Constantins Sieg als eine mögliche

Schlacht an der Milvischen Brücke

konstantinische Wende?

Zäsur anbietet, um die Hohe von der Späten Kaiserzeit abzugrenzen.

6 Das Imperium als Erfahrungsraum: Tributzahlungen und ökonomische Möglichkeiten

Italien

Italien war seit dem 4. Jh. v. Chr. durch kontinuierliche Kriegführung, asymmetrische Vertragsabschlüsse sowie Ansiedlungen in Städten unterschiedlichen Rechts langsam zu einem römischem Bürgergebiet geworden. Wie schon in der späten Republik war es in der Kaiserzeit von Kopf- und Bodensteuern befreit. Außerhalb Italiens hatte das Imperium in unterschiedlicher Form expandiert. Teile Europas waren wie Italien durch stetige Kriege unterworfen worden. Andere Regionen annektierte das Imperium nach Siegen über Konkurrenten, die diese Gebiete für die römische Herrschaft bereits vorstrukturiert hatten. Mit Namen wie Pompeius, Caesar oder Augustus verbinden sich aber auch Eroberungen, die relativ schnell von überlegenen Verbänden mit weitgespannter Logistik durchgeführt wurden. Auch nach Augustus ging die Expansion weiter. Lücken im Provinzialreich wurden geschlossen. Einzelne Königreiche fielen dem Imperium nach dem Ende einer Dynastie zu. Nicht alle Eroberungen wurden auch gehalten. Trajans „Provinzen" jenseits des Euphrat etwa bestanden keine zwei Jahre.

Expansion

Reichsbevölkerung

Nach modernen Berechnungen lebten im kaiserzeitlichen Imperium etwas über 50 bis 60, in der Hochphase wirtschaftlicher Integration bis zur Mitte des 2. Jh. vielleicht 70 Millionen Menschen. Wenn dieser Wert erreicht worden sein sollte, konnte er unter anderem wegen der Epidemie in der zweiten Hälfte des 2. Jh. nicht gehalten werden. Danach näherte sich die Reichsbevölkerung eher dem unteren genannten Wert an. Die Regionen waren sehr unterschiedlich dicht bevölkert, Italien oder Ägypten etwa weit stärker als der Norden Galliens oder Spaniens.

Sicherheitsarchitektur

Je näher wir die Mikroregionen unter römischer Herrschaft betrachten, desto deutlicher treten ihre Unterschiede hervor. Die folgenden Ausführungen sollen jedoch besonders die Gemeinsamkeiten hervorheben. Das Imperium war zunächst eine Sicherheitsarchitektur. Seine Armee sollte im Inneren und gegen äußere Feinde Stabilität gewährleisten. Von der Zentrale ausgegebenes Geld wurde

von der Zentrale ausgegebenes Geld

im ganzen Reich akzeptiert. Römisches Recht gewann stetig an Bedeutung. Sukzessive haben Herrscher wie schon die Republik in Infrastruktur wie Straßen investiert oder Rohstoffe erschließen lassen. Städte wurden nicht systematisch, aber doch stetig gefördert. Sie bildeten den Prägestock antiker Kultur. Doch lebten allerhöchstens 20 % der Menschen tatsächlich in oder um Städte, also nicht nur im rechtlichen Sinn auf dem Territorium einer Stadt. Das Leben der Landbevölkerung ist weniger gut erkennbar. Die Menschen dort mussten die Lebensmittel anbauen und vermarkten, die in städtischen Kernen mitverbraucht wurden. Andererseits besaßen viele Städter Land. Eine klare Stadt-Land-Dichotomie hat es nicht gegeben.

Städte

6.1 Imperium und Steuern

Die wichtigste Gemeinsamkeit aller Teile des Imperiums war, dass sie Rom untergeordnet waren. Diese Unterordnung war rechtlich jedoch unterschiedlich ausgestaltet. Zu Beginn der Kaiserzeit waren die meisten Städte, Dörfer und Ländereien abgabenpflichtig. Die dort lebenden Menschen hatten nicht das römische Bürgerrecht, sondern galten als „Fremde“ (*peregrini*) oder gar „Unterworfene“ (*dediticii*). Rom forderte von ihnen unter variierenden Bezeichnungen Kopf- und Bodensteuern, wobei dem Land auch zugehöriger Besitz zugeordnet war. Mit der Zeit nahm im Westen die Zahl der Bürgerinnen und Bürger sowie der Bürgerstädte (Kolonien und römische Munizipien) zu. Hinzu kamen Munizipien und wenige Kolonien latinischen Rechts, das eine Art Vorstufe zum römischen Recht bildete. Die vollständige Befreiung von Leistungen war mit solchen Statuserhöhungen aber nur selten verbunden. Zumeist wurden die wichtigsten Abgaben durch die Institutionen der diversen Gemeinden erhoben. Diese regelmäßig eingeforderten Leistungen werden für viele Millionen Menschen das deutlichste Zeichen dafür gewesen sein, dass sie im Imperium Romanum lebten. Zu den Kopf- und Bodensteuern traten unregelmäßige Abgaben, etwa Verbrauchssteuern, deren Einzug wie die Erhebung der Zölle zumindest bis in das 3. Jh. oft verpachtet wurden. Durch Papyri, die uns fast nur aus Ägypten erhalten geblieben sind, ist eine Vielzahl weiterer kleinerer Abgaben belegt. Ob solche regionalen Befunde verallgemeinert werden können, ist umstritten, sodass es schwierig ist, die Höhe der

Höhe der Gesamtsteuerlast

peregrini

Bürgerstädte

regelmäßig eingeforderte Leistungen

Gesamtsteuerlast zu errechnen. Dies gilt umso mehr, als dass Imperium auch Leistungen anderer Art wie die Stellung von Zug- oder Reittieren für das Nachrichten- und Transportsystem (*cursus publicus*) einforderte. Zwangsankäufe von Lebensmitteln waren Verlustgeschäfte für die abgebende Seite. In der Frühen Kaiserzeit wurden neu unterworfenen Gruppen zudem oft Soldatenstellungen auferlegt. Später meldeten sich meist genügend Freiwillige zur Armee, bevor im 3. Jh. neue Rekrutierungsengpässe entstanden.

„Substitutquellen"

Heutige Forscherinnen und Forscher gehen oftmals davon aus, dass das Imperium mit seinen Untereinheiten wie den Städten oder stadtlosen Gesellschaften Abgaben in dem Umfang erhob, wie er in vielen Regionen auch für die europäische Frühe Neuzeit bis in das 17. Jh. belegt ist. Dies wären dann etwa 5–7 % des Sozialproduktes. Doch bleiben in allen entsprechenden Rechnungen stets mehrere Variablen. So ist auch eine noch niedrigere Abschöpfung postuliert worden, während umgekehrt auch Werte bis zu 15 % erschlossen worden sind. Unterschiede in den Kalkulationen ergeben sich unter anderem daraus, dass für fehlende eindeutige Zeugnisse unterschiedliche „Substitutquellen" („proxies") für wirtschaftliche Leistungsfähigkeit herangezogen werden oder dass Leerstellen im antiken Quellenmaterial in komparativ ausgerichteten Studien versuchsweise mit Ziffern aus Imperien späterer Epochen gefüllt werden. Die Entscheidung, welche Reiche als vergleichbar eingestuft werden, bestimmt dann wesentlich unser Verständnis Roms.

Steuern mit Quotitätsanteilen in Geld

Eine Geschichte des römischen Steuerwesens der Kaiserzeit kann nicht geschrieben werden. Die Abgaben wurden anfangs regional unterschiedlich ermittelt und konnten in der Höhe von Stadt zu Stadt variieren, wenn etwa politische Verdienste oder Fehlentscheidungen Anlass zu Belohnungen oder Strafen gegeben hatten. Belegt sind etwa Fruchtquoten von 10 % bis zu einem Fünftel oder anteilige Wertabgaben in monetarisierter Form. In der Hohen Kaiserzeit scheinen die Steuern mit Quotitätsanteilen in Geld an Bedeutung gewonnen zu haben, doch bleibt dies unsicher. Die meisten heutigen Forscherinnen und Forscher stufen die Abgabenlast im Reich als niedrig ein. Doch ist „niedrig" eine relative Beschreibung. Die Bürgerinnen und Bürger in Italien zahlten vor allem Abgaben wie die Sklavenfreilassungssteuer oder, außer bei ganz nahen Verwandten und sehr kleinen Legaten, die Erbschaftssteuer. Andererseits waren trotz Subventionierung die Preise für Grundnahrungsmittel speziell in Rom sehr hoch. Solche Faktoren gegeneinander aufzuwiegen, ist kaum möglich.

Zensus

In den Provinzen wurden die Steuersubjekte und ihr Besitz von römischen und später oft lokalen Dienststellen erfasst. Diese Registrierungen, der Zensus, der etwa im Lukas-Evangelium erwähnt wird, wurden nach heterogenen Anfängen in der Republik seit augusteischer Zeit mit einiger Systematik durchgeführt und bis in das spätere 3. Jh. auf Stand gehalten. Eine viel zitierte Schätzung geht davon aus, dass zu der reichen Elite der etwa 1–2 % Senatoren, Ritter und Vertreter städtischer Oberschichten in Italien und im Reich noch eine Gruppe mit mittleren Einkünften hinzutrat, die im 2. Jh. vielleicht zwischen 6 und 12 % der Bevölkerung ausmachte. Auch dann hätten ca. 90 % der Bevölkerung dauerhaft nicht substantiell über dem oder nahe dem Subsistenzniveau gelebt. Die Freien konnten nur wenige Erträge zurücklegen. Noch schwieriger war die Lage der unbestimmbaren Zahl von Sklavinnen und Sklaven, mit ganz unterschiedlichen Lebensbedingungen. Auch wenn es, wie Teile der neueren Forschung annehmen, in der Hochphase imperialer Integration in vielen Regionen ein stabiles, nicht von Eroberungen und Plünderungen getragenes Wirtschaftswachstum gegeben hat, konnte die Mehrzahl der Reichsbevölkerung davon nur in geringem Ausmaß profitieren. Für sie war die Gesamtlast von Steuern nicht niedrig. Dennoch war das Imperium sicher nicht bemüht, ein Maximum an Abgaben aus der Reichsbevölkerung herauszupressen. Stattdessen verlieh die Zentralregierung durchgängig, wenn auch ohne erkennbare Systematik, Privilegien an Gemeinden in den Provinzen, die deren Steuerlast verringerten, ohne dass in allen Fällen andere Gruppen für die Verluste aufkommen mussten. Römische Bürgerinnen und Bürger zahlten oft keine Kopfsteuern. Städten in den Provinzen konnte auch das *ius italicum*, die Gleichstellung mit Italien, verliehen werden, sodass auch die Bodensteuern entfielen. Hinzu kamen wenige freie Städte, *civitates liberae*, mit verringerten Leistungen bis hin zur Steuerfreiheit.

Privilegien

Bündnis mit lokalen Großen

Das Imperium stützte seit der Republik seine Herrschaft auf ein Bündnis mit lokalen Großen, die durch Formen eines politischen Klientelismus' (im heutigen Sinn) mit den imperialen Machteliten verbunden waren. Sie profitierten davon in unterschiedlichster Form, unter anderem durch die Chance, in den Ritter- oder sogar den Senatorenstand aufzusteigen. Im 2. Jh. stellten die meisten Kerngebiete der Mittelmeerwelt Senatoren und Ritter, im 3. Jh. fast alle Provinzen. Dieses enge Bündnis zwischen lokalen und zentralen Mächtigen war ein Garant der imperialen Stabilität. Da viele Senatoren und politisch aktive Ritter weiter Verbindungen zu ihren Heimatstädten pflegten, verweisen die Begriffe Zentrum und Peripherie in der Hohen Kaiserzeit sicher nicht mehr auf ein statisches Machtgefälle, sondern beschreiben höchstens dynamische politische Konstellationen. Die starke Stellung lokaler Großer war ein wichtiger Grund dafür, dass die Steuern kaum je in der geforderten Höhe eingezogen wurden. Mehrfach haben Kaiser mit großer Geste ausstehende Schulden aus den Büchern tilgen lassen. Konnten hiervon theoretisch alle Steuerzahler profitieren, waren angesichts des angesprochenen Bündnisses die lokalen Eliten, die selbst die wichtigsten Steuern erhoben, in einer ungleich günstigeren Position als Ärmere. Die Möglichkeiten von Menschen ohne Sozialprestige, sich gegen Ungerechtigkeiten bei der Abgabenerhebung zur Wehr zu setzen, waren dagegen gering. Ein Teil der Forschung behandelt zudem die Gewinnabschöpfungen von Mitgliedern der hohen Stände durch Verpachtungen ihres Landes fast wie weitere Steuern. Sie konnten bei den Vertragsabschlüssen als oder doch wie Vertreter des Imperiums auftreten und ihren Zugang zur Macht zu ihrem Vorteil nutzen.

Zentrum und Peripherie

Binnenzölle

Neben Kopf- und Bodensteuern erbrachten mehrteilige Zölle wichtige Mittelzuflüsse. Das Imperium erhob Binnenzölle. Diese konnten bei der Durchquerung historisch gewachsener Räume wie etwa von *Asia* (der Westtürkei) anfallen. Typischerweise wurden aber Großregionen wie die Donauprovinzen zu (untergliederten) Zolldistrikten zusammengeschlossen. Für den gallischen Raum (um Frankreich) galt ein Zollsatz von 2,5 %. Die Pächter, die die Zölle einzogen, wurden zunehmend von kaiserlichem Personal überwacht, das in kriegsintensiven Zeiten, vor allem im 3. Jh., die Erhebung vermutlich oft selbst organisieren musste. Zu den Binnen- traten Außenzölle, die bezüglich des Handels mit Luxusgütern zuletzt intensiv untersucht wurden. Die Summen, die das Imperium an seiner Ostgrenze nach Teilen der Forschung abgeschöpft haben soll, müssten allerdings dringend kontextualisiert werden, da sie in ihrer Höhe ganz aus dem Rahmen des Gewöhnlichen fallen. Die Einnahmen der Städte sind früher als gänzlich unzureichend gewertet worden. Fast alle waren für Bauvorhaben auf andere Zuwendungen angewiesen, bei monumentalen Projekten wie Wasserleitungen aus kaiserlichen Schatullen, öfter aber von lokalen Stiftern. Sie

Außenzölle

Einnahmen der Städte

wollten sich Einfluss sichern und zugleich ihre Namen in Erinnerung halten. Solche Spenden, die die Forschung je nach Sprachraum als Munifizenz oder Euergetismus bezeichnet, galten früher als einzige bedeutende Geldquellen für Städte, die investieren wollten. Heute werden die lokalen Abgaben höher gewichtet. Zumindest einige Städte mussten erhobene Zölle nicht an imperiale Kassen abführen. Solche Einnahmen konnten bspw. Feste durchaus mitfinanzieren. Wie verbreitet solche Lokalzölle waren, ist aber umstritten.

Schieflage zwischen Einnahmen und Ausgaben im 3. Jh.

Die Probleme des Reichs, die früher als Krise des 3. Jh. bezeichnet wurden (4.2.2), sind zum Teil durch eine sich aufbauende Schieflage zwischen Einnahmen und Ausgaben des Imperiums ausgelöst worden. Wahrscheinlich schrumpfte nach der Epidemie des letzten Drittels des 2. Jh. die Reichsbevölkerung zumindest zeitweise, während die Regierungen sukzessive die stetigen Ausgaben für das Militär erhöhten. Soweit wir erkennen können, waren diese Erhöhungen aber nicht nachhaltig gegengerechnet. Höhere Kopf- und Bodensteuern hätten nur die Eliten zahlen können. Der Weg, sie stärker zu belasten, ist wenn überhaupt nur sehr selten oder punktuell beschritten worden. Die kontinuierliche Senkung des Edelmetallgehalts vor allem der Silbermünzen ist der klarste Indikator für das Missverhältnis zwischen Einnahmen und Ausgaben, hatte aber zunächst kaum wirtschaftliche Folgen, da die Münzen im Reich akzeptiert wurden. Die Invasionen, unter Aurelian dann auch das Einsetzen einer Inflation, haben das kaiserzeitliche Steuersystem, das anscheinend zunehmend auf Geldabgaben beruhte, schließlich kollabieren lassen. Die diocletianische Steuerreform antwortete auf diese Herausforderung. Die benötigten Mittel wurden seit dieser Zeit vorabkalkuliert, sodass eine Form von imperialem Haushalt aufgestellt werden konnte, wie es ihn bis zu dieser Zeit nicht gegeben hatte.

6.2 Produktion, Distribution und Konsum

6.2.1 Ökonomien im Imperium: alte und neue Deutungen

Leistungsfähigkeit der imperialen Ökonomien

In welchem Umfang das Imperium Steuern erheben konnte, war abhängig von der Leistungsfähigkeit der Ökonomien unter römischer Herrschaft. Aussagen über die imperiale Wirtschaft als Ganzes können angesichts der Quellenlage und den Dimensionen des

Reichs nur mit äußerster Zurückhaltung getroffen werden. Die ältere Forschung hatte ihre Positionen zu Formen und Folgen des Wirtschaftens in der Kaiserzeit dagegen oft sehr pauschal formuliert.

Modernisten

Lange standen sich bspw. Modernisten, die in der Kategorisierung keine qualitativen Unterschiede zwischen dem Imperium und dem

Primitivisten

Europa der Frühen Neuzeit machen wollten, und Primitivisten gegenüber. Letztere hatten Kommentare von Eliteautoren zu einem vorbildlich-aristokratischen Lebensstil als akkurate Schilderungen der dominanten ökonomischen Praxis gedeutet, die vor allem auf Autarkie abgezielt habe. Handel bspw. sei daher ein randständiges Phänomen geblieben. Diese Kontroverse ist heute eher von forschungsgeschichtlichem Interesse. Generalisierende Deutungen des Typs, die urbanen Ökonomien im Imperium seien im Vergleich mit idealtypisch progressiven Stadtwirtschaften des europäischen Mittelalters rückständig gewesen, werden kaum noch vertreten. Mehrere Gründe haben dazu beigetragen, dass sich die Quellenbasis ebenso wie die Bewertungsmaßstäbe in jüngerer Zeit deutlich verändert haben. Ältere Studien nahmen bspw. ihren Ausgang oft bei

Mittelmeerwelt

der Bobachtung, dass in weiten Teilen der Mittelmeerwelt der Anbau von Weizen, Olivenbäumen und Wein dominierte. Handel könne daher kaum von Interesse gewesen sein. In diesem Punkt hat sich die Mehrheitsmeinung stark verschoben. Das Mittelmeer mag ein in gewisser Weise einheitlicher maritimer Raum gewesen sein, doch bestand die es umgebene Landmasse aus vielen ökologischen

klimatische Bedingungen

Nischen mit abweichenden klimatischen Bedingungen. Sie lieferten nicht nur eine große Palette von Produkten, sie waren auch störungsanfällig, sodass Handel nicht nur gewinnbringend, sondern notwendig war. Sodann wurde früher oft kontrovers über Aussagen in der antiken Literatur gestritten. Eine hohe Zahl von materiellen (Neu-)Funden hat heute dagegen die Initiative bei der Charakterisierung der imperialen Ökonomien auf die archäologischen Disziplinen übergehen lassen. Sie dokumentieren sowohl die Diversifizierung der Produktion als auch die immense Verbreitung von Gütern. Mit archäologischen Befunden, aber eigener Methodik operieren auch wirtschaftswissenschaftliche Ansätze im engeren Sinn, die aus wenigen tradierten Zahlen, einigen Annahmen (etwa über das Steuervolumen) und mithilfe von Vergleichen auf die wirtschaftliche Performanz im Imperium schließen. Wie schon bei der Berechnung der Einnahmen und Ausgaben des Reichs bleiben die Interpretationsspielräume erheblich.

Vielfalt der Produktion

Der Reichtum an materiellen Hinterlassenschaften, an kostbarem Stein oder feinem Geschirr, an Transportgefäßen von Lebensmitteln oder Spuren von Gewürzen, lässt heute an der Vielfalt der Produktion und der Bedeutung von Handel zumindest seit dem 2. Jh. v. Chr. keinen Zweifel. Kontrovers bleibt dagegen, wie groß die Auswirkungen der militärischen Probleme des Imperiums in der zweiten Hälfte des 3. Jh. auf Produktion und Distribution gewesen sind.

überregionale Handelswege

Austausch gab es zum einen regional: Neuere Studien betonen etwa, dass in die Verteilung von alltäglichen Gütern gerade kleinere Häfen, bspw. um die kleinste Provinz Zypern, eingebunden waren. Doch können archäologisch auch überregionale Handelswege nachgezeichnet werden. Flüsse oder Meere boten wichtige Verkehrsadern. Glaswaren aus Köln wurden bspw. regelmäßig nach Britannien verschifft. Der Landtransport von Waren war teurer, aber aufgrund der Infrastruktur, das heißt etwa gut ausgebauten Straßen, nicht irrelevant, wenn Mikroregionen auch unterschiedlich gut erschlossen waren. Auch der Handel über lange Strecken ist zu gut dokumentiert, als dass er sich als Ausnahmeerscheinung oder Spielwiese für Abenteurer deuten ließe. Viele Waren der Mittelmeerwelt wurden bis in die Ränder des Imperiums geliefert und fanden dort Abnehmer. Die Übernahme, Nutzung oder der Verzehr von Gütern haben zu einer gewissen Vereinheitlichung im Konsumverhalten und in der Folge auch der kulturellen Verhältnisse auf der eurasischen Landmasse beigetragen.

6.2.2 Ökonomische Akteure, Handlungsoptionen und Handlungsvorgaben

Treiber der Integration

Die archäologischen Befunde demonstrieren, dass das Imperium schon seit dem 2. Jh. v. Chr. ein in Teilen integrierter Wirtschaftsraum war. Weniger klar ist, wer oder was die Treiber dieser Verflechtung waren. Von Mitgliedern der sozialen Eliten verfasste Schriften vermerken mehrfach, für vornehme Römer sei Handel keine akzeptable Tätigkeit. Für Senatoren galten aufgrund zeitgenössischer Ehrvorstellungen gewisse, vielleicht noch rechtlich fixierte Beschränkungen. Angesichts der Gewinnmargen haben sich viele Aristokraten aber offenbar um solche Normen nicht gekümmert und sind jedenfalls als Geldgeber tätig geworden oder haben Mittelsmänner mit Geldern ausgestattet. Unterhalb dieser schmalen

Gruppe treten die wirtschaftlichen Interessen der Eliten deutlicher hervor. Reiche Landgüter, *villae rusticae*, die 6 000 ha umfassen konnten, waren oft auf Überschussproduktion ausgerichtet (Lebensmittel, aber auch Ziegel etc.) und damit auf Märkte der Umgebung, die aber auch „mittelständischen" Gehöften von 50–100 ha offenstanden. Gewinne wurden reinvestiert. Das in der Hohen Kaiserzeit erreichte Niveau der Monetarisierung erleichterte alle einschlägigen Transaktionen, setzte Bauern mit kleinen Gütern oder Tagelöhner aber auch unter Druck.

Infrastruktur

Die Statuseliten hatten, mit den schon erwähnten Einschränkungen bei den Senatoren, einen privilegierten Marktzugang. Aber auch soziale Aufsteiger wie reich gewordenen Freigelassene konnten die vom Imperium bereitgestellte Infrastruktur für ihre Unternehmungen nutzen. Zudem waren im Imperium die privaten Ausgaben für den Schutz von Waren (Protektionskosten) niedrig. Regional mochte es Bedrohungen durch Banditen geben, doch trieben die Zentrale und die Städte erheblichen Aufwand, um Handel aller Art abzusichern. Neben einem Währungssystem aus bis ins späte 3. Jh. unterschiedlichen, aber kompatiblen Bestandteilen kamen auch zunächst aufeinander abgestimmte Rechtsnormen und, mit der Zeit, die sukzessive intensivere Nutzung auch des römischen Privatrechts dem wirtschaftlichen Austausch zugute. Manche Forscherinnen und Forscher heben daher vor allem die wirtschaftsliberalen Segnungen hervor, die die Menschen im Imperium zumindest bis zu der großen Epidemie Mitte des 2. Jh. genossen hätten, und verwenden zu deren Beschreibung unscharfe Containerbegriffe wie Globalisierung. Dies ist aber höchstens eine Seite des Imperiums.

Zwang

Der Anteil von Zwang, ja Gewalt in allen gesellschaftlichen Teilbereichen blieb durchgängig hoch. Die Lebensbedingungen mancher Sklaven etwa in Bergwerken waren von unbeschreiblicher Grausamkeit geprägt. Zudem waren es nach einer starken Forschungsrichtung primär politische Motive, die den Handel anregten und am Laufen hielten. An erster Stelle steht dabei die Magnetwirkung der

Magnetwirkung der Stadt Rom

Stadt Rom, die Produkte aller Art anzog, Versorgungsgüter für die Masse der Bevölkerung wie Luxusartikel für die Elite. Die teilweise aus Geldern des Imperiums finanzierte Lebensmittelbevorratung der Hauptstadt war für die Zentrale ein hohes Legitimationsgut. Große Teile der landwirtschaftlichen Produktion von *Africa* und *Aegyptus* waren auf den römischen Markt hin orientiert.

Neben Rom mussten die Truppen regelmäßig versorgt werden, mit Sold, aber auch mit Lebensmitteln, für die die Soldaten allerdings zumindest in der Frühen Kaiserzeit aufzukommen hatten. Essentielle Güter wie Weizen stellte meist die kaiserliche Fiskaladministration zur Verfügung. In vielen Bereichen betrieb die Armee auch Eigenversorgung. Aber die Soldaten waren eine kaufstarke Klientel mit eigenem Lebensstil. Große Mengen Olivenöl sind bspw. aus Spanien zu den Garnisonen am Rhein geliefert worden. Das Imperium stellte Infrastruktur zur Verfügung und half durch Anreize und Zwang, Verbindungen zu knüpfen und den Transport sicherzustellen. Aber die Reichsadministration brachte die Ölamphoren nicht an den Rhein, sondern schuf Gewinnmargen für Private. Die Ansprüche der Soldaten führten aber auch zu individuelleren Ankäufen, wie etwa aus beschriebenen Holztafeln aus dem nordenglischen Truppenkastell *Vindolanda* hervorgeht.

die Truppen

Rom und die Militärlager mussten versorgt und die Soldaten bezahlt werden. Mehr als die Hälfte des römischen Steuereinkommens wurde auf diese beiden Ziele aufgewandt. Tendenziell lässt sich ein Kreislauf ausmachen. In den dichter besiedelten Regionen um das Mittelmeer wurden höhere Steuereinnahmen erzielt, die außer für Rom gerade zur Bezahlung und Versorgung der Armeen in den Randprovinzen gebraucht wurden und dorthin verbracht werden mussten. Dies führte zu einem konstanten Abfluss von Gütern und Geldern aus dem inneren Ring von Provinzen wie Westkleinasien oder Südgallien Richtung Rhein, Donau oder Euphrat. Die Verluste durch solche Transferleistungen konnten und mussten von den Menschen in den betroffenen Regionen durch Handel auf Geldbasis ausgeglichen werden. Obwohl die Forschung zur Erklärung der anhängigen Fragen ganz unterschiedliche Ansätze entwickelt hat, lässt sich doch feststellen, dass die Besteuerung der Bevölkerung sowie die aus politischen Gründen wichtigen Absatzmärkte die Produktion und den Handel im Imperium wesentlich stimulierten und am Laufen hielten. Für die Versorgung Roms und der Armee schuf das Imperium zudem Mittel und Wege, die von privaten Initiativen mitgenutzt werden konnten.

aus politischen Gründen wichtige Absatzmärkte

Rechtlich zwischen diesen Polen stand der immer weiter anwachsende kaiserliche Besitz. Die gelegentlich zu findende Annahme, schon die frühen Caesaren seien reicher als das Gemeinwesen (die *res publica*) gewesen, ist wohl eher einem Eindruck als dem tatsächlichen Verhältnis der jeweiligen Einnahmen und Ausgaben ge-

der kaiserliche Besitz

schuldet. Schon diese Herrscher haben jedoch unbestritten in großem Stile Ressourcen für ihre Familie erworben. Dazu zählten Geld und andere Wertgegenstände, Ländereien, zusammenhängende Domänen wie Streubesitz, Wälder und damit Bau- und Brennholz, Herden, aber auch Luxuseinnahmequellen wie der bei En Gedi am Toten Meer produzierte Balsam. Umstritten ist, ob schon frühzeitig auch Minen und damit auch Edelmetalle zu diesem Konglomerat gehörten. Wie bei anderen Familienoberhäuptern auch machten solche Güter zusammen das *patrimonium*, den „Privatbesitz", der Herrscher aus. Das *patrimonium* der Machthaber wuchs jedoch durch Schenkungen und rechtliche Privilegien überdimensional an. Es wurde auch nach den julisch-claudischen Herrschern von Kaiser zu Kaiser vererbt und war damit eigentlich nicht mehr privater Natur, auch wenn diese Fiktion aufrechterhalten wurde. Land der *res publica* wurde de facto integriert. Der kaiserliche Besitz diente auch dem Unterhalt von Rom und sehr wahrscheinlich auch der Truppen. Seit der Mitte des 1. Jh. n. Chr. sollen große Teile der fruchtbaren Böden im römischen *Africa* (in Tunesien und Algerien) in der Hand der Herrscher gewesen sein. Seit den Severern war das *patrimonium* auch verstärkt in die Ölversorgung Roms eingebunden.

patrimonium

globale Antike

Nicht nur im Imperium wurde überregional mit großen Warenvolumina gehandelt. Überaus lukrativ war auch der Handel mit außerimperialen, zum Teil offenbar selbst der literarischen Elite kaum bekannten geographischen Bereichen der globalen Antike. Dies gilt auch, aber doch in geringerem Maß, für die Gebiete jenseits der militärisch oft konflikthaften Grenzen an Rhein und Donau oder südlich des Streifens fruchtbaren Landes im römischen Afrika. Bspw. ist zuletzt etwa dem Sklavenhandel von der Teilprovinz *Cyrene* (in etwa Libyen) mit den südlichen Nachbarn, den Garamanten, mehr Aufmerksamkeit gewidmet worden. Doch lassen sich vor allem viele Verbindungen zwischen dem Osten des Reichs und Zentral- bzw. (Süd-)Ostasien nachweisen, bspw. über Mittler wie Palmyra (vgl. 4.3.1). Über das Rote Meer handelten im Imperium ansässige Kaufleute mit Geschäftspartnern in Indien. Dürftige Indizien verweisen auf gigantische Gewinnmargen. Angesichts der vorab aufzubringenden Investitionsvolumina stellt sich die Frage nach der Beteiligung von imperialen Eliten, für die wir aber keine eindeutigen Belege haben.

7 Sakrale Landschaften und imperiale religiöse Tendenzen

Kurze Ausführungen über Religionen im Imperium Romanum zu machen, wird durch viele terminologische und konzeptuelle Probleme erschwert. Das Wort Religion ist zwar eine Weiterbildung des lateinischen *religio*, hat jedoch seit langem neue Sinngehalte angenommen, die mit antiken Vorstellungen nicht vereinbar sind. Viele Vorannahmen, die heute mit dem Begriff verbunden werden, ergeben sich aus der jeweiligen Vorkenntnis der großen monotheistischen Religionen in ihren neuzeitlichen Ausprägungen. Ein Ausdruck wie „die Religion(en) Roms" kann zudem in zeitlicher und räumlicher Hinsicht sehr unterschiedliche Phänomene bezeichnen. Der Begriff wird etwa für die Religion(en) der Bewohner der Stadt Rom oder die der römischen Bürgerinnen und Bürger im Reich verwendet. Er erstreckt sich dann zunächst auf traditionell-römische sowie zu irgendeiner Zeit in unterschiedlicher Form sakralrechtlich in die römische Ordnung integrierte Kulte. Gerade im Plural kann dieser Terminus aber auch auf die meisten im Reich und oft auch in Rom selbst belegten religiösen Zeichenordnungen hinweisen, die sich unter dem Einfluss römischer Macht und durch den Austausch untereinander an imperiale Kontexte anpassten. Auch Juden und Christen wurden von ihrer Umwelt beeinflusst. Die Interpretation dieser Religionen als „römisch" wäre für die Menschen der Hohen Kaiserzeit aber unverständlich gewesen. Bei einigen im Anschluss behandelten Kulten, die sich selbst als Migrationsphänomene darstellten, kann eine solche Charakterisierung dagegen analytisch sinnvoll sein. Schließlich hat die Forschung bei der Behandlung vieler Kulte lange fast nur die kollektiven, oft städtisch organisierten Formen in den Blick genommen. Sie sind zwar die sichtbarsten, aber nicht die einzigen religiösen Handlungen und Vorstellungen, die wir im Imperium nachweisen können. Unterhalb der städtischen Ebene bildete bei römischen Bürgern etwa die Familie einen wichtigen Bezugsrahmen sakraler Praktiken. Aber auch Individuen haben aus ihnen eigenen Gründen Gesten vollzogen, Gebete gesprochen und Weihungen dargebracht, vielleicht mit Massenanfertigungen solcher Gaben (Votive), aber aus persönlichen Motiven in einer Welt, in der Krankheit und Tod allgegenwärtig waren.

das Wort Religion

„die Religion(en) Roms"

städtisch organisierte Kulte

das Miteinander der Religionen

Religion in den unterschiedlichsten Formen war in der Antike sehr präsent. Religiöse Zeichensprachen und Kommunikationsformen unterlagen zudem ganz eigenen Dynamiken. Das Imperium der Hohen Kaiserzeit bildete aber in besonderer Weise einen Rahmen für das Nebeneinander ortsgebundener sakraler Handlungen und Interaktionen zwischen Religionen mit mobilen Anhängerschaften. Zudem ist die Quellenlage für die Zeit besonders gut. Im 3. Jh. wurde das Imperium schließlich in noch höherem Maße auch zu einem Konfliktraum, wodurch das Miteinander der Religionen beeinflusst wurde. Diese Phänomene sollen im Mittelpunkt der folgenden Darstellung stehen. Religion kann dabei vieles bedeuten. Zumeist stand jedoch der Glaube an Gottheiten im Zentrum religiöser Handlungen und Kommunikationsformen. Nur diese Form der Religion wird im Weiteren durch Beispiele illustriert werden. Zunächst steht eine spezifische Facette religiösen Lebens im Fokus: Es war oft lokal verankert, an Orten, die Sinneseindrücke hinterließen und an denen auch in anderen Kulten vorkommende Praktiken in besonderer Weise konkretisiert wurden. Religiöse Vorstellungen und Handlungen waren in diesem Sinn in urbanen wie ländlichen Landschaften verankert, die durch sie heilig erschienen, die aber auch wieder auf Überzeugungen und Praktiken zurückwirkten.

7.1 Beispiele für verortete Religion

Iuppiter Capitolinus

Die aus imperialer Perspektive wichtigsten sakralen Stadt-Landschaften befanden sich in der Stadt Rom. Auf dem Südhang des Kapitolinischen Hügels erhob sich die Tempelanlage für Iuppiter Optimus Maximus, Iuno und Minerva, mit Jupiter als Hauptgott, die als ein Zentrum der römischen Welt galt. Stand Iuppiter Capitolinus für die Kontinuität römischer Erfolge, haben die Kaiser gerade auch die Neuerrichtung oder Renovierungen von Sakralbauten dazu genutzt, um die Hauptstadt zu ihrem Rom zu machen. Schon angesprochen wurden bspw. die Erneuerung des Pantheons unter Hadrian oder die severischen Akzentsetzungen (vgl. 2.2.2; 3.2.2). Große Heiligtümer dominierten, stets oder bei speziellen Anlässen, ihr städtisches Umfeld. Sie konnten durch Prozessionen oder andere Rituale auch zu Memoriallandschaften verknüpft werden. Sakralität setzte Monumentalität aber nicht voraus.

Priesterkollegien

In Rom agierten zudem die wichtigsten Priesterkollegien der römischen Welt, wie bspw. die Auguren (Zeichendeuter), die mit der Ermittlung des göttlichen Willens betraut waren, oder die *pontifices*, die Spezialisten im Sakralrecht waren. Diese Priesterämter wurden von Senatoren übernommen und machten einen großen Teil von deren sozialer Macht aus. Zumindest in der Frühen Kaiserzeit wurden viele hohe Priesterämter auch von der innerhalb der Senatoren besonders hervorgehobenen Statusgruppe der Patrizier wahrgenommen, die dadurch ihr Sozialprofil schärften. Ihre Tätigkeit im Zentrum implizierte jedoch nicht, dass diese Priester Steuerungskompetenzen im Reich hatten. Solche Interventionen oblagen bei Nachfragen den Herrschern und vielleicht dem Senat. Die Kaiser waren Mitglied vieler (aller?) wichtiger Priesterschaften und reservierten sich die mit weitreichenden Aufsichtsrechten ausgestattete Position als Oberpriester, *pontifex maximus*.

römische Kolonien

Römische Kolonien (meist durch Veteranenansiedlung neu gegründete Städte) und römische wie latinische Munizipien (nach römischen Vorlagen konzipierte Städte) sind in einzelnen Aspekten zur Nachahmung des römischen Vorbildes angehalten worden. Eide bei Jupiter sind etwa mehrfach bezeugt. Heute betont die Forschung eher die ihnen zugestandenen Freiheiten, die Vielfalt ihrer Kulte und die Eigenart ihrer sakralen Landschaften. Zumindest ein Schrein und zahlreiche Weihungen machten auch Teile von Truppenlagern zu imperial-römischen Sakrallandschaften.

Truppenlager

gallische Provinzen

Im gesamten Imperium existierten und entstanden sakrale Landschaften, die sich sowohl nach Gesichtspunkten der Ähnlichkeit wie nach Unterschieden anordnen lassen. In den stärker ländlich geprägten gallischen Provinzen nördlich der *Narbonensis* (Frankreich nördlich der Provence) und angrenzenden Zonen etwa wurde der Prozess der Ausgestaltung von *civitates*, territorialer Gliederungseinheiten mit städtischen Zentren, oft von Rom mitgesteuert. Diese Zentren waren denn oft auch eher Sitz politischer Institutionen als Ausdruck einer lebendigen Stadtkultur. Im Süden dockten römische Zentren, neben *Lugdunum* (Lyon) in der Provinz *Lugdunensis* etwa die alte Kolonie *Narbo* (Narbonne) und die neueren *coloniae Vienna* (Vienne) oder *Nemausus* (Nîmes), dagegen häufiger an ältere Siedlungen (*oppida*) an.

Kombinationen aus lokalen und römischen Elementen

In ihnen, aber auch nicht römisch definierten Orten entstanden mit der Zeit große Heiligtümer. Die Arverner (um das heutige Clermont-Ferrand) in der Provinz *Aquitania* etwa, die den Widerstand gegen die Eroberung wesentlich getragen hatten, errichteten im 1. Jh. n. Chr. für einen heimischen Gott, den sie mit dem römischen Merkur assoziierten (*Mercurius Dumias*), einen großen Tempel auf dem Vulkan Puy de Dôme. Zudem ließen sie von einem berühmten griechischen Bildhauer, der später für Nero arbeiten sollte, ein großes anthropomorphes (menschenförmiges) Bild des Gottes herstellen. Dies ist ein typisches Beispiel für eine Kombination aus lokalen und römischen Elementen im Sakralbereich, wie sie sowohl für Gallien wie für viele andere Regionen im Reich charakteristisch wurde. Neben diesem Tempel entstand im 2. Jh. eine noch größere Anlage. Die Tempel machten ihr Umfeld zu einer gallo-römischen Sakrallandschaft. Der nordwestliche gallische Raum war dagegen eher von kleineren, oft, aber nicht exklusiv ländlichen Kultanlagen mit geringem Einzugsgebiet geprägt. Diese kleineren Schreine sind vor dem Hintergrund von römischem Vorgehen gegen Menschenopfer und religiöse Spezialisten, die Druiden, früher als Reservate indigener Ablehnung des Imperiums gedeutet worden. Nach den Konflikten der Anfangsphase imperialer Herrschaft scheinen auch diese Heiligtümer aber eher Ausdruck von Adaptionen, Übersetzungen und Kombinationen alter und neuer Vorstellungen (Synkretismus) geworden zu sein.

Jupiter(giganten)-säulen

In anderen Regionen des Großraums strahlten Vorstellungen des Militärs offenbar auch stärker auf das Umland aus. Ein Beispiel hierfür sind die sogenannten Jupiter(giganten)säulen, die sich vor allem seit der Mitte des 2. Jh. n. Chr. in der obergermanischen Provinz, etwa im Elsass oder den Vogesen, aber auch in Niedergermanien (um den Niederrhein) finden. Diese Säulen dienten auch dem Kult anderer Gottheiten, aber ehrten vor allem *Iuppiter*, eventuell mit *Iuno regina*. Besonders eindrucksvoll sind die namensgebenden Präsentationen, in denen *Iuppiter* über einen Giganten hinwegreitet. Diese Monumente verbinden viele Komponenten, darunter auch indigene, deren begriffliche Wiedergabe als „keltisch“ aber eher hinderlich als hilfreich ist. Auch Anspielungen auf den Kaiser(kult) sind zu finden. In der Summe der Elemente verwiesen die Säulen wohl vor allem auf eine Hierarchievorstellung, auf römische Macht und Ordnung. Interessant ist daher, dass sich diese Monumente auch im ländlichen Raum, sogar in einzelnen Gehöften, finden, und damit auch das Landesinnere prägten, es geradezu markierten.

Berytus (Beirut) und die Bekaa-Ebene

Das Wechselspiel von Kontinuität und Innovation, das Nebeneinander unterschiedlicher religiöser Darstellungen oder deren variable Verbindungen unter imperialem Einfluss lassen sich in je anderer Form fast überall im Reich beobachten. Ein weiteres Beispiel für religiöse Landschaften, die das Imperium wesentlich mitgeprägt, aber nicht einfach überprägt hat, sind *Berytus* (Beirut) und die Bekaa-Ebene. Die Reichsregierung hatte die Umgebung von Beirut anders als andere Landschaften im römischen Nahen Osten frühzeitig (15 v. Chr.) durch eine Koloniegründung aus der Einflusszone von lokalen Fürstentümern herausgenommen. Auf dem weitgespannten Territorium der Kolonie, in oder bei Heliopolis-Baalbek, das wohl unter Severus selbst Kolonie wurde, entstand in kontinuierlicher Arbeit vom 1. Jh. bis zum 3. Jh. n. Chr. einer der größten Sakralkomplexe im Imperium, ein Heiligtum für *Iuppiter Heliopolitanus*. Lange wurde die Kontinuität dieser Gottheit zu einem semitischen Vorläufer betont, doch ist diese Annahme keineswegs sicher. Die Anlage wies jedenfalls auch viele westliche, italische Elemente auf. Diese permanente Baustelle war damit auch ein weithin sichtbares Zeichen römischer Präsenz. Südlich von Baalbek, auf Hängen bzw. in Taleinschnitten der Bekaa-Ebene wurden im gleichen Zeitrahmen kleinere Tempel errichtet, die sich in die Landschaft einschmiegten und stärker lokalen Stilen verpflichtet waren. Bei Niha, auf dem Territorium der Kolonie, wurde unter anderem die semitische *Atargatis* verehrt. Beim benachbarten Hosn Niha entstanden mit der Zeit mehrere Tempel bei einem Dorf mit einem Veteranenanteil. Die Unterschiede in der Sichtbarkeit scheinen zunächst auf unterschiedliche Verehrergemeinschaften hinzudeuten. Doch gibt es Hinweise auf die gemeinsame Nutzung der Kultstätten von Baalbek und im Westen der Bekaa-Ebene durch die unterschiedlichen Bevölkerungsgruppen der Region. Sie wurden allerdings von der imperialen Macht nach ihren Vorstellungen ermöglicht.

Iuppiter Heliopolitanus

Jerusalem

Südlich hiervon, in Israel bzw. Palästina, war durch die imperiale Herrschaft eine sakrale Landschaft eigener Art entstanden. Jerusalem und sein jüdisches Umland waren lange Zeit durch das jüdische Zentralheiligtum, den Tempel auf dem Tempelberg, dominiert worden. Wohl ab 21/20 v. Chr. hatte König Herodes das Heiligtum erneuern und vergrößern lassen. Nach 66 n. Chr. wurde Jerusalem jedoch von einer Aufstandsbewegung gegen Rom erfasst und 70 zerstört. Soweit wir sehen, kam danach der Kult in Jerusalem (jedenfalls weitgehend) zum Erliegen. Das jüdische Kernland und die Diasporagemeinden verloren ihr Zentrum. Nach dem erneuten Aufstand / Freiheitskrieg unter Simon Bar Kochba 132–136 n. Chr. wurde Juden der Zugang zum heiligen Areal ihrer Religion zeitweilig sogar ganz verwehrt: Die römische Kolonie *Aelia Capitolina*, deren Planung wohl den Krieg ausgelöst hatte, wurde zu einer Gegenlandschaft zur jüdischen Erinnerung. Langfristig ließ sich die Exklusion der Juden aus Palästina allerdings nicht durchhalten. Mit den jüdischen Patriarchen ist weiterhin eine Vertretung des mutterländischen Judentums belegt. Die partielle römische Überschreibung von Jerusalems Traditionen bereitete aber der späteren Christianisierung der Stadt den Weg. Juden in der Diaspora bildeten auch nach 70 in vielen Städten vitale Gemeinden, deren religiöses Leben auf allgemein akzeptierte Schriften, die multifunktionalen Synagogen und nicht tempelorientierte Traditionen ausgerichtet war. Eine besondere Bedeutung kam zudem den Gelehrtenschulen im Zweistromland außerhalb des Imperiums zu, aus denen später der Babylonische Talmud hervorging.

Diaspora

Tempelanlagen des Niltals

Die Kriege zwischen Rom und jüdischen Gruppen waren keine zwingende Folge unüberbrückbarer kultureller Differenzen gewesen, sondern hatten sich aus einer Verkettung unglücklicher Umstände ergeben. Nach der Eroberung Ägyptens hatte das Imperium versucht, eine gewisse Kontrolle über die mächtigen indigenen Priester auszuüben. In der Hohen Kaiserzeit unterstanden sie und die großen Tempelanlagen des Niltals einem römischen Prokurator mit dem Titel *archiereus*. Aber Kristallisationspunkte des Widerstandes sind die Tempel nicht geworden. Im Niltal haben sich dauerhaft Formen von Koexistenz und Kooperation eingestellt.

Pausanias

Die Vorstellung von sakralen Landschaften in antiken Städten, ihrem Umland oder ländlichen Regionen hat kein Autor so stark geprägt wie Pausanias, der sogenannte Perieget (Reiseführer). Pausanias, offenbar aus Kleinasien, lebte in der Mitte und zu Beginn der zweiten Hälfte des 2. Jh. n. Chr. und war weit gereist. Er hinterließ eine Schrift über die griechischen Regionen des Mutterlandes, in der er vor allem Heiligtümer und ihre Statuen in ihrem jeweiligen Umfeld beschrieb. Der Reisebericht gibt einen Eindruck von der Wahrnehmung in der Zeit. Da Pausanias seine Aufmerksamkeit auch berühmten alten Monumenten zuwendet, ist er oft als Quelle für das klassische Griechenland verwendet worden. Doch war er kein Historiker und sind seine Beobachtungen fest in seiner eigenen Zeit verankert. Die Fehldeutung des Pausanias als eines antiquarischen Autors ergibt sich auch daraus, dass von ihm und anderen Autoren dieser Zeit vorgestellte Denkmäler und Rituale geradezu zeitlos wirken. Dieser Konservativismus war auch römischem Interesse geschuldet. Die imperialen Eliten sahen die traditionell-städtischen Kulte, die häufig mit Formen der Herrscherverehrung vergesellschaftet waren, offenbar als einen Stabilisierungsfaktor an und unterstützten ihre Bewahrung. Detailstudien haben aber gezeigt, dass sich Baustile, Rituale, Mythen und Gottesvorstellungen stetig veränderten. Das erste Buch von Pausanias' Reisebericht ist Athen und Attika gewidmet. Der Autor setzt unvermittelt mit einer Schilderung des Kap Sounion ein. Vom Piräus kommend, bewegt er sich später durch das Dipylon (Tor) im Nordwesten zur Agora („Markt") und weiter in die Stadt hinein. Neben Denkmälern vergangener athenischer Größe beschreibt er auch Hadrians Neubauten. Zusammen mit wenigen anderen Autoren und erhaltenen Strukturen verdeutlicht Pausanias, dass unter Hadrian bspw. durch die Kombination von Stilen neue Stadtlandschaften geschaffen wurden.

Athen

7.2 Imperiale religiöse Tendenzen

Ländliche oder städtische sakrale Landschaften erfüllten beleg- oder doch erschließbare Sehnsüchte der hochkaiserzeitlichen Menschen. Religiöses Empfinden und Handeln sollten an Orte mit einer spezifischen Aura, mit besonderen Eindrücken, Geräuschen und Aromen, die bestimmte Emotionen auslösen konnten, gekoppelt sein. Wie zuvor die hellenistischen Reiche bot das römische Imperium jedoch auch Chancen für andere Formen der Religiosität, die die lokalen ergänzen oder adaptieren, sie aber auch überwölben oder überschreiben konnten. Imperien boten sichere Räume für Reisende, Händler, Migrantinnen und Migranten, aber auch für den Transfer von Vorstellungen etwa durch die Verlagerung von Militäreinheiten oder, gewaltförmig, die Entwurzelung versklavter Menschen. Häfen wie Ostia wurden spezifische Kontaktzonen der Religionen. Von solchen Verteilerstationen aus konnten sich Konzepte und Handlungen gut ausbreiten, in umgebende Städte, tendenziell langsamer auf das Land. Wurden sie von bestimmten Gruppen getragen bzw. ausgeübt, entstanden Diaspora-Gemeinden, ein Begriff, der spezifisch für jüdische, allgemeiner auch für andere

Mobilität

Diaspora-Gemeinden

Minderheitsgemeinschaften verwendet wird. Manche Heiligtümer entwickelten ein großes Einzugsgebiet und wurden von Pilgern aufgesucht. Kulte von Heilsgottheiten bspw. zogen Menschen mit entsprechendem Leidensdruck und finanziellen Mitteln an, wie etwa der Asklepios-Tempel von Pergamon (Bergama in der Westtürkei) den Redner Aristeides Mitte des 2. Jh. Aristeides hat über seine Erfahrungen vor Ort ausführlich berichtet. In einem Großraum wie dem Imperium beeinflussten sich Religionen wechselseitig, unbeabsichtigt, gezielt, durch freundliche Übernahmen oder kompetitiv. Biographien von Gottheiten wurden an neue Umstände angepasst, Traditionen erfunden. Die beschriebenen Effekte lassen sich als imperiale religiöse Tendenzen deuten.

Heilsgottheiten

7.2.1 Kaiserkulte

Spezialform der Herrscherverehrung in Rom

Die sichtbarste dieser religiösen Strömungen nennen wir Kaiserkult oder Herrscherverehrung. Gemeint sind unterschiedliche Schattierungen der sakralen Überhöhung des Regenten sowie der postum vergöttlichten Kaiser. Viel Aufmerksamkeit hat dabei die Spezialform der Herrscherverehrung auf sich gezogen, die vor allem in den Anfängen der Kaiserzeit in Rom, Italien und, schon weniger deutlich, von Bürgerinnen und Bürgern in den Provinzen praktiziert wurde. Zu Beginn der Kaiserzeit war zunächst die Fiktion aufrechterhalten worden, die Republik sei wiederhergestellt worden und werde von einem herausragenden Politiker aufgrund seiner überragenden Autorität regiert. Mit einer solchen Vorstellung war ein förmlich eingerichteter Kult des Ersten Mannes nur mühsam vereinbar. Verehrt wurden in Rom und Bürgergebieten wie Italien daher oft in etwas zurückhaltenderer Form eher der *genius*, der Schutzgeist, der lebenden Herrscher, oder deren *numen*, eine Art göttliche Wirkmacht. Wenn Interesse bei Nachfolgern bestand, wurden die Augusti nach ihrem Tod divinisiert, also förmlich zum Gott der *res publica* gemacht. Doch zeigen viele Inschriften, dass diese Grenze, die auch zwischen öffentlichem und privatem Kult verlaufen konnte, im Alltag schon frühzeitig überschritten worden ist. Individuen und Gemeinden, die ihren Herrscher als Gott ansprechen wollten, haben sich auch in Italien oft wenig um die feinen Unterschiede gekümmert, mithilfe derer ein Teil der politischen Elite ihr Verhältnis zum Machthaber aushandelte.

„Provinziallandtage"

Soweit wir erkennen können, verlief die Ausgestaltung des Kaiserkultes in den östlichen Reichsteilen schon aufgrund hellenistischer Vorbilder geradliniger. In *Asia* etwa, dem Westen Kleinasiens, aber auch in Sizilien waren schon in der Republik aus variablen Vorläufern neue Institutionen entstanden, für die sich in der Forschung der Begriff „Provinziallandtage" etabliert hat. Im Griechischen werden sie im Singular oft einfach *koinon*, im kaiserzeitlichen Westen *concilium* oder ähnlich genannt. Beides meint Versammlung oder Bund. Provinzialgemeinden entsandten Abgeordnete zu diesen „Landtagen", um Feste zu feiern oder Interessen abzustimmen. Später wurden Kulte für die Kaiser, die nach ihrem Tod vergöttlicht worden waren, und, in unterschiedlichen Schattierungen, der regierenden Herrscher zum eigentlichen Daseinszweck der Landtage. Mit Ausnahme Ägyptens wurden wohl in den meisten, wenn nicht allen Provinzen Landtage eingerichtet. Aber nirgendwo lässt sich ein so dichtes Netzwerk solcher Strukturen nachweisen wie in der heutigen Türkei und den angrenzenden Provinzen. Dort sind nicht nur für Statthalterprovinzen *koina* dokumentiert, sondern auch für Landschaften unterhalb dieser Ebene. In der Regel stand die meist kultische Verehrung der Kaiser in Zeremonien und Festspielen im Mittelpunkt der Versammlungen. Zahlreiche priesterliche Funktionen entstanden. In anderen Regionen sind Spezialisten dieser Art ebenfalls bezeugt oder lassen sich doch erschließen.

neokoros

Ein Kennzeichen griechischer Polis-Kultur war eine ausgeprägte Rivalität. In der Hohen Kaiserzeit konkurrierten speziell die Städte Kleinasiens besonders um die Auszeichnung, einen Kaisertempel für den Landtag bauen und unterhalten zu können. Sie wurden dann *neokoros*, „Tempelpflegerin", genannt. Durch die zahlreichen Besucherinnen und Besucher brachten die zugehörigen Feierlichkeiten diesen Städten neben Prestige auch finanzielle Vorteile. Um die Provinzialtempel entstanden eigene sakrale Landschaften. Daneben gab es aber auch weitere Formen der Herrscherverehrung, städtische wie individuelle. Gemeinsam schufen sie sakrale Topographien, die die Wahrnehmung der Kaiser wesentlich mitbestimmt haben. Die diversen Initiativen waren dabei so vielfältig, dass es nicht mehr sinnvoll erscheint, von „dem" Kaiserkult zu sprechen. Heute wird meist der Plural gesetzt. Größere Ehrungen für die Herrscher mussten im Regelfall mit römischen Repräsentanten abgesprochen werden. Aber sie stellten doch auch Angebote dar, derer sich Kaiser bedienen konnten, aber nicht mussten. In Regionen mit einer lebendigen Stadtkultur gingen die Kaiserkulte nicht einfach auf Anordnungen Roms zurück. Im Westen, etwa in den gallischen Provinzen, konnte dies anders sein.

Westen

seviri

Die kleinasiatischen (Erz-)Priester und ähnliche Amtsträger in anderen Provinzen gehörten in aller Regel der sozialen Elite an. Aber die Herrscherverehrung bot auch anderen Schichten Betätigungsfelder. Besonders in Italien und im Westen finden sich mit den *seviri* oder *Augustales* (oder ähnlich) neuartige Gremien, die nicht nur, aber doch oft oder meist aus Freigelassenen (*liberti*) römischer Bürger zusammengesetzt waren und ebenfalls wichtige Rollen in den Kaiserkulten übernahmen. Reiche *liberti* konnten so ihr Vermögen zur Schau stellen und sich als eine Subelite präsentieren. Zugleich bereiteten sie ihren freigeborenen Kindern den Weg in die höheren Stände. Zu den explizit kultischen traten andere Formen der Ehrung. Jeder Meilenstein war dem oder den Kaisern gewidmet. Auch sonst wird er auf vielen Monumenten als Herr über den Raum ausgewiesen. Kaiserkult und andere Ehrungen sind gemeinsam mit den schriftlichen Interaktionen zwischen Provinzialen und der Zentrale als eine die Gesellschaft durchziehende Loyalitätsideologie angesprochen worden.

andere Formen der Ehrung

7.2.2 „Gruppenreligionen“: Mithras, Isis, Religionsphilosophien

„Orientalische Religionen“

Unabhängig davon, ob die Verehrung der lebenden und der vergöttlichten Kaiser auf eine Weisung von oben oder eher auf Angebote der Provinzialen zurückging, haben Vertreter des Imperiums diese sakralen Praktiken fast in ihrer ganzen Breite kontinuierlich unterstützt. Mit einer nur sporadischen Unterstützung bis hin zu Aufnahme unter die offiziellen Kulte Roms oder auch ohne Hilfe durch die kaiserliche Regierung breiteten sich aber auch andere religiöse Zeichenordnungen in weiten Teilen des Imperiums aus, deren Anhängerinnen und Anhänger sich zu Gruppen zusammenschlossen. Die Forschung zu vielen dieser Kulte wurde lange Zeit durch ihre Charakterisierung als „orientalisch“ erschwert. Absichtlich oder nur beiläufig schwang bei dieser Einordnung mehr mit als eine schon für sich genommen problematische Lokalisierung ihrer Ursprünge östlich von Rom oder Athen. In kolonialer Überheblichkeit konnte „orientalisch“ auch bedeuten, dass so charakterisierte Gottesvorstellungen der westlichen Welt fremd waren, ja bizarr wirkten und doch eine gefährliche Faszination ausgestrahlt hätten. Diese Form von Selbstverortung durch die wertende Beschreibung religiöser Konzepte anderer wurde von der Forschung schon vor Jahrzehnten aufgegeben. Allerdings gehen manche Studien in ihrer Distanzierung von den Fehlern der Vergangenheit sehr weit. Dass Menschen in Italien nicht nur Göttern einzelne als „östlich" geltende Attribute zugewiesen, sondern die Gottesvorstellungen selbst aus eigenen Sehnsüchten heraus „orientalisiert" haben sollen, ist ein reizvoller Gedanke. Nachweisen lässt sich ein solcher Vorgang aber kaum je.

Mithras

Über viele religiöse Symbolordnungen mit größerem Einflussgebiet im Reich sind wir zwar durch archäologische Befunde, sakrale Bauten, Bilder oder auch von Gruppenmitgliedern angebrachte Inschriften informiert. Die Sinngehalte, die die Menschen in der Hohen Kaiserzeit mit diesen Zeichen verbanden, lassen sich gleichwohl nur teilweise rekonstruieren. Ein Grund hierfür ist, dass sich nur wenige verschriftlichte Eigenperspektiven erhalten haben, die eine religiöse Vorstellungen erläuternde Erzählung liefern würden. Auch wenn die Repräsentativität solcher Texte meist schwer einzuschätzen ist, erhöht diese Leerstelle den Schwierigkeitsgrad der Analysen. Wenn es Texte gibt, stammen sie oft von externen, wenn nicht feindseligen, etwa christlichen Autoren, die konkurrierende Religionen kaum neutral beschrieben haben dürften. Diese Einschränkungen gelten ansatzweise schon für die in größeren Teilen des Reichs verbreitete Verehrung des Mithras, der ein östlicher Ursprung zugeschrieben wurde. Mit dem Namen und einzelnen Darstellungselementen bezogen sich Anhänger des Gottes offenbar auf einen iranischen Vorläufer aus dem indisch-persischen Raum (Mitra in vielen Varianten). Diese Gottheit begegnet vor allem in der achaimenidisch-imperialen Zeit, hatte aber tiefere Wurzeln. Doch wenn es eine Kontinuitätslinie von dem iranischen zu dem im Imperium Romanum verehrten Gott gibt, bildet sie sich in den erhaltenen Zeugnissen nicht ab. Auf sicherem Grund steht die Beschäftigung mit dem Mithraskult im Imperium erst im späteren 1. Jh. n. Chr. Von wo seine Verbreitung ausgegangen war, ist umstritten: Ist er erst in Italien entstanden? Oder liegen Ursprünge des Kults oder eher schon einer Vermittlung in der östlichen Mittelmeerwelt, bspw. in Kilikien in der Südtürkei oder in den auch iranisch beeinflussten Kontaktzonen zwischen dem Imperium und dem Partherreich? Das Problem der Herkunft dieses Kults lässt sich zurzeit nicht lösen.

durch Mobilität charakterisierte Gruppen

Die Verehrung des Mithras ist zunächst bei kleinen, oft durch Mobilität charakterisierten Gruppen belegt, die sich bspw. aus Freigelassenen, etwa administrativem Personal, oder Händlern und bisweilen aus Soldaten zusammensetzen konnten. Speziell in Italien, am Rhein und seinem Hinterland und in den Donauprovinzen bildeten sich kleine Gemeinden, die sich in – zumindest in der Außensicht – eher anspruchslosen Kulträumen treffen konnten. Angemessen dem felsgeborenen Gott Mithras geschah dies oft in Höhlen oder in zu Höhlen umgestalteten Gebäude(teile)n, bisweilen aber auch in größeren Anlagen. Einer Normung unterlag dieser Kult nicht. Greifen wir zunächst vor allem einzelne Kultgemeinschaften, scheinen sich diese in der zweiten Hälfte des 2. Jh. vermehrt zu haben. Der Mithras-Kult drang ab dieser Zeit anscheinend auch in die Tiefe der Gesellschaft vor. Hinweise auf Mithras-Anhänger finden sich spätestens dann nicht mehr nur in Städten oder Regionen mit hoher Militärpräsenz, sondern auch in ländlichen Gebieten wie im flandrischen Tienen (vermutlich 3. Jh.). Dass dieser höhere Zuspruch für einen Gruppenkult auf ein Unbehagen an den Zeitumständen verweist, lässt sich zumindest nicht nachweisen. Der Wunsch vieler Menschen, neue religiöse Optionen zu erproben, lässt sich jedenfalls nicht geradlinig an Phänomene wie die Epidemie und die Dauerkriege unter Marcus zurückkoppeln.

neue religiöse Optionen

Beim Mithraskult ist eine Leiter von Rängen belegt, die in bis zu sieben Stufen bis zu einem *pater* (Vater) hinaufführte. Nach der älteren Forschung sollen jedenfalls die meisten der sogenannten „orientalischen Religionen“ Mysterienkulte gewesen sein. Dieser Begriff ist vielschichtig, verweist aber zumeist auf eine Einweihung, eine oft stufenweise angelegte Erneuerung und eventuell ein (eher unspezifisches) geheimes Wissen. Die neuere Forschung hat diese Annahme in vielen Fällen widerlegen können. Die Verehrung des Mithras wird aber heute noch zumeist als Mysterienkult gedeutet. Schon aus der Hohen Kaiserzeit gibt es auch Hinweise auf Nachlebensvorstellungen. Sie sind aber wie bei vielen imperial-römischen Kulten nicht so klar formuliert, wie es ältere Darstellungen vermuten lassen.

Sol invictus

Die Mithras-Verehrung verband viele Aspekte, eine astrologische Dimension, Erneuerungsgedanken, die sich in der ikonischen Tat des Mithras, der Stiertötung, widerspiegeln, und einen Sonnenbezug. Mithras wurde oft mit *Sol invictus*, dem unbesiegbaren Sonnengott, verbunden. Gerade die Kombination unterschiedlicher

Züge dürfte diesen Kult zu einer attraktiven „Option“ einer Gruppenreligion gemacht haben. Gesellschaftlich galt diese Option als akzeptiert. Frauen scheint sie allerdings nicht offen gestanden zu haben.

Isis

Eine weitere Gottheit, die im Kontext römisch oder griechisch geprägter städtischer Religionen mit einem Anflug von Exotik dargestellt wurde, war die ägyptische Isis. Isis wurde in Ägypten schon lange verehrt, bevor sie in hellenistischer Zeit von den ptolemäischen Königinnen und Königen als Schwurgottheit gewählt wurde. Schon im 4. Jh. v. Chr. hatte ihr Kult den Weg nach Athen gefunden, später ist er auch im republikanischen Rom belegt. In der Hohen Kaiserzeit hatte sie Anhängerinnen und Anhänger im ganzen Reich. Zwar hat die spezifische Ausdeutung der Göttin im ptolemäischen Ägypten ihren Charakter verändert, wie auch außerägyptische Verehrer und Verehrerinnen Isis an ihre Hoffnungen und Vorstellungen angepasst haben. Dennoch blieben die tiefen ägyptischen Wurzeln der Gottheit erhalten und wurde Isis offenbar in aller Regel als eine ägyptische Göttin gesehen. Isis vereinigte viele Elemente anderer Kulte in sich und verband sie in der Aura einer Allmuttergottheit. Dadurch wirkt ihre Verehrung in besonderer Weise imperial, doch hat auch diese Darstellung schon eine ägyptische Tradition.

Texte

Anders als bei manchen anderen religiösen Zeichenordnungen, die sich zumindest in großen Teilen des Imperiums verbreiteten, liegt uns für den Isis-Kult auch aus der Kaiserzeit eine größere Anzahl von Texten vor, die von Mitgliedern der Verehrungsgemeinschaften verfasst worden sind. Ein viel diskutiertes, schwieriges Zeugnis findet sich im letzten Buch eines sonst derb-scherzhaften Romans, den der Redner Apuleius aus *Madaura* (Algerien) im 2. Jh. verfasst bzw. überarbeitet hat. Apuleius’ Protagonist Lucius beschreibt, wie er nach vielen Wirrnissen Heilung durch Isis fand, die als eine Art Allgöttin die anderen Gottheiten überragt oder in sich aufnimmt. Wie ernst gemeint diese Schilderungen sind, ist umstritten, doch sind sie wohl trotz des satirischen Kontexts von echter Religiosität geprägt. Lucius macht auch Bekanntschaft von religiösen Spezialisten der Isis und des mit ihr verbundenen Osiris, in deren Reihen er am Schluss aufgenommen wird. Solche religiösen Experten sind in der Kaiserzeit für viele Religionen bezeugt. Auch dass Isis Lucius nicht als eine Göttin unter anderen erscheint, sondern sie für ihn die höchste Stellung im göttlichen Kosmos einnimmt, ist kein Einzelfall. Hierarchisierungen, bei denen Menschen einer Gott-

Hierarchisierungen

heit eine einzigartige Bedeutung zuwiesen, sind spätestens in der Hohen Kaiserzeit weit verbreitet. Anders als in explizit monotheistischen Religionen wurden andere Gottheiten dabei aber nicht negiert oder zu Dämonen herabgestuft. Vielmehr experimentierten die Menschen recht frei mit den Konzepten Einheit und Vielheit.

Stoiker

Andere Formen der religiösen Sinnstiftung, die in der Hohen Kaiserzeit begegnen, sind aus ganz anderen Ursprüngen entstanden. Sie wurden aus philosophischen Gedankengebäuden abgeleitet. Vertreter der stoischen Philosophie hatten schon in der Zeit der hellenistischen Großreiche auf den Eindruck des Zusammenwachsens der Welt reagiert. In Werken mit religiösen Bezügen entwickelten Stoiker Konzepte wie das der *sympatheia*, ein Begriff, der den Zusammenhalt aller Dinge beschreiben sollte, oder die Idee eines Weltbürgertums. Solche Vorstellungen gaben der stoischen Philosophie eine imperiale Prägung. Zugleich betonten Stoiker die Bedeutung der Tradition für alle Lebensbereiche. In der Frühen Kaiserzeit waren Senatoren, die sich mit der Stoa beschäftigten, mit Kaisern in Konflikt geraten, die sich von der Tradition lösen wollten. In der Hohen Kaiserzeit hat das starre Festhalten an überkommenen Werten dagegen dazu beigetragen, den Stoiker-Kaiser Marcus zu einem harten Vertreter imperialer Ansprüche zu machen. Stoische Überzeugungen konnten sich also sehr unterschiedlich auswirken.

Platon und Aristoteles

Auch Gedanken der Philosophen Platon (428/7–348/7 v. Chr.) und, selten, Aristoteles (384–322 v. Chr.) wurden in der Kaiserzeit weiterentwickelt. Da beide Philosophien höchste Prinzipien, eine Form des Einen, kannten, wurden sie noch klarer mit religiösen Überzeugungen verwoben und konnten dadurch als Ansatzpunkte für einen echten Monotheismus genutzt werden, der allerdings wie die Stoa keinen persönlichen Gott kannte. Vorstellungen dieser Art blieben kleineren Kreisen von Gelehrten vorbehalten. Doch wurden

platonische Konzepte

platonische Konzepte in der Hohen und Späten Kaiserzeit in einem frappierenden Wildwuchs auch von zahlreichen, eigenständigen und eigentümlichen religiösen Überzeugungen aufgesogen. Sie bildeten wiederkehrende Motive bei dem Bemühen, Ordnung in die Welt der Götter und diverser Zwischenwesen zu bringen. Der Transfer der Göttlichkeit des Einen über Mittlerinstanzen mit Abbildcharakter begegnet als Gedanke in unzähligen Spielarten. Auch Christen könnten in der Spätantike solche Angebote genutzt haben, um die Idee einer Dreifaltigkeit von Gottvater, Gottsohn und Heiligem Geist auszugestalten. Der religiös stark aufgeladene Neuplatonismus, der sich seit dem späteren 3. Jh. ausbildete, stand jedoch zunächst tendenziell in Konkurrenz zum Christentum. Der Einfluss von Philosophen auf die Christenfeindschaft einiger Tetrarchen ist umstritten und war kaum entscheidend, aber deswegen nicht inexistent.

Neuplatonismus

Philosophisch-religiöse Schriften weisen schließlich auf ein weiteres Charakteristikum kaiserzeitlicher Religiosität hin, die nicht primär lokal verortet war oder ganz individuell blieb. Heilige Texte gewannen tendenziell an Bedeutung. Schon angesprochen wurde die Rolle heiliger Schriften für das Diasporajudentum speziell nach der Zerstörung des Tempels. Doch war dies ebenso wenig ein Einzelfall wie die langsame Ausbildung eines neutestamentarischen Kanons unter Christen. Aus dem Umfeld christlicher Gemeinden, von dem sie kirchliche Vordenker oft abgrenzen wollten, bei sogenannten Gnostikern, ist uns ebenfalls ein großer Reichtum an Schriften erhalten geblieben. Aber auch im Isiskult oder bei der im 3. Jh. neu gegründeten Religion des Mani bildeten Texte ein wichtiges Mittel der Kohärenzstiftung. Keine dieser Religionen war eine reine Buchreligion. Soweit wir sehen, haben aber die kaiserlichen Zentralen als Vertreter der Kulte, die um Wissen, Handlungen und städtische Gemeinschaften gruppiert waren, diese Entwicklung als bedrohlich angesehen.

Reichtum an Schriften

7.2.3 Christliche Strömungen und ihr Umfeld

Zu den faszinierenden Aspekten der antiken Geschichte gehört, dass wir im Quellenmaterial mehrfach das Entstehen und die Entwicklung neuer Religionen nachvollziehen können, wenn auch nie in der gewünschten Ausführlichkeit. Mit königlicher Patronage entstand im frühhellenistischem Ägypten mit Serapis ein facettenreicher Gott mit vielen Bezügen zu anderen Gottheiten, der in der Kaiserzeit oft gemeinsam mit Isis verehrt wurde. Gegen Ende des Darstellungszeitraums, nach 240, ging Mani, ein in einem christlichen Milieu mit engen Bezügen zu jüdischen Vorstellungen in Mesopotamien aufgewachsenes Mitglied einer Täufergemeinschaft, auf Reisen und stiftete in der Folge eine Weltreligion. Zwischen den letzten Jahren von Herodes dem Großen (gestorben 4 v. Chr.) und dem römischen Zensus in *Syria* (wohl 6/7 n. Chr.) wurde in Galiläa der Jude geboren, den wir griechisch Jesus nennen. Er wandte sich mit seiner Offenbarung, Gott und sein Reich seien nahe und er sei Gottes

das Entstehen und die Entwicklung neuer Religionen

Mani

Jesus

Gesandter, zunächst an Jüdinnen und Juden und fand vor allem unter ihnen eine Anhängerschaft. Das Verhältnis Jesu zu Gott konnte anscheinend unterschiedlich gedeutet werden. Wenn wir unseren Quellen Glauben schenken dürfen, war dieser Vorgang an sich keineswegs einzigartig, zahlreiche Männer erhoben in dieser Zeit um das jüdische Kerngebiet den Anspruch, Propheten oder gar der Messias zu sein. Doch scheiterten sie am Praxistest, das heißt den brutalen Methoden der römischen Besatzer, die imperiale Ordnung zu wahren. Nach Jesu Kreuzigung um 30 n. Chr. sollen Teile seiner Anhängerinnen und Anhänger jedoch ein tiefgreifendes Erlebnis in Jerusalem gehabt haben. Sie berichteten von der Auferstehung ihres Lehrers. Die Bedingungen für eine Verstetigung der Jesus-Bewegung waren anfangs ungünstig. Dass ein von den Römern Gekreuzigter der Messias oder die „Weisheit Gottes" sein solle, erschien vielen traditionsorientierten Juden als Provokation. Dass ein zum Tode Verurteilter im Zentrum einer neuen Religion stehen oder sie begründet haben solle, löste nach der Öffnung der Verkündigung auch bei Andersgläubigen Skepsis aus. Bei Repräsentanten des Imperiums scheint diese Vorgeschichte den Verdacht erregt zu haben, bei den Christen handle es sich um eine kriminelle Vereinigung.

Christinnen und Christen im Römischen Reich

Die Beschäftigung mit Christinnen und Christen im Römischen Reich ist aufgrund der „Erfolgsgeschichte" dieser Religion und des ungewöhnlich reichen Bestandes an Schriftquellen reizvoll und wird zugleich durch mehrere Faktoren erschwert. Ein doppelter Filter liegt über diesen Quellen: Eine sich schon in der Antike ausbildende Amtskirche war daran interessiert, dass vor allem von ihr akzeptierte und daher als „orthodox" (rechtgläubig) gewertete Schriften und Gemeinden in die von ihnen kontrollierte Tradition eingehen sollten. Dadurch wird eine Einheit dieser Christen nahegelegt, die es in der Antike nie gegeben hat. Problematischer ist, dass viele Gruppen und Texte, die aus unterschiedlichen Gründen den Standard der „Orthodoxie" nicht erfüllt haben sollen, marginalisiert wurden oder doch werden sollten. Solche Filterungstendenzen haben sodann bekennende Christen in der Formierungsphase der modernen Geschichtswissenschaft in Europa und den USA noch verstärkt. Vor allem im 20. Jh. haben sich die historischen Disziplinen dann langsam von den Paradigmen einer von einem christlichen Selbstverständnis geprägten Geschichtsschreibung gelöst. Noch immer werden aber sehr grundsätzliche Fragen über die Entstehungsbedingungen der christlichen Religion kontrovers diskutiert. Lange

Amtskirche

„Orthodoxie"

Christen und Juden

Zeit galt es bspw. als ausgemacht, dass sich Christen und Juden nach gemeinsamen Anfängen um Jerusalem und in den Synagogen der Diaspora bald, etwa nach der Tempelzerstörung 70, weitgehend voneinander separiert hätten. Die kleine Gruppe der Judenchristen bildete in diesem Konzept einen Sonderfall. Diese These wird in der Forschung heute oft angezweifelt. Sicher haben beide Religionen unterschiedliche Pfade genommen, doch verlief die Trennung langsam und variantenreich. Einige Juden und Christen haben sich klar gegeneinander abgegrenzt, andere Christen dagegen in der ganzen römischen Antike an jüdischen Bräuchen festgehalten.

gnostische Gemeinden

Sodann erweist es sich als nach wie vor schwierig, mit einer historischen Methodik zwischen christlichen und jenen Gruppen zu differenzieren, die Vorkämpfer einer kirchlichen Einheit wie Irenaeus von Lyon (zweite Hälfte des 2. Jh.) als „häretisch“ (ketzerisch) ausgewiesen haben. Oft handelt es sich um Personen oder Gemeinden, die sich selbst sehr wohl als Christen, unter Umständen sogar als die wahren Christen ansahen. Viele Vertreterinnen und Vertreter christlicher Auslegungen suchten etwa wie Mitglieder anderer Religionsgemeinschaften persönliche Erkenntnis, griechisch *gnosis*. Dieser Terminus ist in Varianten zu einem Dachbegriff für ein breites Spektrum von Denkern und Gemeinden geworden. Doch dürfen aus solchen Bezeichnungen keine Vorstellungen darüber abgeleitet werden, wie die Überzeugungen der gerade sehr individuellen gnostischen Gemeinden typischerweise aussahen. Zwar haben sich durch Zufallsfunde (wie im ägyptischen Nag Hammadi aus spätrömischer Zeit) einige Eigenperspektiven erhalten. Doch vermitteln sie wie die gerade auf Exklusion abzielenden, kritischen Schilderungen von Vertretern einer selbst reklamierten christlichen Rechtgläubigkeit einen nur unzureichenden Eindruck von Denkern und Gruppen solcher Strömungen. Mit großer Zurückhaltung lässt sich noch festhalten, dass viele solche Gemeinden dem persönlichen Charisma einzelner Lehrer den Vorzug gegenüber der Ausbildung eines Ämterwesens gaben. Auch aus einem für viele Christen typischen Gefühl der Fremdheit heraus nahmen Gnostiker zudem oft an, dass der göttliche Lebensfunke im Menschen von einer als schlecht gedeuteten Materie eingeschlossen, ja verunreinigt wurde. Aufgrund dieses Verständnisses konnte die Schöpfung der physischen Welt nicht direkt dem höchsten Gott zugeschrieben werden, der für das reine Gute stand, zugleich allerdings als fern empfunden wurde. Sie musste auf ein Zwischenwesen zurückgeführt werden.

Sozialgeschichte

Die Sozialgeschichte gnostischer Gruppen entzieht sich einer knappen Beschreibung. Doch hat auch die sozialhistorische Betrachtung „rechtgläubiger" Gemeinden sehr unterschiedliche Resultate gezeitigt. Auch aufgrund von Vorurteilen von antiken Autoren aus der Elite, die sich in stereotypen Herabwürdigungen niederschlugen, war das frühe Christentum von der älteren Forschung bisweilen als eine Religion der Unterschicht gedeutet worden. Doch haben spätere Studien gezeigt, dass schon die frühen Gemeinden ein sehr heterogenes Sozialprofil aufwiesen, also nicht speziell aus Sklavinnen und Sklaven oder den Ärmsten zusammengesetzt waren, die vor ihrer bedrückenden Umgebung in eine spirituelle Welt fliehen wollten. Schon frühzeitig gibt es allerdings oft schwer zu beurteilende Hinweise auf einzelne Elitemitglieder und hochrangige Frauen, die sich dem Christentum zugewandt haben. Im 1. und 2. Jh. scheinen dies aber Einzelschicksale gewesen zu sein. Erst aus dem späteren 3. und vor allem dem 4. Jh. ist eine größere Zahl von christlichen Mitgliedern der oberen Stände bezeugt.

Christliche Historiker des 19. Jh. konnten den Eindruck erwecken, der Aufstieg des Christentums zur Mehrheitsreligion sei geradezu folgerichtig gewesen. Heute bleibt kaum mehr, als auf Kontingenz als wichtigsten Faktor für den langsamen Bedeutungszuwachs christlicher Gemeinden zu verweisen. Vergleicht man christliche Vordenker und christliches Gemeindeleben mit ihren Umfeldern, zeigen sich zahlreiche Parallelen. Auffällig bei Christen unterschiedlicher Strömungen ist eher, dass sie Zeittendenzen bündelten. Den

Märtyrer

Märtyrer-Gedanken kannten auch Juden und, in einem vageren Sinn, Anhänger griechischer Kulte. Pilger in einem weiten Sinn sind bei anderen Religionen früher bezeugt. Auch dass Christen dem Einen den Vorzug über die Vielen gaben, war zeittypisch. Sicher hoben Christen klarer als andere Religionen die Bedeutung des Glau-

Bedeutung des Glaubens

bens hervor. Dass viele „heidnisch"-römische Kulte ganz auf Orthopraxie reduziert gewesen sein sollen, also auf das Befolgen von Vorschriften für richtiges Handeln, das jeder Glaubensdimension entbehrte, ist aber sicher nicht mehr Forschungskonsens. Nicht in Einzelaspekten, wohl aber in der Kombination ungewöhnlich war die christliche Hochschätzung von Familienwerten und, klarer eingeschränkt, der Enthaltsamkeit. Eine wirkliche Besonderheit vieler Christen war, dass sie andere Gottheiten ganz ablehnten, ihre Existenz bestritten oder sie dämonisierten. Da diese Ablehnung auch die Kaiserkulte einschloss, waren Probleme mit der Umwelt vorprogrammiert. Die Privilegien der monotheistischen Juden haben sich jedenfalls in der Sicht römischer Dienststellen schon Ende des 1. Jh. nicht mehr auf die neue Religion erstreckt. Daraus resultierende Spannungen trugen dazu bei, dass viele Christen ein Gefühl der Fremdheit in der Welt empfanden.

Kaiserkulte

Nicht einzigartig, aber doch ungewöhnlich war schließlich ein weiteres Merkmal der Christen. Die einzelnen Gemeinden ordneten sich zwar in die Tendenz der Kaiserzeit ein, religiöse Optionen zu vervielfältigen. Die Anhängerschaft der neuen Religion bewahrte sich aber in großen Teilen durch Reisen vieler Prophetinnen, Propheten oder Prediger sowie, langfristig wichtiger, durch einen intensiven Schriftenaustausch trotz lokaler Besonderheiten auch einen universalistischen Zug. Aus den Reisenden und Schreibenden ragt zu Beginn Paulus heraus, der zugleich für die Öffnung der neuen Religion für Nichtjuden stand. Anders als bei den Missionsangeboten jüdischer Gruppen, die für Nichtjuden nur den Status der „Gottesfürchtigen" (*theosebeis*) kannten, konnte jede Frau und jeder Mann ohne Einschränkung Christ werden. Auch ein Spezialistentum stand zumindest anfangs allen offen. Die anscheinend weithin akzeptierte Möglichkeit zur Selbstfindung als Prophet/in schuf allerdings von Anfang an auch Probleme für die jungen Gemeinschaften. Dass christliche Gemeinden bisweilen ausgenutzt wurden, dokumentiert schon eine frühe Gemeindeordnung (die um 100 im syrischen Raum entstandene sogenannte *Didache*) und wird auch von externen Beobachtern wie dem Satiriker Lukian (im 2. Jh.) hämisch kommentiert. Die sukzessive Entstehung eines Kernbestands von Schriften, der im Neuen Testament münden sollte, half bei der Verfestigung einer die einzelnen Gemeinden überwölbenden Bewegung, führte aber auch zu Streit über den Status von Texten. Einen Idealtyp (Max Weber) der Entwicklung und Vernetzung christlicher Kommunitäten gab es nicht. Einzelne Gemeinden sind ganz eigene Wege gegangen. In Jerusalem genoss die Familie Jesu noch bis ins 2. Jh. Ansehen. Auch im nichtrömischen Mesopotamien, wo Juden und Christen in einem besonders intensiven Austausch standen, sind eigene Formen der Institutionalisierung von Christengemeinden zu beobachten.

Schriftenaustausch

die Möglichkeit zur Selbstfindung als Prophet/in

ein Kernbestand von Schriften

Die einzelnen Gruppen in der christlichen Bewegung konstituierten sich um gemeinschaftliche Riten, aus denen Taufe und Eu-

gemeinschaftliche Riten

charistie herausragen, die über die Jahrhunderte zentral bleiben sollten. Riten begegnen allerdings oft in vielen Abwandlungen. Hinzu traten Gebete, Lesungen und Predigten. Sonntage und das Osterfest wurden zu Fixpunkten im christlichen Zeitrhythmus. Die genannten Riten ließen sich überall vollziehen. Mit der Zerstörung des Tempels in Jerusalem 70 fehlte endgültig ein Zentralort. Dies unterschied die christlichen Gemeinden von den ortsgebundenen Kulten, ist aber nicht einzigartig, wie am Beispiel des Mithraskults illustriert wurde. Zunächst suchten Christen, an Synagogen anzudocken, doch führte dies zu Auseinandersetzungen mit traditionsbewussten Juden. Von Anfang an gab es auch andere Versammlungsstätten, etwa Privathäuser, die reichere Gemeindemitglieder zur Verfügung stellten. Archäologisch lassen sich solche Lokale nicht nachweisen, zumal auch die christliche Symbolik lange Zeit nicht sehr distinktiv war. Die sich mit der Zeit herausbildenden Kirchen galten wie Synagogen zunächst nicht als heilige Stätten. Mit der „Hauskirche" im syrischen *Dura-Europos* aus der Mitte des 3. Jh. tritt uns bereits eine spezifischere Versammlungsstätte entgegen. Aber erst nach Ende des Darstellungszeitraums sind häufiger größere Kirchen belegt, oft in Form von Basiliken, typischen Mehrzweckbauten im kaiserlichen Repräsentationsstil. Constantins Förderung hat die christliche Religionsausübung viel sichtbarer gemacht.

Versammlungsstätten

Basiliken

7.2.4 Kirchliche Strukturen im Imperium

Gemeinde-institutionen

Zwei Gründe haben vermutlich wesentlich dazu beigetragen, dass sich viele christliche Gemeinden trotz häufigen internen Streits und der oft feindseligen Haltung von Vertretern des Imperiums dauerhaft behaupten konnten. In der Eigen- wie der Fremdwahrnehmung standen Christen für tätige Nächstenliebe. In einem oft harten Alltag sorgte diese karitative Fürsorge für Zulauf. Aber auch über die in diesem Bereich aktiven Funktionen hinaus wurden Gemeindeinstitutionen zu einem stabilen Gerüst der universalen christlichen Bewegung. Anscheinend organisierten sich einige christliche Gemeinschaften in Anlehnung an jüdische Diaspora-Gemeinden zunächst unter Leitungsgruppen. Wie verbreitet dieses Modell war, bleibt aber unklar. Schon frühzeitig bezeugt sind Funktionsbezeichnungen, die eine große Zukunft haben sollten: Episkopen (später: „Bischöfe") oder Presbyter (später: „Priester"). Zu Anfang waren diese nebenberuflichen Tätigkeiten aber nur ein Autoritätsangebot unter anderen. Im 1. und frühen 2. Jh. begegnen oft auch Frauen in (untergeordneten) Gemeindefunktionen, aber auch als Gönnerinnen oder Prophetinnen. Aus dem institutionellen Gefüge wurden sie im Lauf der Hohen Kaiserzeit tendenziell verdrängt, viel langsamer jedoch aus eher charismatischen Rollen. Für viele Frauen scheint das Engagement in christlichen Gemeinden eine attraktive religiöse Option gewesen zu sein. Zur wichtigsten Position in der organisierten christlichen Welt sollte der *episkopos* werden. Diese Funktion stieg in einem langen, gewundenen Prozess zur höchsten Vertreterin der Gemeinden auf. In dieser Form wird die Institution von der Forschung als Monepiskopat bezeichnet. Vor allem in spätrömischer Zeit konnten die Bischöfe oft die anderen Autoritäten und Funktionsträger ihrem Regelungsanspruch unterwerfen. Diese Entwicklungsstufe wird dann bisweilen „monarchischer Episkopat“ genannt. Ab wann sich der Prozess der Ausbildung eines einzelnen Gemeindeoberen auf festem Grund befand, bleibt jedoch umstritten. Viel hängt dabei von der zeitlichen Verortung der Briefe ab, die Ignatios von *Antiocheia* (Antakya) zugeschrieben werden, der für einige Gemeinden bereits einen Monepiskopat vorauszusetzen scheint (oder ihn durch autoritative Setzung erst erschaffen möchte?). Die kirchliche Tradition datiert seinen Tod ins frühe 2. Jh., die aktuelle Forschung geht unter anderem wegen der enthaltenen Aussagen zur Bischofsfunktion eher davon aus, dass der Briefautor ein oder eher zwei Generationen später gelebt hat. Am Ende des 3. Jh. war der Monepiskopat weitgehend etabliert, wenn die Entwicklung des Bischofsamts auch noch lange nicht abgeschlossen war. Schon im späteren 2. Jh. trafen sich Bischöfe einiger Regionen zu Konzilen, die übergeordnete Probleme regeln sollten. Waren dies anfangs noch eher informelle Treffen, begegnen im 3. Jh. schon spezifische Regularien. Constantin hat schon bald nach seinem Sieg über Maxentius eng mit Bischofskonzilen zusammengearbeitet (Rom, 313, Arles 314) und ihnen durch seine Unterstützung ein anderes Ansehen und eine andere Tragweite verschafft. Das von ihm 325 nach *Nikaia* (Iznik) einberufene erste ökumenische Konzil sollte den Streit über die Lehren des Presbyters Areios regeln, der viele Christen tief beunruhigte, und damit eine Frage klären, die grundsätzlich das ganze Reich betraf. Die von Constantin wohl vorausgesetzte kaiserliche Kontrolle über die Kleriker ist allerdings weder 325 noch jemals danach nachhaltig verwirklicht worden.

Frauen

episkopos

Monepiskopat

Konzile

römische Führungsansprüche?

Von anderen überstädtischen kirchlichen Organisationsformen werden in der Hohen Kaiserzeit höchstens Ansätze erkennbar. Schon früh, im sogenannten Ersten Clemensbrief vom Ende des 1. Jh., erteilte die römische Gemeinde der korinthischen Ermahnungen, allerdings ohne dies an römische Führungsansprüche zurückzubinden. Zu der Autorität der Hauptstadt trugen verschiedene Faktoren bei, so die dort verorteten Martyrien von Petrus und Paulus wie, wohl etwas später, deren vorgewiesene Gräber. Rom hatte lange Zeit keinen einzelnen Bischof, sondern gemeinsam oder konkurrierend in mehreren Gemeinden agierende Vorsteher. Erste Ansätze eines Regelungsanspruchs Roms begegnen unter einem Bischof Victor (ca. 189–199) im Streit mit kleinasiatischen Kirchen um den richtigen Ostertermin. Klarer tritt dieser Anspruch unter Stephan I. Mitte des 3. Jh. in einer Auseinandersetzung um die Wiedertaufe von Häretikern hervor, den Rom unter anderem mit Bischof Cyprian von Karthago austrug. Die meisten Gemeinden billigten Rom aber höchstens eine gewissen Ehrenstellung zu. Kerngebiete der christlichen Welt waren Ägypten, Syrien und Teile Kleinasiens, im lateinischen Reichsteil die sehr lebendigen Gemeinden Nordafrikas. Vordenker wie Tertullian (um die Wende zum 3. Jh.) oder Cyprian (258†) sind in der abendländischen Kirche viel rezipiert worden.

Konfliktgeschichte zwischen Christen und dem Imperium

Die Konfliktgeschichte zwischen Christen und dem Imperium begann mit Jesu Kreuzigung. Der Historiograph Tacitus (ca. 55–ca. 120) unterstellt den Christen im Zusammenhang mit dem Brand Roms 64 nicht so sehr eine konkrete Schuld als Hass auf das Menschengeschlecht. Ähnliche Vorwürfe waren schon zuvor gegen (andere) jüdische Gruppierungen erhoben worden. Grund dürfte in beiden Fällen die Tendenz dieser Gemeinschaften gewesen sein, sich zu separieren. Der Redner Plinius (61/2–um 112/3?) spricht nur von maßlosem Aberglauben, hatte aber vor einer Anfrage bezüglich der exakten Prozessführung gegen Christen bei Kaiser Trajan schon fleißig Christen hinrichten lassen. Trajans Antwort, wie mit Christen zu verfahren sei, wurde für die Folgezeit maßgeblich. Christsein blieb ein todeswürdiges Verbrechen. Fahnden sollte die römische Provinzialadministration nach Christen aber nicht. Diese Zurückhaltung war wohl einer realistischen Einschätzung der imperialen Möglichkeiten geschuldet. Leugnen oder Abschwören waren wirksame Verteidigungsmittel. Christen mussten vor und nach Trajans Reskript immer mit einer Anzeige rechnen, dazu reichte ein feind-

Trajan

licher Nachbar. Trotz dieser Rechtslage blieb antichristliche Gewalt bis Mitte des 3. Jh. auf lokale Pogrome oder Hinrichtungen einzelner Prominenter beschränkt. Es gibt keinen Anlass, diese Gewaltentladungen zu relativieren. Gleichwohl bestand wohl kein kontinuierlicher Verfolgungsdruck. Ein Prozess stellte Christen auf eine essentielle Probe. Opfer für Götter und Kaiser waren der Lackmustest. Sie konnten so das Leben retten, aber mussten dadurch mit dem Verlust ihrer Chance auf Erlösung rechnen. Viele Christen haben nachgegeben. Die Frage, wie mit reumütigen Abgefallenen umzugehen sei, stellte Kirchen daher gerade nach Verfolgungswellen auf harte Proben. Immer wieder gingen Christen aber auch für ihren Glauben in den Tod oder ins Gefängnis und wurden dort Leiden bis hin zur Folter ausgesetzt. Überlebende Bekenner wurden wichtige Pfeiler der Gemeinden, denen große Autorität zugeschrieben wurde. Gemeindemitglieder, die den Tod auf sich genommen hatten, wurden zum Sinnbild der christlichen Standfestigkeit und Hoffnungen. Märtyrer konnten ganz unterschiedliche Menschen werden. Bei Pogromen blieb wenig Zeit, eine Entscheidung zu treffen. Einige Christen suchten aber anscheinend den Tod, eine umstrittene Praxis, von der uns mehr oder minder stark stilisierte Zeugnisse, bspw. in Form von Leidensgeschichten (*Passiones*) oder Prozessakten, vorliegen. In den Blick fallen mussten Feinden mit der Zeit speziell die Bischöfe. Ein frühes Beispiel für die Hinrichtung eines Bischofs bildet in der kirchlichen Tradition der Tod Polykarps von *Smyrna* (Izmir), der wohl Anfang der sechziger Jahre des 2. Jh. zu datieren ist. In dieser Zeit ging Gewalt gegen Christen oft von lokalen Behörden aus. Seit der Mitte des 3. Jh. scheint die Zentralregierung jedoch wachsend den Organisationsgrad der Kirchen als bedrohlich empfunden zu haben und ging seit Valerian auch reichsweit gegen den Klerus vor (vgl. 4.2.1).

Pogrome

Märtyrer

Organisationsgrad der Kirchen

7.2.5 Mani und der „Manichäismus“

Christliche Gemeinschaften bildeten sich auch außerhalb des römischen Reichs, in Armenien, Georgien oder Mesopotamien. Noch viel weiter nach Osten expandierte die schon angesprochene Lehre, die nach 240 Mani (216–276/7) zuerst im Perserreich verbreitete. Mani sollen Offenbarungen zuteilgeworden sein. In der Folge war er weit, etwa bis Belutschistan, gereist. In sein vielleicht synkretistisches, also verschiedene Elemente neu verbindendes, vielleicht sie intentional auch vollendendes System sind iranisch-zoroastrische, buddhistische und christlich-gnostische Vorstellungen eingegangen. Diese Züge waren aber regional unterschiedlich stark ausgeprägt. Im Imperium überwogen die Ähnlichkeiten mit dem Christentum. Sie zeigen sich etwa bei der Verkündigung eines eigenen, des „lebendigen" Evangeliums, in der Ausbildung einer ähnlichen Hierarchie oder der Unterteilung der Gemeinden in sogenannte „Hörer" (in etwa „Laien") und „Erwählte". Zentral blieb aber stets der iranischen religiösen Vorstellungen entnommene scharfe Dualismus zwischen einem Lichtreich (um den „Vater der Größe") und der Finsternis. Mani versuchte wie viele andere Denker eine Erklärung dafür anzubieten, weshalb Menschen, die gut sein konnten, in der als ganz negativ gewerteten Materie gebunden waren. Ein detailreicher Mythos mit vielen Durchgangsstufen und Namen, in dem Jesus eine zentrale Rolle zugewiesen wurde, bot hierfür eine Deutung. Manis Lehre deklinierte zudem das erwartete Ende der Welt mit der Errettung der Guten viel stärker durch, als es die Texte der christlichen Mehrheitskirche taten. Dies machte seine Lehre für gnostische Milieus interessant, die schon ihre Entstehung beeinflusst hatten. Der Manichäismus scheint solche Gruppen zum Teil aufgesogen zu haben. Unter Großkönig Schapur I. (239–272) genoss Mani königliche Unterstützung, die aber unter Wahram I. (273–276) aufgrund einer Reaktion der iranisch-zoroastrischen Priester jäh endete. Mani starb im Gefängnis. Seine Religion gewann in Ost und West weiter Zulauf, wurde aber im Imperium seit 302 verfolgt (vgl. 5.2). Später sollten christliche Kaiser gewaltsam gegen die als Konkurrenz empfundene Religion vorgehen.

Ähnlichkeiten mit dem Christentum

iranische religiösen Vorstellungen

II Grundprobleme und Tendenzen der Forschung

1 Zur Hohen Kaiserzeit als Epoche und Untersuchungsgegenstand

1.1 Ihre Zeit prägende ältere Forschung zur Hohen Kaiserzeit

Gegenüberstellung des 2. Jh. mit einer folgenden Krise

Die Gegenüberstellung des 2. Jh. n. Chr. als einer aufgrund einer guten Regierung für viele Menschen glücklichen Phase mit einer folgenden Krise des Imperiums hat eine lange Tradition. E. Gibbon (1737–1794), dessen Verfallsgeschichte des Reichs im englischen Sprachraum bis heute viel gelesen wird [1.1], hatte das Bruchmoment personalisiert. Mit dem Philosophenkaiser Marcus habe das Imperium seine höchste Entwicklungsstufe erreicht, mit seinem als Scheusal geschilderten Sohn Commodus ab 180 dann der Niedergang eingesetzt. Diese Konzentration auf die Charaktere der Herrscher wird von den Quellen nahegelegt und begegnet noch im 19. Jh. oft. Die These, das 2. Jh. sei politisch wie kulturell eine Blütezeit gewesen, ist in abstrakterer Form aber noch im 20. Jh. verbreitet. In seiner im deutschen Sprachraum lange autoritativen Römischen Geschichte beschreibt A. Heuß [1.1] die politische Ordnung dieser Zeit als humanitär. In einer einflussreichen französischen Unternehmung charakterisiert L. Homo [1.1] das 2. Jh. als „liberal". Noch K. Christ [1.1] kennzeichnet in seiner sozialgeschichtlich ausgerichteten Geschichte der Kaiserzeit das 2. Jh. mit Begriffen wie Harmonie. Ähnliche Worte finden sich auch in der viel gelesenen Darstellung A. Garzettis [1.1].

Krise

Nach der älteren Forschung im engeren Sinn soll in der Entwicklung des Imperiums spätestens unter den Severern ein Bruch eingetreten sein, infolgedessen das Reich in eine langgezogene Krise geraten sei [1.1: Baynes/Adcock/Charlesworth]. Vorbehalte gegenüber dieser Herrscherfamilie, die aus Städten in Nordafrika und Syrien stammte, konnten speziell in den dreißiger und vierziger Jahren des 20. Jh. in Deutschland auch rassistisch begründet werden [1.1: Kahrstedt]. Die Vermutung, das 3. Jh. sei krisenhaft gewesen, war jedoch auch bei seriösen Forschern ganz anderer Denkrichtungen verbreitet. Da die Diskussion über den Charakter der Transformati-

https://doi.org/9783112206065-002

on des Imperiums im 3. Jh. bis heute anhält, wird die Forschung zu diesen Fragen unter 5.2.1 referiert werden.

Christentum

Zu der Kontrastierung des 2. mit dem 3. Jh. trug auch bei, dass das Christentum sich im 2. Jh. trotz einzelner Pogrome und punktueller Unterdrückung im Imperium entfalten konnte, während im 3. Jh. massive Repressionen belegt sind. Ältere Verfolgungsgeschichten konnten daher zwanglos Elemente des Schemas übernehmen, einem humanitären Kaisertum sei ein Krisenzeitalter gefolgt [1.1: Moreau; Molthagen]. Schließlich hat ein Teil der Wirtschaftsgeschichte das Imperium schon frühzeitig als einen Produktion und Handel fördernden institutionellen Rahmen gedeutet, der durch die Wirren des 3. Jh. substantiellen Schaden genommen habe. Der russische Historiker M. Rostovtzeff [1.1] hatte die zurzeit vielfach vertretene Annahme, antike Reichsbildungen hätten eine Form von Globalisierung mit sich gebracht, bereits vorweggenommen. Rostovtzeff sah das 2. Jh. allerdings eher als Schlussphase eines seit dem Hellenismus andauernden imperialen Aufschwungs an, der im 3. Jh. unter anderem in einer Art Klassenkampf kollabiert sei, der sich im 2. Jh. bereits angekündigt habe.

Wirtschaftsgeschichte

1.2 Aktuelle sozial-, kultur-, rechts- und imperialgeschichtliche Forschung zur Hohen Kaiserzeit

aktuelle Geschichten der Kaiserzeit

Aktuelle Geschichten der Kaiserzeit sind in aller Regel viel differenzierter als die älteren Studien. Sie sind daher von der Verwendung von Großkategorien wie der Idee eines humanitären Kaisertums oder einer umfassenden Krise meist abgerückt. M. Sommer [1.2] wählt in seiner Darstellung der Kaiserzeit meist einen kulturgeschichtlichen Zugang, während A. Eichs [1.2] Einführung eher der imperialgeschichtlichen Herangehensweise verpflichtet ist. Das Handbuch von H. Brandt [1.2] kann aufgrund seines Umfangs mehr Akzente setzen, gibt aber oft kulturgeschichtlichen Perspektiven den Vorzug. Diese Grundannahmen, Fragestellungen und Methodiken, in die die Einleitung einführt, tragen zu Schwerpunktsetzungen bei. Sie münden aber nicht mehr in plakative Charakterisierungen ganzer historischer Phasen.

Rechtsgeschichte

Während der Rechtsgeschichte für die Analyse der Ausbildung der Monarchie in der Frühen Kaiserzeit große Bedeutung zukommt [1.2: P. Eich, Kaiserzeit], gilt dieser Prozess in der Hohen Kaiserzeit als abgeschlossen. Relevant für die Geschichte der Hohen Kaiserzeit sind vor allem rechtshistorische Studien, die die Loslösung von Regierung und Administration von der Stadt Rom im 2. und 3. Jh. untersuchen [1.2: Coriat]. Die Rechtsgeschichte ist aber natürlich primär eine eigene Fachrichtung. Sie weist zwar viele Überschneidungen mit den anderen Teilbereichen der Geschichte auf [1.2: Manthe]. In einer historischen Einführung können die meisten von ihr diskutierten Themen aber nur am Rande behandelt werden.

sozial- und strukturgeschichtliche Arbeiten

Sozial- und strukturgeschichtliche Arbeiten rekonstruieren mithilfe des gesamten Spektrums erhaltener Quellen die unterschiedlichen sozialen Ordnungen, die zusammen die imperiale Gesellschaft ausmachten, also bspw. die Rollen von Frauen, Fremden oder der Sklaverei in ruralen wie urbanen Kontexten [1.2: Alföldy; Vittinghoff]. Mit Blick auf die Reichsgeschichte nehmen Deutungen dieses Typs ihren Ausgang meist bei den Aktivitäten der Kaiser und hohen Amtsträger. Die wichtigste einschlägige Analyse der Kaiserrolle, F. Millars [1.2] Monographie, geht von einer Beschreibung möglichst aller Handlungsfelder der Herrscher aus. Millars Kaiser „war, was der Kaiser tat“ (S. VIII). Diese Herangehensweise stützt sich wesentlich auf die in spätantiken Sammlungen oder auf Inschriften sowie Papyri erhaltenen Anweisungen oder Rechtsbescheide der Zentrale. Millar kommt nach der Auswertung des Quellenmaterials zu dem Schluss, dass die Kaiser oder auch Provinzstatthalter eigentlich stets auf konkrete Probleme reagiert und nie aktiv oder programmatisch regiert hätten. Kulturgeschichtliche Studien können alle Formen symbolischer Weltdeutung behandeln. Wenn sie die Reichsregierung einbeziehen, sind sie in der Regel auf die Kommunikation der Kaiser und ihres Umfeldes fokussiert. Die im deutschen Sprachraum am häufigsten rezipierte Theorie von den Grundlagen der Kaiserherrschaft hat E. Flaig [1.2] in einer Untersuchung des Herrschersturzes entwickelt. Ihr Fundament hat diese Analyse aber vor allem in den erzählenden Quellen für die Frühe Kaiserzeit. Nach Flaig mussten die einzelnen Kaiser kontinuierlich ihre Akzeptanz bei politisch relevanten Gruppen sicherstellen, um sich halten können. Solche „Akzeptanzgruppen“ waren die Senatoren, das als Einheit gedachte stadtrömische Volk und die Bürgertruppen. Akzeptanzsicherung erfolgte in der Regel kommunikativ, etwa im Zirkus. Für diese Herangehensweise bieten das 2. und 3. Jh. weniger Quellen. Gleichwohl werden Flaigs Schlüsselbegriffe in vielen neueren

kulturgeschichtliche Studien

Studien verwendet, ohne dass seine Vorüberlegungen stets nachvollzogen werden.

Charakteristika der Kaiserherrschaft

Einen kulturhistorischen Zugang zu den Charakteristika der Kaiserherrschaft, der der spezifischen Quellenlage aus dem 2. Jh. Rechnung trägt, hat O. Hekster [1.2] vorgelegt. Hekster stützt seine Thesen vor allem auf die Medialisierung der Herrscherwürde durch Bilder, speziell auf Münzen. Nach Hekster seien die Kaiser und die Ordnung, für die sie standen, für die meisten Menschen im Reich mit diesen Darstellungen und deren Rezeption zusammengefallen. Medien hätten also die imperiale Ordnung kreiert und aufrechterhalten. Zwischen den kultur- und strukturgeschichtlichen Ansätzen steht A. Winterlings Deutung des (hoch-)kaiserzeitlichen Roms als einer entwickelten Hofgesellschaft [1.2], die zwar auch auf Veränderungen im Institutionengefüge eingeht, den Schwerpunkt aber auf die Interaktion und Kommunikation bei Hof legt. Dass die mobilen kaiserlichen Zentralen des 2./3. Jh. höfische Strukturen aufwiesen, wird anders als bei der hauptstädtischen Regierung des 1. Jh. nicht kontrovers diskutiert.

imperiengeschichtliche Perspektiven

Imperiengeschichtliche Perspektiven auf die Hohe Kaiserzeit werden oft in der Wirtschafts- und Religionsgeschichte erarbeitet. Wichtige Interpretationsangebote werden in den Kapiteln 6. und 7. in ihren Entstehungszusammenhängen angesprochen. C. Ando [1.2: Ando; Ando/Lavan] verbindet in seinen Analysen der Integration unterschiedlicher Bevölkerungsgruppen aber oft auch religions- mit rechtsgeschichtlichen Ansätzen. Eine Langzeitperspektive auf Zusammenhalt und Fliehkräfte im Imperium hat der Spätantike-Experte M. Kulikowski [1.2] vorgelegt. Den angesprochenen fiskalpolitischen Zugang wählt bspw. P. Eich [1.2: Metamorphose], dessen Studie strukturelle Transformationen im Imperium des 3. Jh. unter anderem auf gestiegene Ausgaben bei geringeren Einnahmen der Zentrale zurückführt. Andere Schwerpunkte setzen Untersuchungen, die das 3. Jh. bereits der spätrömischen Zeit zurechnen und daher aus dem besser dokumentierten 4. Jh. auf das 3. Jh. zurückblicken. Eine solche Periodisierung ist schon in der klassischen Darstellung des spätrömischen Reichs von A. H. M. Jones [1.2] angelegt. Die entsprechende Forschung wird im Folgeband dieser Reihe vorgestellt werden.

1.3 Zu den wichtigsten Quellen der Hohen Kaiserzeit

Anders als für die Frühe Kaiserzeit hat sich für das 2. und 3. Jh. kein längeres, wenigstens einigermaßen vollständiges historisches Narrativ erhalten, das zumindest zeitnahe Perspektiven auf größere Entwicklungslinien bieten würde. Die erhaltenen historiographischen Quellen sind nur für bestimmte Phasen bedeutsam, sodass sich die Forschung zu diesen Werken ebenfalls auf bestimmte Zeitfenster konzentriert. Das wichtigste historische Werk, die Römische Geschichte von L. Cassius Dio Cocceianus (ca. 164–nach 229), das bis Cassius Dio
zu den Anfängen von Kaiser Severus Alexander (222–235) reicht, ist nur für einige der letzten Jahre in Teilen direkt erhalten geblieben. Die Informationen, die über byzantinische Zusammenfassungen und Wiedergaben bekannt sind, werden in der Regel als verlässlich eingestuft [1.3: Millar, 1–5], sind aber weniger detailreich und bieten weniger Hinweise auf Dios Geschichtsverständnis. Herodians Herodian
Historiographie (geschrieben um das Jahr 250) behandelt nur die Zeit von 180–238 [1.3: Zimmermann]. Gesamtschauen liefern nur späte Quellen, die in ihrer Aussagekraft aus unterschiedlichen Gründen eingeschränkt sind. Aus dem 4. Jh. haben sich mehrere sogenannte Breviarien, „Kurzgeschichten", erhalten, die für die Darstellung der Breviarien
Hohen Kaiserzeit kurze Einträge über Regierungszeiten zu einer Reichsgeschichte verweben. Auch wenn diese biographisch gehaltenen Abschnitte wichtige Nachrichten enthalten, sind sie doch von der detailreichen Geschichtsschreibung, wie wir sie aus anderen Phasen der griechisch-römischen Antike kennen, deutlich unterschieden [1.3: Bleckmann/Court/Knöpges, 73–96]. Ausführlicher, aber ungleich problematischer ist eine lückenhafte Sammlung von Kaiserbiographien, die mit Hadrian einsetzt und sich als Werk von sechs Autoren des späten 3. und frühen 4. Jh. ausgibt: die sogenannte *Historia Augusta*. Konsens besteht darin, dass die im Werk gege- *Historia Augusta*
benen Informationen zu Autoren und Abfassungszeit sich nicht mit dem Erhaltungszustand des Werks zur Deckung bringen lassen. Die Forschung vertritt daher mehrheitlich Varianten der zuerst von H. Dessau [1.3] entwickelten These, dass die *Historia Augusta* von einem einzelnen Autor aus dem späten 4. oder vielleicht frühen 5. Jh. verfasst worden sei, der die datierenden Angaben im Werk schlicht erfunden habe. Doch halten sich vereinzelt auch noch Weiterbildungen einer kritischen Antwort auf Dessau von Th. Mommsen [1.3], der die unbestreitbaren Texteingriffe nach der angeblichen Abfassungs-

zeit zwei späteren Bearbeitungen zuschrieb. Die Redaktoren hätten das Werk angepasst, aber jedenfalls die Hauptviten nicht geschrieben. Einig sind sich beide Richtungen, dass viele Nachrichten in dieser Biographiensammlung unzutreffend, wenn nicht fiktiv sind. Der Gehalt aller einzelnen Angaben wird daher diskutiert. Die Literatur zur *Historia Augusta* ist unübersichtlich groß, aber die jüngeren Kommentare zu einzelnen Biographien bieten jeweils gute Überblicke [etwa 1.3: Fündling].

„Zweite Sophistik“

Einen Ausgleich für das Fehlen qualitätvoller Historiographien, die überdauert haben, bietet das reiche Spektrum von hochkaiserzeitlichen Werken griechischsprachiger Intellektueller. Diese Autoren und ihre Schriften werden von der Forschung oft unter der vagen Chiffre „Zweite Sophistik“ zusammengefasst [1.3: Schmitz]. Bspw. haben Ailios Aristeides (117–ca. 187), Pausanias (Mitte des 2. Jh.) oder Flavios Philostratos (unter den Severern) substantielle Oeuvres hinterlassen. Die von ihnen verfassten Beschreibungen, Biographien oder verschriftlichten Reden werfen bisweilen wichtige Schlaglichter auf die Reichsgeschichte. Öfter geben sie Einblicke in lokale und regionale Lebenswelten im Osten des Reichs. Mehrfach reflektieren sie aber zudem Geschichtskonstruktionen von Eliten in der römisch beherrschten griechischen Welt. Einige Entsprechungen zu diesen Themen finden sich auch bei dem lateinischen Redner Apuleius von *Madaura* (geb. um 125) [1.3: Riess]. Für die Reichsgeschichte bedeutsamer sind die leider sehr lückenhaft überlieferten Briefe des M. Cornelius Fronto (ca. 100–ca. 170), der Vertrauter des Kaisers Antoninus Pius war und den späteren Kaiser Marc Aurel in lateinischer Rhetorik unterrichtete [1.3: Elder/Mullen, Kap. 4].

frühe christliche Schriften

Auch frühe christliche Schriften weisen Berührungspunkte mit den Werken der Zweiten Sophistik auf. Vielen der aus dem 2. und frühen 3. Jh. bekannten Traktate werden aber eher der ebenfalls vagen Kategorie „Apologetik“ („Verteidigung der christlichen Lehre“) zugeordnet [1.3: Fiedrowicz]. Offiziell wenden sich christliche Denker dabei oft an Kaiser oder Statthalter, aber ihre Thesen zu einer Religion, auf deren Praktizierung die Todesstrafe stand, dienten wohl auch der internen Selbstvergewisserung. Ihrem Selbstverständnis nach christliche Schriften wurden nicht nur von Autoren verfasst, die der Mehrheitskirche später als rechtgläubig galten, sondern auch für zahlreiche Strömungen und Gruppen, die von der kirchlichen Tradition als häretisch (ketzerisch) abgelehnt wurden [1.3:

Markschies]. Zudem liegt auch eine jüdische Überlieferung zur Hohen Kaiserzeit vor [1.3: Katz]. Für die zuletzt genannten Quellen gilt, dass sie tendenziell eher Binnensichten vermitteln. Schriften christlicher Autoren wie der drei bedeutenden Nordafrikaner Q. Septimius Florens Tertullianus (um die Wende zum 3. Jh.), Cyprian (258†) und Laktanz (ca. 250–ca. 325) [1.3: Lagouanère/Fialon; Brent; Creed] bilden die größten zusammenhängenden Werkgruppen aus dem 3. Jh. und vor allem der Zeit nach 238. Die Kirchengeschichte des Eusebios von Kaisareia (vor 260–337/340) ist das längste erhaltene auch historisch konzipierte Werk, das die zweite Hälfte des 3. Jh. behandelt. Euseb trägt auch durch seine indirekt erhaltenen Bemühungen um chronologische Synthesen zu unserer Rekonstruktion der Hohen Kaiserzeit bei [1.3: Corke-Webster; Burgess].

jüdische Überlieferung

Für die Rekonstruktion der Reichsgeschichte, noch mehr aber des Alltagslebens in den Provinzen kommt den juristischen Quellen große Bedeutung zu, von denen die meisten in spätrömischen Sammlungen von Kaiser- und Juristenrecht überliefert sind. Reskripte etwa, aus der kaiserlichen Zentrale hervorgehende Antwortschreiben an Privatpersonen, Amtsträger oder Gremien, geben bspw. Einblicke in konkretes Regierungshandeln [1.3: Schnebelt]. Hohe Aussagekraft für unser Verständnis der Zeit haben sodann im Original erhaltene Quellen oft dokumentarischer Art. Die antike Praxis, viele Texte, bspw. Kaiserbriefe oder Ehrungen, dauerhaft als Inschriften auf Stein oder, seltener, Bronze zu publizieren, hat eine große Zahl von Informationen bewahrt. Aus dem 2. Jh. und frühen 3. Jh. ist zudem eine große Menge von beschriebenen Papyri erhalten geblieben. Papyrus bzw. Papyri, die aus der Papyrus-Staude gewonnen wurden, bildeten den wichtigsten Beschreibstoff der Kaiserzeit. Die Masse dieser Texte wurde in Ägypten gefunden. Da die Provinz *Aegyptus* einige Besonderheiten aufwies, bleibt umstritten, welche aus der Auswertung von Papyri gewonnenen Resultate auf andere Regionen übertragen werden können. Dass aus ihnen nur wenige Inschriften und regional weniger Papyri erhalten geblieben sind, hat einen großen Anteil daran, dass die mittleren Jahrzehnte des 3. Jh. für uns oft dunkel bleiben.

juristische Quellen

Inschriften

Papyri

Hohen Quellenwert haben sodann die Reichs-, Provinzial- und primär städtischen Münzen [Überblick 1.3: Metcalf]. Sie sind nicht nur für die Wirtschaftsgeschichte aussagekräftig und helfen bei Datierungen. Sie erlauben über Bilder und Legenden auch Einblicke in Themen, die die ausgebenden Instanzen für wichtig hielten. Für

Münzen

Studierende sind zunächst Einführungen in die Beschäftigung mit den zuletzt genannten Quellen von Interessen, die von den sogenannten Grundwissenschaften erforscht werden [1.3: Cooley; Rupprecht; Howgego]. Zusammenstellungen (Corpora) werden im Quellenteil gelistet. Editionen relevanter Einzeldokumente oder Analysen von Gruppen werden im Forschungsteil jeweils an passenden Stellen angeführt. Von großer Signifikanz für die Rekonstruktion der Hohen Kaiserzeit ist schließlich die materielle Überlieferung aus der Zeit selbst, zu der auch Inschriften und Münzen gezählt werden können. Sie ist allerdings zu umfangreich und diversifiziert, als dass es spezielle Einführungen geben könnte.

2 Zum kurzen zweiten Jahrhundert ca. 120–193

2.1 Zu den tiefen Wurzeln der Hohen Kaiserzeit

1. Jh. n. Chr. Die in der Darstellung behandelten Themen aus dem 1. Jh. n. Chr., die die Hohe Kaiserzeit langfristig prägten, wurden unter anderem mit Blick auf den Zuschnitt dieses Bandes ausgewählt. Sie werden in den unter 1.2 vorgestellten Geschichten der römischen Kaiserzeit mitbehandelt. Für eine Besprechung der Forschung sei auf den Vorgängerband in dieser Reihe verwiesen [1.2: Eich, Kaiserzeit]. Überblicke über die flavische Zeit haben S. Pfeiffer [2.1] und A. Zissos [2.1] vorgelegt. In die domitianisch-trajanische Zeit führt gleichermaßen gut leserlich und auf Forschungsniveau K. Strobel ein [2.1]. Die wichtigsten Studien zum Partherreich stammen von J. Wiesehöfer [etwa 2.1].

Senat Aus der Hohen Kaiserzeit nach etwa 120 haben sich eher Senatsbeschlüsse und Karrieremuster erhalten als literarisch ausformulierte Weltbilder prominenter Senatoren. Die Grundlagenstudie zum Gremium Senat und allen formalen Aspekten seiner Tätigkeit ist noch immer die umfangreiche Monographie R. Talberts [2.1]. Die personelle Zusammensetzung des Senats und die Laufbahnen der Senatoren diskutieren prosopographische (personenkundliche) Arbeiten jeweils für einzelne Phasen der Hohen Kaiserzeit [2.1: Alföldy; Leunissen; Christol]. Das senatorische Amt mit der größten Relevanz für die Reichsgeschichte ist die Statthalterschaft. Die Aktivitäten der Gouverneure behandelt A. Bérenger [2.1], ihre Residenzen R.

Haensch [2.1]. Chronologische Aufstellungen von Statthaltern hat R. Thomasson [2.1] zusammengestellt.

Ritterstand

Die Senatoren bildeten eine Statusgruppe, die auch ein Zusammengehörigkeitsgefühl empfunden zu haben scheint. Sie wird in der Forschung oft als Aristokratie oder Adel bezeichnet [2.1: Beck/Scholz/Walter]. In den größeren Ritterstand (*equester ordo*) nahm nach heutigem Konsens die kaiserliche Regierung Personen auf, die ein entsprechendes Vermögen (mindestens 400 000 Sesterzen im Unterschied zu den 1 000 000 bei Senatoren) dokumentieren konnten. Voraussetzungen war zudem „Würde", also etwa der Verzicht auf bestimmte Erwerbsmöglichkeiten und in der Regel der Nachweis freier Geburt der Vorfahren [2.1: Davenport]. Zudem dürfte fast stets Unterstützung durch einen gut platzierten Patron notwendig gewesen sein. Die meisten Ritter scheinen sich in ihrem Sozialprofil nur wenig von den Großgrundbesitzern unterschieden zu haben, die auch im Senat saßen oder die Leitungsgruppen in den diversen Städten des Imperiums stellten [2.1: Brunt], doch haben einige ihr Kapital auch vornehmlich in Geschäftsinteressen investiert [2.1: Shaw]. Die ritterlichen Offizierskarrieren hat vor allem H. Devijver erforscht [2.1]. Zu den Prokuratoren, kaiserlichen Agenten vor allem in der Fiskaladministration, bleiben die Arbeiten von H.-G. Pflaum maßgeblich [2.1]. Die wichtigste neuere Arbeit zu den Sekretariatsstellen *a libellis* und *ab epistulis* hat T. Carboni vorgelegt [2.1]. Eine gute neuere Studie zur Prätorianerpräfektur fehlt. Das Verhältnis dieser Funktionen zueinander hat P. Eich behandelt [1.2: Metamorphose].

2.2 Zur friedlichen Integration des Imperiums unter Hadrian und Antoninus Pius

2.2.1 Zu Hadrians Neuerungen und ihrer längerfristigen Bedeutung

Biographien

Für die Rekonstruktion der Regierungszeiten von Hadrian bis Marc Aurel stehen uns vor allem die unter 1.3 bereits angesprochenen, aus unterschiedlichen Gründen in ihrer Aussagekraft eingeschränkten Historiographien zur Verfügung. Diese Quellenlage stellt Versuche, Biographien dieser Kaiser zu verfassen, vor besondere Herausforderungen. Im Fall Hadrians bleibt die politik- und sozialgeschichtlich ausgerichtete Darstellung von A. Birley die wichtigste Lebensbeschreibung [2.2.1]. Seither ist eine Fülle weiterer Biographien mit eigenen Akzentsetzungen entstanden, deren Nuancierungen in diesem Überblick nicht abgebildet werden können. Nur in der Form biographisch ist das Werk von C. Seebacher [2.2.1], der eine kulturhistorische, an E. Flaigs Prinzipatstheorie [1.2] angelehnte Studie zu Hadrians Kommunikation mit Heer, Senatoren und *plebs* (dem stadtrömischen Volk) vorgelegt hat. Auf Seebacher geht die im Darstellungsteil aufgenommene These zurück, dass Hadrians Akzeptanz wegen des Verzichts auf Trajans Eroberungen und der Beseitigung der vier Konsulare zu Beginn seiner Regierung prekär blieb. Aufgrund der guten Illustrationen und der Verbindung von archäologischen und historischen Interpretationen weiterführend ist zudem der eine Ausstellung begleitenden Band von Th. Opper [2.2.1].

Hadrians Regierungsstil

Ob Hadrians Regierungsstil von dem der vorhergehenden Kaiser deutlich abgegrenzt werden kann oder sollte, bleibt umstritten. Seine Reisen durch die Provinzen ohne militärische Zielsetzungen im engeren Sinn haben ohne Zweifel in den jeweils durchquerten Regionen zu einer besseren Zugänglichkeit des Herrschers geführt [2.2.1: Halfmann]. Dass dieser migratorische Regierungsstil die Kaiserrolle nachhaltig verändert hat, lässt sich zumindest nicht positiv belegen. Die *Historia Augusta* (v. Hadr. 22, 8) berichtet zwar konkret und die ebenfalls spätantike *Epitome de Caesaribus* (14, 11) allgemein, Hadrian habe die Zentraladministration reorganisiert. Doch lässt sich die erste Angabe widerlegen [2.1: Carboni], während es für die zweite keine unabhängigen Belege gibt [1.3: Bleckmann/Court/Knöpges, 252–253]. Soll für eine tiefgreifende Weiterentwicklung des Regierungsstils der Zentrale unter Hadrian argumentiert werden, muss diese These mit den juristischen Quellen abgesichert werden [etwa 2.2.1: Pringsheim]. Vor allem in den Digesten, einer in justinianischer Zeit (zuerst 533) publizierten Sammlung von Auszügen aus Juristenrecht, hat sich eine größere Zahl von Hinweisen auf Entscheidungen Hadrians erhalten. Oft handelt es sich um Reskripte, Antwortschreiben an Privatpersonen oder Regierungsvertreter. Reskripte sollten in der Folge das wichtigste Mittel der Rechtschöpfung und -weiterbildung werden, auch wenn zumindest dem besonders verbreiteten Typus der Subskriptionen, also auf der Anfrage selbst erteilten Bescheiden an Privatpersonen, wohl noch keine normative Kraft im engeren Sinne zukam. Die wichtigste rechtshistorische Studie zur kaiserzeitlichen Reskriptenpraxis stammt von J.-P.

juristische Quellen

CORIAT [1.2], dessen Analysen oft mit Hadrian einsetzen. Ob die häufigere Berücksichtigung von Hadrians Reskripten durch die spätantiken Kompilatoren jedoch wirklich einen historischen Wandel widerspiegelt oder vielleicht nur auf einem Zufall beruht, muss schon wegen der mehrfach vermittelten Überlieferungsform unklar bleiben. Im ersteren, die ältere rechtshistorische Forschung kritiklos wiedergebenden Sinn äußert sich CORIAT. Doch ist auch die unter Hadrian erfolgte Fixierung des prätorischen Edikts zu einem *edictum perpetuum* (einer in sich abgeschlossenen Rechtsquelle) erst in der spätantiken Rückschau zu einer epochemachenden Reform hochstilisiert worden. [2.2.1: TUORI]. Sozialhistorische Studien bleiben gegenüber der These, Hadrian habe den Regierungsstil stark verändert, denn auch zurückhaltend [1.2: MILLAR; 2.2.1: BIRLEY; EICH]. Plausibel hat allerdings K. BURASELIS [Zum hadrianischen Regierungsstil, in: 2.2.1: WIEMER, 41–54] das intensive Engagement des Kaisers für Städte in griechischsprachigen Regionen als Indikator für einen neuen Aktivismus gedeutet.

edictum perpetuum

Hadrians Reisen werden oft in Spezialstudien zu einzelnen Regionen behandelt. Dieser Fokus wird im Folgenden aufgegriffen. Besonders hilfreich ist unter diesen Umständen der zusammenfassende Blick auf die vielen unterschiedlichen Förderungen von Städten im Imperium bei M. BOATWRIGHT [2.2.1]. Die wichtigste Untersuchung zu den kurz gestreiften Finanzierungsfragen bei Bauprojekten stammt von M. HORSTER [2.2.1]. Die maßgeblichen Studien zur hadrianischen und zu späteren Reorganisationen Dakiens hat I. PISO vorgelegt [2.2.1: Fasti I und II]. Den Kenntnisstand zu den unter Hadrian errichteten Palisaden im Raum des obergermanisch-rätischen *limes* bildet ein Beitrag von A. THIEL [2.2.1] ab. In diachrone und synchrone Kontexte dieser Etappe des Limesausbaus führt E. SCHALLMAYER [2.2.1] ein.

Förderung von Städten

limes

Dem Hadrianswall ist eine unübersichtlich große Zahl von Studien gewidmet worden, die die Anlage unterschiedlich deuten. Massive Invasionen hätte der Wall nicht verhindern können. Er könnte dazu gedient haben, die Zu- und Ausgangswege zu sichern [2.2.1: BREEZE], rein symbolischer Natur [1.2: KULIKOWSKI] oder auch als Markierung imperialer Identität in dieser Region gedacht gewesen sein [2.2.1: HINGLEY/HARTIS]. Das Verhältnis Hadrians zu den spanischen Provinzen und damit der Region, aus der seine Familie stammte, behandeln mehrere Beiträge in einem von A. CABALLOS edierten Band [2.2.1]. Das Statut des *latium maius*, das auch Ratsmitgliedern

Hadrianswall

in den so privilegierten Städten das römische Bürgerrecht sicherte, bespricht M. Zahrnt [2.2.1]. Die Südverschiebung der Militärpräsenz im römischen Afrika diskutiert A. Groslambert [2.2.1].

2.2.2 Zur römischen Hellenisierung der Ostprovinzen

Aufenthalte Hadrians in griechischsprachigen Provinzen

Besonders intensiv hat sich die Forschung mit den langen Aufenthalten Hadrians in den (auch) griechischsprachigen Provinzen befasst. Ein Quellenstrang hebt seinen Philhellenismus hervor. Ältere Beiträge haben seine Unterstützung griechischer Städte und spezifisch von Athen daher oft mit seinen persönlichen Neigungen [2.2.2: Oliver] oder aus seiner Persönlichkeit [2.2.2: D'Orgeval] heraus erklärt. Neuere Untersuchungen gehen in der Regel nicht davon aus, dass aus antiken Quellen handlungsleitende Charaktereigenschaften historischer Akteure erschlossen werden können [2.2.2: Seelentag]. Stattdessen liegt der Fokus der Forschung in den letzten Jahren meist auf den politischen, sozialen und kulturellen Wirkungen der von Hadrian beschleunigten imperialen Hellenisierung des östlichen Reichsteils. Noch heute wählen Darstellungen der hellenistischen Geschichte die Regierung Hadrians gelegentlich als Endpunkt, um seine Bedeutung für die griechische Kultur zu würdigen [etwa: 2.2.2: Worthington]. Der Darstellungsteil ist dagegen dem Ansatz von M. Kulikowski [1.2] verpflichtet, eher die zukunftsweisenden Tendenzen der kulturellen Vereinheitlichung zwischen Adria und Euphrat in den Blick zu nehmen, die im 2. Jh. zwar nicht einsetzte, sich aber doch klarer in der Überlieferung abbildet. Trotz ihres scheinbaren Traditionalismus trug zu dieser Entwicklung auch die kaiserliche Förderung religiöser Institutionen wie etwa schon lange bestehender Kulte bei [2.2.2: Muñiz Grijalvo/Cortés Copete/Lozano Gómez]. Auch das unter Hadrian gegründete Leitungsgremium eines gemeingriechischen Heiligtums in Athen, das Panhellenion, fügt sich in diesen Zusammenhang ein, da es primär religiöse Aufgaben hatte, die im Kaiserkult ihren Fluchtpunkt fanden [2.2.2: Jones]. Eine archäologische Gesamtschau von Hadrians Bauten in Athen bietet H. Knell [2.2.2]. Die historische Einordnung folgt M. Boatwright [2.2.1]. Seine Ägyptenreise wird in allen biographisch ausgerichteten Darstellungen mitbehandelt (2.2.1). Die Zeugnisse zum Kult von Hadrians Geliebten Antinoos hat C. Seebacher [2.2.1] zusammengestellt.

Athen

imperiale Hellenisierung

„Zweite Sophistik“

Viele Werke der griechischen Literatur aus der Frühen und Hohen Kaiserzeit weisen vor allem formal und dann auch inhaltlich gewisse Gemeinsamkeiten auf. Sie werden daher von einem Teil der Forschung einer größeren geistigen Strömung zugerechnet, für die sich der Ausdruck „Zweite Sophistik" etabliert hat, der sich allerdings ohne nähere Erläuterung bei dem zeitgenössischen Autor Philostratos (VS 481) findet. Diese Strömung war zunächst der Pflege der attischen Sprache der klassischen Zeit verpflichtet [1.3: Schmitz], wurde in der Forschung aber auch mit der Suche nach historischen Wurzeln und aus ihnen ableitbaren Identitätsoptionen in Verbindung gebracht [2.2.2: Goldhill]. Mit Recht hat T. Whitmarsh [2.2.2] aber davor gewarnt, Philostrats Wendung als extrem weiten Dachbegriff für alle möglichen kulturellen Tendenzen der Kaiserzeit zu verwenden. Der Begrifflichkeit gehe dadurch alles analytische Potential verloren. Die von ihm vorgeschlagene Engführung der „Zweiten Sophistik" mit spezifischen rhetorischen Strategien marginalisiert allerdings wieder die zuvor erwähnten Vergangenheits(re-)konstruktionen, die sich in vielen Werken der Zeit finden. Zu der in den Quellen dominierenden Figur des Herodes Atticus, der Redner, Kaiserfreund, problematischer Regionalpolitiker und Symbolfigur der zeitspezifischen griechischen Bildung (*paideia*), war, hat zuletzt J. Tobin [2.2.2] gearbeitet. Alle genannten Studien analysieren die Funktion der *paideia*, die oft als ein sozialer Kitt der griechischsprachigen Elite gedeutet wird, und konzentrieren sich dabei meist auf Befunde aus Athen und Westkleinasien. S. Holders Studie [2.2.2] bietet durch ihren Fokus auf die bei Ägypten liegende Großstadt *Alexandria* daher eine wichtige Ergänzung. Dass auch Christen wie Justinus Martyr in dem Milieu griechischer Redner und Philosophen verkehrten, zeigt exemplarisch H. Leppin [2.2.2].

paideia

Hadrians Verhältnis zu den Juden im römischen Reich und in der Region um Jerusalem ist seit langer Zeit Gegenstand intensiver Forschung. Der sogenannte Diaspora-Aufstand 116/7 hatte wesentlich dazu beigetragen, Trajans Eroberungen in Armenien und im Partherreich kollabieren zu lassen. Ob Hadrian deswegen Ressentiments gegen die jüdische Bevölkerung gehegt hat, kann nicht geklärt werden. 132–136 erhoben sich noch einmal jüdische Gruppen im Kernland gegen Rom. Umstritten ist, ob dieser sogenannte Bar Kochba-Aufstand auf den Plan einer Koloniegründung in Jerusalem reagierte oder umgekehrt die Kolonieanlage eine Strafmaßnahme war. Die zuerst genannte Chronologie basiert auf der Leitquelle Cassius Dio und lässt sich methodisch besser absichern [2.2.2: Weikert]. Wenn Hadrian allerdings vor dem Aufstand ein Beschneidungsver-

Juden im römischen Reich

Bar Kochba-Aufstand

bot erlassen hätte, wie die *Historia Augusta* (v. Hadr. 14, 2) überliefert, hätte er den Konflikt mit der jüdischen Bevölkerung fast schon aktiv gesucht [2.2.2: Goodman]. Die *Historia Augusta* (1, 3) bildet jedoch keine solide Grundlage für eine so weitreichende Annahme [1.3: Fündling, II 669–679]. Doch belegt der papyrologische Befund aus Ägypten, dass sich Hadrian in dieser Zeit durchaus mit dem Thema Beschneidung auseinandergesetzt hat [2.2.2: Jördens]. Dass der Bar-Kochba-Krieg für die Römer verlustreich war, wurde früher gelegentlich bestritten. W. Eck [2.2.2: Eck, Friedenssicherung] konnte durch Auswertungen von Urkunden für ehrenvoll aus den Hilfstruppen entlassene Soldaten und damit von Rekrutierungsmustern aber die Zuverlässigkeit dieser Angabe nachweisen. Der gleiche Autor hat die römischen Siegesmonumenten in der Region kontextualisiert [2.2.2: Eck, Judäa]. Den Verlauf der Kämpfe, die von einer asymmetrischen Kriegsführung geprägt waren, hat W. Horbury [2.2.2] nachvollzogen.

Hadrians Bauten

Hadrians Bauten in Rom behandelt T. Wellhausen [2.2.2]. Die Medialisierung der Provinzen als Teile eines Ganzen in hadrianischer Zeit hat M. Vitale [2.2.2] in seiner diachronen Studie entsprechender Bildprogramme mituntersucht. Metaphern wie die der Sklaverei, mit denen Autoren aus der Elite das Los der Untertanen unter römischer Herrschaft beschreiben konnten, hat M. Lavan zusammengetragen [2.2.2]. Die hadrianische Phase stellt diesbezüglich keinen Bruch dar. Die beste Analyse von Hadrians Reform, Konsulare in Italien einzusetzen, bleibt eine Studie von W. Eck, die auch die seit Marcus als Richter in Italien fungierenden *iuridici* behandelt [2.2.2: Eck, Organisation].

2.2.3 Zur Regierungszeit des Antoninus Pius

Dokumente und Bildmaterial

Die neuere Forschung zu der Regierung von Antoninus verfolgt das Ziel, Defizite der erzählenden Quellen durch Detailanalysen von Dokumenten und Bildmaterial auszugleichen. Dadurch werden zum einen viele Einblicke in Provinzgeschichten dieser Jahre ermöglicht [2.2.3: Michels/Mittag]. Zum anderen wurde anhand der Münzprägung die Selbstdarstellung des Herrschers neu untersucht [2.2.3: Michels]. Chr. Michels kann mit einer kulturhistorischen Fragestellung aufzeigen, dass Antoninus in besonderer Weise seine Orientierung an der tradierten Bürgerideologie, seine *civilitas*, unterstrich. Seine Entscheidung, durchgehend aus Italien heraus zu regieren, ist ver-

Selbstdarstellung

mutlich der gleichen Interpretation der Herrscherrolle geschuldet. Damit einherging eine gewisse Abgrenzung von Hadrian. Auskunft über die literarische Kultur und das soziale Leben der Oberschicht geben die leider nur fragmentarisch auf uns gekommenen Briefe des Redners M. Cornelius Fronto. In die antiquarisch ausgerichtete Literatur der Zeit hat E. Champlin Frontos Werk eingeordnet [2.2.3]. Einen Eindruck von Frontos Austausch mit seinem Zögling Marc Aurel vermittelt A. Birleys Marcus-Biographie [2.2.3].

Antoninus' Außenpolitik

Michels Biographie fasst auch die Forschung zu Antoninus' Außenpolitik zusammen. Schon M. T. Schmitt [2.2.3] hatte darauf hingewiesen, dass die längeren Friedensabschnitte, die unter Hadrian und Antoninus zu verzeichnen sind, nicht Resultat einer grundsätzlichen strategischen Neuausrichtung des Imperiums gewesen sind. Unter Antoninus sind mehrere militärische Auseinandersetzungen belegt. Die einzelnen Kriegsschauplätze werden aber primär von der Spezialforschung diskutiert. Die Kämpfe in Nordafrika ordnet Y. Le Bohec [2.2.3] in die längerfristig angelegten Konflikte in der Region ein. Den Verlauf des Antoninus-Walls hat D. Breeze [2.2.3] anschaulich illustriert. Antoninus' Fiskalpolitik behandelt J. Fündling [2.2.3].

Ailios Aristeides

Das herausragende literarische Zeugnis aus den Antoninus-Jahren ist die Romrede des griechischen Rhetors Ailios Aristeides. Ihre Kontexte sind von C. Jones [Elio Aristide e i primi anni di Antonino, in: 2.2.3: Desideri/Fontanella, 39–67] und G. Bowersock [Elio Aristido e Roma, ebd. 23–38] vorbildlich, aber kontrovers diskutiert worden. Die Autoren datieren sie denn auch unterschiedlich, Jones Anfang der 140er, in die 150er Jahre Bowersock. Das Oeuvre von Aristeides war viel umfangreicher und bietet kulturhistorischen Ansätzen reiches Material [2.2.3: Israelowich]. Aristeides' Interaktion mit römischen Amtsträgern, die speziell in den „Heiligen Reden" beschrieben werden, behandelt E. Meyer-Zwiffelhoffer [2.2.3].

2.3 Zu den Regierungszeiten von Marc Aurel und Commodus

2.3.1 Zur Doppelherrschaft von Marcus und Verus

das Jahr 180 als Binnenschwelle

Zahlreiche ältere Überblicksdarstellungen deuten das Jahr 180 als eine Binnenschwelle in der Geschichte der Kaiserzeit (vgl. 1.1). Die Regierungszeit von Marc Aurel wurde der als besonders stabil geltenden Adoptivkaiserzeit zugerechnet, die unter oder mit dem „purpurgeborenen“ Herrscher Commodus zu einem Ende gekommen sei. Neuere Darstellungen verzichten dagegen oft entweder auf eine Untergliederung entlang von einzelnen Regierungszeiten. Viele gehen auch davon aus, dass die Epidemie, die Kriege und eventuell geopolitische Veränderungen in Zentraleuropa in den 160er und 170er Jahren Transformationsschübe ausgelöst oder schon laufende Veränderungen beschleunigt hätten [1.2: Sommer; A. Eich]. Die auch sonst eher traditionell ausgerichtete Einführung von O. Schipp [2.3.1] favorisiert dagegen wieder die klassische Periodisierung mit der Commodus-Regierung als Schlussphase und Endpunkt der Adoptivkaiserzeit. Dass die Marcus-Zeit gerade nicht von Brüchen charakterisiert war, ist die wichtigste These eines von V. Grieb [2.3.1] verantworteten Bandes. Die meisten Beiträge zielen darauf ab, die Folgen der Kriege wie der Seuche zu relativieren. Hilfreich sind die Detailstudien zu den einzelnen Konflikten in diesen Jahren [bspw. M. Sommer zu Verus' Partherkrieg: Des Kleinen Kaisers großer Krieg, 75–92]. St. Priwitzer [2.3.1: Marc Aurel und der Doppelprinzipat, 75–92] hat zudem in besonderer Klarheit auf die Möglichkeit verwiesen, dass Marcus in Konkurrenz zu Verus gestanden haben könnte. Dass die negative Darstellung von Verus in den Quellen auch der Marcus-Idealisierung geschuldet ist, hat bspw. M. Wendler [2.3.1] betont.

Adoptivkaiserzeit

Marcus' Nachleben als Philosoph

Marcus' Selbstdarstellung, Fremdwahrnehmung und Nachleben als Philosoph haben mit dazu geführt, dass die großen, kaiserorientierten Geschichtserzählungen, die seit dem 19. Jh. entstanden sind, ihm einen sehr prominenten Platz zugewiesen haben. Zudem sind viele populäre Lebensbeschreibungen des „Philosophenherrschers“ entstanden, die zur historischen Analyse von Marcus' Lebenszeit nichts beitragen. Weiterführend ist die sozial- und strukturgeschichtlich ausgerichtete Biographie von A. Birley [2.2.3]. J. Fündlings [2.2.3] Lebensbeschreibung betont zu Recht, dass Marcus' Regierungspraxis von späteren Betrachtern allzu oft mit der stoischen Lehre harmonisiert worden ist, anstatt Unterschiede herauszuarbeiten. Detailliert, wenn auch einseitig, hat G. Adams [2.3.1] die Marcus-Idealisierung in der *Historia Augusta* nachvollzogen.

Übersterblichkeit

Kontrovers wird in der Forschung über das Ausmaß der von der großen Seuche ausgelösten Übersterblichkeit sowie die ökonomischen Folgen der Epidemie diskutiert. Weder die knappen literarischen Schilderungen bei Marcus selbst, dem Arzt Galen (geb. um 129) oder Ailios Aristeides (wohl 117–181), noch der papyrologische

Befund, noch die postepidemischen wirtschaftlichen Indikatoren ermöglichen es jedoch, allgemein akzeptierte Antworten auf die anhängigen Fragen zu geben. Manche Studien gehen von eher niedrigeren Totenzahlen aus, andere vermuten, dass in besonders betroffenen Regionen substantielle Teile der Bevölkerung dem Erreger zum Opfer gefallen sein könnten. P. Van Minnen [2.3.1] etwa hat aus der papyrologischen Evidenz abgeleitet, dass es in Ägypten zu einem deutlichen Bevölkerungsrückgang gekommen sei. Nach C. Elliott [2.3.1] zeigen sich die Folgen der Epidemie erst langfristig und eher in sozialen Verhaltensmustern und kulturellen Prägungen. Die Hauptvertreter der These, die antoninische Seuche bilde eine Zäsur in der Wirtschaftsgeschichte des Imperiums, die bis zu dieser Zeit von Wachstum und Prosperität geprägt gewesen sei, sind R. Duncan-Jones [2.3.1] und E. Lo Cascio [The Early Roman Empire, in: 2.3.1: Scheidel/Morris/Saller, 619–647]. Dagegen hat C. Bruun [La mancanza di prove di un effetto catastrofico della „peste antonina", in: 2.3.1: Lo Cascio, Impatto 123–165] argumentiert, dass die zusammengestellten Belege statistisch nicht belastbar seien. Den Forschungsstand bildet ein von E. Lo Cascio edierter, sehr kohärenter Sammelband ab [2.3.1: Impatto]. Zumindest zum Teil sind die unterschiedlichen Antworten auf die Frage nach den Folgen der Epidemie auch durch die jeweiligen Vorannahmen hinsichtlich der durchschnittlichen Lebenserwartung in der Kaiserzeit vorgeformt. Die meisten Forscherinnen und Forscher gehen davon aus, dass wir bei der Normalbevölkerung bei der Geburt nur eine mittlere Lebensdauer von 20–30, eher 25 Jahren veranschlagen dürften. Dazu trugen nach einem Forschungszweig [2.3.1: Scheidel] neben der enormen Kindersterblichkeit endemische Krankheiten und schlechte Lebensbedingungen vieler Menschen bei. Ein anderer Teil der Forschung nimmt dagegen an, dass einige Profiteure der römischen Expansion, etwa die Bürgerinnen und Bürger in Italien, sich eine kalorienreiche Kost hätten leisten können. Sie seien daher vor der Seuche oft älter und größer geworden als viele Menschen noch in der Moderne [W. Jongman, The Early Roman Empire, in: 2.3.1: Scheidel/Morris/Saller, 592–618].

Bevölkerungsrückgang?

durchschnittliche Lebenserwartung

Zu den typischen geschichtswissenschaftlichen Debatten über das Verhältnis von neueren quantifizierenden Zugängen zu schon länger etablierten Formen der Quellenkritik tritt in jüngster Zeit eine neue Grundsatzkontroverse. Sie wird über die Frage geführt, inwieweit menschliches Handeln geschichtliche Prozesse überhaupt

die Bedeutung menschlicher Handlungsmacht

beeinflussen kann oder ob nicht Faktoren ganz anderer Art wie eben pathogene Keime oder Klimawandel enge Handlungskanäle vorgeben. Die zweite Position vertritt in der Alten Geschichte speziell K. Harper [2.3.1]. Zurzeit ist sie aber noch randständig [Antworten etwa bei 2.3.1: Erdkamp/Manning/Verboven].

2.3.2 Zu Marcus' Donaukriegen und den Anfängen des Commodus

Marcus' Kriege an und jenseits der Donau

Anlässe und Ursachen für Marcus' Kriege an und jenseits der Donau werden in der Forschung seit langer Zeit kontrovers diskutiert. Die Einordnung der Auseinandersetzungen mit Markomannen, Quaden, Langobarden, Oben und Jazygen wird durch eine unzureichende Überlieferungslage und zusätzlich durch die ambivalente Haltung unserer Leitquelle erschwert: Die erhaltenen byzantinischen Zusammenfassungen von und Extrakte aus Cassius Dios Römischer Geschichte (vgl. 1.3) veranschaulichen die Bewunderung des Autors für Marcus, zeigen zugleich aber auch, dass Dio die Eroberung weiterer Gebiete ablehnte. Dios Darstellung könnte daher auf die Relativierung von Marcus' Expansionsabsichten abgezielt haben. Lange Zeit hatten viele moderne Abhandlungen wie etwa von K. Christ oder A. Heuß [1.1; siehe auch den Forschungsabriss 2.3.2: Klein] das Kaiserlob der Quellen übernommen und Marcus zugeschrieben, er habe gezwungenermaßen das Imperium gegen erste Ausläufer jener Krise verteidigt, die dann das 3. Jh. geprägt habe. Der Herrscher ließ jedoch schon vor dem ersten belegten Angriff auf das Reichsgebiet durch Feinde, die nördlich der Donau siedelten, zwei Legionen in Italien ausheben, wie es vor geplanten Offensivkriegen des Imperiums üblich war. Daher kommen andere Autoren zu dem Schluss, dass Marcus die Einrichtung neuer Provinzen, etwa im heutigen Tschechien, geplant habe. In diesem Fall hätte Marcus den Krieg zumindest aktiv geführt und nicht nur reagiert [2.3.2: Kerr; 2.2.3: Birley, 254]. Die schon bei Birley angelegte These, er habe aufgrund einer registrierten Bedrohung aus Zentraleuropa Präventivschläge durchgeführt, hat R. Hund [2.3.2] noch einmal zugespitzt. Die Diskussion über die Motive der Marcus-Regierung ist eng verbunden mit der Frage, ob die sogenannten Markomannenkriege durch Migrationsbewegungen in Zentraleuropa ausgelöst wurden. Das Konzept „Völkerwanderung“ ist in den letzten Jahren generell in die Kritik geraten [1.2: Kulikowski, 51–55]. Viele Historikerinnen und Histori-

Migrationsbewegungen in Zentraleuropa?

ker, die zum 2. Jh. forschen, halten jedoch an der Annahme fest, dem Konflikt seien Wanderbewegungen ganzer Kriegergesellschaften vorhergegangen. [2.3.2: Strobel, 290–292; 2.2.3: Fündling]. Ausgewogen bespricht B. Bleckmann [2.3.2] die archäologischen Befunde, die als Belege für die Migration größerer Gruppen in dieser Zeit herangezogen werden. Die jüngere archäologische Forschung zu den Kampfgebieten etwa im tschechischen Raum und in den angrenzenden Regionen zeigt vor allem die weitreichenden Folgen der römischen Militärpräsenz wie etwa kriegsbedingte Wissenstransfers auf [2.3.2: Rubel/Voß]. Roms Feinde und Freunde scheinen stabilere und größere Koalitionen als zuvor eingegangen zu sein und die geostrategische Lage in Zentraleuropa dadurch nachhaltig verändert zu haben. Zu dieser Entwicklung trug auch bei, dass die Commodus-Regierung die Konfliktführung an Verbündete auslagerte.

Marcus' Rechtsprechung

Marcus' Rechtsprechung und seine Konstitutionen (Verfügungen) sind in der älteren Forschung bisweilen so gedeutet worden, dass der Kaiser aufgrund seiner stoischen Überzeugungen eine Humanisierung des Rechts angestrebt habe. Diese Thesen stehen aber nicht auf einem soliden Fundament, wie etwa M. Avenarius [2.3.2] demonstriert. Marcus' Entscheidungen mögen immer wieder individuellen Ansprüchen auf persönliche Freiheit den Vorzug gegenüber dem Fortbestand von oder der Rückkehr in die Sklaverei eingeräumt haben, aber seine Rechtsbildung blieb gleichwohl konservativ und traditionsbezogen. Dieser Zug ist für politisch aktive Stoiker in römischer Zeit typisch [2.3.2: Brunt]. Marcus' Philosophieren, das sich gemessen an den komplexeren Systemen kaiserzeitlicher Platoniker eher in einfach gehaltenen Ermahnungen abbildet, ist zuletzt wieder mehr Aufmerksamkeit gewidmet worden, um ihn als Denker eigenen Rechts aus dem Schatten Epiktets herauszuholen [2.3.2: van Ackeren]. Wieweit diese Neubewertung trägt, bleibt abzuwarten. Die Selbstbetrachtungen sind dabei nicht der Stoa in einem engeren Sinn verpflichtet. Die Grenzen zwischen den philosophischen Schulen bleiben in der Kaiserzeit aber generell durchlässig [2.3.2: Gill].

2.3.3 Zur Alleinherrschaft des Commodus

Quellen

Für die Commodus-Jahre steht neben dem durch byzantinische Autoren vermittelten Dio und der problematischen *Historia Augusta* die Historiographie Herodians zur Verfügung, deren Quellenwert allerdings stark umstritten ist. Die Forschung zu Herodian konzentriert sich in der Regel auf seine Darstellung der Severerjahre sowie der Maximinus-Regierung und wird daher in diesen Einträgen besprochen werden (vgl. 3.).

kulturhistorische Zugänge

Die Überlieferung zu Marcus lässt sich mit kulturhistorischen Zugängen nicht gut erschließen. Dagegen bieten die für die Commodus-Jahre zur Verfügung stehenden Quellen einer Herangehensweise, die auf die symbolsprachliche Kreation von Weltbildern, Kommunikationsformen und die Inszenierung der kaiserlichen Rolle fokussiert ist, bessere Möglichkeiten. Die Schlüsselstudie zu dieser Regierung stammt von O. Hekster [2.3.3]. Sozialhistorische Studien hatten die Handlungen der Kaiser untersucht, um deren gesellschaftliche Rolle näher bestimmen zu können. Hekster [explizit 1.2] geht dagegen davon aus, für die Untertanen sei der Kaiser weitgehend mit der Figur identisch gewesen, die ihnen in den verschiedenen Medialisierungen des Herrschers entgegengetreten sei. In konsequenter Umsetzung dieser theoretischen Vorüberlegung hat Hekster [2.3.3] daher die Wandlungen des Commodus-Bildes speziell anhand der Münzprägung des Kaisers nachvollzogen. Die Botschaften der Zentralregierung seien vor allem in der Spätzeit auf die sakrale Überhöhung und damit die Loslösung des Kaisers aus den überkommenen Legitimationstypen ausgerichtet gewesen. Die Inszenierung der Leistungen des Kaisers als Gladiator und die Selbstdarstellung als Hercules haben nach Hekster von Teilen der Bevölkerung willig aufgenommene Neudeutungen der Kaiserherrschaft transportiert. Dass gerade Spiele, das Amphitheater oder der Zirkus die Bühnen kaiserlicher Performanz schlechthin gewesen seien, bildet seit P. Veynes [2.3.3] Monographie eine Grundannahme der kulturhistorischen Kaiserzeitforschung. Die Nutzung dieser Bühnen durch Commodus hat J. Toner [2.3.3] untersucht, der aber anders als die theoriegeleiteten Studien von Veyne und Hekster im Wesentlichen den Quellentenor reproduziert. Dass Commodus an Hercules angenähert wurde, ist jedoch auch für andere Forschungsansätze von Interesse. Bspw. hat H. Zilling [2.3.3] herausgearbeitet, dass die kaiserzeitlichen Hercules-Mythen, die sich oft um das Thema eines durch Leiden erkämpften Übergangs zu einem neuen Leben drehen, Überschneidungen mit der christlichen Heilslehre aufweisen.

sozialhistorische Studien

Zirkus

die Kriege der Commodus-Zeit

Auf die Kriege der Commodus-Zeit geht besonders F. von Saldern [2.3.3] in seiner politik- und strukturgeschichtlich ausgerichteten Biographie ein. Die erhaltenen Indizien deuten darauf hin, dass

Commodus bei den Soldaten in Ansehen stand [2.3.3: Speidel]. Dies gilt insbesondere für die vor allem in Italien rekrutierten Prätorianer, die 192/3 noch einmal das politische Geschehen in Rom entscheidend beeinflussen konnten. Die Gardepräfektur wurde unter Commodus zeitweilig zu einer wirklichen Vertretung des Kaisers, ohne dass eine Formalisierung dieser Machtstellung erkennbar wird [2.3.3: de Ranieri, Gestione; Dies., Retroscena]. C. De Ranieri vergleicht die Präfekten daher mit frühneuzeitlichen Ersten Ministern von Monarchen oder Päpsten. Dieser Vergleich wurde im Darstellungsteil aufgegriffen. De Ranieri analysiert schließlich auch die Stellung des Freigelassenen M. Aurelius Cleander, der in der sonst nicht belegten Funktion *a pugione* die Präfekten noch an Einfluss überragt haben soll.

die Gardepräfektur

Auf den Brand oder vielleicht einen der Brände Roms unter Commodus hat der Fund einer Schrift des Arztes Galen neues Licht geworfen, die zudem wichtige Informationen zu dem römischen Archiv- und Bibliothekswesen beinhaltet. Die vielfältigen neuen Erkenntnisse, die sich aus dem Brief *de indolentia* ergeben, behandelt aus unterschiedlichen Perspektiven ein Band von C. Rothschild und T. Thompson [2.3.3].

Brände Roms

3 Zur Severerzeit

Zu Septimius Severus liegen mehrere sozial- bzw. strukturgeschichtlich ausgerichtete Biographien vor, die gute Kontextualisierungen seiner Reformen bieten und seine Personalpolitik analysieren [3.: Birley; Daguet-Gagey]. A. Birley und A. Daguet-Gagey schreiben aus der Perspektive des 2. Jh. und betonen die Kontinuitäten zwischen der Adoptivkaiser- und der Severerzeit. Birleys Untertitel, „The African Emperor", ist aus seiner prosopographischen Herangehensweise zu verstehen, da er die Herrschaft von Severus als Kulminationspunkt des Aufstiegs nordafrikanischer Senatoren im 2. Jh. deutet. Die Erläuterung C. Rowans [3.], Severus sei nicht Afrikaner in dem Sinne gewesen, wie der Begriff im politischen Diskurs der USA im 21. Jh. verwendet werde, ist eine Verschlimmbesserung, die zum Verständnis der soziopolitischen Elite Roms um 200 wenig beiträgt. In einer archäologischen Arbeit mit kulturhistorischer Fragestellung zu Severus' Repräsentation und deren Rezeption diskutiert A. Lichtenberger [3.] auch die Frage, ob die Herkunft des Kaisers sein Handeln mitbestimmt hat. In Septimius' Selbstdarstellung kam den Göttern seiner Heimatgemeinde, *Leptis Magna* (Lebda in Libyen), eine besondere Bedeutung zu. Den Bezugsrahmen dieser Repräsentation bildet gleichwohl die städtische Tradition von *Leptis*, nicht der Kontinent Afrika. Gegen die Assoziation der Severer mit Großbegriffen wie Naher Osten oder Orient wenden sich besonders scharf die Beiträge in einem neueren Band von J. Hoffmann-Salz, M. Heil und H. Wienholz [3.].

politische, soziale und kulturelle Veränderungen

Drei neuere Studien einer anderen Gattung behandeln die Severerzeit mit anderen chronologischen Zuschnitten und dadurch auch mit anderen inhaltlichen Schwerpunktsetzungen. Sie untersuchen vor allem Auswirkungen politischer, sozialer und kultureller Veränderungen in dieser Scharnierzeit auf die folgenden Jahrzehnte. Diese Vorgehensweise war auch in der älteren Forschung üblich, die aber oft einen heute aufgegebenen Verfallsdiskurs bediente. In seiner Einführung in die Geschichte des 3. Jh. jenseits der Krisendebatte geht C. Ando [3.] vor allem auf die Folgen der rechtlichen Weichenstellungen der Severerkaiser ein. Auch der forschungsorientierte Überblick über das 3. Jh. von L. de Blois [3.] deutet die Severerzeit als integralen Bestandteil seines Untersuchungszeitraums. De Blois zeigt unter anderem, dass gesellschaftliche Teilbereiche sich seit dem späten 2. Jh. mit unterschiedlichen Geschwindigkeiten wandelten. Entsprechend seien heterogene Befunde zu erwarten gewesen und müssten nicht aneinander angepasst werden. M. Kulikowski [1.2] blickt wie auch sonst eher aus der Sicht der jeweils späteren Zeit, der sogenannten Spätantike, auf die vorhergehenden historischen Phasen, um sich von der Darstellungsform eines „noch immer" oder „nicht mehr" lösen zu können. Dadurch gewinnen Eigendynamiken der severischen Jahrzehnte mehr Relief. Das reiche Quellenmaterial aus der Zeit um 200 bietet aber auch noch weitere Zugangschancen. So ist die ausführlichste Studie zu den Aufgaben und Rollen der Kaiser neben F. Millars [1.2] Untersuchung rechtshistorischer Art. In ihr arbeitet J.-P. Coriat [1.2] heraus, wie speziell die Severer das noch in stadtrömischen Traditionen verankerte System von Regeln und Richtern in eine imperiale Rechtsordnung umgebaut haben. Dabei geht er auch komparativ vor, indem er auf Parallelen zwischen den Transformationen der Severerzeit und europäisch-frühneuzeitlichen Entwicklungen hinweist. Mit einer historisch-soziologischen Herangehensweise sucht auch P. Eich [1.2] den heuristischen Nutzen solcher Parallelisierung für die Analyse

Aufgaben und Rollen der Kaiser

des Jahrhunderts nach den Markomannenkriegen nachzuweisen. Alle zitierten Studien wählen den Ansatz, das Regierungshandeln der Severer aus Plausibilitätserwägungen heraus auf mögliche Intentionen zu untersuchen. Von Dio wissen wir allerdings, dass sich Septimius wie viele andere Akteure der Zeit von Träumen und anderen Vorzeichen leiten ließ. Solche irrationalen Handlungsanreize lassen sich kaum einpreisen. Die maßgebliche Studie zu der Traummotivik hat G. Weber [3.] vorgelegt.

Träume

Einen weiteren Zugang zur Severerzeit haben neue Studien zu den wichtigsten literarischen Quellen aus dieser Phase gelegt. Anders als viele ältere Untersuchungen gehen die neueren Arbeiten zu Cassius Dio davon aus, dass er seine Römische Geschichte, jedenfalls aber die Severerbücher erst spät in seiner aktiven Karriere oder, besser, nach seinem Ausscheiden aus der Politik nach 229 n. Chr. verschriftlicht bzw. abgeschlossen habe [3.: Lange/Madsen; Madsen/Scott]. Gemeinsam ist den meisten neueren Beiträgen, dass sie Dio in etwa das zuschreiben, was die Forschung zum 19. und 20. Jh. eine „imperiale Biographie“ nennt. Der früher bisweilen ausgemachte Gegensatz zwischen Dios Geburtsstadt *Nikaia* (Iznik), Rom und den Provinzstatthalterschaften wird so weitgehend aufgehoben. Dio habe sich mit dem Imperium identifiziert, für das beide Städte und die Provinzen standen. A. Scott [3.] hält noch an der These fest, Dio habe die Vorstellung einer zyklischen Wiederkehr menschlicher Handlungen in das Zentrum seiner Darstellung gestellt. Dagegen argumentiert die mit literaturwissenschaftlichen Methoden arbeitende Studie von A. Kemezis [3.] in überzeugender Form dafür, dass nicht nur Dio, sondern auch Herodian und Philostrat zwar in vielen Lebensbereichen Kontinuitäten ausgemacht, aber zugleich auch eine sich unter den Severern entwickelnde, neue politische Instabilität registriert haben. Dio habe die augusteische Ordnung tendenziell positiv gewertet, weil er sie mit einer höheren Chance auf Stabilität assoziiert habe. Für Stabilität standen für ihn vor allem die Kaiser des 2. Jh. Dass Dio einer primär dynastischen Herrschaftsabsicherung, die jugendlichen Kaisern und aufgrund deren Schwäche politischen Unruhen den Weg bereiten konnte, skeptisch gegenüberstand, zeigen auch mehrere Beiträge in einem Band von C. Lange und J. Madsen [3.]. A. Kemezis’ Studie gelingt es mit ihrer literaturwissenschaftlichen Herangehensweise zudem, Herodians oft als defizitär oder romanhaft abgewertetes Geschichtswerk [schon relativierend 1.3.: Zimmermann] anders und neu nutzbar zu

Cassius Dio

Herodian

machen. Auch viele Beiträge in einem von A. Galimberti [3.] verantworteten Band räumen zwar ein, dass Herodian nicht immer Zugang zu verlässlichen Informationen hatte, sehen es aber eher als Erkenntnischance, dass er nicht ausschließlich die typischen Elitediskurse reproduziert hat.

3.1 Zur zweiten Bürgerkriegszäsur

Wie weitverzweigt die Verschwörergruppe gewesen ist, die sich 192 gegen Commodus gebildet hat, ist in der Forschung umstritten. Denkbar groß soll sie nach der zwar prosopographisch fundierten, aber in der Regel einfach nacherzählenden Darstellung dieser Verschwörung von S. Pasek [3.1] gewesen seien. Viele von Paseks Annahmen müssen angesichts der Quellenlage Spekulationen bleiben. Paseks Buch ist in gewisser Hinsicht eine Biographie von Pertinax. Ein einschlägiger Inschriftenfund (IKoeln 274) erlaubt im Fall dieses Kaisers, die Angaben zu seiner Karriere in der *Historia Augusta* zu überprüfen. Anders als bei Pescennius Niger und Clodius Albinus [3.1: Eck] sind sie im Wesentlichen zutreffend. Dass Pertinax einem Mitglied des alten Adelshauses der Acilii Glabriones die Kaiserherrschaft angeboten haben soll, gibt einen Hinweis darauf, aus welchen Bausteinen das Kaiserideal dieser Zeit zusammengesetzt war. Die weiterhin hohe Geltung aristokratischer Abstammung in Rom dokumentiert bspw. M. Dondin-Payre [3.1] in einer methodisch interessanten Familienbiographie der Acilii. Iulianus' Aufstieg und Fall wird in den Studien zum Aufstieg des Severus mitbehandelt. Das von ihm präsentierte Zerrbild bleibt weitgehend undurchdringlich. Als weiterführend hat sich zuletzt K. Kröss' Studie [3.1] zur stadtrömischen Bevölkerung erwiesen. Die antiken Berichte über die Jahre 192–197 machen sehr deutlich, dass die städtische *plebs* für unterschiedliche politische Zwecke mobilisiert werden konnte, also sicher keine Einheit bildete.

Pertinax

die städtische *plebs*

die städtische Garnison

Intensiv hat sich die Forschung mit Severus' Aufstockung der städtischen Einheiten und speziell mit der Umgestaltung der Prätorianer beschäftigt. Die von den Schriftquellen suggerierte „Barbarisierung" der Garde durch den Einsatz von Legionären aus dem Donauraum hat A. Busch [Militär im severischen Rom, in: 3.1: Sojc/Winterling/Wulf-Rheidt, 105–122] anhand des Bildbestandes überprüft, der die Stereotypensammlung der antiken Autoren nicht widerspiegelt. Konflikte zwischen der neuen Garde und der *plebs Romana* werden von S. Bingham behandelt [3.1: 46–49]. Herodians Aussage, die städtische Garnison sei vervierfacht worden (3, 13, 4), ist von allen Analysen als überzogen ausgewiesen worden [3.1: E. Birley]. Dagegen hat zuletzt G. Berghammer [3.1] den Quellenwert von Herodian (und der *Historia Augusta*) pauschal in Frage gestellt und entsprechend auch die Angabe zur Vergrößerung der städtischen Garnison nicht relativiert, sondern praktisch verworfen. Da viele dieser Soldaten die Severer auf ihren langen Kriegszügen und Reisen begleitet hätten, sei die Truppenzahl in der Stadt vielleicht gleichgroß geblieben, wenn nicht verkleinert worden. Dass speziell die neu formierten Prätorianer Abteilungen für die severische Interventionsarmee stellten, hatte allerdings auch zuvor niemand bestritten. Bei einigen städtischen Einheiten lässt sich eine Aufstockung schlechterdings nicht leugnen. Mit Sicherheit können wir jedoch nur feststellen, dass die Mannschaftsstärke der paramilitärischen Feuerwehr (*vigiles*) und mit einiger Sicherheit die der Elitereiterei (*singulares Augusti*) verdoppelt worden ist, während bei den städtischen Kohorten und Prätorianern Unsicherheiten bestehen bleiben [3.1: Bingham].

die parthischen Legionen

Alle neueren Studien gehen davon aus, dass die drei neuen parthischen Legionen zu Beginn von Severus' Regierungszeit für den Bürgerkrieg oder schon die frühen Auseinandersetzungen mit den Parthern aufgestellt worden sind [3.1: Imrie; Speidel]. In diesem Fall kann es unter Commodus eigentlich keine Finanzkrise gegeben haben. Schon die Aushebung von drei neuen Legionen muss eine große fiskalische Belastung dargestellt haben [1.2: Eich, Metamorphose; 3.: de Blois]. Hinzu kamen die im nächsten Abschnitt besprochenen Solderhöhungen.

3.2 Zu den ersten Severern

3.2.1 Zu Severus' Kriegen und seinen Reformen

Kämpfe zwischen den Prätendenten

Der Verlauf der Kämpfe zwischen den römischen Prätendenten 193–197 wird nicht kontrovers diskutiert. Umstritten ist nur, aus welchen Gründen heraus sich der Konflikt zwischen Severus und Clodius Albinus entwickelt hat. Oft sind die Quellen so interpretiert worden, dass Severus nach seinem Sieg gegen Pescennius Niger seinen Sohn Bassianus/Antoninus zum Caesar erhoben und durch diese Entscheidung für eine Dynastiebildung Albinus de facto von der Herrschaft ausgeschlossen habe. M. Heil [Clodius Albinus und der Bürgerkrieg von 197, in: 2.2.1: Wiemer, 55–85] hat dagegen Indizien dafür zusammengestellt, dass Albinus sich zuerst gegen Severus gewendet hätte. Severus hätte dann nur reagiert.

Hinrichtungen

Der Severus-Regierung sind aufgrund von präzisen Quellenangaben oft zahlreiche Hinrichtungen von senatorischen Bürgerkriegsfeinden angelastet worden. Die in der stets fragwürdigen (vgl. 1.3) *Historia Augusta* (v. Sev. 13) tradierte Zahl von 42 Opfern, aber auch Dios Angabe von 29 Toten (75 [76], 8, 3–4) hat G. Alföldy [3.2.1] mit guten Gründen in Frage gestellt. Wir kennen aus diesen Jahren eine so große Zahl von Senatoren, dass eine prosopographische Untersuchung dieser Gruppe mehr Hinweise auf die Namen der Opfer dieser Säuberung erbringen müsste. Dass die Bürgerkriege die Umgestaltung des *ordo senatorius* vorangetrieben haben, kann aber nicht in Abrede gestellt werden. Den Kenntnisstand zu den Senatoren des 3. Jh. bildet I. Mennens Studie ab [3.2.1: Kap. 2].

die Provinz *Mesopotamia*

Die Severus-Regierung hat im Zuge der Kriege im Osten die Landschaft *Osrhoene* (um Şanlıurfa) und Teile Mesopotamiens annektiert. Wann dies geschah und wie die neue Provinzordnung aussah, bleibt aufgrund schwierig zu lesender Inschriften umstritten. Die ältere Interpretation, zunächst sei eine Provinz *Osrhoene* kreiert worden, hat M. Speidel [3.1] aber wohl endgültig widerlegt. Speidel argumentiert zudem überzeugend, dass die Provinz *Mesopotamia* zeitnah nach dem Krieg gegen Niger entstanden ist. Die römische Militärpräsenz an der Ostgrenze seit Marcus und Verus zeigt etwa S. James [3.2.1] auf. Durch das römische Vordringen Richtung Tigris unter den Severern wurde das Verhältnis zum Parther- und dann zum Sassanidenreich weiter belastet. P. Edwell [3.2.1] lässt daher mit Severus' Regierung eine neue Phase der Konflikthaftigkeit zwischen Ost und West einsetzen. Einen Überblick über Formen römischer Präsenz an Euphrat und Tigris vor und nach dieser Zäsur gibt die Regionalgeschichte von F. Millar [3.2.1].

Regionalgeschichte

Die Forschung zu den europäischen Imperien seit der Frühen Neuzeit beschäftigt sich seit längerem intensiv mit (Semi-)Peripherien dieser Reiche und Zonen, in denen sich imperiale Einflüsse überlagerten, die also in einem historischen Sinn von Interimperialität geprägt waren. Diese Themen sind in der Folge auch in der Römischen Geschichte aufgegriffen worden. Zu der Steppengrenze zwischen Rom und den Parthern und ihren Subzentren hat vor allem M. Sommer [3.2.1] gearbeitet. Sommer greift zur Analyse der spezifischen Transkulturalität in diesem Großraum auch auf das in Studien zum westlichen Kolonialismus entwickelte Konzept einer Kreolisierung, kulturelle Neuverbindungen im Zeichen römischer Vormacht, zurück. Auch H. Cameron [3.2.1] übernimmt für seine Untersuchung der Wahrnehmung dieses Grenzraums einen Fragenkatalog aus Arbeiten zu späteren historischen Epochen.

Transkulturalität

Die Tragweite von Severus' Reform der ägyptischen Administration wird in der Forschung kontrovers debattiert. *Alexandria* und die Hauptorte (Metropolen) der Gaue (der administrativen Untereinheiten von *Aegyptus*) erhielten sukzessive Stadträte und damit mehr Autonomie. Vertreterinnen und Vertreter der Position, dass Ägypten nicht mehr Besonderheiten aufwies als jede andere Provinz, betrachten die rechtliche Aufwertung der Gau-Vororte nur als die folgerichtige Weiterentwicklung eines langen Prozesses, der schon von Augustus eingeleitet worden sei [3.2.1: Bowman/Rathbone]. Studien, die Severus' Maßnahme aus imperial- oder kaisergeschichtlicher Perspektive analysieren [etwa 3.: Birley, 137], interpretieren Severus' Reform eher als Bruch mit seit langer Zeit etablierten administrativen Traditionen des Niltals. Das ältere Grundlagenwerk von A. Bowman [3.2.1] hatte die Einführung von Stadträten in *Aegyptus* ebenfalls noch als Zäsur gewertet. Die bis 199/200 wichtigsten Vertreter der alexandrinischen Zentrale in den Gauvororten, die Strategen und Königlichen Schreiber, existierten nach der Reform weiter, verloren aber an Bedeutung: Das zu ihnen erhaltene Quellenmaterial hat in vorbildlicher Weise Th. Kruse [3.2.1] aufgeschlüsselt. Die papyrologische Evidenz vor allem aus dem 3. Jh. erlaubt Einblicke in interne Konflikte in kaiserzeitlichen Städten, die das Quellenmaterial aus anderen Provinzen uns in dieser Dichte weniger oft ermöglicht [3.2.1: Förg].

Reform der ägyptischen Administration

Als besonderes Kennzeichen der Severus-Regierung galten lange Zeit die dem Herrscher zugeschriebenen Privilegierungen der Soldaten, die als Indikatoren für die Umsetzung eines neuen Herrschaftsmodells gewertet wurden [1.1: Christ; 1.2: Jones; Überblick bei: 3.2.1: Handy]. Die jüngere sozialgeschichtliche Forschung hat jedoch den Aussagegehalt der Schlüsselpassage bei Herodian (3, 5, 8) merklich relativiert. Weder lässt sich zeigen, dass Severus das Eheverbot für Soldaten komplett aufgehoben hat, noch dass Offiziere aus dem Mannschaftsstand in größerer Zahl in den Ritterstand aufgenom-

Privilegierungen der Soldaten?

men wurden [3.2.1: Davenport; Eck]. Unzweifelhaft aber hat die Regierung den Sold erhöht, auch wenn das Ausmaß umstritten bleibt. Ansprechend ist die von L. de Blois [3.] und A. Imrie [3.1] geäußerte Vermutung, die Anhebung der Soldzahlungen habe den Dienst in den Legionen attraktiver machen sollen. Im Zusammenhang mit der erneuten Solderhöhung unter Caracalla nennen Dio (79 [78], 36, 3) und Herodian (4, 4, 7–8) dann auch konkrete Zahlen, deren Aussagekraft aber umstritten bleibt. Auf diese Werte bauen oft Überlegungen zum rudimentären römischen Haushalt auf [3.2.1: Duncan-Jones]. Die Forschung zu diesem Problemkomplex wird unter 6.2.1 näher betrachtet werden. Zu den Solderhöhungen kamen die Kosten für die neuen Legionen. Kurzfristig hat die Severer-Regierung auf die Ausgabensteigerung mit Konfiskationen und der Einführung einer neuen, allerdings zum Teil verrechneten Naturalabgabe reagiert, die der Versorgung mobiler Heere diente (*annona*) [3.2.1: Mitthof]. Imperialgeschichtliche Studien beschäftigen sich darüber hinaus mit den langfristigen politischen und strukturellen Folgen der von den Severern verantworteten Ausgabensteigerung [1.2: Eich, Metamorphose; 3.: de Blois].

3.2.2 Zur severischen Familienherrschaft

Severus' Selbstdarstellung in Rom

Zu Septimius Severus' Selbstdarstellung in Rom ist in den vergangenen Jahren intensiv geforscht worden. Neben der schon erwähnten archäologischen Sicht von Lichtenberger [3.] sind andere, kategorial und darstellerisch stark abweichende Studien publiziert worden. C. Rowan [3.] und S. Lusnia [3.2.2] kehren dabei beide zu einem vagen und analytisch wenig hilfreichen Propaganda-Begriff zurück, der den zeitspezifischen Zügen der severischen Repräsentation keine Rechnung trägt. Wie Lichtenbergers Studie verdeutlichen sie aber, dass der Machtanspruch der Familie und religiöse Erwählung bzw. vorausgesetzter Schutz durch Gottheiten die Kernbotschaften der severischen Herrschaftsinszenierung bildeten. Überzeugend haben sie zudem Severus' Anschluss an Augustus und Vespasian herausgearbeitet, Kaiser, die ebenfalls nach Bürgerkriegen einen Neuaufbau ins Werk setzten. Möglicherweise sollte der große marmorne Stadtplan, die *forma urbis*, von dem sich Teile erhalten haben, Rom als neue Stadt der Severer ausweisen [3.2.2: Lusnia]. Die methodisch an-

Säkularspiele

spruchsvollste einschlägige Studie ist den severischen Säkularspielen (*ludi saeculares*) gewidmet. J. Rantala [3.2.2] bezieht nicht nur die bekannten Bildprogramme, neu errichtete oder restaurierte Gebäude und Mutmaßungen über deren Wirkung, sondern auch ihre Verknüpfung mit dem städtischen Leben durch rituelle Performanz in seine Untersuchung mit ein. Mit Ritualen wie den Lebensalterspielen wurde gezielt der Anschluss an die Vergangenheit gesucht. Doch verdeutlicht die gleiche Studie, dass durch die *ludi* auch neue Akzente gesetzt wurden. Die Provinzen traten als Teile eines Ganzen hervor, die Spiele transzendierten deutlicher als zuvor den stadtrömischen Sinnhorizont. Auch war der Anteil von Frauen an den *ludi* sichtbarer als früher. Insgesamt blieb die Welt der Severerzeit aber patriarchalisch.

Prominenz der kaiserlichen Frauen

Spezifisch die Prominenz der kaiserlichen Frauen ist wohl einer der auffälligsten Züge der severischen Jahrzehnte. Durch die explizit dynastische Absicherung des severischen Machtanspruchs wurden die Mütter und Ehefrauen der Herrscher in der Repräsentation zu unverzichtbaren Bindegliedern der angestrebten Familienherrschaft [3.2.2: Langford]. Wie S. Nadolny [3.2.2] zeigen kann, hat die Zentrale diese Botschaft nicht nur über die Reichsmünzen kommuniziert. Sie wurde auch auf Provinzialprägungen aufgegriffen. Traditionsorientierte Mitglieder der soziopolitischen Elite haben anscheinend auch mit Kritik auf diese Entwicklung reagiert. Die Schilderungen der Machstellungen kaiserlicher Frauen bei den Historiographen bieten allerdings oft schwer zu deutende rhetorische Allgemeinplätze. Die Auswertung der Münzen lässt es jedoch als plausibel erscheinen, dass speziell die Mütter der folgenden Severer stärker als zuvor in die Herrschaftsausübung involviert gewesen sind.

Entwicklung der ritterlichen Administration

In den Jahrzehnten der Severerherrschaft lassen sich im kaiserlichen Stab Organisationsstrukturen nachweisen, die in den vorhergehenden hundertfünfzig Jahren nicht belegt sind. P. Eich [Strukturen von Politik und Verwaltung im severischen Rom, in: 3.1: Winterling/Sojc/Wulf-Rheidt, 85–104] argumentiert, dass diese Quellenverteilung eine Entwicklung der ritterlichen Administration widerspiegelt und nicht nur Zufällen geschuldet ist. Die maßgebliche Studie zu den Funktionen des Stabs in der Rechtsetzung und -bildung und den in der ritterlichen Administration aktiven Juristen ist die umfangreiche Monographie J.-P. Coriats [1.2] über den Kaiser als Gesetzgeber. Coriat diskutiert auch die Einbindung der Juristen in den kaiserlichen Rat, das *consilium*, über dessen Tätigkeit und Zusammensetzung wir leider nur unzureichend informiert sind. Fast

consilium

alle Ausführungen zu der Bedeutung dieses Gremiums bleiben daher hypothetisch. Aus der älteren Studie von J. CROOK [3.2.2] kann nur die Zusammenstellung der damals bekannten Teilnehmer des Rats noch mit Gewinn konsultiert werden. W. ECK [3.2.2] zeigt, dass der kaiserliche Rat vor der Spätantike für jeweils konkrete Zwecke berufen wurde und die Teilhabe im Wesentlichen auf dem sozialen Status der Ratgeber sowie ihrem Nahverhältnis zu den Herrschern beruhte. Im Laufe des 2. Jh. scheinen aber die ritterlichen Vorsteher der zentralen Ressorts (etwa der *a rationibus* für die Finanzen oder der *ab epistulis latinis/graecis* für die Korrespondenz) regelhaft zum Rat hinzugezogen worden zu sein. Von diesen Funktionen in Kaisernähe hat die Dienststelle *a libellis*, der mit den Bittschriften befasste Sekretär und sein Unterpersonal, das größte Forschungsinteresse auf sich gezogen. Rechtshistorische Studien beschreiben sie oft als Keimzelle einer bürokratischen Administration. Solche Thesen konnte T. CARBONIS Monographie [2.1] nachhaltig widerlegen. T. HONORÉ hat wiederkehrende Formulierungen in den erhaltenen Rechtsbescheiden einzelnen Beratern zugewiesen [3.2.2: Emperors]. Einzig über den *a libellis* und Gardepräfekten Ulpian besitzen wir hinreichend Material, um wenigstens Grundzüge einer Biographie rekonstruieren zu können [3.2.2: HONORÉ, Ulpian]. In der politik- und sozialgeschichtlichen Forschung besteht Konsens, dass Ulpian seinen Aufstieg aber nicht einfach seinem Fachwissen, sondern auch seinen Qualitäten als Politiker und eventuell einer Verwandtschaft mit dem Herrscherhaus verdankte [3.2.2: SYME].

a libellis

der britannische Feldzug des Severus

Der britannische Feldzug des Severus wird in den unter 3. besprochenen Überblickswerken mitbehandelt. Er ist nicht von imperial-, sondern nur von regionalgeschichtlicher Bedeutung, da er zwar den römischen Einfluss auf Schottland noch einmal verstärkt, aber nicht auf neue Grundlagen gestellt hat. Die Forschung bringt diesen Feldzug oft mit den Folgen des Bürgerkriegs von 196/7 für die britannische Garnison in Verbindung [3.2.2: HODGSON]. Wohl erst nach Severus' Tod wurde *Britannia* in zwei Provinzen (*superior/inferior*) geteilt [3.1: BERGHAMMER]. Die Quellen notieren für das 3. Jh. kaum Invasionen in diese Provinzen. Da aber insgesamt nur sehr wenige aussagekräftige Zeugnisse vorliegen, kann nicht geklärt werden, ob dieses weitgehende Schweigen Zufällen oder der Schwächung indigener Kriegergruppen in Schottland durch die Feldzüge von 208–211 geschuldet ist [3.2.2: HODGSON].

3.2.3 Zur Herrschaft von Caracalla

Lebensbeschreibung Caracallas

Bis vor kurzem existierte noch keine Lebensbeschreibung Caracallas mit wissenschaftlichem Anspruch. Diese Lücke hat G. Berghammer [3.1] durch eine umfangreiche Caracalla-Studie geschlossen, die zu vielen Einzelaspekten von Mit- und Alleinherrschaft des zweiten Severers Quellen und Literatur zusammenstellt. Kernthese des Buchs ist, dass Caracallas Regierung von Kontinuität zu der vorhergehenden Phase geprägt gewesen sei. Um zu diesem Ergebnis zu kommen, werden allerdings Quellenaussagen recht freihändig beiseitegeschoben und abweichende Forschungspositionen im Stil des 19. Jh. abgekanzelt. Berghammers schroffe Urteile unterstreichen, dass seine eigenen Thesen einen hypothetischen Charakter tragen.

Constitutio Antoniniana

Die wichtigste einzelne Verfügung, für die die Caracalla-Regierung verantwortlich zeichnete, war die sogenannte *Constitutio Antoniniana*, mit der die kaiserliche Administration (fast?) allen freien Bewohnerinnen und Bewohnern des Reichs das römische Bürgerrecht verlieh. Nach der Mehrheitsmeinung der heutigen Forschung haben sich größere Teile des Erlasses auf dem Papyrus P. Gissensis I 40, col. I erhalten [Forschungsüberblick bei 3.2.3: Jördens]. Nach einer älteren Deutung waren die sogenannten *dediticii* („Fremde" mit niedrigem Rechtsstatus) von der Bürgerrechtsverleihung ausgeschlossen. Nach anderen Ergänzungen der Zeilen 7–9 [zur Diskussion 3.1: Imrie] wird in dem entsprechenden Passus festgelegt, dass die Neubürgerinnen und -bürger keine zusätzlichen Privilegien erhalten, wohl konkret, dass ihre Steuerpflicht nicht eingeschränkt werden solle. In der älteren Forschung wurde oft angenommen, die *Constitutio* hätte auf die soziale Ordnung des Imperiums kaum Einfluss gehabt, da das Bürgerrecht schon zuvor weit verbreitet gewesen sei und viel seines ursprünglichen Werts verloren habe [3.2.3: Sherwin-White]. Gelegentlich wurde diese These mit der Annahme verknüpft, bereits im 2. Jh. sei die rechtliche Differenzierung zwischen Menschen mit realem und symbolischem Kapital (*honestiores*) und solchen ohne „Ehre" und Vermögen (*humiliores*) wichtiger gewesen als die zwischen Bürgern und Nichtbürgern [1.1: Christ; 3.2.3: Jones]. Dass die Unterscheidung zwischen *honestiores* und *humiliores* gesellschaftlich prägend gewirkt hat, ist jedoch zumindest für weite Teile der Hohen Kaiserzeit mit guten Gründen in Zweifel gezogen worden [3.2.3: Rilinger]. Der Rechtsschutz der ärmeren Bevölkerung scheint im 3. und 4. Jh. höher als im 2. Jh. gewesen zu sein [3.2.3: Honoré, Roman Law AD 200–400, in: 3.2.3: Edwards/Swain,

109–132]. Auch die ältere Annahme, das Bürgerrecht sei Anfang des 3. Jh. schon sehr weit verbreitet gewesen, kann zumindest für die Ostprovinzen als widerlegt gelten. Vor 212 konnte es ein wichtiger Statusmarker unter anderen sein [1.2: Ando/Lavan]. Bereits K. Buraselis [3.2.3] hat gezeigt, wie viele Personen gerade in der östlichen Reichshälfte nach und infolge der *Constitutio Antoniniana* den Kaisernamen M. Aurel(l)ius übernommen haben. Auf M. Lavan [3.2.3] gehen die im Darstellungsteil genannten Berechnungen zurück, vor 212 seien etwa 30 % der freien Bevölkerung schon römische Bürgerinnen und Bürger gewesen, von denen die Mehrzahl im Westen gelebt hätte. Die meisten neueren Studien wie die von A. Imrie [3.1], C. Ando [3.2.3] oder A. Besson [3.2.3] sehen daher in der *Constitutio Antoniniana* eine Zäsur. Die Beiträge in Andos Band sowie Besson haben Einzelbeispiele aus den nächsten Jahrzehnten zu einem suggestiven Bild von den mittelfristigen rechtlichen Folgen der Verleihung für das soziale Leben im Reich verbunden. Die Aussagekraft solcher Fallbeispiele muss allerdings angesichts der geringen Zahl umstritten bleiben.

Caracallas Motive für die Bürgerrechtsverleihung

Caracallas Motive für die Bürgerrechtsverleihung lassen sich nicht abschließend klären. A. Imrie [3.1] assoziiert die Maßnahme des Kaisers mit Rekrutierungsproblemen bei den (Bürger-)Legionen. Wie schon unter 3.2.1 angesprochen, hat Caracalla zudem erneut den Truppensold angehoben. Angesichts der Kosten der severischen Militärpolitik hat ein Teil der Forschung auch der einzigen zeitgenössischen Motivzuschreibung an den Kaiser außer der kaiserlichen Selbstdastellung eine gewisse Plausibilität zugesprochen [3.: de Blois; 1.2: Eich, Metamorphose]. Nach Dio (78 [77], 9, 5) hat die *Constitutio* vor allem darauf abgezielt, die Zahl der Steuersubjekte zu erhöhen, die die zeitgleich angehobenen Erbschafts- sowie die Sklavenfreilassungssteuern zahlen mussten. A. Imrie [3.1] und G. Berghammer [3.1] weisen aber auch darauf hin, dass alle Quellen inklusive P. Giss. I 40 nahelegen, dass Caracalla nach dem Mord an seinem Bruder die Gunst der Götter suchte. Seine *Constitutio* könnte daher bei unklarer Kausalität den Wunsch des Kaisers widerspiegeln, das Reich in der Verehrung der von Rom anerkannten Gottheiten zu einen.

Antoninianus

Die Standardinterpretation der von Caracalla neu ausgegebenen Münze, die wir zumeist (nach einer fragwürdigen Angabe der *Historia Augusta*, v. Aur. 9, 7) *Antoninianus* nennen, geht davon aus, dass sie als Doppeldenar gelten sollte. Intrinsisch, also aufgrund des

Werts des Edelmetalls im Verhältnis zum Gewicht der Münze, hatte sie jedoch einen deutlich geringeren Wert [3.2.3: R. Abdy, The Severans, in: 1.3: Metcalf, 499–513]. Dass diese Reduktion zu inflationären Tendenzen geführt hätte, lässt sich zumindest nicht nachweisen. Dass die Münze als Doppeldenar gelten sollte, ist aber auch schon in Zweifel gezogen worden, auch intendierte Werte von 1, 5/1, 25 Denaren werden genannt. Die offenen Fragen diskutiert ausführlich E. Lo Cascio [3.2.3].

Caracallas Feldzüge

Caracallas Feldzüge werden in der Regel in den Überblicksdarstellungen zur Severerzeit, die in Abschnitt 3. zitiert wurden, mitbesprochen. Auf besonderes Interesse ist gestoßen, dass bei Cassius Dio (78 [77], 13, 4) vielleicht zum ersten Mal die Alamannen als Feind Roms genannt werden. Dio ist allerdings nicht im Original erhalten und die Handschriften bieten statt „Alamannen“ Verschreibungen. Doch konnte B. Bleckmann [3.2.3] zeigen, dass Dio tatsächlich die Alamannen erwähnt haben muss. Die anderen Vorschläge, wie die Verschreibungen aufgelöst werden könnten, setzen die Anwesenheit des Kaisers in Regionen voraus, in denen er sich nach seinem Itinerar nicht aufgehalten haben kann.

Alamannen

die Regierung des Macrinus

Die Regierung des Macrinus wird in Überblicksdarstellungen zur Severerzeit (3.) als Episode mitbehandelt. Zwei Herangehensweisen haben zuletzt Erkenntniszuwachs gebracht: A. Scott [3.] (Dio) sowie R. Turcan [3.2.3] (*Historia Augusta*) haben Kommentare zu den narrativen Leitquellen vorgelegt. Aufstieg und Fall des ersten ritterlichen Kaisers werden sodann im Kontext größerer sozialgeschichtlicher Entwicklungstendenzen des zweiten Standes erörtert. Die entsprechende Forschung hat C. Davenport [2.1] zusammengestellt.

3.2.4 Zu den Regierungen von Elagabal und Severus Alexander

Diversität

Varius Avitus / M. Aurellius Antoninus wird in der Forschung zur Unterscheidung von Kaisern mit ähnlichem Namen in Anlehnung an spätantike Autoren (Heliogabalus) zumeist Elagabal genannt. Die Darstellung seiner Regierung hat in der jüngeren Forschung wohl auch wegen des großen Interesses an allen Formen von Diversität wieder größere Aufmerksamkeit erfahren. In noch höherem Ausmaß als bei Caracalla haben unsere Leitquellen aber einen undurchdringlichen Schleier aus Hass und Hohn über diese Regierungsjahre gebreitet. Der Priesterkaiser erscheint bei den Historio-

Priesterkaiser

graphen in der Regel als lächerlich-deviant. In der Konsequenz sind alle neueren Analysen von Elagabals Deutung der kaiserlichen Rolle primär darauf ausgerichtet, methodisch abgesicherte Auswege aus dem beschriebenen Quellenengpass zu finden. L. de Arrizabalaga y Prado [3.2.4] wählt dazu den naheliegenden Weg über die erhaltenen Dokumente. Seine Suche nach den Fakten hinter der Fiktion endet jedoch oft in der Trivialität, da er mit größter Präzision Bekanntes oder Selbstverständlichkeiten herausarbeitet. M. Icks [3.2.4] zeichnet nach einer knappen Biographie speziell Veränderungen in der Rezeption des Priesterkaisers nach. Auch in diesem Fall haben sich Detailanalysen der Leitquellen als weiterführend erwiesen. Der Kommentar der Lebensbeschreibung in der *Historia Augusta* von S. Zinsli [3.2.4] weist unter anderem auf Parallelen in der Kritik an Elagabal und Darstellungen Constantins I. hin. Dios Passagen werden von A. Scott [3.] mitbehandelt. E. Lipiński [3.2.4] diskutiert die ursprünglichen, nahöstlichen Sinngehalte des Elagabal-Kults. Dadurch können Verzerrungen in römischen Diskursen zumindest ansatzweise korrigiert werden.

Severus Alexander

Auch die dominante Quellenerzählung zu Severus Alexander liefert nur wenig Material, das mit politik- oder sozialgeschichtlichen Methodiken gewinnbringend analysiert werden kann. Dio, der sich wohl vor Alexanders Ende aus Rom zurückgezogen hat, und Herodian machen zu den Jahren vor dem Perserfeldzug des Kaisers eher Andeutungen, als dass sie nachprüfbare Details liefern würden. Sowohl Herodian als auch die Vita des Kaisers in der *Historia Augusta* loben Alexanders Entgegenkommen gegenüber den Senatoren. Die These, diese Lebensbeschreibung sei als ein „Fürstenspiegel" gedacht gewesen, geht auf C. Bertrand-Dagenbach [3.2.4] zurück. Angesichts der Beschränkungen der literarischen Quellen hat die Forschung das Augenmerk erneut besonders auf die aus den Jahren

Dokumente

222–235 erhaltenen Dokumente sowie die im Codex Justinianus tradierten Rechtsbescheide Alexanders gerichtet. Dass die Historiographen die Spannungen zwischen den letzten Severern vor dem Sturz Elagabals nicht einfach erfunden haben, zeigt W. Eck [3.2.4] anhand einer ungewöhnlichen Entlassungsurkunde (Militärdiploms) für einen Flottensoldaten. B. Salway [3.2.4] hat die Konsuln der Alexanderjahre näher untersucht und aus ihnen auf Konflikte unter prominenten Senatoren geschlossen. Für das von Herodian (6, 1; 7, 1, 3) und der Vita Alexanders (15–16; 68) gepriesene senatorische Beratergremium des Kaisers fehlen dagegen unabhängige Belege in den dokumentarischen Quellen. Es ist daher auch schon als Erfindung angesehen worden [3.2.4: de Blois]. Die Konstitutionen Alexanders hat F. Nasti [3.2.4] im Detail untersucht. Eine kohärente Rechtspolitik kann aus den tradierten Entscheidungen aber nicht rekonstruiert werden.

der erste römisch-sassanidische Krieg

Das herausragende Ereignis der Regierungszeit Alexanders war der erste römisch-sassanidische Krieg, der eine Phase der Unterlegenheit Roms im Osten einleitete. Den Konflikt zwischen beiden Imperien nach Ardashirs Herrschaftsübernahme bespricht konzise P. Edwell [3.2.1]. Alexanders Armeen mussten zwar keine schwere Niederlage hinnehmen, konnte aber auch keinen Erfolg erzielen. Zudem blieben die Beziehungen der Großreiche in der Folge belastet, sodass L. de Blois [3.: de Blois] und M. Kulikowski [1.2] plausibel diesen Krieg als Startdatum für eine neue Phase der römischen Imperiengeschichte ausmachen.

Kontinuitäten zwischen der späten Parther- und der frühen Sassanidenzeit

Zu der neuen, wieder stärker persisch geprägten Herrschaft im Zweistromland, dem iranischen Hochland und den angrenzenden Gebieten hat J. Wiesehöfer [2.1] mehrere gut leserliche Überblicksdarstellungen verfasst, von denen eine zitiert sei. Besonders hilfreich sind die einführenden Passagen zu den herausfordernden Quellen zur iranischen Geschichte dieser Zeit. Inhaltlich betont Wiesehöfer eher die Kontinuitäten zwischen der späten Parther- und der frühen Sassanidenzeit. M. Canepa [3.2.4] hat die These entwickelt, dass der römische und der persische Repräsentationsstil schon im 3. Jh. aufeinander bezogen gewesen seien. Das hohe Interesse an der wirtschaftlichen Globalisierung der letzten Jahrzehnte hat zudem das antike Zentralasien stärker in den Fokus der Forschung treten lassen. In der Folge ist eine große Zahl von Studien über ökonomische und kulturelle Verflechtungen in Eurasien [bspw. 3.2.4: Di Cosmo/Maas] entstanden, die oft auch dem Sassanidenreich Abschnitte widmen. Einen Überblick über diese Forschung bietet ein von P. Bang und C. Bayly [3.2.4] edierter Band.

4 Zu größeren Entwicklungslinien des Imperiums im kurzen 3. Jh.

Beschränkungen des Quellenmaterials

Die Forschung zum kurzen 3. Jh. zwischen 235 und der Tetrarchiezeit bleibt in höherem Ausmaß als die zu anderen Unterepochen der Römischen Geschichte politik-, sozial- und vor allem strukturgeschichtlich ausgerichtet. Die kulturhistorische Wende, die sich in den Studien zu den vorhergehenden Jahrhunderten zeigt, konnte aufgrund der Beschränkungen des Quellenmaterials nur in Ansätzen nachvollzogen werden. Kurzgeschichten (Breviarien) aus dem 4. Jh., Fragmente aus literarischen Werken, Inschriften, Papyri, in späten Sammlungen erhaltene Rechtsbescheide und archäologische Befunde bieten Versuchen, zeitspezifische Weltbilder, Erinnerungskulturen oder Formen der Herrscherkommunikation und -repräsentation ins Zentrum der Auseinandersetzung mit der Überlieferung zu stellen, nur wenige Ansatzpunkte. Das diesbezüglich relevante Material wird gemeinsam in den noch anzusprechenden Kaiserbiographien diskutiert. Die Entwicklung der kaiserlichen Selbstdarstellung wird speziell in numismatischen Studien in den Blick genommen. Die Permanenz der Herausforderung im Inneren und durch externe Feinde führte zu neuen Formen der Selbstüberhöhung der Herrscher, die für uns vor allem durch die Bilder und Umschriften auf den Reichsmünzen greifbar werden. Wie etwa der diachrone Überblick über verwendete Motive von E. Manders [4.] zeigt, dominieren auf diesen Medien die Themen Sieghaftigkeit, Handlungsmächtigkeit und die Nähe zu Göttern, die Kaiser und Reich Schutz versprachen. Auch in den erhaltenen Dokumenten oder in Rechtstexten verstärkt sich die Tendenz zu einer Selbstzuschreibung von Macht. Seit dem 3. Jh. gesteht die Zentrale in ihren Verlautbarungen aber bisweilen auch ihre Schwäche ein [4.: A. Eich/P. Eich]. In einer Gesamtschau des einschlägigen Materials diagnostiziert I. Mennen [3.2.1: Kap. 1] überzeugend einen Machtverlust der kaiserlichen Regierung, der sich vor allem in den vielen gewaltsamen Herrscherwechseln abbildet. Andererseits belegen die im 3. Jh. dokumentierten Stellvertretungen der Kaiser, vor allem durch Richter, die an ihrer Stelle Recht sprachen (*iudices vice sacra*), dass der Institutionalisierungsprozess der Kaiserwürde nun endgültig abgeschlossen war [4.: Peachin, Iudex].

Entwicklung der kaiserlichen Selbstdarstellung

Zu einem deutlichen Kenntniszuwachs hat eine andere Herangehensweise an die komplizierten Quellen aus dem 3. Jh. geführt. Die Forscher des 19. und frühen 20. Jh. hatten die schwierigen Schriftquellen, die das 3. Jh. behandeln, aufgrund philologischer Vorbehalte gegenüber sprachlichen Veränderungen nicht immer mit der notwendigen Sorgfalt ediert. In den letzten Jahrzehnten haben die zuständigen Disziplinen daher zeitgenössischen Fragmen-

zeitgenössische Fragmente und byzantinische Retrospektiven

ten und Retrospektiven bei byzantinischen Autoren größere Aufmerksamkeit gewidmet. Hervorzuheben sind vor allem die Edition und Kommentierung der erhaltenen Fragmente von Historikern des kurzen 3. Jh. durch B. Bleckmann und J. Groß [4.] sowie neuere Ausgaben mit Übersetzungen und Kommentaren des wichtigsten fragmentarisch erhaltenen Autors, Dexippos, von L. Mecella [4.] und G. Martin [4.]. Von diesem Autor wurden zudem neue Fragmente gefunden [4.: Martin/Grusková, Dexippus; dies., Textstück]. Die wichtigste Diskussion der Abhängigkeitsverhältnisse zwischen den fragmentarisch erhaltenen Autoren, ihren spätantiken Nachfolgern und byzantinischen Rezipienten stammt von B. Bleckmann [4.]. Nach der Neuedition einer wichtigen byzantinischen Chronik durch S. Wahlgren [4.] sollte der als Leittradition dienende Informationsstrang aber nicht mehr als „Leoquelle", sondern eher als „Logothetenquelle" bezeichnet werden.

personenbezogene Daten

In der jüngeren Forschung wurden auch personenbezogene Daten und chronologische Anhaltspunkte aus dem 3. Jh. neu und präziser zusammengestellt. Das Standardwerk zu den kaiserlichen Titulaturen und in ihnen enthaltenden datierenden Elementen stammt von M. Peachin [4.: Peachin, Titulature]. Listen der wichtigsten Amtsträger finden sich bspw. in Kap. X des von K.-P. Johne, U. Hartmann und Th. Gerhardt [4.] edierten Handbuchs.

Einführungen und Überblicke

Einführungen und Überblicke ganz unterschiedlicher Art aus den letzten Jahrzehnten bieten gute erste Zugänge zu den Interpretationsproblemen, vor die die fünfzig Jahre zwischen Alexander und Diocletian die Forschung stellen. Einen gut leserlichen Einstieg in diese Phase römischer Geschichte hat M. Sommer [4.] vorgelegt. Eng an ausgewählten Quellen entlang führt O. Hekster [4.] in die Zeit ein. C. Ando [3.] diskutiert Entwicklungen im 3. Jh. häufiger vor dem Hintergrund der rechtlichen Weichenstellungen, die in der Severerzeit getroffen worden sind. In einem ganz anders konzipierten Entwurf haben K.-P. Johne, U. Hartmann und Th. Gerhardt [4.] eine handbuchartige Präsentation der Ereignisse, Akteursgruppen und soziopolitischen Entwicklungen in der Zeit vorgelegt. Dieses materialreiche Werk wird noch für längere Zeit die Grundlage für die Auseinandersetzung mit dem 3. Jh. bleiben. Kürzere, problemorientierte Überblicke haben zwei der bedeutendsten Kenner der Materie verfasst. M. Christols Monographie [4.] ist politik- und sozialgeschichtlich ausgerichtet und dokumentiert die Meisterschaft des Autors im Umgang mit den Details der epigraphischen, papyrologischen und numismatischen Überlieferung. Neuer ist die forschungsorientierte Darstellung von L. de Blois [3.], die kultur- und wirtschaftshistorischen Ansätzen größeren Raum einräumt. Deutschsprachige Studien sind seit längerer Zeit auf die Frage fokussiert, ob im 3. Jh. nachweisbare Transformationen mit analytischem Gewinn als krisenhaft gedeutet werden können. Bei de Blois, Ando und Hekster tritt diese Kontroverse bereits wieder in den Hintergrund. Sie wird in diesem Überblick erst unter 4.2.2 besprochen werden, da aktuelle Studien dem Krisenkonzept, wenn überhaupt, nur für die Jahre ab 260 Aussagekraft zubilligen.

inhaltlich klarer begrenzte Themenfelder

Das Konzept einer Krise des 3. Jh. wird heute unter anderem wegen seines Anspruchs auf Allgemeingültigkeit kritisiert. Andere Ansätze, etwaige größere gesellschaftliche Transformationen im 3. Jh. konzeptuell in den Griff zu bekommen, gehen von einzelnen, inhaltlich klarer begrenzten Themenfeldern aus. N. Hächler [4.] hat dem Senatorenstand des 3. Jh. eine umfassende Studie gewidmet, die unsere Kenntnis von Karrieren und familiären Netzwerken auf eine neue Grundlage gestellt hat. Die vorangestellten Fallstudien überlasten dieses Material jedoch und können die ältere Spezialforschung nicht ersetzen. Für die Beschäftigung mit den Senatoren des 3. Jh. bleiben die Arbeiten von M. Christol [4.: L'empire] und I. Mennen [3.2.1] weiter wichtig. Die administrative Entwicklung des kaiserlichen Stabs im 3. Jh. behandelt P. Eich [1.2: Metamorphose], der sich vor allem gegen die These wendet, erst in diokletianisch-konstantinischer Zeit sei eine Bürokratisierung der Verwaltung eingeleitet worden, die in der Folge zu einem Kennzeichen der sogenannten Spätantike geworden sei. Die langsame Genese einer historischen Vorform von Bürokratie habe sich vielmehr parallel zum stetigen Anstieg der Armeekosten schon seit dem späteren 2. Jh. vollzogen. J. Haas [4.] versucht unter anderem mit Hilfe naturwissenschaftlicher Methoden und bspw. archäobotanischer Daten nachzuweisen, dass die vorhandenen Indikatoren auf eine Verschlechterung der klimatischen Bedingungen im Nordwesten des Imperiums speziell in der zweiten Hälfte des 3. Jh. hindeuten. Weiter geht auch mit Blick auf das 3. Jh. K. Harper [2.3.1], nach dessen Thesen historische Entwicklungsprozesse oft Folgeerscheinungen von Klimawandel oder der Verbreitung neuer pathogener Keime gewesen seien. Wie schon bei der Epidemie in den Marcus-Jahren (2.3.1) nimmt Harper daher auch die Berichte über die große Seuche Mitte des 3. Jh. (nach ihm ein hämorrhagisches Fieber) ernster, als

naturwissenschaftliche Methoden

es in der Regel geschieht. Eine hohe Übersterblichkeit würde viele der militärischen Probleme des Imperiums in dieser Zeit in der Tat leichter verständlich machen. Sicherheit können wir in diesem Punkt aber nicht erlangen.

4.1 Zu den Jahrzehnten zwischen den späten Severern und der Mitte des 3. Jh.

4.1.1 Zur Herrschaft des Maximinus Thrax

die ältere Forschung

Maximinus' Darstellung in den Leitquellen hat die ältere Forschung zu starken Werturteilen veranlasst, die heute nur noch wissenschaftsgeschichtlich interessant sind [Diskussion bei 4.1.1: Dietz]. Sie tragen aber dazu bei, dass neuere Untersuchungen auch da die Kontinuität der Maximinus-Jahre zu der spätseverischen Zeit betonen, wo ihre Detailanalysen eigentlich andere Schlüsse nahelegen: Zu abschreckend wirken die älteren Zäsurpostulate. Keine jüngere Abhandlung geht noch davon aus, dass die Auseinandersetzung des Jahres 238 Züge eines Klassenkampfs trug. Zwischenzeitlich wurden vor diesem Hintergrund sogar ausschließlich Differenzen über Fragen der politischen Entscheidungsfindung als Gründe für den Konflikt zwischen dem Kaiser und der Mehrheit der Senatoren ausgemacht [4.1.1: Dietz]. Neuere Analysen wie die von K. Haegemans [4.1.1] oder H. Börm [4.1.1] akzeptieren dagegen zu Recht wieder den Quellentenor, dass es primär der von der Maximinus-Regierung ausgehende fiskalische Druck gewesen sei, der die Insurrektion von 238 ausgelöst habe. Sie betonen aber auch, dass sich nicht alle Senatoren gegen Maximinus zusammengeschlossen haben. Die Karrieren der Senatskaiser Balbinus und Maximus hat zuletzt N. Hächler [4.] besprochen.

neuere Analysen

Kriege des Maximinus

K. Haegemans [4.1.1] analysiert neben den innerrömischen Konflikten auch die Kriege des Maximinus jenseits von Rhein und Donau. Spuren eines römisch-„germanischen" Kampfes am Harzhorn haben Hinweise auf einen römischen Vorstoß tief in das Barbaricum bei Herodian (7, 2) und in der *Historia Augusta* (v. Max. 12, 1), deren Historizität früher oft angezweifelt wurde, eine gewisse Plausibilität verliehen. Eine gute Einführung in die archäologischen Befunde im östlichen Niedersachsen hat G. Moosbauer [4.1.1] vorgelegt. Da Herodian unsere Leitquelle für die Maximinus-Jahre ist, kommt der schon unter 3. angesprochenen Diskussion seiner Glaubwürdigkeit in diesem Zusammenhang besondere Bedeutung zu. Die Vita von Maximinus und Maximus in der *Historia Augusta* hat A. Lippold [4.1.1] kommentiert, der bei der Datierung der Entstehung dieses Werks allerdings dem heute mehrheitlich abgelehnten Ansatz Th. Mommsens verpflichtet bleibt (vgl. 1.3).

4.1.2 Zum Beginn der strategischen Defensive unter Gordian und Philipp

Invasionen

Die Forschung zu den fortlaufenden Trends der Zeit bis zur Mitte des Jahrhunderts ist bereits unter 4. diskutiert worden. Die Ereignisgeschichte des Imperiums seit der späten Severerzeit ist wesentlich von den Angriffen externer Feinde geprägt. Das Gefahrenpotential dieser Invasionen für das Imperium wird in der Forschung unterschiedlich gewertet. Solide, quellennahe Studien gehen davon aus, dass sich feindliche Heere von mehreren zehntausend Kämpfern aus unterschiedlichen Kriegergesellschaften zusammenfinden konnten, die dann auch eine sehr ernsthafte Bedrohung für einzelne Regionen des Imperiums darstellten [2.3.2: Bleckmann]. Davon abweichend sind noch die Invasionen des 4. Jh. von anderen Forschern als in der Regel kleinere Raubzüge mit nur lokaler Tragweite gedeutet worden [4.1.2: Elton].

Kriegergesellschaften

Gute Einführungen in unseren Kenntnisstand zu den Kriegergesellschaften an den Peripherien des Imperiums bieten die anfangs zitierten Überblicksdarstellungen, insbesondere das von K.-P. Johne, U. Hartmann und Th. Gerhardt [4.] edierte Handbuch. Die den „germanischen“ Gruppen gewidmeten Beiträge zu diesem Band wählen allerdings eine konservative Herangehensweise. So bauen die entsprechenden Kapitel oft noch auf die auf R. Wenskus [4.1.2] zurückgehende These auf, Erinnerungen aristokratischer Familien oder an erfolgreiche Heerführer hätten wandernden Gruppen als „Traditionskerne“ gedient. Solche Traditionskerne hätten Kohärenz gestiftet und inklusiv gewirkt, sodass im Zuge einer längeren Ethnogenese aus einigen Heeren „Stammesgruppen“ geworden seien. Diese Annahme stößt in neueren britischen oder amerikanischen Studien oft auf scharfe Ablehnung. Aristokratische Traditionen des beschriebenen Typs bildeten sich nur in sehr spät schreibenden, häufig mit offensichtlichen Erfindungen arbeitenden Autoren ab oder ließen sich nur mit allzu viel Kreativität aus dem übrigen Quellen-

Ethnogenese

bestand herausfiltern [bspw. 4.1.2: Gillett]. Neueren Studien ist gemeinsam, dass sie die Interaktion der externen Kriegergruppen mit dem Imperium als entscheidenden Faktor für die Ausbildung stabilerer politischer Verbände außerhalb des Reichs ansehen. Aus dem Imperium sind Gelder, Waffen und andere Prestigeobjekte sowie – oft durch gewaltsame Verschleppungen – Kenntnisse und Techniken nach Norden und Osten abgeflossen. Unternehmungswillige War Lords konnten diese Ressourcen sowie die Anerkennung durch Vertreter des Imperiums zur Stabilisierung ihrer Position, Vergrößerung ihrer Armeen und eventuell zur Verstetigung ihres Herrschaftsanspruchs nutzen. Die von den Postcolonial Studies beeinflusste Idee, die Goten unserer Quellen seien „römische" Goten, weil imperiale Wahrnehmungen, Einflüsse und römische Identitätsangebote sie geradezu geschaffen hätten, findet sich etwa bei M. Kulikowski [1.2: 43–70]. Demgegenüber verteidigt ein anderer prominenter Kenner der soziopolitischen Entwicklungen in Zentraleuropa, P. Heather [4.1.2], die Annahme, dass es von Nordwesten her eingewanderte, ihrem Selbstverständnis nach gotische Gruppen gegeben habe, die sich gegen andere Kriegergemeinschaften auch tendenziell abgegrenzt hätten. Konkret greifbar werden entsprechende Verhaltensmuster aber erst bei jenen gotischen Gruppen, die wir im 3. Jh. nördlich des Schwarzen Meeres und an der unteren Donau antreffen. Die Mehrheit der Historikerinnen und Historiker vermeidet heute, anhand von archäologischen Funden bspw. aus dem Weichselgebiet „gotische" Wanderbewegungen der vorhergehenden Zeit zu rekonstruieren. Sie gehen nicht mehr davon aus, dass materielle Hinterlassenschaften ethnisch interpretiert, also bspw. Fibeln als „gotisch" gedeutet werden können. Da die Interaktion zwischen dem Imperium und vielen Verbänden erst ab dem 4. Jh. besser belegt ist, werden ihre Kultur und Geschichte auch erst für diese Zeit intensiver erforscht. Dass die Alamannen bereits unter Caracalla erwähnt werden, wurde schon unter 3.2.3 angesprochen. B. Bleckmann [3.2.3] und J. Drinkwater [4.1.2] gehen davon aus, dass zu der mit diesem Namen verbundenen Neugruppierung der Gesellschaft im süddeutschen Raum auch eine elbgermanische Zuwanderung beigetragen hat. Das wichtige Fragment des Historikers Asinius Quadratus, nach dem das Wort Alamannen „vermischter Menschenschlag" meinen soll, kommentieren B. Bleckmann und J. Groß [4.] unter Nr. 21, S. 54–59 (dort auch die Übersetzung). Die Strukturen dieses zunächst losen Verbundes aus unterschiedlichen

die Interaktion der Kriegergruppen mit dem Imperium

Postcolonial Studies

Alamannen

Kriegergruppen und, speziell nach dem Rückzug Roms aus dem sogenannten Dekumatenland in Süddeutschland, der verbliebenen provinzialrömischen Bevölkerung bilden sich jedoch ebenfalls erst später in den Quellen ab. Dies gilt in noch höherem Maß für die Franken, die erst ab der tetrarchischen Zeit häufiger in den Schriftquellen bezeugt sind.

Sassaniden

Auf die Forschung zu den Sassaniden wurde unter 3.2.5 eingegangen. Der wichtigsten Quelle, die eine sassanidische Perspektive auf das Kampfgeschehen Mitte des 3. Jh. wiedergibt, der Inschrift Schapurs I. in Naqsch-e Rostam in der Fars, hat P. Huyse [4.1.2] einen ausführlichen Kommentar gewidmet.

die Philippus-Jahre

Die Gordian-Regierung wird abgesehen von der Spezialforschung in den unter 4. vorgestellten Überblickswerken mitbehandelt. Die Philippus-Jahre sind besser dokumentiert. C. Körner [4.1.2] untersucht in seiner kulturhistorisch ausgerichteten Biographie vor allem die Selbstdarstellung des Kaisers. Sie habe sich an Vorbildern aus dem 2. Jh. orientiert. Auf der Basis dieser Ergebnisse deutet Körner auch das Regierungshandeln Philipps auf anderen Feldern als konservativ. Gerade für die Rekonstruktion der wegweisenden administrativen Entwicklungen dieser Jahre bleiben Kommentare der wichtigsten zeitgenössischen Dokumente weiterhin wichtige Hilfsmittel. Die ägyptische Steuerreform der Philippi hat P. Parsons [4.1.2] aus dem papyrologischen Befund herausgearbeitet. Dass sie von den zentralen Fiskalagenten durchgeführt wurde, zeigt R. Delmaire [4.1.2] in seiner Grundlagenstudie zur spätrömischen Finanzverwaltung. Die Publikation und Kommentierung [4.1.2: Feissel/Gascou] einiger Papyri vom Euphrat haben nicht nur neue Erkenntnisse über die sozialen Strukturen in Syrien erbracht. Der erste Eintrag in diesem Dossier (P. Euphr. 1) belegt auch, dass Philipps Bruder Priscus zeitweilig mehrere Provinzen als Statthalter unter sich hatte.

4.2 Zu den religiösen Konflikten und militärischen Problemen der Jahre 249–260

4.2.1 Zur Regierung des Decius

Opfergebot

Aus Decius' Regierungszeit ist besonders das an alle Bürgerinnen und Bürger gerichtete Opfergebot untersucht worden. Da dessen exakter Inhalt nicht überliefert ist, hat die Zielsetzung Anlass zu

Diskussionen gegeben. R. Selinger [4.2.1] hatte das Edikt mit schon lange bekannten römischen Bitt- und Sühneritualen (*supplicationes*) assoziiert. Eine lose Verbindung lässt sich auch wahrscheinlich machen, aber die These, dass der Senat diese Art von Kulthandlungen routinemäßig beim Herrschaftsantritt eines neuen Kaisers anordnete und Decius sich diese Vorlage lediglich zunutze gemacht habe, ist nicht auf Zustimmung gestoßen. Die Annahme, Decius habe mit dem Edikt auch die Reichsbevölkerung zu einer Loyalitätskundgebung verpflichten wollen, ist plausibel, doch scheint es sich eher um eine außerordentliche Form der Mobilisierung von Zustimmung gehandelt zu haben [4.2.1: Bleckmann]. Kommentiert wurde schließlich immer wieder der Aufwand, den die Regierung bei der Umsetzung des Edikts getrieben hat. Zur Erklärung hat die Forschung in jüngerer Zeit vor allem auf die Auswirkungen der Bürgerrechtsverleihung unter Caracalla hingewiesen. Kultische Verpflichtungen, die zugleich und undifferenzierbar als Loyalitätsadressen an den Kaiser fungierten, sind schon in der Frühen Kaiserzeit bezeugt, blieben aber de facto zunächst auf kleinere Gruppen beschränkt. Solche Rituale konnten nach 212 eine neue, imperiale Dimension annehmen [etwa 3.: Ando]. Die traditionelle Deutung von Decius' Edikt, die Regierung habe vor allem die *pax deorum*, die Gunst der Götter, die sich im Heil des Gemeinwesens und im Erfolg römischer Waffen zeigen sollte, zurückgewinnen oder sicherstellen wollen, behält aber weiterhin einige Wahrscheinlichkeit für sich [4.2.1: Kinzig]. Unsere wichtigsten Quellen für die Folgen von Decius' Edikt für christliche Gemeinden und die sich anschließenden Streitigkeiten mit Gläubigen, die dem Opfergebot nachgekommen waren oder dies vorgetäuscht hatten, sind die Schriften des karthagische Bischofs Cyprianus. Cyprians Werk muss nach der überzeugenden Interpretation von A. Brent [1.3] allerdings stärker als bisher üblich in sein spezifisch afrikanisches Umfeld bzw. die Traditionen seiner Metropole eingeordnet werden.

Auswirkungen der Bürgerrechtsverleihung unter Caracalla

pax deorum

Cyprians Werk

Decius' Opfergebot wird schließlich oft mit Valerians antichristlichen Verordnungen zusammen behandelt, da die Quellen zwischen den beiden Kaisern auch noch weitere, politische Verbindungen herstellen. Valerians Verfügungen gelten dann als Fortführung der Decischen Politik mit anderen Mitteln [1.1: Molthagen; Moreau]. In diesen älteren Werken wird auch die Frage diskutiert, ob die Kaiser die neue Religion ganz vernichten wollten (Moreau) oder die Christen nur zwingen wollten, auch die offiziellen Kulte zu prakti-

Valerians antichristliche Verordnungen

zieren (Molthagen). Die Forschung tendiert mehrheitlich zu der zweiten Position, die aber auch nicht bewiesen werden kann. Andere Studien wie ein einflussreicher Artikel von K.-H. Schwarte [4.2.1] setzen mit der valerianischen Repression einen Bruch an, da die kaiserliche Regierung 257/8 zum ersten Mal reichsweit gezielt gegen den Klerus und Christen in der soziopolitischen Elite vorgegangen ist. Die Mehrzahl der Beiträge akzeptiert dabei die bei den christlichen Leitautoren erhaltenen Informationen über die Verfolgungsmaßnahmen. Dass es aber auch in diesem Fall möglich ist, die Aussagen der Hauptquellen deutlich zu relativieren, zeigt S. Röder [4.2.1], die vor allem den Quellenwert von Cyprians Wiedergabe der zweiten Verfolgungsanordnung mit dem Strafenkatalog für die christliche Oberschicht in Zweifel zieht. Cyprians Darstellung lasse sich mit den erhaltenen Berichten über Martyrien nicht zur Deckung bringen. Ihre Umdeutung der kaiserlichen Repressionsverfügungen in eine Maßnahme zur Bekämpfung lokaler Unruhen kann sich aber auf keine Quelle stützen und ist auch nicht plausibel, da der sozial prominente Cyprian kaum als Aufrührer gegolten haben wird. Deutlich wird aber erneut, dass römische Statthalter eher frei mit imperialen Direktiven umgegangen sind. Welche Form Valerian für seine erste Verfügung gewählt hat, ist nicht sicher (die *Acta Cypriani* 1, 1 erwähnen allgemein *litterae*, also wohl Briefe, an die Statthalter). Die zweite Anordnung gilt heute aber wohl zu Recht als *oratio principis* (Kaiserrede/-brief an den Senat), die das Gremium dann in einen Beschluss umgewandelt hat [1.2: Brandt].

Cyprian

4.2.2 Zur Herrschaft Valerians. Forschung zum Konzept einer „Reichskrise“

Herrschaft der Licinier

Zu den fünfzehn Jahren der Herrschaft der Licinier von 253–268 ist schon aufgrund des Zusammenbruchs der Zentralgewalt 260 sehr viel intensiver geforscht worden als zu den kurzen Regierungen vor und nach ihnen. Drei Themen haben besondere Aufmerksamkeit auf sich gezogen. Valerians Christenverfolgung wurde bereits unter 4.2.1 behandelt. Diskutiert wird sodann, inwieweit Valerians Gefangennahme für die zeitweilige Aufteilung des Imperiums ursächlich war oder eher eine spektakuläre Demütigung in einer Serie von Rückschlägen der Reichsregierung darstellt. Schließlich sind die Niederlagen der fünfziger und sechziger Jahre des 3. Jh. oft als Indikatoren für tieferliegende Probleme des Imperiums gewertet wor-

Valerians Gefangennahme

den. Diese Deutung hat wesentlich zur Entstehung des Konzepts einer Reichskrise des 3. Jh. beigetragen.

die Chronologie der Ereignisse

Lange Zeit bestand Uneinigkeit über die Chronologie der Ereignisse vor und nach Valerians Gefangennahme. So datiert bspw. M. Christol [4.] mit erwägenswerten Argumenten die Usurpation des Ingenuus in das Jahr 258 und damit vor den letzten Perserfeldzug Valerians. W. Eck [4.2.2] geht davon aus, dass Postumus bei seinem Putsch von Valerians Gefangennahme noch nicht gehört haben konnte. Auch das Datum von Valerians Festnahme war lange umstritten. Doch hat sich mittlerweile [4.] ein Konsens gebildet, dass Valerian und Teile seines Generalstabs erst 260 zwischen *Karrai* (Harran) und *Edessa* (Şanlıurfa) aufgegriffen wurden. Die meisten der unter 4. genannten Titel führen zudem die Usurpationen von Ingenuus und Postumus auf Valerians Katastrophe zurück. Neue Impulse hat diese Debatte durch die Publikation des sogenannten Augsburger Siegesaltars [4.2.2: Bakker] erhalten, der – ohne eindeutige chronologische Informationen zu enthalten – doch die gerade angesprochenen Datierungen stützt. Die Inschrift belegt zudem, dass Postumus vor seiner Usurpation ein ritterlicher Funktionsträger war und zeitweilig auch Rätien (um Augsburg) kontrollierte.

„Reichskrise“ des 3. Jh.

Der Zusammenbruch der Reichseinheit 260 galt der älteren Forschung lediglich als eine Art Kulminationspunkt einer schon länger anhaltenden Krise des Imperiums. Das Erklärungsmodell einer „Reichskrise“ des 3. Jh. war zeitweilig so verbreitet, dass seine Entstehung und Entwicklung fast nur monographisch aufgearbeitet werden können. Einflussreich waren bspw. die nach der Oktoberrevolution und der Auflösung der Österreichisch-Ungarischen Monarchie entstandenen Studien von M. Rostovtzeff [1.1] und A. Alföldi [4.2.2]. Beide arbeiteten mit starken Werturteilen und stellten immer wieder Bezüge zwischen römischen Entwicklungen und ihren eigenen Zeitumständen her. Rostovtzeff (1870–1952) war eine Art Vorläufer der heutigen Forscherinnen und Forscher, die antike Imperienbildungen als Form einer Globalisierung deuten (6.2.1). Er zog daher den naheliegenden Schluss, dass die internen und externen Kriege des 3. Jh. die Grundlage einer solchen Ökonomie zerstört haben müssen.

Wahrnehmungen der Zeitgenossen

Ein anderes Niveau erreichte die Argumentation, es habe eine Reichskrise des 3. Jh. gegeben, mit den Detailarbeiten G. Alföldys [4.2.2]. Alföldy analysierte unter anderem die Wahrnehmungen der Zeitgenossen, die er nicht als absolute Beweise, aber doch als in der

Summe nicht mehr widerlegbare Indizien für das Vorherrschen eines Krisengefühls wertete. Nach seinen Studien verlagerte sich die Debatte im deutschen Sprachraum zeitweilig nach Heidelberg, wo ALFÖLDY und die beiden größten Kritiker des von ihm vertretenen Krisenkonzepts (zeitweise) lehrten. Die neueren Untersuchungen setzen oft bei einer exakten Bestimmung der Semantik des Begriffs „Krise“ an. Nach solchen Wortanalysen ist der Terminus Krise zur Charakterisierung der Entwicklungen des 3. Jh. ungeeignet, da er eher kurzfristige Veränderungen beschreibe und zudem meist wertend gebraucht werde. K. STROBEL [4.2.2] zielt daneben vor allem darauf ab, die Verlässlichkeit von ALFÖLDYS Methodik, konkret den Belegcharakter der zusammengestellten Krisenwahrnehmungen, in Zweifel zu ziehen. Gerade christliche Autoren hätten aufgrund der in diesem Milieu verbreiteten eschatologischen Vorstellungen zu Schwarzzeichnungen geneigt. Ihre Beschreibungen von Problemen seien in der Regel als Allgemeinplätze christlicher Weltuntergangsszenarien zu deuten. Die im Darstellungsteil behandelte Neufokussierung der Kontroverse, die der Auswertung der materiellen Hinterlassenschaften den Vorzug gegenüber Interpretationen von Schriftzeugnissen gibt, geht auf die Dissertation Chr. WITSCHELS zurück [4.2.2]. WITSCHEL trägt das archäologische Material aus den Westprovinzen zusammen und favorisiert bei allen Einzelbefunden mögliche andere Deutungen als die einer krisenhaften Veränderung. Ein allgemeiner wirtschaftlicher Niedergang sei jedenfalls nicht feststellbar. Diese Position ist von der Mehrheit der deutschen Forscherinnen und Forscher übernommen worden und dominiert etwa in den Beiträgen zu dem von K.-P. JOHNE, U. HARTMANN und T. GERHARDT edierten Grundlagenwerk zum 3. Jh. [4.]. Einige Ergebnisse dieser Forschungsrichtung können heute als weitgehend akzeptiert gelten. So kann die stetige Verringerung des Feingehalts speziell der Silbermünzen nicht mehr für sich genommen, also ohne Berücksichtigung der Preisentwicklung, als Indikator für eine Inflation gewertet werden. Eine inflationäre Preisentwicklung lässt sich erst unter Aurelian nachweisen (siehe unten 4.3.2). Allerdings wurde zuletzt auch darauf hingewiesen, dass dieser Eindruck möglicherweise vor allem auf dem von den Behörden kontrollierten Wert von Weizen beruhen könnte und die Preise anderer Güter möglicherweise anderen Dynamiken unterlegen haben [4.2.2: KELLY]. Wichtig ist sodann die Erkenntnis, dass die vielerorts entstehenden Stadtmauern nicht den bewohnten Perimeter von Städten umgaben, die

Semantik des Begriffs „Krise“

Auswertung der materiellen Hinterlassenschaften

Inflation

Stadtmauern

bei einer solchen Deutung in einzelnen Fällen deutlich geschrumpft wären. Sie wurden vielmehr mit Blick auf die Verteidigungsmöglichkeiten gebaut, also enger gezogen. Einzelne Thesen WITSCHELS werden aber vermutlich weiter diskutiert werden. Dies betrifft seine Annahmen, der starke Rückgang inschriftlicher Zeugnisse oder der Verzicht auf Neubauten zugunsten von Instandsetzungen seien Ausdruck eines Mentalitätswandels, der in keinem oder nur in einem unklaren Zusammenhang mit der militärischen Entwicklung im 3. Jh. stehe. Wie schon erwähnt, spielt die in Deutschland dominierende Debatte über das Potential des Krisenbegriffs in neueren Überblicken aus anderen Sprachkulturen nur noch eine untergeordnete Rolle. Zudem hat die Kritik an dem Konzept einer Reichskrise durchaus überraschende Blüten gezeitigt. C. WITSCHEL [4.] hatte gegen eine Ausweitung des Krisenmodells auf das gesamte 3. Jh. argumentiert, den zeitweiligen Zusammenbruch der Zentralgewalt im Jahr 260 aber durchaus als krisenhaft angesehen. T. GLAS [4.2.2] dagegen deutet die Regierungszeit Valerians als Phase einer gelungenen Stabilisierung. Das Jahr 260 wird so zu einem historischen Unfall.

4.3 Zum zeitweiligen Verlust der Einheit

4.3.1 Zur Alleinherrschaft des Gallienus

Biographien

Da mehrere Quellen Gallienus im- oder explizit für den Kontrollverlust des Jahres 260 und weitere negativ gewertete Veränderungen in der Politik, der Administration und der Armee verantwortlich machen, ist die Forschung zu den Jahren 260–268 besonders umfangreich und vielfältig. Überblicke über unseren Kenntnisstand geben die in jüngerer Zeit entstandene Biographien von M. GEIGER [4.3.1] und S. RÖDER [4.2.1]. Während GEIGERS Studie eher konventionell bleibt, ist RÖDER einseitig auf die Frage fokussiert, ob Gallienus aktiv Reformen angestoßen oder nur „situativ" auf Probleme reagiert habe. Im Einklang mit den Forschungsparadigmen der letzten Jahrzehnte betont RÖDER, dass sich kaiserliche Initiativen kaum je nachweisen ließen. Die Quellen lassen in diesem Aspekt allerdings einen erheblichen Ermessensspielraum.

Bewertungen des Kaisers

Auffällig mit Blick auf die Darstellung von Gallienus bei antiken Autoren ist das deutliche Auseinanderklaffen der Bewertungen des

Kaisers in den lateinischen Kurzgeschichten Roms aus dem 4. Jh. und in der griechischen Historiographie der Folgezeit, wie den Werken von Zosimos [4.3.1: Paschoud], Petros Patrikios [4.3.1: Banchich, History] oder Zonaras [4.3.1: Banchich, Zonaras]. In den Breviarien von Aurelius Victor und Eutropius etwa wird Gallienus zum Inbegriff eines schlechten Kaisers. Diese Deutung geht offenbar auf die sogenannte Enmannschen Kaisergeschichte zurück, deren Existenz und Rolle als Zwischenquelle aus Überstimmungen zwischen Autoren des späteren 4. Jh. erschlossen wird [4.3.1: Bleckmann]. Die Kritik an Gallienus dürfte daher vor allem im gallischen (dem heutigen französischen) Raum ausformuliert worden sein, der ab 260 gar nicht mehr unter seiner Herrschaft stand. Lange Zeit sind die jedenfalls neutraleren, wenn nicht lobenden Passagen bei griechisch schreibenden Autoren mit einem vorgeblichen Interesse des Kaisers an griechischer Kultur („Philhellenismus") erklärt worden, der bspw. aus seinem Athen-Aufenthalt oder Gesprächen mit dem Philosophen Plotin abgeleitet wurde. Diese Position findet sich noch bei Geiger [4.3.1]. Doch ist Gallienus' Athen-Reise von 264 mittlerweile zurecht mit Befestigungsarbeiten und anderen militärischen Gründen in Verbindung gebracht worden [4.3.1: Mallan/Davenport]. Auch ist die Aussagekraft der Notiz in Porphyrios' Vita Plotins (12, 1–12), der Kaiser habe mit dem Gedanken gespielt, in Kampanien eine Stadt *Platonopolis* zu gründen, seither merklich relativiert worden [4.2.1: Röder, 290–292]. Die griechischen Quellen scheinen eher die Verteidigungsleistung des Kaisers im Mittelreich anzuerkennen [4.: Bleckmann]. Überraschend ist in diesem Kontext, dass die Vita der *Gallieni duo* in der *Historia Augusta* (1, 3) die Kaiserkritik besonders scharf zuspitzt, zugleich aber als eine Quelle den Historiographen Dexippos zitiert, den auch einige der gallienusfreundlicheren griechischen Autoren verwendet haben dürften. Dass die *Historia Augusta* vor allem Dexippos nutzt oder ihn korrekt wiedergibt, kann mittlerweile jedoch als widerlegt gelten [4.3.1: Ratti; 4.: Mecella].

Breviarien · griechisch schreibende Autoren · Dexippos

Gallienus' Reisen

Nicht nur die Motive von Gallienus' Athen-Reise sind zuletzt neu bewertet worden. Neufunde von Dexippos-Fragmenten auf Palimpsesten haben es ermöglicht, das Itinerar des Kaisers mit größerer Genauigkeit zu rekonstruieren. Die Verteidigung Griechenlands gegen Angriffe von Goten, die zumeist nach 267 datiert worden ist, konnte von C. Davenport und C. Mallan [4.3.1] in das Jahr 262 verortet werden. Insgesamt ergibt sich das Bild, dass Gallienus' Reisen in der Regel einen militärischen Charakter gehabt haben. Die Darstellung der Breviarien, der Herrscher habe sich meist untätig in Rom aufgehalten, muss also zumindest relativiert werden. Die Lücken im Kaiseritinerar, die die Quellen lassen, sind versuchsweise mit Kämpfen gegen Postumus gefüllt worden. M. Geiger [4.3.1] etwa erwägt, dass es bereits 261/2 einen ersten Konflikt gegeben habe, doch ergibt sich diese Annahme auch aus einer problematischen Datierung des sogenannten Augsburger Siegesaltars [4.2.2: Bakker] ins Jahr 261. Auf einigermaßen sicherem Boden stehen wir nur bei den Kämpfen von 265 oder 266, die unter anderem Spuren in *Gelduba*/Krefeld-Gellep hinterlassen haben [4.2.2: Eck]. Die im Darstellungsteil gewählte Interpretation einer gewissen Zurückhaltung beider Machthaber scheint damit gerechtfertigt.

strukturelle Veränderungen

Intensiver als über die Chronologie der Gallienus-Jahre wird in der Forschung über die im Darstellungsteil erwähnten strukturellen Veränderungen debattiert, die Gallienus in der Armee und der Verwaltung angestoßen hat. Die meisten Studien [4.] interpretieren die schwierige Quellenlage so, dass Gallienus schon in den fünfziger Jahren des 3. Jh. eine umfangreichere taktische Reserve gebildet hat, zu der auch größere Kontingente von Reiterei zählten. Welche der im Verlauf der nächsten Jahrzehnte im kaiserlichen Einsatzheer belegten Kavallerieeinheiten schon vor Gallienus existierten und welche von oder nach ihm neu zusammengestellt worden sind, lässt sich allerdings oft nicht abschließend klären. Erhalten haben sich nur beiläufige Erwähnungen einzelner Truppenteile wie der *equites dalmati*, Münzbeischriften, vage Offizierstitel und eine problematische Notiz in byzantinischen Chroniken. So bleibt streitig, wie stark sich die gemischten Verbände der Gallienus-Zeit von der severischen Interventionsarmee unterschieden und welche Einheiten spätere Kaiser zu Gallienus' Begleitkorps hinzugefügt haben. M. Geiger [4.3.1], M. Speidel [Das Heer, in: 4.: Johne/Gerhardt/Hartmann, 673–690] und L. de Blois [3.] halten die Belege jedoch für ausreichend, um die Charakterisierung der Gallienus-Jahre als wesentliche Transformationsphase zu rechtfertigen. de Blois geht auch auf den logistischen Aufwand ein, den die Vergrößerung der im Hinterland stationierten Armee mit sich gebracht haben muss. Dieser Aufwand muss eigentlich auch Anpassungen bei der zivilen Administration nach sich gezogen haben. Dagegen hat sich zuletzt wieder S. Röder [4.2.1] aus fast schon grundsätzlichen Erwägungen heraus gegen die Annahme gewandt, dass Gallienus eine Armee-Reform angestoßen habe, da

Reiterei

solche tiefgreifenden Initiativen für die Hohe Kaiserzeit untypisch seien. Mit ähnlichen Argumenten wird darüber diskutiert, wie geradlinig die Entwicklung der römischen Armee von der Etablierung eines größeren Interventionsverbandes unter den Severern über Gallienus zu den Bewegungsheeren des 4. Jh. verlaufen ist. M. Speidel [Das Heer, in: 4.: Johne/Gerhardt/Hartmann, 673–690] hat für eine im Wesentlichen kontinuierliche Genese der spätantiken *Comitatus*-Heere plädiert. Da die Begleittruppen Diocletians aber anscheinend zahlenmäßig kleiner waren als die des Gallienus (unten 5.1.2), gehen andere Forscherinnen und Forscher davon aus, dass zwischenzeitlich viele Einheiten wieder an die Grenzen verlegt worden seien. Die Transformation des Militärs sei also eher in gebrochener Form durch viele Einzelentscheidungen erfolgt [bspw. 4.3.1: Nicasie].

Entwicklung der römischen Armee

Ein anderer Strukturwandel in der Armee, der zugleich die zivile Administration betraf, wird von einer Quelle explizit auf eine Anordnung des Gallienus zurückgeführt. In seinem im 4. Jh. verfassten Breviarium erwähnt Aurelius Victor (33, 33 f. und 37, 7), Gallienus habe die Senatoren vom Heeresdienst ausgeschlossen und spricht an der zweiten Stelle von einem Edikt. Über die richtige Interpretation von Victors Aussage wird seit langer Zeit diskutiert. Dies betrifft sowohl die Frage, in welcher Form die Neuerung umgesetzt worden ist, als auch ihre Tragweite. Ein Teil der Forschung [W. Eck, Die Neuorganisation der Provinzen, in: 4.3.1: Ders./Puliatti, 111–151; 4.: Christol] hat darauf verwiesen, dass spätestens ab 262 keine Legionstribune und -legaten aus dem ersten Stand mehr belegt sind. Dieser Befund spricht dafür, dass Gallienus eine einzelne Verfügung erlassen hat. Doch erstreckte sich Gallienus' Bevorzugung ritterlicher Funktionsträger auch auf die Statthalterschaften, die besser dokumentiert sind, weshalb andere Forscherinnen und Forscher zur Bewertung von Victors Aussage bei diesen Amtsträgern ansetzen. Offensichtlich ist, dass nur ein Teil der vor Gallienus' Maßnahme Senatoren vorbehaltenen Statthalterschaften mit ritterlichen *agentes vice praesidis* (Stellvertretern des Gouverneurs) oder, später, ritterlichen *praesides*, besetzt wurde. Dies betraf zumindest die meisten Provinzen, die von ehemaligen Prätoren geleitet worden waren, dagegen aber nur einige, denen ehemalige Konsuln vorstanden. Dieser heterogene Befund widerlegt nach neueren Studien [4.2.1: Röder; 4.: Hächler] die Annahme, etwa 262 sei ein umfassendes Reformedikt erlassen worden. Grundgelegt wurde diese Interpretation durch einen Artikel von K. Hallof und M. Heil [4.3.1]. Die Au-

weitgehender Ausschluss der Senatoren vom Heeresdienst

toren weisen darauf hin, dass ein Gouverneur von *Arabia* nach 262 das Rangprädikat *diatimotatos* führt. Solche Attribute verwiesen auf den sozialen Status des Geehrten, nach Heil und Hallof in diesem Fall auf senatorischen Rang. Die Autoren folgern, dass es kein einzelnes Edikt gegeben habe, da nach 262 und damit dem Jahr der hypothetischen Reform noch bis dahin prätorische Statthalterschaften mit Senatoren dieser Karrierestufe besetzt worden seien. Im griechischsprachigen Osten wurden Rangprädikate jedoch nicht immer einheitlich verwendet. Zudem ist das Attribut *diatimotatos* selten. Dass es Senatoren vorbehalten war, kann nicht als sicher gelten. Es könnte wie auch andere griechische Ehrentitel für Amtsträger beider Stände, also auch für Ritter, verwendet worden sein. Die Streitfrage kann zurzeit nicht entschieden werden. Die Einschätzungen in der Forschung sind in der Regel eng mit der jeweiligen Haltung zu dem übergeordneten Problem verbunden, ob es überhaupt vorstellbar ist, dass die Zentralregierung weitreichende Maßnahmen im Voraus geplant, in einer einzigen Verfügung angekündigt und dann systematisch umgesetzt hat. Ohne dies zu explizieren, gehen viele Beiträge wohl mit F. Millar [1.2] davon aus, dass Regierungshandeln in der Hohen Kaiserzeit grundsätzlich nur kurzfristig auf externe Impulse reagiert habe. Die Analyse wird zusätzlich dadurch erschwert, dass wegen der Kommunikationsbedingungen der Zeit auch Beschlüsse mit großer Tragweite in der Folge nur sukzessive umgesetzt worden sein könnten.

Gründe für die neue Personalpolitik

Nicht abgeschlossen ist auch die Debatte über die Gründe für die neue Personalpolitik. Victor hatte Gallienus Angst vor vornehmen Senatoren unterstellt. Solche Mutmaßungen über psychische Zustände verfemter Herrscher sind unüberprüfbar und unbefriedigend. Andere antike Deutungen haben sich aber nicht erhalten, sodass alle von der Forschung entwickelten Interpretationen hypothetisch bleiben müssen. Als sehr plausibel kann noch die Annahme gelten, dass Gallienus in höherem Maße auf Offiziere setzte, die ihren Aufstieg ganz ihrer militärischen Begabung verdankten [3.: de Blois; 4.2.1: Röder; 4.3.1: Geiger]. Versuche, die Neustrukturierung der Leitungsebene in Militär und Administration aus größeren soziopolitischen Entwicklungen der Zeit heraus zu erklären, stehen auf unsichererem Grund. Der schon unter den Severern einsetzende Aufstieg ritterlicher Funktionsträger hatte bspw. zu einer Diskrepanz zwischen zugeschriebenem sozialem Rang und realer Macht geführt [3.2.1: Mennen]. Konkret konnten senatorische Statthalter wegen der noch immer wirksamen Statusbarriere nicht dauerhaft ritterlichen Funktionsträgern in der Umgebung des Kaisers hierarchisch unterstellt werden [1.2: Eich, Metamorphose]. Die Personalpolitik der Regierung hat diese Probleme verringert. Ob dies ihr Ziel gewesen ist, können wir nicht abschließend klären.

das Gallische Sonderreich

Das Gallische Sonderreich (die von der vom Senat legitimierten Zentralregierung abgefallene Kaiserherrschaft im Westen) und das Palmyrenische Teilreich (der die Oberherrschaft des Zentralkaisers anerkennende Machtblock im Osten) sind in den letzten Jahrzehnten mit unterschiedlicher Intensität erforscht worden. Wir sind zur Einschätzung der Lage in dem Gebiet des Postumus, dessen Zentren Köln und Trier waren, in besonderem Maße auf die dort geprägten Münzen angewiesen. Sie zeigen zeitweilig eine Erholung in Gewicht und Edelmetallgehalt, bevor gegen Ende der sechziger Jahre beides wieder reduziert werden musste. Auffällig ist, dass die Botschaften der Münzen auf regionale religiöse Vorstellungen Bezug nehmen. Wichtige neue Erkenntnisse haben sich jedoch in den letzten Jahrzehnten nicht ergeben, sodass die Monographie von I. König [4.3.1] immer noch den Forschungsstand abbildet.

Palmyra

Zu Palmyra wurden dagegen aus einer Reihe von Gründen mehrere neue Monographien vorgelegt. Der wichtigste Anlass für dieses hohe Interesse war die Zerstörung der archäologischen Stätten Palmyras durch die Truppen des sogenannten „Islamischen Staates“. Eine größere Anzahl von Büchern zielt daher primär darauf, dieses kulturelle Erbe der Menschheit präsent zu halten. Daneben sind zahlreiche im engeren Sinn archäologische Studien erschienen [Überblick bei 4.3.1.: Raja]. In der neueren historischen Untersuchungen werden unterschiedliche Antworten auf die Frage gegeben, ob Palmyra nach der Integration in das Imperium im 1. Jh. n. Chr. trotz seiner Randlage und der aus der interimperialen Prägung der Region erwachsenden kulturellen Vielfalt eine typische Provinzialstadt griechisch-römischer Prägung war [Hartmann, Das Palmyrenische Teilreich, in: 4: Johne/Hartmann/Gerhardt, 343–378; Gawlikowski] oder ob es dauerhaft von gentilizischen (auf Familienverbänden basierenden) Politikformen dominiert wurde und sich zudem eine größere Unabhängigkeit bewahren konnte [4.3.1: Sommer]. In letzterem Fall hätte sich Odaenathus, der zeitweilig Gallienus’ Oberkommandeur im Osten war, zur Sicherung seiner Stellung vor allem der charakteristischen Mittel der palmyrenischen Sozialstruktur bedient. Entlang der gleichen Linien wird diskutiert, ob der Einflussbereich von Zenobia und Vabal-

Odaenathus

lathus als eine römische Regionalherrschaft angesehen werden sollte. In diesem Fall hätte das Zentralreich Palmyra in die Verselbständigung getrieben, weil es Vaballathus die Stellung versagte, die es Odaenathus zugestanden hatte [Hartmann, Das Palmyrenische Teilreich, in: 4: Johne/Hartmann/Gerhardt, 343–378]. Alternativ könnte der Machtbereich von Odaenathus und Vaballathus doch stärker palmyrenisch geprägt gewesen und sein Aufstieg und Fall regionalen Kräfteverschiebungen geschuldet gewesen sein [4.3.1: Sommer]. Die Quellen lassen beide Deutungen zu. Als endgültig widerlegt können nur ältere Thesen gelten, Palmyra habe eine „orientalische“ Gegenbewegung gegen Rom angeführt.

„Seidenstraße“

Neben vielfältiger landwirtschaftlicher Produktion gehörte es zum Geschäftsmodell Palmyras, durch Schutzangebote die Protektionskosten für den Handel zwischen dem Imperium und Zentralasien sowie Indien zu verringern. Wie die neuere Forschung demonstriert, bildete die Voraussetzung hierfür aber nicht die Lage der Stadt an einer konkreten „Seidenstraße“, die nur in der europäischen Vorstellung und zuletzt auch in der chinesischen Wirtschaftspolitik existiert. Vielmehr scheint Palmyra in ein komplexes Netzwerk von Akteuren in der von imperialen Einflüssen durchzogenen Grenzregion zwischen Rom und seinem Nachbarreich eingebunden gewesen zu sein [4.3.1: von Reden u. a.].

4.3.2 Zur Beseitigung der sichtbarsten Probleme des Reichs 268–284

Claudius II.

Die politische Geschichte der Wiedervereinigung des Imperiums und die anhängigen chronologischen Probleme werden in der unter 4. vorgestellten Literatur mitbehandelt. Im Darstellungsteil wurde in aller Regel die Mehrheitsmeinung aufgegriffen. Die Forschung zum Gallischen Sonderreich und Palmyra ist bereits unter 4.3.1 besprochen worden. Die Überlieferung zu Claudius II. ist aufgrund von dessen späterer fiktionaler Einbindung in die Familie Constantins des Großen teilweise überschrieben worden, sodass der Kaiser zu einer Art paganem (nichtchristlichen) Heiligen geworden ist. Der dadurch kreierte Nebel ist weitgehend undurchdringlich [4.3.2: Kotula].

Aurelian

Aus dem Regierungshandeln Aurelians werden vor allem zwei Aspekte intensiv diskutiert, die Betonung des Nahverhältnisses zum unbesiegbaren Sonnengott in der kaiserlichen Repräsentation und die Münzreform.

Münzreform

Die Literatur zu den unter Aurelian ausgegebenen Münzen ist mittlerweile fast unüberschaubar angewachsen [Überblick 4.3.2: Carrié]. 274 n. Chr., nach der Wiedervereinigung des Reichs, gab die kaiserliche Zentrale neue Gold- und Billonmünzen, also Bronzegeld mit geringem Silberanteil, aus, die in ihrem Aussagegehalt tief umstrittene Markierungen trugen. Diskutiert wird vor allem der Wert der etwas größeren Billonmünzen, die mit den Zahlzeichen XX und XXI bzw. griechisch K oder KA versehen wurden. Ihr Silbergehalt wurde zugleich geringfügig erhöht.

Deutungen der Münzreform

Die ältere Forschung war davon ausgegangen, dass der Wert der Reichsmünzen sich aus ihrem Edelmetallanteil ergeben hätte. Entsprechend hatte sie die stetige, nachseverisch sehr weitgehende Reduktion des Silbergehalts in den entsprechenden Typen als eindeutige Belege für eine Inflation gedeutet. Die unterliegenden Geldtheorien behandelt C. Katsari [4.3.2]. In diesem Fall hätte die Reichswährung allerdings schon frühzeitig kollabieren müssen. Dieser sogenannte Metallismus wird jedoch mittlerweile von der Mehrzahl der Fachleute abgelehnt [4.3.2: Strobel]. Aus einer Mischung aus Zwang, den die Regierung ausüben konnte, und Vertrauen in die ausgebende Institution akzeptierte die Bevölkerung die Reichsmünzen lange Zeit weiter zu ihrem Nominalwert. Gerade die „Silbermünzen“ waren zu einem reinen Kreditgeld geworden. Dass diese Annahme zutreffend ist, zeigen die tradierten Preise, die sich allerdings fast nur in der papyrologischen Evidenz Ägyptens erhalten haben. Das Niltal bildete in der Kaiserzeit zwar eine eigene Währungszone. Die Forschung konnte aber zeigen, dass die Wertangaben aus Ägypten gleichwohl auch Aussagekraft für das übrige Imperium besitzen. Die Preise sind demnach nach dem epidemiebedingten Schub im 2. Jh. n. Chr. vor 274 soweit erkennbar nicht sprunghaft gestiegen [4.3.2: Drexhage, bspw. 16 f.; 24 f.]. In den ersten zwei Dritteln des 3. Jh. kann von einer nachhaltigen Inflation im eigentlichen Sinn des Wortes demnach keine Rede sein. Erst nach Aurelians Reform ist ein deutlicher Preisanstieg bezeugt [4.3.2: Rathbone], sodass in diesem Fall aller Wahrscheinlichkeit nach eine Kausalität auszumachen ist.

Gründe für den Preisanstieg

Während über die gerade skizzierte Ausgangslage für Aurelians Münzreform weitgehend Konsens besteht, wird über die Zielsetzung der Regierung sowie die Gründe für den folgenden Preisanstieg weiter intensiv diskutiert. Trotz zahlreicher Varianten lassen sich die Erklärungen, was die Regierung mit ihrer Geldpolitik angestrebt und warum die Ausgabe neuer Münzen zu einer Preissteigerung geführt hat, drei größeren Strömungen zuordnen. Zwei Deutungsstränge gehen davon aus, dass die Markierungen XX oder XXI die Stellung der neuen Münzen gegenüber einem anderen Nominal angeben sollten. In diesem Sinne hat vor allem die ältere Forschung argumentiert [4.3.2: Callu, 323–329; Carson]. War das Vergleichsnominal der Sesterz (eine neue Münze soll den Wert von zwanzig Sesterzen haben), wäre die aurelianische Münze wesentlich aufgewertet worden. Dies würde aus der heutigen Sicht den Preisschub erklären. Unterlegt man allerdings andere Vergleichsnominale, ergeben sich ganz andere Relationen. K. Ehlings Ansatz [Das Münzwesen, in: 4.: Johne/Hartmann/Gerhardt, 843–860] setzt dagegen bei der einzigen Erwähnung der Reform in der antiken Historiographie an. Aurelian stand nach der Wiedervereinigung des Reichs vor dem Problem, dass zuvor das Gallische Sonderreich und die Zentralregierung sehr viele Münzen mit sehr geringem Silbergehalt ausgegeben hatten. Zosimos (5. Jh.) berichtet (1, 61, 1–2), Aurelian habe diese schlechteren Münzen gegen neue, also seine Reform-Antoniniane, eintauschen lassen. Auf den Anstieg der Preise geht Zosimos allerdings nicht ein. Ehling interpretiert die Wertmarken als den Umtauschkurs der neuen Münzen gegenüber den Stücken der vorhergehenden Jahre. Der die Regierung massiv bevorzugende Umtauschkurs habe dann zu den inflationären Verwerfungen geführt.

Verlust des Vertrauens in die Reichswährung

Die meisten Forscherinnen und Forscher vermuten heute jedoch, dass die Wertmarken XX und XXI das Verhältnis der Metalle in Aurelians Münzen zueinander bezeichnet hätten, da eine analoge Angabe auf den Goldmünzen evident diesen Sinn hat [4.3.2: Carrié; Estiot]. Auch in diesem Fall müsste man annehmen, dass mit der Erhöhung des Silberanteils von 2–3 % auf 5 % zugleich eine Re-Tarifierung, das heißt eine Höherwertung der neuen Münze, einherging. Unabhängig vom Sinn der Markierungen bleibt zu klären, warum die Bevölkerung bis 274 bereit gewesen war, die mit immer weniger Eigenwert ausgegebenen Münzen zu ihrem offiziellen Wert anzunehmen, nach Aurelians Reform jedoch ein Preissprung zu verzeichnen ist. Die zurzeit wohl verbreitetste Erklärung hierfür hat besonders klar M. Haklai-Rotenberg [4.3.2] formuliert: Das öffentliche Vertrauen in das Reichsgeld habe standgehalten, solange die Mehrzahl der Menschen davon ausgegangen sei, dass die kaiserliche Regierung und alle untergeordneten Dienststellen das ausgegebene Geld zu dem offiziellen Wert wieder zurücknehmen werden. Nachdem die Regierung 274 eine Neubewertung vorgenommen habe, sei dieses Vertrauen dauerhaft erschüttert worden. In der Folge hätten inflationäre Tendenzen die vielen weiteren Regierungsinterventionen begleitet.

Sol invictus

Diskutiert wird sodann, ob und in welchem Ausmaß Aurelians Wahl des unbesiegbaren Sonnengottes (*Sol invictus*) als eines persönlichen Hauptgottes als zukunftsweisend zu deuten ist. Formen des Sonnenkults sind schon in republikanischer Zeit belegt. In der Frühen Kaiserzeit konnten Varianten des Gottes auch mit der Herrscherwürde assoziiert werden, indem bspw. Gottheit und Herrscher einander bildlich angenähert wurden, wie dies noch bei Constantin I. begegnet [4.3.2: Bardill]. *Sol* war einer der Hauptgötter der Severer. Nach der wie immer unzuverlässigen *Historia Augusta* und der Aussage einiger Münzen sah Aurelian nach 272 [4.3.2: Berrens] oder 273 in *Sol invictus* seinen Schutzgott. Vielleicht wurde *Sol* in der kaiserlichen Repräsentation sogar zum Weltenherrscher und der Kaiser zu einer Art Instrument [4.: Sommer]. Dass Aurelians Interpretation des Verhältnisses von Gott und Kaiser überhaupt innovativ war, ist aufgrund der schwierigen Quellenlage aber auch schon angezweifelt worden [4.3.2: Watson]. Nach S. Berrens knüpfte der Kaiser bei der Ausgestaltung des Kults gezielt an Vorstellungen der Donaulegionen und römisch-westliche Konzepte an, wofür die Bestellung eines Priesterkollegiums für *Sol* in Rom spricht. A. Watson hält es dagegen für plausibler, dass Aurelian auf seinem Palmyra-Feldzug von nahöstlichen Vorbildern inspiriert worden ist. Diese Fragen können zurzeit nicht geklärt werden.

Probus und Carus

Wie zu den meisten Kaisern sind auch zu Probus und Carus mit seinen Söhnen in jüngerer Zeit biographisch angelegte Studien vorgelegt worden [4.3.2: Kreucher; Altmayer]. Diese Arbeiten schreiben sich in die unter 4. und 4.2.2 angesprochene, im deutschen Sprachraum vorherrschende Strömung ein, die sich vor allem gegen die ältere Vorstellung einer Reichskrise des 3. Jh. wendet. Die spezifische These K. Altmayers, die Dreierherrschaft von Carus, Carinus und Numerianus sei eine Art Blaupause für Diocletians Tetrarchie gewesen, muss als unbewiesen gelten. Dass mehrere Kaiser gleichzeitig regierten, war seit Marcus und Verus immer wieder vorgekommen, und Diocletian schloss sehr wahrscheinlich intentional an Marcus an.

Auf die Vertretungen der Kaiser im 3. Jh. wurde schon 4. eingegangen. Die beste Analyse der unter Probus in Südanatolien belegten Konflikte hat S. Mitchell [4.3.2] in seiner Stadtbiographie eines der Zentren, des pisidischen Kremna, vorgelegt. Da auch isaurische Gruppen an den Kämpfen beteiligt waren, scheinen sie zukunftsweisend, da diese Region in der Spätantike ein Unruheherd blieb [4.3.2: Feld].

isaurische Gruppen

5 Zur Tetrarchie als Scharnierzeit

Periodisierungsprobleme

Die Tetrarchien sind in der Vergangenheit oft als das entscheidende Scharnier zwischen Hoher Kaiserzeit und Spätantike gedeutet worden [etwa: W. Ensslin, Die Reformen Diocletians, in: 1.1: Baynes/Adcock/Charlesworth, 383–408]. Unbestritten sind in der Diocletian-Zeit einige Reformen von für die Kaiserzeit ungewöhnlich großer Tragweite angestoßen worden. In der Folge sind früher oft auch viele langfristige Transformationsprozesse mit der Politik, Entscheidungen oder doch Reaktionen Diocletians assoziiert worden [1.1: Heuß; 5.: Williams]. Die aktuelle Forschung steht dieser Form einer Personalisierung kleinschrittiger Veränderungen skeptisch gegenüber. Der Aufbau vieler Überblicksdarstellungen legt aber heute noch nahe, dass mit Diocletians Regierung die Hohe Kaiserzeit zu Ende ging und eine neue Phase, die spätrömische Zeit, angebrochen sei [1.2: Brandt; 5.: Mitchell]. Alternativ verbinden andere Darstellungen wie etwa die renommierte Cambridge Ancient History [5.: Bowman/Cameron/Garnsey] die Tetrarchien explizit mit der konstantinischen Zeit. Die Vermutung, Diocletian und Constantin hätten trotz unterschiedlicher Motive in gewisser Weise doch gemeinschaftlich an einem Reformwerk gearbeitet, trägt der schwierigen Quellenlage Rechnung. Doch können durch diese Verklammerung auch gegenläufige Tendenzen dieser Jahrzehnte aus dem Blick geraten. In der Forschung, die sich spezifisch mit dieser Phase auseinandersetzt, wird zurzeit dagegen kaum noch die These vertreten, die spätrömische Zeit lasse sich zielführend auf die Phase zwischen etwa 300 und 565 eingrenzen. Obwohl diese Neubestimmung auch schon als Überdehnung kritisiert worden ist [5.: Giardina], werden wohl die meisten Studien heute eher von einer langen Spätantike ausgehen, die früher im 3. Jh. einsetzte und vielleicht im 7. Jh. endete [5.: Pfeilschifter]. Die Wahl eines Zuschnitts für diesen Band, der mit der Auflösung der zweiten Tetrarchie einen Endpunkt setzt, führt also über das normale Maß an Schwierigkeiten, die jede Entscheidung für eine Periodisierung mit sich bringt, hinaus zu Problemen. Doch

die spätrömische Zeit

liefern Veränderungen in der Quellenlage, die Aufhebung des Sonderstatus von Italien, der Bedeutungszuwachs des politischen Christentums und die erst nach Diocletian zu beobachtenden Umgestaltungen in den höfischen Zentralen noch immer gute Gründe, Anfang des 4. Jh. eine Binnenschwelle anzusetzen.

Lebensbeschreibungen

Die diokletianische Regierungszeit galt lange Zeit als ungeeignet für einen biographischen Zugang, weil wir für ihre Rekonstruktion in hohem Maße auf Dokumente und einseitige christliche Narrative angewiesen sind. In jüngerer Zeit sind dagegen zahlreiche Werke entstanden, die zumindest formal als Lebensbeschreibungen konzipiert sind, aus denen hier nur ein Beispiel ausgewählt wird. Nicht als Biographie angelegt, gleichwohl aber dem diocletianischen Zeitalter gewidmet ist jenes Werk, das für viele Analysen der Zeit zwischen 280 und 313 die beste Grundlage bietet: W. Kuhoff [5.] behandelt in seiner Monographie ausführlich, quellennah und mit reichen Literaturangaben alle Forschungsfragen, die einen Bezug zu Diocletians Regierungszeit haben. Aus dem Anspruch auf Vollständigkeit ergibt sich jedoch auch eine große Schwäche dieser massiven Studie. Kuhoff bezieht oft veraltete, nicht mehr relevante Beiträge mit ein, während die Forschungsbesprechungen in jüngerer Zeit auszudünnen beginnen. Die im engeren Sinn biographisch konzipierte Studie U. Robertos [5.] ist zwar deutlich schmaler im Umfang, behandelt aber zumindest die wichtigsten Themen auf dem Niveau der aktuellen Forschung und dokumentiert zugleich die Meisterschaft des Autors im Umgang mit der antiken Literatur. Roberto entwickelt unter anderem die Hypothese, die Ergebnisse des Jahres 284/5 ließen sich auf den Zusammenhalt von Kameradschaften aus der Zeit des Probus zurückführen. Diese These beruht wesentlich auf plausiblen Annahmen bezüglich der Rolle des späteren Caesars Constantius, der zum entscheidenden Zeitpunkt wohl Gouverneur der Schlüsselprovinz *Dalmatia* war.

Bilanzen

Mehrere neue Bände zu den Diocletian-Jahren sind dagegen als Bilanzen ausgewiesen. Das von A. Goltz und H. Schlange-Schöningen [5.] edierte Werk bietet allerdings eher neuere Spezialforschung. Dagegen liefert der Band von W. Eck und S. Puliatti [4.3.1] neben neuen Resultaten auch einen Überblick über aktuelle Forschungspositionen zu vielen politischen, administrativen oder juristischen Problemen der Zeit um die Wende vom 3. zum 4. Jh.

die Überlieferung zur tetrarchischen Zeit

Die Überlieferung zur tetrarchischen Zeit ist im Vergleich zu den vorhergehenden Jahrzehnten zwar wieder dichter, stellt die

Forschung aber auch vor eigene Probleme. Für die Rekonstruktion der Ereignisgeschichte bieten die lateinischen Breviarien und vor allem Aurelius Victor (geschrieben 361) zwar wichtige Anhaltspunkte, doch bleiben ihre Darstellungen auch abgesehen von der namensgebenden Kürze eher allgemein. Die detailreichsten Geschichtserzählungen über die erste und zweite Tetrarchie sind Lactantius' (ca. 250–ca. 325) Schrift „Über die Todesarten der Verfolger" und die „Kirchengeschichte" des Eusebios (vor 260–337/340). Sie sind allerdings gegenüber fast allen Tetrarchen feindselig eingestellt und folgen auch anderen Darstellungsprinzipien als die traditionelle griechisch-römische Geschichtsschreibung. Noch immer hilfreich ist der Laktanz-Kommentar von J. CREED [1.3.]. Die Literatur zu Eusebios als Kirchenhistoriker ist unüberschaubar. Verwiesen sei auf die klassische Studie von T. BARNES [5.], auf die der Autor in weiteren Untersuchungen aufgebaut hat.

Breviarien

Lactantius

Eusebios

Mehrere der sogenannten *Panegyrici latini*, Lobreden auf Kaiser, geben trotz ihrer gattungstypischen Vagheit wichtige Einblicke in den Repräsentationsstil einzelner Tetrarchen und den Verlauf militärischer Kampagnen speziell im Westen, soweit sie sich den Rednern erschlossen. Für die Kontextualisierung der enthaltenen Informationen bleibt der Kommentar von C. NIXON und B. RODGERS ein unverzichtbares Hilfsmittel [5.]. Aus dem papyrologischen Befund ragen die administrativ bedeutsamen Papyri aus *Panopolis* heraus, die T. SKEATS [5.] ediert und kommentiert hat. Für die Analyse der Medien der Kaiserrepräsentation in den Jahren speziell ab 293 hat der einschlägige Band von D. BOSCHUNG und W. ECK [5.] den Maßstab gesetzt. Seither haben Funde aus dem Umfeld von Diocletians Palast in *Nikomedeia* (Izmit) das Repertoire aussagekräftiger Befunde noch einmal erweitert [5.: ŞARE AĞTÜRK]. Speziell das ideologische Aussagepotential von Bildmaterial und anderen archäologischen Quellen untersuchen die Beiträge in einem Sammelband von F. CARLÀ-UHINK und C. ROLLINGER [5.].

Panegyrici latini

Papyri

Aus der Zeit Diocletians liegt uns eine hohe Zahl kaiserlicher Verlautbarungen vor, die sich meist in der von Justinian angeordneten Sammlung solcher Verfügungen (Codex Justinianus) aus dem 6. Jh., aber auch inschriftlich oder bei den christlichen Schriftstellern erhalten haben. Die Analyse dieser Verordnungen unterschiedlichen Typs bietet einen der besten Zugänge zur diokletianischen Regierungspraxis. Das Standardwerk zu allen anhängigen Problemen hat S. CORCORAN [5.] vorgelegt. CORCORAN geht nicht nur auf das Zustan-

kaiserliche Verlautbarungen

dekommen der Verlautbarungen, die Kompetenzen der Caesaren und die Stäbe der Augusti sowie auf politisch bedeutsame Einzelverfügungen ein, sondern diskutiert in allen Fällen den materiellen Gehalt der Briefe, Subskriptionen (auf der Eingabe erteilte Bescheide) und Edikte. Diocletian als Rechtschöpfer und Richter ist Gegenstand einer monographischen Untersuchung von J. Harke [5.]. Gegen die klassische These, dass Diocletian mit großem Nachdruck das sogenannte Reichsrecht gegen das Vordringen eines „Volksrechts" verteidigt habe, kann Harke zeigen, dass Diocletian viele juridische Innovationen angestoßen hat. Die Entwicklung der Gardepräfektur in diocletianisch-constantischer Zeit hat musterhaft P. Porena [5.] herausgearbeitet.

Feldzüge der Tetrarchen

Die einzelnen Feldzüge der Tetrarchen werden in den übergeordneten Darstellungen mitbehandelt. Für Detailanalysen steht zumeist nicht genug Quellenmaterial zur Verfügung. Die wenigen Hinweise auf die Franken als lose Gruppenstruktur unter Königen (*reges*) in den *Panegyrici latini* (speziell in VI und VII) besprechen C. Nixon und B. Rodgers [5.]. Trotz des großen Interesses gerade in der Forschung sozialistischer Länder kann über die Bewegung der Bagauden, die Maximianus bekämpfte und die in den folgenden Jahrhunderten noch öfter begegnet, wenig Belastbares ermittelt werden. Ältere Annahmen, die Bagauden hätten sozialrevolutionäre Ziele verfolgt, werden in neueren Studien einhellig abgelehnt [5.: Couper].

Konflikt mit den Persern

Aus den übrigen Kriegen der Tetrarchen ragt der Konflikt mit den Persern heraus, da er das Kräfteverhältnis zwischen den Imperien für mehrere Jahrzehnte zugunsten Roms verschob. U. Roberto [5.] hat die erhaltenen Repräsentationsmedien der Tetrarchen so gedeutet, dass die Zentralen selbst dem Perserkrieg einen Zäsurcharakter zugeschrieben hätten. Veränderungen in der Selbstdarstellung zeigen sich allerdings primär auf Monumenten für den Schlachtensieger Galerius wie vor allem dem Galerius-Bogen in Thessaloniki [5.: Leadbetter], der Episoden aus dem Kriegsgeschehen abbildet. Der Repräsentation dieses Herrschers in seiner Residenz in *Romuliana* (Gamzigrad) und ihren Kontexten sind mehrere Beiträge in einem von U. Brandl und M. Vasić edierten Band gewidmet [5.]. In der literarischen Rezeption findet sich ein expliziter Reflex der Vorstellung, Galerius' Sieg gegen die Perser habe die Krise beendet, die Valerians Gefangennahme ausgelöst habe [B. Bleckmann, Der Bericht des Petros Patrikios über den Frieden von 298, in: 5.: Goltz/

Schlange-Schoeningen, 73–89]. Wann und wo diese Deutung entstanden ist, bleibt aber unklar.

5.1 Zum Strukturwandel und zu Kontinuitäten um die Wende zum 4. Jh.

5.1.1 Zur Etablierung der ersten Tetrarchie und zur Provinzialisierung Italiens

Innovationen

Die Detailforschung zur diocletianischen Regierungszeit setzt oft bei den diversen Innovationen an, die nach der klassischen Meistererzählung mit dazu beigetragen haben, dass um das Jahr 300 eine neue Unterepoche römischer Geschichte begonnen habe. Die Chronologie, die Zielsetzungen und die kurzfristigen Wirkungen aller dieser Reformmaßnahmen sind bis heute intensiv umstritten. Dies gilt bereits für die Etablierung der „Viererherrschaft". Neben zahllosen Kombinationen lassen sich drei Hauptdeutungen ausmachen, wie und aus welchen Gründen das erste Kaiserkollegium entstanden ist. Gerade im französischen Sprachraum findet noch heute die These W. Sestons [5.1.1] Anhänger, der zufolge Diocletian zunächst Maximian und dann Constantius sowie Galerius zur Lösung ganz konkreter Probleme zu Mitherrschern ernannt habe. Eine zukunftsorientierte Planung hätte der Einführung eines Kaiserkollegiums demnach nicht unterlegen. Erst Ende des 3. Jh. habe Diocletian entschieden, dass die von ihm aus der Not heraus geschaffene Herrschaftsform weiterbestehen solle. Demgegenüber folgt ein anderer Deutungsstrang, für den besonders T. Barnes steht [etwa 5.1.1: Constantine] im Wesentlichen der Darstellung des Laktanz, deren pro-Constantinische Tendenz relativiert wird. Diocletian habe Constantin und Maximians Sohn Maxentius zu Caesaren ernennen wollen. Es hätte also weiter ein Kaiserkollegium regieren sollen, das jedoch nicht mehr eine auf dem Umweg über eine vorgebliche göttliche Auswahl konstruierte Familienherrschhaft zur Grundlage gehabt, sondern einfach leibliche Söhne integriert hätte. Galerius habe jedoch erzwungen, dass die Kooptation in die Tetrarchie nicht aufgrund von Abstammung, sondern aufgrund des Nachweises militärischer Tüchtigkeit erfolgt sei. Zugleich habe er die Zuwahl seines Neffen Maximinus erreicht. Im deutschen Sprachraum, aber auch darüber hinaus stößt dagegen F. Kolbs These [5.1.1: Kolb, Diokletian]

(Randnotizen: die Etablierung der „Viererherrschaft" · Laktanz) auf die größte Zustimmung. Nach Kolb hat Diocletian sehr bewusst vielleicht schon ab 293 eine rotierende Viererherrschaft aus erprobten Offizieren angestrebt und diesen Plan 305 durch seinen Rückzug in die Tat umgesetzt. Diese Interpretation beruht auf einer sorgfältigen Auswertung der Selbstdarstellung der vier Kaiser in Dokumenten und auf Bildern sowie auf dem Zeugnis der *Panegyrici latini* (5.). Den Aussagegehalt von Laktanz' Schrift schätzt Kolb wegen ihres Tendenzcharakters geringer ein. Diese Rekonstruktion der Entstehung der Tetrarchie ist methodisch die überzeugendste. Allerdings sind auch Mischformen zwischen ihr und der erstgenannten Deutung denkbar. Diocletian hätte in diesem Fall zunächst aufgrund konkreter Herausforderungen zusätzliche Herrscher ernannt. Diese situativ gefällten Entscheidungen wären dann im Laufe der nächsten Jahre zu einem neuen Modell von Kaiserherrschaft verwoben worden [5.1.1: Rees]. Wie mehrere Beiträge in einem einschlägigen Band von D. Boschung und W. Eck [5.] zeigen, haben die vier Kaiser nach 293 mithilfe der Statthalter die neue Viererherrschaft multimedial visualisieren lassen und dabei ihre Eintracht, *concordia*, hervorgehoben. Auch dieses aktive Werben für die Tetrarchie spricht für Kolbs These. Offenbleiben bleiben muss bei diesem Deutungsansatz allerdings, wer vor 305 für die nächste Generation von Herrschern vorgesehen war. Auf Kolb [5.1.1: Deus] geht auch die in der Darstellung wiedergegebene Interpretation zurück, die *Iovius-Herculius*-Repräsentation habe ihren klarsten Ausdruck in der Vorstellung gefunden, die Götter hätten durch die Kaiser gewirkt (das *praesens deus*-Konzept). Eine Gesamtschau der in den Residenzen der Herrscher erhaltenen Monumente hat E. Mayer [5.1.1] vorgelegt.

Panegyrici latini

die *Iovius-Herculius*-Repräsentation

die Provinzialisierung Italiens

Auch wenn die Stationierung großer Armeen in Norden der Halbinsel diese Entwicklung vorgezeichnet hatte, muss doch die Provinzialisierung Italiens bei gleichzeitiger Einführung der regulären Besteuerung als eine der wichtigsten Reformen der Tetrarchen gelten [5.: Roberto]. Bereits seit Beginn des 3. Jh. haben in Italien zeitweilig senatorische Sonderamtsträger agiert, die den Titel *corrector* führten. Gegen Ende des Jahrhunderts verdichten sich die Belege für diese Funktionsträger. Eine Zweiteilung Italiens entlang des Pos zeichnete sich ab [5.1.1: Porena]. Die in der ersten Phase Diocletians bezeugten *correctores* fügen sich noch in dieses Schema ein. Spätestens sie könnten aber auch schon für bestimmte Regionen zuständig gewesen sein. Nach 293 wurde Italien dann in Äquivalente von Provinzen eingeteilt, doch muss der wichtigste Beleg,

Aurelius Victor 39, 30–32, nicht implizieren, dass dies exakt 293 geschehen ist [W. Eck, Die Neuorganisation der Provinzen, in: 4.3.1: Ders./Puliatti, 111–151].

5.1.2 Zu den administrativen und militärischen Reformen der Tetrarchen

Das Ineinandergreifen der einzelnen Komponenten der diokletianischen Steuerreform nachzuvollziehen, gehört zu den wohl dornigsten Problemen der Kaiserzeitforschung. Unklar ist bereits, inwieweit schon die Vorgänger Diocletians Grundlagen für das neue Steuersystem gelegt hatten. Bei einzelnen Bausteinen (*vestis militaris*) ist dies bezeugt. Das Gesamtwerk scheint aber doch innovativ gewesen zu sein. Diocletian konnte sodann auf die, ursprünglich allerdings zum Teil vergütete, Lebensmittelabgabe für mobile Armeen (*annona*) aufbauen, die die Severer eingeführt hatten. Doch ist die *iugatio sive capitatio* nicht einfach deren Institutionalisierung als Hauptsteuer [3.2.1: Mitthof; 5.1.2: Carrié]. diokletianische Steuerreform

Umstritten bleiben sodann der Umfang eines typischen *iugum* („Joch"), die Semantik des Schlüsselworts *caput* sowie das Verhältnis dieser Veranlagungsformen zueinander. Zwar haben sich dokumentarische, literarische und Rechtsquellen erhalten, doch stammen sie aus unterschiedlichen Zeiten und Räumen und spiegeln Entwicklungen ebenso wider wie regionale Differenzen. Da der Begriff *caput* („Haupt"), der zunächst auf eine einzelne Person zu verweisen scheint, mehrdeutig ist und zu den durchschnittlichen Größen der Landstücke, die als fiskalische Einheiten dienten, keine eindeutigen Informationen vorliegen, bleiben viele Unwägbarkeiten. Doch konnte J.-M. Carrié [5.1.2] die wichtigsten Fragen klären. In der technischen Sprache der Administration bedeutete *caput* bisweilen „Bruch" („fraction"). In einem solchen Kontext verweist *capitatio* dann auf die anteilige Einbeziehung der zur Verfügung stehenden Arbeitskraft in die Umlage der Steuerschuld. Aus Angaben über einer Gemeinde zugewiesene *capita* kann daher nicht unmittelbar auf die Zahl der Steuersubjekte geschlossen werden. J.-M. Carrié betont zudem, dass nicht nur das Wirtschaftsleben insgesamt, sondern auch große Teile der vom Imperium veranlassten Transaktionen weiterhin monetarisiert blieben. Diese Position ist heute weit verbreitet. Gegen diesen Trend hat E. Lo Cascio [Politica monetaria, politica fiscale, in: 4.3.1: Eck/Puliatti, 179–193] argumentiert, dass das Veranlagungsformen *caput*

Repartitionssteuer

Kernelement der Steuerreform die Umstellung der Erhebung der wichtigsten Abgabe von einer Quotitätssteuer, die in Geld kalkuliert wurde, auf eine Repartitionssteuer in Sachleistungen gewesen sein müsse. Lo Cascio geht auch expliziter als Carrié davon aus, dass die Veranlagung nach *capita* dem Ziel gedient habe, demographische Kennziffern in die Steuerberechnung einzubeziehen. In dieser Auslegung nähert sich der Begriff *caput* wieder stärker der Übersetzung „Person" an, ohne dass Lo Cascios Interpretation von diesem Verständnis abhängig ist. Neue Impulse hat die Debatte über das tetrarchische Steuersystem zuletzt durch die Neulesung und -datierung von Zensusinschriften erhalten. A. H. M. Jones [5.1.2] hatte diese Dokumente als Belege für einen starken Bevölkerungsrückgang im 3. Jh. angesehen. Doch sind diese Inschriften in eine spätere Zeit zu verorten und können die angegebene Interpretation ohnedies nicht tragen [5.1.2: Harper; Thonemann].

Provinzteilungen

Dass viele Provinzen in der Zeit der ersten Tetrarchie geteilt wurden, kann als sicher gelten. Die systematische Aufspaltung bildet sich im sogenannten *laterculus Veronensis* ab, einem Dokument, das zwar aus dem 7. Jh. stammt, das aber Provinzen und Diözesen aus der Zeit der Tetrarchien auflistet. Die exakte Datierung der zugrundeliegenden Liste war lange umstritten. Seit einem klärenden Beitrag von C. Zuckerman [5.1.2] besteht jedoch weitgehend Konsens, dass der *laterculus* den Zuschnitt der Provinzen und Vikariate aus dem Jahre 314 festhält. Dass die Provinzen größtenteils in den Jahren zwischen 305 und 314 geteilt worden wären, lässt sich in einigen Fällen widerlegen und ist insgesamt äußerst unwahrscheinlich. In den meisten Fällen bleibt aber unklar, wann genau die Provinzen aufgegliedert worden sind [etwas veraltet, aber noch immer hilfreich ist die Datensammlung von 5.1.1: Barnes, Empire]. Aus diesem Grund müssen alle Annahmen auch über die Motive der hypothetisch bleiben.

Zielsetzung der Reform

Sicher ist, dass Diocletian nach einem der ägyptischen Aufstände, vielleicht um das Jahr 297, den Süden der Provinz *Aegyptus* als *Thebais* abspaltete [5.1.2: Palme]. Analog könnte es auch zu Teilungen in Britannien gekommen sein, nachdem das dortige Sonderreich wieder in das Imperium integriert worden war. Bei den meisten Provinzen fehlen aber nicht nur Fixpunkte, wie sie für Ägypten im papyrologischen Befund vorliegen, sondern sogar Ansatzpunkte für Mutmaßungen. Die Teilungen sind daher aufgrund unterschiedlicher Plausibilitätsabwägungen unterschiedlich datiert worden. W.

Kuhoff [5.] geht etwa von einer prozessualen Umsetzung einer zu einem unbekannten Zeitpunkt unter den Herrschern verabredeten Politik aus. Die Zielsetzung der Reform muss dann ein verbesserter Zugriff auf die Bevölkerung gewesen sein. Dagegen hatte G. di Vita-Evrard [5.1.2] auf ein Cluster von Aufspaltungen im Jahr 303 verwiesen. Da Constantin I. diese Reform in Teilen rückgängig gemacht hat, hat P. Eich [5.1.2] im Anschluss an di Vita-Evrard darauf hingewiesen, dass die Teilungen aus dem frühen 4. Jh. auch mit dem höheren Bedarf an Richtern während der Verfolgung von Manichäern, Christen und angeblichen Spekulanten nach 302/3 zusammenhängen könnten. Den Schlüssel zu dieser Deutung liefern die Aufspaltungen der afrikanischen Provinzen, speziell von *Numidia*, während der ersten Welle der Christenverfolgung 303/4. Doch selbst diese recht stabile Datierung ist bereits in Zweifel gezogen worden [W. Eck, Die Neuorganisation der Provinzen, in: 4.3.1: Ders./Puliatti, 111–151]. Die Provinzialpolitik der Tetrarchen wird weiter diskutiert werden.

Diözesen

Die Teilung der Provinzen wird in der Forschung bis heute oft mit einer weiteren Reform in Verbindung gebracht, der Einführung der Diözesen unter der Leitung eines verstetigten Stellvertreters des Präfekten, in der Regel eines sogenannten Vicars. Später sollten die Prätorianerpräfekten eine Diözese selbst leiten; andere waren sogenannten *comites* unterstellt. Aus administrativer Perspektive erscheint es stimmig, dass die neuen kleineren Provinzen unmittelbar der Aufsicht einer für die Region zuständigen administrativen Mittelinstanz unterstellt wurden. Die Diözesen werden im *laterculus Veronensis*, also wohl 314, erwähnt. Nach dem christlichen Rhetor Laktanz haben die verhassten Verfolger dem Reich auch durch eine Überbürokratisierung geschadet. In dieser viel zitierten Kritik erwähnt Laktanz auch die Institutionalisierung der *vicarii* (7, 4). Aufgrund dieser Stelle galt es lange als sicher, dass Diocletian die Diözesanadministration geschaffen hat [etwa: 1.2: Jones]. Seither sind an dieser Interpretation aber Zweifel geäußert worden. K. Noethlichs [5.1.2] hat plausibel machen können, dass zwischen den in den Quellen verwendeten Termini *vices agentes* bzw. *vicarii* der *praefecti praetorio*, die früher als Synomyme galten, ein semantischer Unterschied bestanden hat. Der erstgenannte Begriff habe für temporäre Aufgaben kurzzeitig eingesetzte Stellvertreter der Präfekten, der zweite, erst später belegte, dauerhaft agierende Vertreter der Präfekten mit eigenem Tätigkeitsprofil, eben als Vorsteher der Diözesen, bezeichnet. Wie etwa W. Kuhoff [5.] zeigt, sind noch unter Diocletian sicher nur *vices agentes* und keine *vicarii* belegt. Die Diözesen sind im Licht solcher Beobachtungen daher auch als Produkte eines langgezogenen Entwicklungsprozesses angesehen worden, der erst Mitte des 4. Jh. zu einem Ende gekommen sei [5.1.2: Migl]. Eine solche Annahme trägt allerdings der Darstellung von Laktanz und auch der Momentaufnahme im *laterculus Veronensis* nicht genügend Rechnung. Zudem ist das neuartige Bauprinzip der Mittelinstanz, für das die Vikariate das bekannteste Beispiel darstellen, in jedem Fall schon in der ersten Tetrarchie zum Einsatz gekommen. In diesem Sinn sind etwa die regionalen Münzprägestätten der Diocletian-Zeit gedeutet worden [5.1.2: Hendy, 378–380]. Eindeutig ist eine Zusammengruppierung von Provinzen in der neu organisierten Finanzadministration belegt. Da die Statthalter des späteren 3. Jh. die Aufgaben der Prokuratoren der vorhergehenden Jahrhunderte mitübernahmen, wurden diese Agenten immer seltener eingesetzt. An ihre Stelle traten regional agierende *rationales* und *magistri privatae*, die zumindest am Ende von Diocletians Regierung für mehrere Provinzen zuständig waren [4.1.2: Delmaire; 5.1.2: Chaniotis/Fujii]. Beim jetzigen Kenntnisstand können wir nur festhalten, dass die Diözesen 314 ansatzweise schon etabliert waren. Wer sie eingeführt hat, ist unklar. In der langen Constantinischen Herrschaftszeit ist die Diözesanordnung weiterentwickelt worden. Im Zuge dieses Prozesses wurde auch die Prätorianerpräfektur regionalisiert [5.: Porena].

das neuartige Bauprinzip der Mittelinstanz

rationales und *magistri privatae*

Münzreform

Eine weitere Forschungskontroverse haben sodann die Gesetzesinitiativen der Tetrarchen auf dem Gebiet der imperialen Geldwirtschaft ausgelöst. Dies betrifft allerdings weniger die Münzreform im engeren Sinn. Die Ausgabe neuer Münzen lässt sich nicht ganz sicher datieren (293? 294?), aber über das Verhältnis der neu eingeführten Stücke zueinander besteht kein Dissens [R. Abdy, The Tetrarchy and the House of Constantine, in: 1.3: Metcalf, 584–600]. Zu ihnen zählen eine fast 10 g schwere Billonmünze (Blei-Zinn-Bronze, Restsilber 3,5 %), die als wichtigstes Zahlungsmittel für die Bevölkerungsmehrheit gedacht war (der *nummus*), und eine neue Silbermünze, der *argenteus* (*denarius*?), der den Silberfeingehalt der spätneronischen Denare aufwies (96 Stück auf das Pfund, 90 % Silber, unter 3,5 g). Neuere Studien lehnen die ältere Annahme, dass in der Kaiserzeit ein Zusammenhang zwischen der Wertzuschreibung an eine Münze und ihrem Edelmetallgehalt bestanden habe, fast einhellig ab [bspw. 4.3.2.: Strobel]. G. Bransbourg [The Later Roman Empire, in: 5.1.2: Monson/Scheidel, 258–281] hat dagegen argumentiert, dass die Rückkehr zu dem neronischen Feingehalt kaum eine rein symbolische Bedeutung gehabt haben könne.

Währungs- und Höchstpreisedikt

Ausführliche Analysen der tetrarchischen Münzen finden sich eher in der numismatischen Spezialliteratur [5.1.2: Gautier]. Das Währungs- und das Höchstpreisedikt, die inschriftlich überliefert sind, erfahren dagegen nicht nur in epigraphischen Detailstudien, sondern auch in politik- und wirtschaftshistorischen Untersuchungen der Zeit große Aufmerksamkeit. Lange Zeit ging die Forschung mehrheitlich davon aus, dass das Höchstpreisedikt von 301 eine bestehende Inflation eindämmen sollte [1.2: Jones]. Das Währungsedikt zielte unbestritten darauf ab, einige Münzen höher zu bewerten. Zumeist wurde angenommen, dass das Höchstpreisedikt kurz nach dem Währungsedikt erlassen worden sei, ja eine eilige Reaktion auf unerwünschte Folgen der Neubewertung dargestellt habe [Überblick bei M. Corbier, Coinage and Taxation, in: 5.: Bowman/Cameron/Garnsey, 327–392]. Seit einigen Jahren wird jedoch zumeist angenommen, dass beide Gesetze offenbar aufgrund von Lehren, die aus Aurelians Scheitern gezogen wurden, als Einheit gedacht waren und gemeinsam publiziert wurden [etwa 4.3.2: Strobel]. Die Diocletian-Regierung hat demnach am 1.9.301 verfügt, dass der Wert der Münzen unterhalb des Goldsolidus verdoppelt werden sollte. Gleichzeitig wurde angeordnet, dass Händler Verluste, die sie aufgrund dieser willkürlichen Entscheidung befürchten mussten, jedenfalls nicht im vollen Umfang an die Marktteilnehmer weitergeben durften.

Goldmünzen

Das Währungsedikt muss ein schon bestehendes Problem zusätzlich verschärft haben. Da das Metall eigentlich einen höheren Wert hatte, als die Regierung für die ausgegebenen Stücke veranschlagte, wurden die Goldmünzen schon zuvor mit Verlust ausgeprägt. Durch die Neutarifierung wurden diese Verluste noch ausgeweitet. Auf die Frage, warum die Zentrale diesen Nachteil in Kauf nahm, werden dagegen unterschiedliche Antworten gegeben. Zum einen sind in der Spätzeit der Tetrarchie Zwangsankäufe von Gold bei den Bürgern belegt. Da die Regierung zu niedrige Preise zahlte, konnte sie aus diesen Ankäufen erhebliche Gewinne ziehen [5.1.2: Carrié]. Zum anderen scheinen sie auch die Interessen der Bevölkerung im Blick gehabt zu haben, die vor allem die Billon und die Scheidemünzen nutzte [E. Lo Cascio, Politica monetaria, politica fiscale, in: 4.3.1: Eck/Puliatti, 179–193]. Constantin hat diese Form der Geldpolitik aufgegeben.

die diokletianische Armee

Noch immer muss unser Kenntnisstand über die diokletianische Armee als unbefriedigend gelten. Papyri wie aus dem zweiten Panopolis-Dossier [5.: Skeat], Ausgrabungen von zeitgenössischen Militäranlagen, Angaben bei späteren Autoren sowie die *Notitia Dignitatum*, eine Art Institutionenverzeichnis aus der Zeit um 400, geben zwar Einblicke in die Armeeorganisation um 300. Doch lassen sich die aus unterschiedlichen Quellen gewonnenen Informationen nicht zur Deckung bringen. Der Historiograph Zosimos kritisiert (2, 34, 1–2 [5. Jh.]), Constantin habe einen katastrophalen Strategiewechsel hin zu einer in der Tiefe des Raums organisierten Defensive vollzogen. Diese Kritik deutet darauf hin, dass Diocletian höheres Gewicht auf die Verteidigung schon der äußeren Grenzzonen gelegt hat. Dazu passt die Anlage befestigter Heeresstraßen wie der *strata diocletiana* im arabischen Raum oder auch die geringe Zahl von Belegen für das kaiserliche Begleitheer, das gegenüber der Zeit von Gallienus und Aurelian verkleinert wirkt [5.: Kuhoff]. Da aber nur wenige Quellen aus der Zeit selbst zur Verfügung stehen, sind auch andere Interpretationen möglich. M. Speidel [Das Heer, in: 4.: Johne/Gerhardt/Hartmann, 673–690] etwa geht davon aus, dass die Kontinuitätslinie zwischen Gallienus' Interventionsarmee und den Bewegungsheeren des 4. Jh. viel stärker ausgeprägt war. Diese These hat den Vorzug, dass sie ohne die Annahme erstaunlich großer Pendelausschläge bei der strategischen Ausrichtung des Imperiums auskommt.

die Truppenzahl

Unklar ist sodann, ob die Tetrarchen die Truppenzahl erhöht haben. Laktanz' polemische Feststellung, die Tetrarchen hätten die Armeestärke vervierfacht (mort. pers. 7, 2), wird einhellig zurückgewiesen. In der *Notitia Dignitatum* wird eine erhebliche Zahl von Legionen namentlich mit Diocletian und Maximian assoziiert. Was die Angaben in diesem Institutionenverzeichnis der Zeit um 400 exakt bedeuten, kann jedoch letztlich nicht geklärt werden. Zudem ist die Mannschaftsstärke der Legion in spätrömischer Zeit deutlich verringert worden [auf 1000 Mann? 5.1.2: Southern, 323]. Wenn diese Reform auf die Tetrarchen zurückgeht, dokumentiert die *Notitia* wohl ohnedies keine substantielle Erhöhung der Truppenzahl. Die Neuorganisation der Legion könnte aber auch erst später erfolgt sein [B. Campbell, The Army in: 5.: Bowman/Cameron/Garnsey, 110–130].

Schließlich macht Johannes Lydus (De Mensibus 1, 27 [6. Jh.]) die erstaunlich präzise Angabe, die diocletianische Armee habe aus 389 704 Mann plus 45 562 Flottensoldaten bestanden. Diese Zahlen, die aus einem Archiv stammen könnten, scheinen eine Vergrößerung der Armee gegenüber dem 2., aber nicht notwendig gegenüber dem 3. Jh. zu belegen. Der Quellenwert von Johannes' Angabe wird jedoch durch die folgende Anmerkung, Constantin habe die Truppenzahl substantiell erhöht, merklich relativiert. Zudem ist unklar, auf welchen Zeitpunkt er sich bezog (285? 305?). Viele Forscherinnen und Forscher gehen heute aber davon aus, dass die Armee in tetrarchischer Zeit aufgestockt wurde [Überblick bei 5.1.2: WHATELY].

das antike Arabien

Das antike Arabien hat in der Forschung der letzten Jahrzehnte generell mehr Aufmerksamkeit erfahren [bspw. 5.1.2: FISHER]. Der Begriff *strata diocletiana* bezeichnet wohl vor allem die Militärstraßen im Raum Palmyra [5.1.2: PARKER]. Nach der Niederlage der Stadt 273 war diese Grenzzone schlechter geschützt. Zudem wuchs der Einfluss des Sassanidenreichs auf die arabische Halbinsel kontinuierlich. Der Aufbau neuer militärischer Infrastruktur könnte daher als strategische Antwort Roms auf diese neuen Herausforderungen im Südosten gewertet werden [3.2.1: EDWELL]. Doch sind die Quellen in dieser Hinsicht nicht eindeutig [5.1.2: MORLEY].

5.2 Zur Verfolgung von Christen und Manichäern

Motive der Kaiser

Die tetrarchischen Christenverfolgungen sind in der älteren Forschung als Ausdruck eines tiefgreifenden Konflikts zwischen dem römischen Staat der Soldatenkaiser und der sich ausbildenden Kirche betrachtet worden. Besonderes Interesse galt den Motiven der Kaiser, die sich anders als sonst auch in Selbstaussagen wie etwa in Diocletians Reskript gegen die Manichäer (Mosaicarum et Romanarum Legum Collatio 15, 3) oder Galerius' Toleranzedikt (Eus. H. e. 8, 17; Lact. Mort. pers. 34) erhalten haben. Zugang zu inneren Überzeugungen eröffnen solche offiziellen Schriftstücke allerdings unbestritten nicht. Dies gilt in noch höherem Maße für die in ihrer Authentizität umstrittenen kaiserlichen Verlautbarungen, die sich nach M. CECINI und D. SERRA [5.2] in byzantinischen Manuskripten erhalten haben. Als Begründungen für die Verfolgung wurden mit unterschiedlichen Schattierungen der Traditionalismus und die tiefe Religiosität der Kaiser ausgemacht. Auch habe ihr „Staatsverständnis" die Tetrarchen veranlasst, den Bürgerinnen und Bürgern eine aktive Integration abzuverlangen [1.1: Molthagen; Moreau]. Wie schon bei vorhergehenden Verfolgungen habe das Bekenntnis zu den römischen Göttern als Lackmus-Test gedient. Schließlich habe die *Iovius*- und *Herculius*-Ideologie der kultischen Verehrung der Kaiser bzw. der durch sie wirkenden Götter zusätzliche Bedeutung zukommen lassen. Da die aufgelisteten Beobachtungen nicht von der Hand zu weisen sind, wurde in den letzten Jahrzehnten des 20. Jh. seltener zu den Motiven für die Christenverfolgung gearbeitet. Etwas isoliert steht der Beitrag von W. Portmann [5.2], der davon ausgeht, dass sowohl die Maßnahmen gegen die Manichäer wie gegen die Christen verhängt worden seien, weil es zunächst in diesen Gruppen und in der Folge auch in anderen Bevölkerungsteilen zu Unruhen gekommen sei. Ob Eusebs Kritik an am Verhalten der Bischöfe seiner Zeit (H. e. 8, 1, 7) diese Position tragen kann, wird wohl weiter diskutiert werden.

neue Werke zu den tetrarchischen Repressionen

In den letzten Jahren sind jedoch mehrere neue Werke zu den tetrarchischen Repressionen von Minderheiten erschienen, die zwar an die ältere Forschung anknüpfen, aber auch andere Akzente setzen. V. Minale [5.2] geht wie bei jüngeren Studien üblich davon aus, dass das Reskript Diocletians, das eine Verfolgung der Manichäer anordnet, in das Jahr 302 zu datieren sei. Es sei aber nicht nur zeitnah zu den Edikten gegen die Christen verfasst worden, es ähnele ihnen auch in Tenor und Strafen. Die Manichäer (7.2.5), die in Diocletians Schreiben mit dem persischen Feind assoziiert werden, seien ebenso wie die Christen als fremde Feinde gedeutet worden, die sich jedoch bereits im Inneren des Reichs befänden. Minale zeigt zudem auf, in welchem Ausmaß Diocletians Regelung gegen die Manichäer spätere Verfügungen christlicher Kaiser gegen diese Religion geprägt hat, auch wenn der Manichäismus später als eine Form der christlichen Häresie angesehen wurde.

Manichäer

neuplatonische Religionsphilosophen

Mit einem ähnlichen Methodensatz hat sodann M. Sperandio [5.2] die tetrarchischen Verfolgungen neu untersucht. Wie auch Minale betont er, dass neuplatonische Religionsphilosophen in Kaisernähe eine treibende Kraft bei der Unterdrückung religiöser Dissidenten gewesen seien. Während es jedoch schon länger Diskussionen darüber gibt, inwieweit Porphyrios oder Sossianus Hierocles das Vorgehen gegen die Christen beeinflusst haben, hebt Sperandio (wie Minale) hervor, dass mit Alexander von *Lykopolis* ein weiterer Neuplatoniker vor der Verfolgung eine Schrift gegen die Manichäer verfasst hatte. Dadurch tritt die Parallelität der Repressionen beider Religionen noch klarer hervor. Sperandio betont zudem stärker als die meisten älteren Studien die Fixierung der Tetrarchen auf die Schriften der von ihnen zu Feinden ernannten Gruppen. Schon nach der Erhebung des Domitianus in Ägypten hatte die Regierung „magische" Texte einsammeln lassen (Johannes von Antiocheia, Frg. 248 Roberto). Mehrere Beiträge zu einem Band von F. Carlà-Uhink und C. Rollinger haben schließlich Terminologie und Methodik älterer Studien an aktuelle kulturhistorische Vorgaben adaptiert [5.]. Die kaiserlichen Regierungen hätten durch ideologische Inklusionsangebote und eine gewaltsam durchgesetzte Exklusion von Verweigerern den Zusammenhalt des römischen Gemeinwesens stärken wollen.

Fixierung der Tetrarchen auf Schriften

Im Februar 303 wurde durch die Publikation einer kaiserlichen Verfügung in *Nikomedeia* (Izmit) die antichristliche Repression im Osten eingeleitet. Bei nichtchristlichen Autoren haben sich bemerkenswerterweise kaum Spuren von der Verfolgung erhalten. Nicht die einzigen, aber die wichtigsten Quellen sind Schriften Eusebs (seine Kirchengeschichte, Die Märtyrer Palaestinas) und Laktanz' Traktat über die Todesarten der Verfolger. Da diese Autoren jedoch unterschiedliche Angaben zu den Verlautbarungen der kaiserlichen Zentralen machen, besteht über die Rechtsgrundlage der Verfolgung bis heute keine Einigkeit. Lange Zeit war es Mehrheitsmeinung, dass die sehr detaillierten Ausführungen bei Eusebios vorzuziehen seien, der von vier Edikten aus dem Zeitraum 303–4 zu berichten scheint. Die letzte dieser Verfügungen sei ein allgemeines Opferedikt gewesen. Von den neueren Studien hat etwa S. Corcoran [5.] an dieser Rekonstruktion festgehalten. Dagegen hatte K.-H. Schwarte [5.2] dafür plädiert, Laktanz' Darstellung müsse als stimmiger gelten, da der lateinische Rhetor statt mehrerer, widersprüchlicher Anordnungen explizit nur ein Edikt erwähnt, durch dessen Erlass im Februar 303 die Verfolgung begonnen habe. Da Laktanz' Wiedergabe dieser Verlautbarung nicht alle später belegten Formen der antichristlichen Repression abdeckt, muss Schwarte annehmen, dass der Rhetor einen Teil ihres Inhalts erst später (etwa nach dem Brand des Palasts in Nikomedeia) nachgereicht habe. Diese These ist seither oft auf Zustimmung gestoßen [5.: Kuhoff]. Eine überzeugende Begründung, warum der Zeitgenosse Euseb ein einzelnes Verfolgungsedikt vom Februar 303 irrig in vier Verfügungen ausdifferenziert haben könnte, wurde bisher allerdings nicht gefunden.

antichristliche Repression

Rechtsgrundlage der Verfolgung

Viele Forscher wie etwa M. Sperandio [5.2] schlagen vor, dass die von Euseb nach dem Februar 303 datierten antichristlichen Verfügungen auf einer niedrigeren rechtlichen Ebene angesiedelt, etwa Ausführungsbestimmungen gewesen seien. Dies ist ein Ausweg aus den Widersprüchen der Quellen. Sicherheit kann in diesem Punkt aber nicht erlangt werden.

Quellenwert von Martyriumsberichten

In einer rezenten Studie hat dagegen M. S. Shin [5.2] wieder alle gegen Christen gerichteten Regelungen der Tetrarchen als Edikte gedeutet und eine lange Liste einschlägiger Verfügungen zusammengestellt. Fast alle neueren Studien sehen den Quellenwert von Martyriumsberichten, die auf die diocletianische Verfolgung Bezug nehmen, skeptisch oder nehmen jedenfalls Einzelfallprüfungen vor. Shin hat dagegen die einschlägigen Nachrichten systematisch zusammenstellt, nach Regionen geordnet und versucht, sie nach ihrer Aussagekraft zu gewichten. Die Vollständigkeit der Materialpräsentation ist begrüßenswert, Shins Kataloge können allerdings zur Analyse des Geschehens nur wenig beitragen. Viel zitiert wird schließlich eine von A. Luijendijk [5.2] übersetzte und in ihre Kontexte eingeordnete Sammlung von Papyri, die Situationen christlichen Alltagslebens auch der Verfolgungszeit dokumentieren.

Ganz unklar muss das quantitative Ausmaß der Verfolgung bleiben. Zu der Zahl der Opfer können wir keine Angaben machen. Auch über den prozentualen Anteil von Christen an der Bevölkerung in einzelnen Regionen können keine hinlänglich plausiblen Schätzungen abgegeben werden [Annäherungen meist aus späterer Zeit bieten 5.2: Mitchell/Pilhofer und Ameling].

5.3 Zum Zerfall der zweiten Tetrarchie und zum Aufstieg Constantins I.

Diocletians Rückzug

Die Politikgeschichte der Jahre kurz vor und nach Diocletians Rückzug wird von den unter 5. zitierten Werken mitbehandelt. Zwar liegen uns viele Berichte über diese Jahre in literarischen Quellen vor, doch sind die meisten Darstellungen wie die Breviarien (vgl. 1.3) oder die *origo Constantini* [5.3: König] sehr knappgehalten und obendrein widersprüchlich. Die einschlägigen Lobreden aus den sogenannten *Panegyrici latini* (vgl. 5.) bleiben dagegen genretypisch vage. Immerhin hat sich aus dem Zeitraum zwischen 303 und 312/3 eine größere Zahl von personenbezogenen Informationen erhalten, sodass sich die Ebene der hochrangigen Administratoren wieder besser abbildet als in den vorhergehenden fünfzig Jahren [5.1.1: Barnes, Empire]. Über die Motive der Kaiser für einzelne Maßnahmen oder Feldzüge können angesichts dieser Quellenlage aber höchstens Hypothesen von variierender Plausibilität aufgestellt werden. Ein Teil der Forschung wie T. Barnes [5.1.1: Constantine] folgt Laktanz' Darstellung, Galerius sei der Hauptverantwortliche für die Christenverfolgung gewesen und habe zudem Constantin, den Sohn des Constantius, durch seinen Einfluss auf Diocletian aus dem 305 neu gebildeten Kaiserkollegium herausgedrängt. Andere Studien wie die von J. Creed [1.3], R. Rees [5.1.1] oder W. Kuhoff [5.] betonen dagegen, das Leitmotiv von Laktanz' Schrift „Über die Todesarten der Verfolger" sei offensichtlich, dass Gott die Täter bestraft habe. Galerius sei einer schweren Erkrankung erlegen, während Diocletian ein friedliches Ende fand. Daher sei der Caesar des Ostens in der Erzähllogik des Rhetors für die Rolle als Hauptfeind der Christen prädestiniert gewesen. Diese Untersuchungen relativieren entsprechend den Quellenwert von Laktanz' polemischem Bericht. Da die historische Methodik mit dem psychologischen Ausdeuten von Personen nicht vereinbar ist, lässt sich die Entwicklung von Diocletians Verhältnis zu Galerius nicht mehr rekonstruieren. B. Leadbetters [5.] These, Galerius habe sich als Erbe Diocletians gesehen, klingt plausibel, kann aber nicht verifiziert werden. Weiterführend ist Leadbetters Hinweis, dass Licinius 308 in den diocletianisch-galerischen Zweig der Tetrarchen aufgenommen wurde. Der sich daraus ergebende Ostbezug des zuletzt ernannten Tetrarchen könnte einige seiner Handlungen erklären helfen. Die Analyse ikonographischer Quellen von J. Wienand [5.3] legt es nahe, dass Constantin 306 nicht gegen den Willen der (anderen) Tetrarchen zum Mitherrscher aufgestiegen, sondern unmittelbar ein im Kollegium akzeptierter Caesar geworden sei.

Motive der Kaiser

Laktanz' Schrift „Über die Todesarten der Verfolger"

Lebensbeschreibungen

Bei den meisten Kaisern der ausgehenden tetrarchischen Zeit reicht der Quellenbestand nicht aus, um ihre Politik und Repräsentation im Rahmen von Lebensbeschreibungen zu analysieren. Aufgrund der ausgezeichneten Quellenlage für die Jahre nach 312 sind dagegen zahlreiche Biographien Constantins verfasst worden [etwa 5.3: Bleckmann; Brandt]. J. Wienand [5.3] kann durch seine Studie Transformationen des constantinischen Siegesmythos nachvollziehen. Die Forschung zu Constantins langsamer Übernahme eines spezifischen Christentums wird in der Forschung zur spätrömischen Zeit behandelt [Überblick bei 5.3: Wood]. In seiner frühen Re-

Sol invictus

präsentation wird der Kaiser oft in die Nähe zu *Sol invictus* oder anderen Ausprägungen des Sonnengotts gerückt. Die lange Entwicklungslinie dieser Form der Selbst- und Fremddarstellung hat J. Bardill [4.3.2] herausgearbeitet. Bei der Deutung von Constantins religiöser Ausrichtung vor 312 hängt viel von der Interpretation einer Lobrede, des *Panegyricus latinus* 6 (7) aus dem Jahr 310 ab, in der sowohl die im Darstellungsteil erwähnte Vision bei Grand als auch die überraschende Selbstaufnahme in die Familie von Kaiser Claudius II. beschrieben wird. Der anonyme Redner spielt mit vielen literarischen Verweisen, deren Eigendynamiken für uns schwer zu bestimmen sind [5.3: Ware]. Die historischen Zusammenhänge der Rede arbeiten C. Nixon und B. Rodgers [5.: 211–253], die literarischen Kontexte ein Band von A. Omissi und A. Ross [5.3] heraus.

Maxentius' Repräsentation

Neue archäologische und kulturhistorische Analysen von Maxentius' Repräsentation haben aufgezeigt, dass der Kaiser die gewählte Rolle als *conservator urbis* (Bewahrer Roms) durchaus auszufüllen versucht hat. Hilfreich sind besonders Arbeiten, die die Außenwirkung der Audienzhalle des Kaisers näher untersucht haben, die offenbar in einer Wechselbeziehung mit dem erneuerten Roma und Venus-Tempel stand [5.3: Leppin/Ziemssen]. Einen Eindruck von der ganz auf Monumentalität setzenden Ästhetik der Zeit geben auch Teile einer Kolossalstatue Constantins [4.3.2: Bardill]. Andere typische Repräsentationselemente der Zeit stellt ein Band von D. Burgersdijk und A. J. Ross [5.3] zusammen. Constantins frühe Kirchenbauten behandelt R. Holloway [5.3].

6 Zum Imperium als Erfahrungsraum

sozialgeschichtliche Studien

Die in der Einleitung vorgestellten großen Strömungen der Forschung zur Hohen Kaiserzeit haben die Religions- und Wirtschaftsgeschichte in anderer Weise als die zuvor behandelten thematischen Zusammenhänge beeinflusst. Für die klassische Politikgeschichte waren die Inhalte und Ergebnisse dieser Disziplinen nur bedingt relevant. Sozialgeschichtliche Studien haben bspw. Gruppen analysiert, aus denen „Priester" in Rom oder den Provinzen rekrutiert wurden. Da solche Spezialisten aber aus den gleichen Schichten kamen, die auch politisch prominent waren, haben sich aus diesen Studien keine langfristig wirksamen Impulse für die Religionsgeschichte ergeben. Die sozialhistorische Forschung des 20. Jh. ging zudem oft davon aus, dass ökonomisches Handeln in der Hohen Kaiserzeit so tief in andere gesellschaftliche Rollenprägungen eingebettet war, dass ihm nur eine untergeordnete Bedeutung zukam. Die prominentesten kulturhistorischen Ansätze zur Hohen Kaiserzeit sind auf die Interaktion der Kaiser und Amtsträger mit ihrem Umfeld fokussiert. Ökonomische oder religiöse Themen werden dieser Perspektive untergeordnet. Spezifisch wirtschafts- und religionshistorische Studien haben sich zwar kulturhistorischen Methodiken geöffnet, setzen aber andere Akzente als der in der Einleitung behandelte Mainstream dieser Richtung, indem sie bspw. ökonomisch handlungsleitende Weltbilder oder die Individualisierung religiöser Vorstellungen untersuchen. Die jüngere Wirtschafts- und Religionsgeschichte sind aber in hohem Maße von imperialhistorischen Perspektiven beeinflusst, die in besonderer Weise den Dimensionen des römischen Herrschaftsraums Rechnung tragen. Solche Ansätze nehmen das Reich als einen Erfahrungsraum in den Blick, der auch durch Mobilität und Interaktionen geprägt war [bspw. 6.: Lo Cascio/Tacoma] und analysieren deren Auswirkungen. Zu Mobilität und Austausch haben besonders Infrastrukturmaßnahmen beigetragen. Für vergleichende Studien eignet sich aufgrund der zahlreichen Meilensteinfunde vor allem der Straßenbau [6.: Rathmann; French].

kulturhistorische Ansätze

imperialhistorische Perspektiven

Die Größe der Reichsbevölkerung wird seit dem 19. Jh. in ähnlicher Weise berechnet bzw. erschlossen. Die meisten Schätzungen gehen davon aus, dass in Italien und den Kernprovinzen des Imperiums etwas über 50 Millionen Menschen gelebt hätten, eine Zahl, die in der Hochphase des Friedens und der wirtschaftlichen Blüte im 1./2. Jh. auf vielleicht 60 Millionen oder wenig darüber angestiegen sein könnte. In der Folge der unter Marcus ausgebrochenen Epidemie und während der militärischen Wirren seit der Mitte des 3. Jh. hätte sich die Bevölkerungszahl dann wieder eher dem niedrigeren Wert angenähert [einflussreich 6.: Frier]. Forscherinnen und Forscher, die annehmen, im Imperium sei es zwischenzeitlich zu einem Wirtschaftswachstum gekommen, das sich nicht nur aus Kriegsgewinnen und anderen kurzzeitig wirksamen Impulsen speiste, setzen oft auch höhere Werte bei den Einwohnern an. Aber auch W. Scheidel und J. Friesen [6.], die Thesen eines innovationsgetriebenen Wachstums skeptisch gegenüberstehen, gehen davon aus, dass Mitte des 2. Jh. bis zu 70 Millionen Menschen im Reich gelebt haben

Größe der Reichsbevölkerung

Urbanisierungsgrad

könnten. Sowohl auf die Bevölkerungsdichte wie auf die ökonomische Leistungskraft der Regionen im Imperium kann bspw. aus dem je nachweisbaren Urbanisierungsgrad geschlossen werden. Die Unterscheidung zwischen Stadt und Land ist analytisch allerdings nur bedingt weiterführend. Große Teile des vom Imperium kontrollierten Gebietes waren rechtlich Städten zugeordnet. Viele Städter bebauten Land in der Umgebung des Zentralortes. Zudem sind viele Orte, die nach antiken Vorstellungen Städte (*civitates, municipia, poleis* etc.) waren, nach heutigen Maßgaben kaum Dörfer gewesen. Alle Versuche einer Berechnung jenes Teils der Bevölkerung, der in urbanen Zentren lebte, sind also mit großen Problemen behaftet. Die Vermutungen in der Forschung, wie hoch der Anteil der Städterinnen und Städter an der Gesamtbevölkerung war, fallen jedoch zumeist in einen Kanal zwischen 10–20 % [etwa 6.: Woolf]. Tendenziell für den höheren Wert argumentiert P. Bang [6.], für einen niedrigeren G. Alföldy [1.2: 123].

6.1 Zu den im Imperium erhobenen Abgaben

tributum

Da Rom vor allem militärisch expandiert hatte, war sein Reich zunächst ein tributärer Raum im heutigen Sinn. Das lateinische Wort *tributum* war vielschichtiger, als es der moderne Begriff ist. Trotz der eminenten Bedeutung von Steuern für das Bestehen und Stabilität des Imperiums tragen alle Aussagen über die von der Reichsbevölkerung eingeforderten Leistungen aufgrund der Beschränkungen der Quellen jedoch einen hypothetischen Charakter. Als Ausgangspunkte für Überlegungen zum Verhältnis der Einnahmen zu den Ausgaben des Imperiums dienen in der Regel die mit einer gewissen Plausibilität errechnete Bevölkerungszahl und die zwingend zu erbringenden Aufwendungen für die Kernaufgaben des Reichs. Diese Kernaufgaben bildeten unstrittig die Versorgung der Armeen und Roms [W. Scheidel, The Early Roman Monarchy, in: 5.1.2: ders./A. Monson, 529–267]. Die Annahmen darüber, welchen Anteil vom erwirtschafteten Sozialprodukt das Imperium und die Städte, die seinen Unterbau bildeten (gerade in englischsprachigen Studien oft zusammen „der Staat" genannt) durch Abgaben abgeschöpft haben, liegen angesichts vieler Unsicherheiten jedoch weit auseinander. Viele Forscherinnen und Forscher akzeptieren die Schätzungen, die K. Hopkins in einem einflussreichen Beitrag zu den Möglichkeiten ei-

die Versorgung der Armeen und Roms

Quantifizierung

ner Quantifizierung der antiken Angaben zum Steueraufkommen und zur imperialen Wirtschaft bereits 1980 zur Diskussion gestellt hatte [6.1: Taxes; Rome]. Die von Hopkins erschlossene Abschöpfung im Umfang von 5–7 % entspräche in etwa dem Volumen, die für viele europäische politische Systeme bis in das 17. Jh. belegt sind. Da nach seiner These das von der Besteuerung weitgehend freigestellte Italien außerordentlich dicht besiedelt gewesen sein soll, hat E. Lo Cascio den Anteil des „Staates" noch deutlich niedriger veranschlagt [The Early Roman Empire, in: 2.3.1: Scheidel/Morris/Saller, 619–647]. In einer abstrakt konzipierten und vergleichenden Einordnung der römischen Daten hat P. Bang [6.] vorgeschlagen, die Abschöpfungsquote habe eher bei 15 % des Sozialprodukts gelegen. Ausgehend von den besonders gut dokumentierten ägyptischen Abgaben [6.1: Wallace] hat A. Bowman [6.1] ähnliche Werte errechnet. Eine Abschöpfung in dieser Größenordnung wäre mit der in der Forschung verbreiteten These, die Steuerlast im Imperium sei sehr niedrig gewesen, nicht mehr vereinbar. Dies gilt zumindest für die ärmeren Bevölkerungsteile. Die sozialhistorische Forschung hatte der schmalen Elite aus Senatoren, Rittern und städtischen Aristokratien oft die große Mehrheit der anderen Menschen gegenübergestellt. Sie seien zwar hinsichtlich ihrer Erwerbstätigkeit und ihres Status' sehr differenziert gewesen, aber hätten selten über größere Erträge oder Einnahmen verfügt. Reich gewordenen Freigelassenen wurde dabei oft eine Sonderrolle zugewiesen [zur Diskussion: 1.2 Alföldy]. Neuere wirtschaftshistorische Studien betonen dagegen oft die Leistungsfähigkeit der römischen Ökonomien. Sie gehen aus diesem Grund davon aus, dass vorhandener Reichtum weiter verteilt und die Reichsbevölkerung entsprechend auch in ökonomischer Hinsicht differenzierter gewesen sei [Überblick bei 6.1: Erdkamp/Verboven/Zuiderhoek]. Der Darstellungsteil folgt W. Scheidel und J. Friesen [6.], die eine Art Mittelschicht von vielleicht 6–12 % ausweisen. Auch nach dieser Kalkulation hätte der Lebensstandard der großen Mehrheit nur knapp über dem Subsistenzniveau gelegen. Für sie können die Steuern kaum niedrig gewesen sein. Schließlich hat K. Hopkins [6.1: Rome] vorgeschlagen, dass die Eliten die Abgaben moderat gehalten hätten, weil sie von einem großen Teil jener Gruppen, die für die Masse der Steuern aufkommen mussten, auch Pachtsummen einforderten. Pacht und Steuern hätten demnach in Konkurrenz gestanden.

die Steuerlast

Ägypten

Aus der Frühen und Hohen Kaiserzeit sind unterschiedliche Begriffe für Bodensteuern überliefert. Sie verweisen aber offenbar nicht auf unterschiedliche Veranlagungsformen, sondern wurden zu unterschiedlichen Zeiten verwendet [6.1: Grelle]. Die Hauptsteuern, die von der Frühen Kaiserzeit bis zur Mitte des 3. Jh. erhoben worden sind, bilden sich nur im papyrologischen Befund aus Ägypten klarer ab. Allerdings weist diese Provinz durch die Abhängigkeit von der Nilüberschwemmung und, zumindest bis zur Severerzeit, die geringe Zahl autonomer Stadtgemeinden eine Reihe von Besonderheiten auf. Es bleibt daher umstritten, ob Ergebnisse von Analysen der papyrologischen Zeugnisse für die imperialen Steuern auf die übrigen Provinzen übertragen werden können [zur Diskussion 6.1: Schmidt]. L. Neesen [6.1] hat die spärlichen Hinweise auf außerägyptischen Kopf- und Bodensteuern aus der Kaiserzeit zusammengetragen, bleibt aber summarisch und gibt die wenigen Zeugnisse noch dazu in fußnotenartigen Katalogen wieder, statt sie einzeln zu kontextualisieren. Aufgrund dieser Defizite hat die Rezension des Buchs von P. Brunt [6.1] den Charakter einer eigenen Abhandlung gewonnen, weil sie pointiert zusammenfasst und im Einzelfall korrigiert, was Neesen nur auflistet. Gegen Neesen deutet W. Scheidel [The Early Roman Monarchy, in: 5.1.2: ders./A. Monson, 529–267] die Überlieferung so, dass Kopfsteuern grundsätzlich überall erhoben wurden. Scheidel geht zudem davon aus, dass das Imperium sich vor allem auf die Einnahmen aus bestimmten Kernregionen verließ, sodass sich die Besteuerung ungleich verteilte.

außerägyptische Kopf- und Bodensteuern

Unterschiede in der Veranlagungsart und der Steuerhöhe

In der Hohen Kaiserzeit lassen sich Tendenzen zu einer Vereinheitlichung der Bodensteuern und zu ihrer Erhebung in Geld herausarbeiten [6.1: France, Remarques]. Die Unterschiede in der Veranlagungsart und der Steuerhöhe zwischen Regionen, ja Orten, müssen gleichwohl beachtlich gewesen sein. Dazu trugen Besserstellungen von Städten bei, die durch solche Privilegien *immunes*, das heißt in unterschiedlichem Maße von Leistungen befreit waren. R. Bernhardt [6.1] hat argumentiert, dass diese Freistellungen sich zumindest in der Kaiserzeit nur selten auf alle Anforderungen des Imperiums erstreckten. Erhaltene Bürgerrechtsverleihungen wie die *Tabula Banasitana* [6.1: Seston/Euzennat] oder die *Constitutio Antoniniana* (P. Giss. I 40, Kol. I) zeigen, dass die Kaiser mit Steuerprivilegien zurückhaltend umgingen [3.1: Imrie]. Eine allgemein zugängliche Monographie zum kaiserzeitlichen Provinzialzensus bleibt ein Desiderat [Ansätze bei 6.1: Le Teuff]. Während der militärischen Wirren des 3. Jh. wurde die Datenerhebung offenbar vernachlässigt. An die unter Aurelian einsetzende Inflation konnten die monetarisierten Steuern offenbar nicht adaptiert werden [zur Ressourcenerhebung im 3. Jh. 3.: de Blois]. Seit Diocletian wurden daher wieder öfter Naturalabgaben erhoben (vgl. 5.1.2).

Binnenzölle

Den vom Imperium erhobenen Binnenzöllen ist zuletzt größere Aufmerksamkeit gewidmet worden. Standards haben vor allem Untersuchungen zum gallischen Großraum (um Frankreich) und dem historischen Raum *Asia* (der Westtürkei) gesetzt [6.1: France, Quadragesima; Cottier]. Da in der Donauregion kaiserliche Fiskalagenten bereits in der zweiten Hälfte des 2. Jh. die Erhebung der Zölle von den sonst bezeugten Pächtern übernommen zu haben scheinen, wäre eine monographische Neubewertung des einschlägigen Materials besonders hilfreich [veraltet ist 6.1: de Laet]. Diese „direkte Regie" imperialer Zölle durch kaiserliche Agenten scheint im 3. Jh. verbreitet gewesen zu sein. Während die ältere Forschung die diversen Abgaben, die Provinzstädte einzogen, noch als weitgehend irrelevant veranschlagte, wird den aus ihnen erzielten Einnahmen in jüngerer Zeit größere Bedeutung zugemessen [6.1: Schwarz; Zuiderhoek]. Nach P. Kritzinger [6.1] sollen städtische Zölle allerdings in aller Regel in imperiale Kassen geflossen sein. Die Außenzölle behandelt etwa W. Scheidel [The Early Roman Monarchy, in: 5.1.2: ders./A. Monson, 529–267] mit. Die Quellen zu den Verbrauchssteuern, die auch in Italien erhoben wurden, diskutiert S. Günther [6.1].

6.2 Zu Produktion, Distribution und Konsum

6.2.1 Zu älteren und neueren Deutungen der Ökonomien im Imperium

die Größe der imperialen Wirtschaft

Die Themenkomplexe Einnahmen und Ausgaben des Imperiums sowie Produktion und Konsum im Imperium werden in der Forschung oft gemeinsam behandelt, weil die Zahlungen für die Berufsarmee und die Versorgung Roms zu den wenigen mit einiger Sicherheit berechenbaren Indizien für die Größe der imperialen Wirtschaft gehören. Aus diesen Kosten lässt sich auf die Mindestabgabenhöhe und damit indirekt auf die Leistungsfähigkeit der einzelnen Haushalte schließen. Annahmen über den „Haushalt" des Imperiums und die Steuerlast werden dann zu dem Bedarf Einzelner bzw. der Summe dieser Individuen, zu der Produktivität von Land und eventuellen Steigerungschancen durch Innovationen wie bessere Mühlen und ähnlichen Parametern in Beziehung gesetzt. Da eine Übertragung antiker Geldwerte in heutige Währungsangaben nicht möglich ist, wird oft Weizenäquivalent in kg als Recheneinheit genutzt. Weizen war als Ware und Tauschmittel historisch weit verbreitet, wodurch epochenübergreifende Vergleiche erleichtert werden. Da uns für das Imperium gleichwohl viele für einen auch quantifizierenden Ansatz benötigten Daten nicht zur Verfügung stehen, beruhen heutige Analysen oft auf Interpretationen von Substituten („Proxies") wie etwa der Intensität des Münzumlaufs. Unabdingbar für eine solche Herangehensweise ist zudem, mit Transfers aus anderen Wirtschaftskulturen zu arbeiten, die als vergleichbar eingestuft werden. Studien wie die von A. Maddison [6.2.1] oder R. Goldsmith [6.2.1] haben zu diesem Zweck leider oft ebenso unsicheres Zahlenmaterial aus einem breiten Spektrum historischer Ökonomien zusammengestellt. Durch die Übertragung solcher Angaben auf römische Kontexte steigern sich die Interpretationsrisiken allerdings exponentiell. Mehr als mögliche Bezugshorizonte für die Entwicklung eines hypothetischen römischen Sozialprodukts können Werke dieser Art nicht bieten.

„Proxies"

Einführungen in antikes Wirtschaftshandeln

Einführungen in antikes Wirtschaftshandeln nehmen oft Phänomene der griechischen und römischen Welt, mittlerweile bisweilen auch die globale Antike in den Blick [6.2.1: Ruffing; 4.3.1: von Reden]. Überblicke über die Spezifika etwa der Hohen Kaiserzeit sind seltener [6.2.1: Drexhage/Konen/Ruffing]. Darstellungen der griechisch-römischen Wirtschaftsgeschichte setzen oft bei der sogenannten Bücher-Meyer-Kontroverse an, die sich als Startpunkt eignet, weil sich die beiden eingenommenen Positionen unversöhnlich gegenüberstehen. K. Bücher [6.2.1] hatte Ende des 19. Jh. die ökonomischen Aktivitäten aus allen Phasen der griechisch-römischen Antike als fragmentierte Prozesse gedeutet und daher späteren Stadt- und modernen Volkswirtschaften gegenübergestellt. E. Meyer [6.2.1] hatte darauf insistiert, schon in der griechischen Klassik habe eine Integration von Märkten eingesetzt, die jedenfalls in der Zeit der Imperienbildungen in vielen Aspekten mit europäischen Entwicklungen bis in das 18. Jh. vergleichbar gewesen sei.

Bücher-Meyer-Kontroverse

Globalisierungen

Größere Folgewirkungen auch in der englischsprachigen Welt hat die Meyers Position nahestehende Interpretation von Produktion und Distribution in den hellenistischen Reichen und im römischen Imperium von M. Rostovtzeff [1.1] gezeitigt. Rostovtzeff dient bis heute als Stichwortgeber für althistorische Ansätze, die antike Imperienbildungen als Vorläufer späterer ökonomischer Globalisierungen deuten, da sie durch die politisch-militärische Vereinigung großer Räume zu einer Verbesserung der wirtschaftlichen Performanz beigetragen hätten. In der Forschungsphase nach Rostovtzeffs Tod war jedoch die gegensätzliche Forschungsposition prominenter. M. Finley [6.2.1] etwa analysierte besonders Schriftquellen, bspw. Selbstaussagen von Elitenmitgliedern. Auf dieser Basis kam er zu dem Ergebnis, dass diese Gruppen, die über den Großteil des vorhandenen Kapitals verfügt hätten, an Gewinnmaximierung und Handel mehrheitlich nicht interessiert gewesen seien. Wirtschaftliche Aktivitäten seien so tief in gesamtgesellschaftliche Verhaltensmuster eingebettet und ihnen untergeordnet gewesen, dass sie kein eigenständiges Handlungsfeld dargestellt hätten. Diese These wurde von Anfang an aus verschiedenen Richtungen kritisiert, spätestens aber seit den neunziger Jahren des 20. Jh. scharf angegriffen und gilt heute als widerlegt. Historische Studien haben bspw. ihre methodische Basis problematisiert. Dies betrifft etwa Finleys Umgang mit Modellen, die er den Wirtschaftswissenschaftlern Max Weber oder Werner Sombart entlehnt. Aus Webers Stadttypologie greift Finley für seine Deutung der antiken Ökonomie vor allem auf eine Unterform des Typus der Konsumentenstadt zurück. Bei diesem Stadtmodell verbrauchen Grundbesitzer Erträge aus ihren Ländereien in einer Stadt und erzeugen dadurch zwar Erwerbschancen für Handwerk und Händler, die aber beschränkt bleiben. Exportorientierte Produktion habe es dagegen kaum gegeben. Zwischen Stadt und Umland habe sich Reziprozität eingestellt. Auch nach heutiger Mehrheitsmeinung waren viele antike Städte (klarer definierte) Konsumentenstädte. Doch habe diese Ausgangslage überregionalen Handel oder sogar Wachstum nicht behindert. Die Notwendigkeit, Überschüsse für die Stadtbewohner zu generieren, habe im Gegenteil stimulierend wirken können [6.2.1: Morley; Erdkamp]. Nachhaltig hat sodann die Studie der mediterranen Ökologien und Ökonomien von P. Horden und N. Purcell [6.2.1] gewirkt. Die Autoren zeigen unter anderem, dass die vielen klimatischen Eigenzonen im Mittelmeer es notwendig machten, selbst so verbreitete Güter wie Weizen oder Öl zu im- und exportieren. Auch auf engem Raum sei es zu Ernteausfällen oder Überschussproduktion ge-

Schriftquellen

Konsumentenstädte

klimatische Eigenzonen im Mittelmeer

kommen, die durch (inter-)regionalen Austausch ausgeglichen worden seien. Zudem geht die Forschung heute davon aus, dass das Angebot an landwirtschaftlichen Produkten diversifizierter war als früher angenommen. Dass es neben regionalen, über kleine Häfen abgewickelten Austauschbeziehungen [6.2.1: LEIDWANGER] auch in hohem Umfang überregionalen, ja transkontinentalen Handel mit großen Profitmargen gegeben hat [6.2.1: SCHÄFER; 4.3.1: VON REDEN u. a.], kann heute kaum noch bestritten werden. Und auch die politischen Eliten waren in diese Geschäfte involviert, trotz der speziell für Senatoren wohl gesetzlich, ansonsten aber durch gesellschaftliche Konventionen bestehenden Einschränkungen und überlieferten Lippenbekenntnissen zu aristokratischen Idealen.

Handel

Zu diesem weitgehenden Konsens trägt entscheidend bei, dass in den letzten Jahrzehnten wirtschaftshistorische Studien nur selten bei der Analyse literarischer Quellen ansetzen. Leitdisziplin ist mittlerweile die Archäologie. Materialzusammenstellungen, Kartierungen und Einordnungen von Funden bilden die wichtigsten Grundlagen der neueren Forschung. Konjunktur haben zudem quantifizierende Ansätze, wie sie zu Beginn des Abschnitts angesprochen wurden. In ihre Methoden und Ergebnisse führt exemplarisch ein Band von A. BOWMAN und A. WILSON [6.2.1] ein. Um Einseitigkeiten in der Überlieferung entgegenzuwirken, setzen Studien dieser Richtung mittlerweile auch auf Computersimulationen [6.2.1: BRUGHMANS/WILSON]. Viele wirtschaftshistorische Arbeiten der letzten Jahrzehnte sind sodann zumindest terminologisch und in den Vorüberlegungen von Douglass Norths „Neuer Institutionenökonomik" beeinflusst, sodass sich zwischenzeitlich eine gewisse Einheit in der Vielheit der Ansätze herausgebildet hat [Überblicke bei 6.2.1: RUFFING/VON REDEN; MURRAY/BERNARD]. Institutionen meint in diesem Kontext Regelwerke. Der Begriff deckt dabei ein breites Spektrum solcher Einrichtungen ab, das von „staatlichem" Recht bis hin zu sozialen Normen im weitesten Sinn reicht, sodass sich der Terminus an diesem Pol fast schon dem Sinn „Wirtschaftskultur" annähern kann. Die meisten Studien, die der Neuen Institutionenökonomik verpflichtet sind, zielen darauf ab, die Quantität und Qualität von wirtschaftlichen Transaktionen und deren Kosten auf die zeitspezifische Ausgestaltung gesellschaftlicher Institutionen, etwa die Zugänglichkeit von Informationen, zurückzuführen. Aus den kaiserzeitlichen Institutionen und / oder Substitutquellen wird heute oft auf eine wirtschaftliche Verflechtung größerer Reichsteile, strukturell bedingtes

„Neue Institutionenökonomik"

Quantität und Qualität von wirtschaftlichen Transaktionen

Wachstum und daraus resultierenden Reichtum größerer Bevölkerungsteile geschlossen [zur Diskussion 6.2.1: Lo Cascio; Wilson; 2.3.1: Scheidel/Morris/Saller]. Diese Fixierung darauf, die imperiale Ökonomie an aktuellen liberalen Konzepten zu vermessen, ist allerdings in jüngerer Zeit auch kritisiert worden [6.2.1: Saller (zur Methodik); Hobson (zur Zielsetzung)]. In den letzten Jahren sind aber auch viele wirtschaftshistorische Studien mit kulturgeschichtlichen Fragestellungen erschienen, die sich nicht leicht einer Überschrift zuordnen lassen [bspw. 6.2.1: Tietz (zum Einfluss von Religion auf die Wirtschaft); Takahashi (zu familiären ökonomischen Verhaltensmustern)].

6.2.2 Zu Akteuren und Rahmenbedingungen ökonomischen Handelns

Anreize für die Intensivierung von Produktion

Fragestellungen und Herangehensweisen der Wirtschaftsgeschichte bewegen sich oft innerhalb eines einheitlichen Spektrums. Über inhaltliche Aspekte wird dagegen weiterhin kontrovers diskutiert. Dazu zählt in besonderer Weise die Frage, welche Faktoren Anreize für die Intensivierung von Produktion sowie die Orientierung an Märkten gebildet hätten. Zeitweilig dominierten Thesen, wonach im Sinne M. Rostovtzeffs [1.1] Produktion, Distribution und dann Konsum Selbstzwecke waren. Gegenstimmen gehen bspw. im Einklang mit dem schon erwähnten Modell von K. Hopkins [6.1: Taxes] davon aus, dass Steuern und andere Leistungspflichten wesentliche Pull-Faktoren gewesen seien. Die Abschöpfung von Ressourcen hätte demnach durch entstehende Defizite an Geldreserven Überschussproduktion mit dem Ziel von Gewinnmitnahmen erst notwendig gemacht. Zugleich habe das Imperium durch Investitionen in Infrastruktur, die eigentlich zunächst militärischen oder fiskalischen Zwecken diente, überregionalen Handel wenn nicht ermöglicht, so doch wesentlich erleichtert. Die politisch-militärische Durchdringung des imperialen Raums habe demnach Produktion und Distribution entscheidend beeinflusst. Der wichtigste neuere Vertreter einer solchen, durch historische Vergleiche aktualisierten Position ist P. Bang [6.]. Nach Bang sei die Produktion im Imperium zumeist nicht an Marktmechanismen wie Profitmaximierung orientiert gewesen. Eher habe eine Form des Austauschs vorgeherrscht, wie sie auch in zentralasiatischen Imperien, etwa dem neuzeitlichen Mogulreich, zu beobachten sei. Statt des Markts wird so der Basar zur

Steuern

Metapher für die Wirtschaft der Hohen Kaiserzeit. Trotz Kritik haben die Anhänger des Modells einer auf Profite und Leistung ausgerichteten imperialen Wirtschaft zuletzt auch Gemeinsamkeiten mit den Befürwortern der These, die imperialen Ökonomien seien stärker politisch geprägt gewesen, betont. Auch sie heben hervor, dass „staatliche" Interventionen oft Absatzmärkte erst erschlossen oder ihr Funktionieren sichergestellt hätten [bspw. 6.2.2: Bowman/Wilson; dort findet sich der in Teil I erwähnte Beitrag Wilsons Trade across Rome's Southern Frontier, 599–624]. Davon abweichend haben andere Forscher wie M. Versluys (Luxus-)Artikeln bspw. aus Ägypten, Zentral- oder sogar Ostasien, die den Weg ins Imperium fanden, geradezu eine eigene Handlungsmacht zugeschrieben. Menschliche Akteure, ja das Imperium werden so zu nachgeordneten Größen, die von Objekten mitgesteuert worden seien [etwa 6.2.2: Versluys/Pitts]. Wie die Forschung langfristig auf solche Gedankentransfers aus dem 21. Jh. reagieren wird, bleibt abzuwarten.

„staatliche" Interventionen

politische Märkte

Unstreitig hat das Imperium einen großen Teil der Einnahmen darauf verwandt, Rom und das Militär zu versorgen (vgl. 6.1). Dass die Bedeutung dieser politischen Märkte vor allem mit wirtschaftshistorischen Fragestellungen untersucht wird, ist dabei trotz der Pionierarbeit von K. Hopkins [6.1: Taxes] eine neuere Entwicklung. Die sozial- und rechtshistorische Forschung hatte vor allem administrative Strukturen und rechtliche Rahmenbedingungen der hauptstädtischen Lebensmittelbevorratung diskutiert [6.2.2: Pavis d'Escurac; Höbenreich]. Logistik und Unterhalt der Armeen werden vor allem in militärgeschichtlichen Studien behandelt [Überblick bei 6.2.2: Erdkamp]. In einer wichtigen Untersuchung der Truppenversorgung hat F. Mitthof [3.2.1] gezeigt, dass unverzichtbare Güter wie Weizen von den prokuratorischen Dienststellen beschafft wurden, während andere Produkte entweder von der Armee in Eigenregie oder durch Handel organisiert wurden. Dagegen soll nach E. Lo Cascio [L'approvvigionamento dell'esercito romano, in: 6.2.2: Ders./de Blois, 195–206] selbst die Heeresversorgung weitgehend auf den freien Markt angewiesen gewesen sein.

Regionalstudien

Gegenüber Beiträgen zu großen Debatten lassen sich Einzelfallstudien mit eigenen Schwerpunkten in einem Überblick nur unzureichend kontextualisieren. Eine Einführung in unsere Kenntnisse über römische *villae rusticae* hat etwa U. Heimberg [6.2.2] vorgelegt, Fallbeispiele für solche und andere landwirtschaftliche Betriebe diskutiert ein von A. Marzano und G. Métraux [6.2.2] edierter Band.

Hilfreich sind materialreiche Regionalstudien von Produktion und Warenverkehr, wie sie H. Brandt [6.2.2] für den Südwesten Kleinasiens oder P. Rothenhöfer [6.2.2] für Teile des römischen Deutschlands vorgelegt haben. Wie auch die komparative Studie von J. Hoffmann-Salz [6.2.2] demonstrieren sie, dass die Integration von Regionen in das Imperium sehr unterschiedliche Wirkungen zeitigen konnte, oft aber mit einer Intensivierung von Anbau, Abbau und Austausch einherging. Diese Wirkung konnte sich zeitnah, aber auch erst mit langen Verzögerungen einstellen.

7 Sakrale Landschaften und imperiale religiöse Tendenzen

Religion als Zeichensystem

Wenn der Begriff Religion auf Handlungen und Vorstellungen der römischen Kaiserzeit angewandt wird, bezeichnet er andere Phänomene als im heutigen Sprachgebrauch. Definitionen fallen entsprechend entweder quellennah konkret aus oder werden absichtlich abstrakt gehalten, um ein breites Spektrum von Religionen abzudecken. Einflussreich waren Studien des Kulturanthropologen C. Geertz [7.], der Religion als Zeichensystem verstand, durch das Weltbilder kreiert und zum Ausdruck gebracht werden konnten und Stimmungen hervorgerufen wurden, die solche Weltbilder überzeugend erscheinen ließen. Zeichen dieser Art, Bilder von Gottheiten, Gebete, religiös aufgeladene Gesten, Vorzeichen oder sakrale Bestimmungen, waren in allen Teilbereichen antiker Gesellschaften präsent. Eine mit der von Geertz vergleichbare Bestimmung hat zeitweilig der zurzeit prominenteste Forscher zur römischen Religion, J. Rüpke [7.] verwendet. Dieses Wortfeld wird im Darstellungsteil aufgegriffen. Mittlerweile deutet Rüpke Religionen in Anlehnung an kulturhistorische Paradigmen (vgl. I.1) eher als Form der Kommunikation [7.: Rüpke/Pines/Biran]. Andere Ansätze, antike oder römische Ausprägungen von Religion zu verstehen, stellen V. Rosenberger [7.] oder B. Linke [7.] zusammen. Diese Einführungen bieten zugleich gelungene Überblicke über die fremdartig oder irrig vertraut wirkenden religiösen Phänomene der griechisch-römischen Kulturräume. Der thematische Zuschnitt des Darstellungsteils ist angelehnt an einen von J. Rüpke und G. Woolf edierten Band [7.], der wiederum in der Tradition eines einflussreichen Werks von M. Beard, J. North und S. Price [7.] zu den (vielen) Religionen Roms steht.

die Art der Überlieferung

Wie stets formt auch bei dem Themenfeld Religion die Art der Überlieferung die moderne Herangehensweise vor. Die Masse der tradierten Quellen ist archäologischer Art und muss daher mit den Mitteln dieses Fächerverbundes ediert und interpretiert werden. Viele wichtige literarische Quellen zu religiösen Handlungen und sie möglicherweise begründenden Vorstellungen, die spezifisch die Stadt Rom bzw. Latium oder römische Bürgerinnen und Bürger betreffen, sind in der späten Republik entstanden. Dazu zählen die religionsphilosophischen Werke Ciceros (etwa *de divinatione, de legibus*) oder die Religionskritik des Lucrez. Ob die von den genannten antiken Autoren formulierten Stellungnahmen und Deutungen auch für die Hohe Kaiserzeit Relevanz besitzen, muss im Einzelfall geprüft werden. Die meisten literarischen Quellen mit Bezug zu religiösen Zeichensystemen wurden zudem von Mitgliedern der sozialen Elite verfasst. Dass die von diesen Autoren formulierten Ansichten als repräsentativ für die Mehrheitsansicht gelten können, kann zumindest nicht vorausgesetzt werden und muss in einigen Fällen sogar als unwahrscheinlich gelten. Antike Autoren verweisen schließlich oft auf die eminente Bedeutung der korrekten Durchführung von religiösen Ritualen für das Wohlergehen der Gemeinschaft. Bei solchen Darstellungen steht Orthopraxie, der rechte Vollzug, nicht Orthodoxie, der rechte Glauben, im Zentrum der Aufmerksamkeit. Die Konzentration auf Orthopraxie ist in der Forschung daher oft als Kernelelement römischer Religiosität ausgemacht worden [zur Diskussion 7.: Scheid, Faire; Romulus]. Diese Deutung ergibt sich auch daraus, dass literarische Darstellungen zu religiösen Handlungen oft aus politischen Kontexten stammen. Dieser Quellenfilter hat dazu beigetragen, dass städtisch organisierte Kultausübungen (die sogenannte „*polis*-Religion" bzw. ihr römisches Gegenstück) das besondere Forschungsinteresse auf sich gezogen haben. Aufgrund der Dominanz von Eliten-kontrollierter Orthopraxie in solchen Zusammenhängen hat C. Ando [7.] in einer viel rezipierten Studie Fragen nach zugrundeliegenden Glaubensvorstellungen oder religiöser Individualität als schon im Ansatz verfehlt bezeichnet. Die schon angesprochene Erfurter Schule um J. Rüpke forscht hiervon abweichend verstärkt zu der Bedeutung von Religion/Kulten in weiter gefassten Lebenswelten einzelner Menschen und Wechselwirkungen zwischen diesen Bereichen und religiösen Strukturen.

Prosopographien

Durch Schlaglichter in der antiken Literatur und Inschriften sind ansonsten oft Funktionsträger unterschiedlicher Kulte bezeugt. Meist wird aber nur erwähnt, dass eine in der Regel sozial prominente Person ein Amt innehatte. Über sakrale Handlungen wie Opfer wird schon seltener berichtet, während ihre Kontexte in der Regel vorausgesetzt werden. Angesichts dieser Art der Überlieferung nehmen Prosopographien, also Werke, die personenbezogene Daten zusammenstellen, einen zentralen Platz in der Forschungslandschaft ein [etwa 7.: Rüpke/Glock].

Die Forschung zu Religionen im Römischen Reich konzentriert sich in den letzten Jahrzehnten auf zwei größere Themen. Oft ist der Fokus nicht auf übergeordnete Deutungsmuster und Großkategorien gerichtet, sondern auf konkrete Handlungen in spezifischen Kultörtlichkeiten (7.1). Diese Detailuntersuchungen können in einem kurzen Forschungsüberblick nicht angemessen kontextualisiert werden. Zu solchen Mikrostudien treten Analysen von Wechselwirkungen zwischen Religionen, von Einflüssen und Strömungen, die sich aus Mobilität und Austauschmöglichkeiten im Imperium ergaben (7.2).

7.1 Zu Beispielen für verortete Religion

Sakrallandschaften Roms

Die Sakrallandschaften Roms sind immer wieder untersucht worden, in der Regel mit einem Fokus auf einzelne oder mehrere miteinander in Beziehung stehende städtische Areale [Überblicke bei 7.1: Kolb; zu Memoriallandschaften: Latham]. Die Forschung zu den hadrianischen und severischen Baumaßnahmen wurde unter 2.2.2 und 3.2.2 besprochen. Die höchste Gruppe sakraler Funktionsträger bezeichnet die Forschung meist mit dem Wortfeld „Priester“. Schon um Unterschiede zu jüdischen oder christlichen Vorstellungen und Aufgabenprofilen präsent zu halten, verwendet J. Rüpke oft den Terminus „Spezialisten“ [7., Kap. 11].

„Priester“

pontifex maximus

Seit 12 v. war der Herrscher regelmäßig *pontifex maximus*. Die Position als „oberster Priester“ mit Aufsichtsrechten war unbestritten eine wichtige Komponente der Ansammlung von Kompetenzen, Handlungsoptionen und Wahrnehmungen, die wir Kaiserwürde nennen. Leider geben fast nur einige Quellen zur Frühen Kaiserzeit und vielleicht Berichte über Constantins Interventionen in christliche Konflikte aus dem frühen 4. Jh. detaillierter Auskunft über Situationen, in denen Kaiser nicht aufgrund einer undifferenzierten Machtfülle, sondern spezifisch als *pontifices maximi* aktiv wurden. Bildliche Darstellungen zeigen Kaiser zudem bei Opfern, belegen aber wohl nicht ihre persönliche Teilnahme an der jeweiligen Zeremonie [7.1: Stepper].

stadtrömisch-senatorische Priesterämter

Die Überlieferung zu den Aufgabengebieten vieler stadtrömisch-senatorischer Priesterämtern ist sehr fragmentiert. Oft liegt der Fokus von Quellen und Forschung auf den politischen Einflussmöglichkeiten dieser Funktionen in der Republik. Auch bei den *pontifices*, einem heterogenen Gremium, das für die *sacra*, die den Göttern entgegengebrachten Handlungen, zuständig war, dokumentieren die Quellen der Kaiserzeit meist nur die Übernahme des Amts durch prominente Senatoren. F. van Haeperen [7.1] kann in ihrer diachronen Studie aber wahrscheinlich machen, dass das Kollegium viele in republikanischer Zeit belegte Aufgaben weiterhin wahrgenommen hat. Den größten Erkenntniszuwachs bezüglich der Rollen und Pflichten senatorischer Priester haben die einschlägigen Studien von J. Scheid [7.: Romulus; Faire] gebracht. Scheid hat besonders die reichen epigraphischen und archäologischen Befunde zum *Dea Dia*-Kult in Rom aufgearbeitet. Seine Ansätze sind der unter 7. vorgestellten Tradition verpflichtet, sinnstiftende Orthopraxie als das Zentrum römischer Religion anzusehen.

Einflussmöglichkeiten im Kult

Die Forschung geht zumeist davon aus, dass ein erheblicher Teil der soziopolitischen Macht von Senatoren und stadtbasierten lokalen Eliten aus ihren Einflussmöglichkeiten im Kult herrührte. Die Art der Einflussnahme solcher Spezialisten näher zu charakterisieren, fällt trotz intensiver Forschung schwer. C. Ando hat in seinen vielfältigen Studien den überragenden Stellenwert des römischen Sakralrechts für viele Lebensbereiche römischer Bürgerinnen und Bürger herausgearbeitet. Diese Herangehensweise ordnet sich in die größere geschichtswissenschaftliche Strömung ein, Entstehung, Formen und Möglichkeiten der Kontrolle von gesellschaftlichem

Wissen

Wissen zu untersuchen [7. und 7.1: Ando/Rüpke]. Breit rezipiert worden ist auch ein von R. Gordon für die urbanen Kernzonen des Imperiums entwickeltes Modell [7.1]. Unter Anknüpfung an griechisch-hellenistische Vorbilder hätten städtische Priester als oder wie Wohltäter (Euergeten) gewirkt, die bspw. über das Opfer und die Kontrolle über das Opferfleisch versucht hätten, den soziokulturellen Zusammenhalt der jeweiligen Gemeinschaften zu erhalten. Das Imperium habe dieses Konzept eines Priester-Patrons regelrecht propagiert, um dadurch andere, potentiell disruptive Interpretationen dieser Rolle zu marginalisieren.

Kolonien und Munizipien

In den Fragmenten von Stadtrechten, die die Zentralregierung für römisch organisierte Städte wie Kolonien oder Munizipien erlassen hat, ist das Thema „Religion" im weitesten Sinn durchaus vertreten. Doch hatten die Bürgerinnen und Bürger solcher Gemeinden bei der Ausgestaltung ihrer sakralen Landschaften offenbar größere Spielräume als früher angenommen. Bspw. sind Tempel für die Kapitolinischen Gottheiten (Iuppiter, Iuno und Minerva) bisweilen erst spät errichtet worden [R. Raja/A.-K. Rieger, Sanctuaries, in: 7.: Rüpke/Woolf, 61–106]. Zu sakralen Zonen in Militärlagern hat C. Schmidt Heidenreich [7.1] die maßgebliche Studie vorgelegt.

sakrale Landschaften im Reich

Die im Darstellungsteil folgenden Beispiele für sakrale Landschaften im Reich sollen einerseits Differenzen zwischen den unterschiedlichen (Mikro-)Regionen, anderseits imperiale Einflüsse auf verortete Formen der Religion verdeutlichen. Der Passus zu Gallien (Frankreich) beruht auf einer einflussreichen Studie von G. Woolf [7.1], die unter anderem die Assimilierungskraft der materiellen Kultur, die mit der römischen Herrschaft ihren Weg nach Gallien fand bzw. dort adaptiert wurde, zum Thema hat. Woolf untersucht zudem, in welchem Ausmaß aus Italien oder dem Imperium eingeführte, beibehaltene oder kombinierte rituelle Praktiken zur Entstehung der diversen gallo-römischen Gesellschaften beigetragen haben. Die Verbindung von einheimischen und römischen Götternamen wie in dem Beispiel des *Mercurius Dumias*-Tempels auf dem Puy de Dôme (Plin. n.h. 24, 18, 45 f.) ist vermutlich einer Gleichsetzung von römischen und indigenen Gottheiten geschuldet. Diese Verbindung wird in der Forschung seit langem mit einem dem Historiographen Tacitus (ca. 55–ca. 120 n. Chr.) entnommenen Ausdruck (Germania 43) als *interpretatio romana* („römische Deutung") bezeichnet. Dieser Ausdruck schreibt allerdings die Deutungshoheit bei der Assimilierung von Gottheiten tendenziell den Vertretern des Imperiums zu. In aller Regel wissen wir jedoch nicht, von wem Angleichungen vorgenommen wurden und was sie für wen bedeuteten [7.: Ando, Kap. 1.3]. Ob moderne Abwandlungen dieses Quellenbegriffs wie *interpretatio indigena* mehr analytisches Potential zukommt, wird noch zu diskutieren sein. Schließlich analysiert Woolf mit einer kulturhistorischen Methodik auch Medienbezüge und be-

Gallien

interpretatio romana

tont, dass Identitäten im römischen Gallien fluide gewesen seien. Die moderne Gegenüberstellung von „keltischen" Indigenen und Römern oder romanisierten Galliern werde dem komplexen Befund in keiner Weise gerecht. Wie schwierig die Interpretation der Quellen bleibt, zeigt die Untersuchung des inschriftlichen und archäologischen Materials aus dem nordgallischen Raum von T. Derks [7.1], dessen Schlussfolgerungen von denen Woolfs abweichen. Verbindungen von römischen und indigenen Gottesnamen seien eher auf den öffentlichen Kult beschränkt geblieben. Sie hätten tendenziell dem Ziel gedient, die einheimische religiöse Kultur und lokale identitäre Optionen möglichst zu bewahren. Die Kultspezialisten, die die Quellen als Druiden bezeichnen, behandelt B. Maier [7.1].

Jupiter(giganten)-säulen

Die Interpretation der Jupiter(giganten)säulen und die Angaben zu dem Verteilungsschema dieser Monumente im Darstellungsteil sind W. Spickermanns Studie zu Religionen im obergermanischen Raum entnommen [7.1]. Die kurze Skizze sakraler Landschaften im heutigen Libanon ist S. Eid Paturel [7.1] verpflichtet, die die intensive archäologische Forschung zu dieser Region in einen kulturhistorischen Interpretationsrahmen einfügt. Einen guten Überblick über die vielfältige religiöse Welt dieser Region bietet T. Kaizer [7.1].

Libanon

Jerusalem

Die archäologischen und Schriftquellen zu Jerusalem und seinen wichtigsten Bauten behandelt konzise die Einleitung zu Cotton/Eck/Isaac [7.1: 1–39]. Die archäologischen Befunde aus dem Umfeld der auf dem Gebiet von Jerusalem angelegten *colonia Aelia Capitolina* hat S. Weksler-Bdolah [7.1] besprochen. Der Analyse von jüdischem Leben im Imperium vor und nach der Zerstörung des Tempels ist das große Werk M. Goodmans gewidmet [7.1]. Die Vielfalt jüdischer Lebensformen, die aufgrund der häufigen Verwendung der Chiffre eines antiken Judentums aus dem Blick zu geraten droht, betonen die eng aufeinander bezogenen Beiträge in einem Band von M. Witte, J. Schröter und V. Lepper [7.1]. Die langsame Entstehung einer rabbinischen Bewegung und imperiale Einflüsse auf sie behandelt etwa H. Lapin [7.1]. In die Besonderheiten ägyptischer Tempellandschaften führen R. Bagnall und D. Rathbone [7.1] ein. Die Aufgaben des *archiereus*, des für Tempel und Priester zuständigen römischen Administrators, diskutiert A. Jördens [2.2.2].

Vielfalt jüdischer Lebensformen

Pausanias

Pausanias' Beschreibungen und Interpretationen von Heiligtümern und Götterbildern im griechischen Mutterland sind in der Vergangenheit oft als eine Art antiquarische Sammlung betrachtet worden, in der sich Wahrnehmungen und Vorstellungen der griechischen Klassik weitgehend unverändert erhalten hätten. Die neuere Forschung hat jedoch gezeigt, dass Pausanias' Darstellung fest in den Gedankenhorizonten des 2. Jh. n. Chr. verwurzelt ist. Aus den vielen Studien, die dem Periegeten in den letzten Jahrzehnten gewidmet worden sind, seien hier die Monographien von M. Pretzler (mit einer kulturhistorischen) [7.1] und M. Hutton (mit einer literaturwissenschaftlichen Zugangsweise) [7.1] herausgegriffen. Das Werk von Pausanias eignet sich aufgrund dieser Neubestimmung auch in besonderer Weise dafür, die Sozial- und Kulturgeschichte Griechenlands in der Hohen Kaiserzeit zu analysieren [7.1: Kouremenos].

7.2 Zu imperialen religiösen Tendenzen

Mobilität

Andere Formen der Religionsausübung gewannen ihre Bedeutung dadurch, dass sie nicht in gleicher Weise auf eine spezifische Örtlichkeit ausgerichtet waren. Ihre Anhängerinnen und Anhänger nutzten die Möglichkeiten des imperialen Binnenraums dazu, Vorstellungen zu verbreiten und sich in unterschiedlichen Regionen zu vernetzen. Einige Menschen wie etwa Pilger [7.2: Elsner/Rutherford] sind aus religiösen Motiven gereist. Andere waren bspw. aus ökonomischen Gründen mobil, haben dabei aber auch religiöse Praktiken oder Lehren transferiert. Das Imperium hat aber nicht nur verbesserte Möglichkeiten für Mobilität geschaffen, sondern sie zum Teil auch organisiert oder erzwungen. Dass die Verlegung von Militäreinheiten auch zum Transfer und danach zur Adaption religiöser Vorstellungen geführt hat, ist gut bezeugt [für ein komplexes Beispiel 7.2: Stoll]. Bei versklavten und danach deportierten Menschen macht der Befund ähnliche Entwicklungen sehr wahrscheinlich.

7.2.1 Zu Kaiserkulten

Vielfalt der Kulte

Der Terminus „Kaiserkult“ wird oft als Dachbegriff verwendet, unter dem unterschiedliche Formen der Verehrung des aktiven Herrschers und seiner divinisierten, also nach ihrem Tod sakralrechtlich zu Gottheiten erhobenen Vorgänger bzw. Familienmitglieder zusammengefasst werden. Moderne Wortschöpfungen wie Kaiserkult oder Herrscherverehrung verweisen auf die Ähnlichkeit der Anlässe, bei denen Gottheiten und Machthabern Gaben, Opfer oder Gebete dargebracht wurden. Sie spielen zudem auf die offizielle Unterstützung für diese sakralen Praktiken an, die auch mit Loyalitätskundgebungen verbunden waren. Sie können aber auch verfehlte Vorstellungen von einer zu großen Einheitlichkeit hervorrufen oder den Anschein erwecken, die unterschiedlichen Überhöhungen der Herrscher seien grundsätzlich von der Regierung ausgehendem Druck geschuldet gewesen. Die Forschung hebt dagegen seit längerer Zeit meist die Vielfalt der Kulte und lokale Besonderheiten der Rituale hervor und betont zumindest für die östliche Reichshälfte die Handlungsmacht der Provinzialen [7.2.1: Price; tendenziell Kolb/Vitale]. Tendenziell steht der Begriff „Kulte" für die förmliche Anerkennung auch der regierenden Herrscher als Gottheiten, während „Verehrung" eher auf ihre Annäherungen an die Götter verweist [7.2.1: Pfeiffer]. Diese Scheidung wird aber oft nicht durchgehalten.

Mochte die Initiative für die Einrichtung von Kulten oder anderen Ritualen auch von unterschiedlichen Akteuren ausgegangen sein, wurden die Kaiser doch schon bald überall im Reich sakral überhöht. Für die Beschäftigung mit dem lateinischen Westen bilden die umfangreichen Studien von D. Fishwick [7.2.1] auch heute noch eine unverzichtbare Grundlage. Fishwick unterschied zwar zwischen offiziellen Anlässen der Herrscherverehrung und kultischen Initiativen von Einzelpersonen oder von Städten im Reich. Er blieb aber zugleich noch der in der älteren Forschung dominanten Position verpflichtet, dass von römischen Bürgerinnen und Bürgern bis in die zweite Hälfte des 1. Jh. n. Chr. eher nicht erwartet wurde, dass sie den lebenden Kaisern Göttlichkeit zuschrieben. Versuche von einigen Herrschern, an diesem Teil der Bürgerideologie der Frühen Kaiserzeit zu rütteln, seien daher von politisch relevanten Teilen der Bevölkerung als Normenverstöße gewertet worden. Diese Deutung ist in der Folgezeit aber mehrfach kritisiert worden. M. Clauss [7.2.1] hat nach Auswertung des epigraphischen Befundes die Gegenposition entwickelt, fast alle Menschen hätten schon in den Anfängen der Kaiserzeit die regierenden Kaiser als zeittypische Gottheiten angesehen. Etwas nuancierter ist die Interpretation von I. Gradel [7.2.1], der regierende Herrscher sei nur in dem Spezialbereich des öffentlichen Kultes mit Beteiligung der politischen Elite den anderen Göttern Roms nicht sofort gleichgestellt worden. Konkret sind zudem Spätdatierungen von Zeugnissen für die kultischen Ehren für Kaiser in Zweifel gezogen worden [7.2.1: Edelmann-Singer].

Westen

Die Forschungsdebatte darüber, wie das Verhältnis der regierenden Kaiser zur göttlichen Sphäre dargestellt und wahrgenommen wurde, wird vor allem mit Blick auf den Westen geführt. Im Osten konnte die kultische Verehrung von Augustus und seinen Nachfolgern an hellenistische Vorbilder anschließen und sich anscheinend ohne Probleme etablieren. In einer viel rezipierten Untersuchung hat S. Price die These grundgelegt, dass jedenfalls in Kleinasien Rituale mit kultischen Komponenten nicht nur die Machtverhältnisse illustrierende Randerscheinungen waren, sondern selbst Aushandlungsprozesse von Macht darstellten [7.2.1].

hellenistische Vorbilder

Vor Commodus' explizierter Selbstannäherung an Hercules (vgl. 2.4.3) scheinen Kontroversen über diesen Teil der Herrscherrolle in der Hohen Kaiserzeit selbst in Rom ihre Relevanz weitgehend verloren zu haben. In den Provinzen bildeten Ausprägungen der Herrscherverehrung jedenfalls einen Teil der imperialen Infrastruktur. Wie tief sie in religiösen Vorstellungen verwurzelt war, können wir nicht mehr klären. In fast allen Provinzen existierten sogenannte „Provinziallandtage", die speziell der Organisation der Herrscherverehrung dienten. Das Grundlagenwerk zu diesen *concilia/koina* bildet die Darstellung J. Deiningers [7.2.1]. Neuer ist die Studie von B. Edelmann-Singer [7.2.1], die vor allem darauf abzielt, die Landtage als wirtschaftliche Netzwerk-Knotenpunkte auszuweisen. In seiner Untersuchung der medialen Präsenz Roms im syrischen Raum zeigt H. Bru [7.2.1], in welchem Ausmaß der Kaiser den Fluchtpunkt des imperialen Referenzsystems bildete. Die Kaiserkulte in größere Sinnzusammenhänge einzubetten, ist auch eines der Ziele einer einflussreichen Monographie von C. Ando [1.2], der die hohe Stabilität der römischen Herrschaft analysiert. Ando erklärt sie mit Legitimationsüberschüssen, die er auf das Charisma der Herrscher und dessen gelungene Verankerung im Alltag durch vielfältige, gerade auch kultische Formen der Kommunikation zurückführt.

„Provinziallandtage"

Auch in der Hohen Kaiserzeit bilden sich spezifische Ausprägungen der Herrscherverehrung vor allem im Quellenmaterial bestimmter Regionen ab oder waren nur dort verbreitet. Die innerstädtische Konkurrenz um das Recht, einen Kaisertempel für den Landtag einer Provinz errichten zu dürfen, ist vor allem im kleinasiatischen Großraum belegt. Die komplexe Überlieferung zum Status als *neokoros* diskutiert B. Burrell [7.2.1]. Vor allem in römisch geprägten Städten sind sogenannte *seviri, seviri Augustales* oder *Au-*

Augustales

gustales belegt. Die Zeugnisse zeigen diese Gremien oder Amtsträger, wie sie sich im Kaiserkult und als Wohltäter ihrer Städte engagierten. Trotz Ähnlichkeiten in der Titulatur sind diese Kollegien von der Forschung als separate Gremien ausgewiesen worden [7.2.1: Duthoy]. A. Abramenko [7.2.1] hat aber plausibel machen können, dass sich die Unterschiede zwischen ihnen in engen Grenzen hielten.

Die neuartigen Anläufe von Kaisern des 3. Jh., ihre Ausnahmestellung zu definieren, sind im Zusammenhang mit der Forschung zu diesen Regierungen (vgl. 4.3.2; 5.1.1) besprochen worden.

7.2.2 Zu „Gruppenreligionen": Mithras, Isis, Religionsphilosophien

Optionen

Auch andere Kulte begegnen in großen Teilen des oder im ganzen Reich, blieben jedoch auf kleinere Gemeinschaften beschränkt, die sich vor Ort zusammenschlossen, um eine Gottheit zu verehren, ohne deswegen andere abzulehnen. Viele dieser Kulte bildeten im Imperium akzeptierte „Optionen" [7.2.2: Gordon], deren Wahl nicht zur Marginalisierung der Anhängerschaft, sondern im Gegenteil zu ihrer Integration beitrug. In der Forschung werden sie bspw. als „Gruppenreligionen" bezeichnet [etwa 7.2.2: Rüpke]. Verbreitet wird auch der von C. Auffarth [7.2.2: Religio] eingeführte heuristische Terminus der „wandernden Religion" verwendet. Diese Bezeichnungen sind bewusst neutral gehalten, um schon durch die Wortwahl eine Distanzierung von älteren, wertgeladenen Kategorisierungen auszudrücken. Kontroversen hat vor allem das in der älteren Forschung dominierende Konzept „orientalischer Religionen" ausgelöst.

Mithras, Isis, Iuppiter Dolichenus

Die Forschung zu der verbreitet bezeugten Verehrung von Mithras, Isis, Iuppiter Dolichenus und anderen Gottheiten, deren Bezeichnung auf eine Herkunft aus dem Nahen und Mittleren Osten hinzudeuten scheint, weist zugleich große Differenzen und viele Gemeinsamkeiten auf. Gemeinsam stehen sie in dem langen Schatten von Religionshistorikern wie F. Cumont [7.2.2], der die Vorstellung von „orientalischen" Religionen in besonderer Weise geprägt hat. Boten Werke wie Cumonts bekannteste Monographie zum einen sehr hilfreiche Fundgruben von Quellen, so haben sie andererseits auch dazu beigetragen, einen eigenen antiken „Orient" zu erschaffen, der andersartig gewesen und in der Kaiserzeit langsam kultu-

„orientalische" Religionen

rell dominant geworden sei. Cumont selbst hat diese (fälschlich diagnostizierte) Entwicklung nicht negativ charakterisiert. Andere Forscher der ersten Hälfte des 20. Jh. deuteten den Zuspruch für die genannten Religionen als Symptom oder gar Ursache einer Krise [drastisch 1.1: Kahrstedt].

Mysterien

Ein Baustein des von der älteren Forschung künstlich hergestellten Konstrukts der „orientalischen Religionen", der ins Wanken gekommen ist, ist die Annahme, dass sie in der Regel eine Mysterien-Komponente aufgewiesen hätten. Viele Anhänger oder auch Anhängerinnen hätten nach dieser Vorstellung Initiationsriten (Einweihungen) durchlaufen und einen, oft metaphorisch als Aufstieg dargestellten, inneren Wandel angestrebt. Auch sollen nach dieser älteren Position in „orientalischen" Religionen Jenseitsvorstellungen eine größere Bedeutung als in den städtisch organisierten Kulten der griechisch-römischen Welt gespielt haben. Diese enge Verbindung angeblich „östlicher" Religionen mit Initiationen und der Hoffnung auf ein Nachleben wird seit längerer Zeit angezweifelt. Initiationen in ein religiöses Geheimnis sind zudem wie in Eleusis (bei Athen) frühzeitig in der griechischen Welt belegt [7.2.2: Auffarth, Mysterien; Burkert]. Die meisten mit dem syrischen Raum assoziierten Gottheiten wurden im Imperium in einer „romanisierten" Form verehrt [7.2.2: Belayche]. Bei dem Kult der besonders mit Kleinasien verbundenen Kybele scheinen die belegten Einweihungen eben gerade von Eleusis beeinflusst worden zu sein, während Hinweise auf ein Nachleben der Initiierten spärlich bleiben [7.2.2: Sfameni Gasparro]. Wenn Mysterien in der Kaiserzeit eine Blüte erlebt haben, lässt sich diese Entwicklung jedenfalls nicht auf Importe aus einem wie immer definierten Osten zurückführen. Da die Befundlage in vielen Aspekten nicht eindeutig ist, halten sich allerdings auch konservative Stimmen [7.2.2: Alvar].

Apuleius

Die Frage, wie verbreitet Einweihungen in hochkaiserzeitlichen Kulten waren und welche Sinngehalte ihnen zugeschrieben wurden, ist eng mit dem Problem verknüpft, wie eine zeitgenössische Wiedergabe einer Initiation gedeutet werden sollte. Am Ende des derb-humoristischen Eselsromans in der Version des Apuleius beschreibt der Protagonist Lucius, wie er in die Welt von Isis und Osiris eingeführt worden sei. Schon wegen des Kontexts können Zweifel aufkommen, ob die Schilderung des Erzählers zeitgenössische Praktiken beschreibt. Noch schwieriger ist die Frage zu beantworten, ob sie als repräsentativ gelten kann. Diese Probleme werden meist im Zusammenhang mit dem Isis-Kult diskutiert. Da sich in der griechisch-römischen Literatur sonst selten ähnlich ausführliche Behandlungen von Initiationen aus einer vorgeblichen Innenperspektive erhalten haben, wird Apuleius' Darstellung aber auch in Arbeiten zu größeren Strömungen in der hochkaiserzeitlichen Religiosität analysiert. Ein sinnvoller Mittelweg zwischen Akzeptanz und Ausscheiden könnte die Interpretation sein, dass Initiationen in vielen Religionen durchgeführt wurden, sie aber schon wegen der von „Lucius" vermerkten hohen Kosten Ausnahmen blieben [7:2.2: Alvar].

Mithras

Die Reaktionen auf die zeitweilig in der Alten Geschichte zu beobachtenden westlichen Selbstabgrenzungen durch die Erfindung eines kulturellen „Anderen" fallen in der neueren Forschung zwar durchgängig kritisch, aber auch sehr unterschiedlich aus [Überblick bei 7.2.2: Witschel]. Ein gutes Beispiel hierfür bietet die Forschung zu Mithras. Schon seit längerer Zeit gilt dieser Gott, dem seine Verehrer anscheinend durch die Namenswahl und Darstellungsmotive eine iranische Herkunft zuschrieben, größeren Teilen der Forschung als eine italische Schöpfung. Die in den Iran verweisenden Züge dieser Gottheit wären demnach Produkte einer Selbst-Orientalisierung von westlichen Kult-Begründern und -Anhängern [etwa 7.2.2: Clauss, Mithras]. Allgemein akzeptiert ist diese Deutung jedoch nicht. Grabungen fördern immer wieder neues Quellenmaterial zutage [7.2.2: McCarthy/Egri], darunter auch Befunde aus dem Grenzraum zwischen dem römischen und dem parthischen Reich. Möglich ist daher auch, dass der römische Mithras-Kult auf Traditionen dieser Regionen zurückgeht. Hinweise auf eine ungebrochene, nahöstlich vermittelte Kontinuität zwischen der Verehrung des iranischen Gottes der achaimenidischen Zeit (oder „indischen" Vorläufern) und dem römischen Mithras gibt es aber nicht. Mittlerweile muss es als unwahrscheinlich gelten, dass durch Neufunde noch eine direkte raumzeitliche Verbindung zwischen diesen Kulten nachgewiesen werden kann. Bei unserer jetzigen Kenntnis ist es die methodisch am besten abgesicherte Position, die Frage nach dem Ursprung des westlichen Mithraskults offenzulassen [7.2.2: Gordon, Options].

Aussagegehalte des Mithraismus

Zu den modernen Problemen, die Aussagegehalte des Mithraismus zu verstehen, trägt bei, dass sich nur wenige Texte erhalten haben, die Innenansichten des Kults bieten. Mehrere Forscherinnen und Forscher wie R. Beck [7.2.2] vertreten die Position, das Werk

„Über die Nymphengrotte in der Odyssee" des neuplatonischen Philosophen Porphyrios aus dem späten 3. Jh. stelle eine solche Schrift dar. Da Porphyrios die einschlägigen Passagen aber philosophisch überformt, muss die Repräsentativität seiner Schilderung umstritten bleiben [7.2.2: GORDON, Mithras]. Andere Beschreibungen von Kulthandlungen und sie bedingenden Vorstellungen stammen aus noch späterer Zeit und sind aus christlicher Perspektive verfasst worden. R. BECK gehört ansonsten einer Forschungsrichtung an, die eine astronomisch-astrologische Eigensprache der Kultsymbole herauszuarbeiten sucht.

Verehrer des Mithras

Die Forschung zur Anhängerschaft des einmal etablierten Kults steht auf festerem Grund [7.2.2: CLAUSS, Cultores]. Die Mithrasverehrung ist ein gutes Beispiel für eine Gruppenreligion. Im konkreten Fall bestanden die Gruppen etwa aus Administratoren der mittleren Ebene, Händlern oder anderen Männergemeinschaften, die sich zur Durchführung der Zeremonien in kleineren, auch mit geringerem Aufwand errichteten Lokalen treffen konnten. Verbreitet haben könnten diese wie andere Gruppenreligionen religiöse Freelancer, selbständige und selbstermächtigte Expertinnen und Experten des Sakralen, die oft große kreative Potentiale entfaltet haben [7.2.2: GORDON/PETRIDOU/RÜPKE; WENDT]. Die archäologischen Befunde sind denn auch heterogen.

Isis

Die Forschung zum Isis-Kult hat in den letzten Jahren eine andere Entwicklung genommen als die zu Mithras. Lange Zeit wurden die belegten Formen der Isis-Verehrung sowie Publika des Kultes vor allem für einzelne Regionen oder mit einem Schwerpunkt auf spezifische historische Phasen untersucht. Dagegen hat S. NAGEL [7.2.2] in einer umfassenden Analyse zunächst den Isis-Kult in Ägypten diskutiert, um darauf aufbauend Verbindungen zu der imperialzeitlich-römischen Isis herauszuarbeiten. Auch die im Westen verehrte Isis stand nach dieser bahnbrechenden Studie in der Tradition der in Ägypten schon lange belegten Gottheit. Isis trug fast stets, auch in den Praktiken der Verehrung, ägyptische Züge, wenn auch in unterschiedlichen Regionen unterschiedliche Traditionen aufgegriffen und der Gottheit diverse Attribute hinzugefügt wurden. Kontinuitäten, nicht spätere „Ägyptisierungen" oder ins Beliebige spielende Anpassungen an lokale Wünsche bilden das wichtigste Charakteristikum des kaiserzeitlichen Isis-Kults. Die diversen Adaptionen unterstützten noch die schon in der Tradition angelegte Deutung von Isis als Allgöttin, die dadurch spezifisch imperiale Züge an-

Kontinuitäten

imperiale Züge

nehmen konnte [7.2.2: Mazurek]. Zu der Verbreitung des Kults trug auch seine Offenheit für Verehrerinnen bei, deren Zahl aber nicht zu hoch veranschlagt werden sollte [7.2.2: Heyob]. Nagel zeigt zudem, dass die angesprochene Isis-Erzählung von Apuleius Übereinstimmungen mit ägyptischen Vorläufern aufweist, was auf die Authentizität des bearbeiteten Materials hindeutet. Generell wird seit längerem intensiv zu dem großen Spektrum heiliger Texte von Gruppenreligionen (wie etwa Aretalogien für Isis) geforscht [etwa 7.2.2: Bricault/Stadler].

pagane Formen eines Monotheismus

Die Tendenz der Hohen Kaiserzeit, städtische Götterhimmel wie individuelle Gottesvorstellungen zu hierarchisieren, ist in den letzten Jahrzehnten mehrfach herausgearbeitet worden. Ohne Problematisierung der Begrifflichkeit deuten bspw. die Beiträge zu einem von P. Athanassiadi edierten Band [7.2.2] diese Entwicklung als Verstärkung oder Entstehung paganer („heidnischer") Formen eines Monotheismus. Differenzierter sind die eher theologisch ausgerichteten Artikel in einem von St. Mitchell und P. Van Nuffelen [7.2.2] herausgegebenen Werk. Zu den Gottesvorstellungen der philosophischen Schulen der Kaiserzeit und ihrer religiösen Bindekraft hat M. Edwards wichtige Beiträge geliefert [etwa Pagan and Christian Monotheism, in: 3.2.3: Ders./Swain, 211–234]. Die Grundlagenarbeit zu der Existenz und Breitenwirkung von platonischen „Untergrundströmungen" bleibt die Studie von J. Dillon [7.2.2].

7.2.3 Zu christlichen Strömungen und ihrem Umfeld

Geschichte des frühen Christentums

Die Zahl der Werke, die in die Geschichte des frühen Christentums einführen, ist unübersichtlich groß. Die im Folgenden zitierten Studien sind daher nur als exemplarische Auswahl zu verstehen. Zu den historischen Arbeiten im engeren Sinn treten theologisch ausgerichtete Darstellungen, die zwar ein anderes Erkenntnisinteresse verfolgen, aber die gleichen Quellen diskutieren und daher ähnlich aufgebaut sein können. Die meisten Überblicke beziehen zwar die Ergebnisse der je anderen Disziplin mit ein, gewichten aber unterschiedlich. Christliche Strömungen bilden sich seit der zweiten Hälfte des 1. Jh. in den Quellen ab. Tendenziell stehen bei der Betrachtung dieser frühen Phase eher theologische Fragestellungen im Vordergrund [auch historisch weiterführend 7.2.3: Schröter]. Dieser Band legt den Schwerpunkt auf die Zeit seit dem späten 1. Jh., in der das Imperium geographisch wie gedanklich klarer zu einem Referenzrahmen der neuen Religion wurde. Hilfreich ist die theologische und historische Positionen verbindendende, handbuchartige Präsentation von J.-M. Mayeur bzw. N. Brox [7.2.3]. Die wichtigste zunächst historische Darstellung stammt von H. Leppin [7.2.3].

Loslösung christlicher Gemeinden aus ihrem jüdischen Umfeld

Zu den Forschungsdiskussionen, in die durch neuere Ansätze Bewegung gekommen ist, gehört die Frage nach dem Zeitpunkt der und den Gründen für die Loslösung christlicher Gemeinden aus ihrem jüdischen Umfeld. Längere Zeit war es Mehrheitsmeinung, dass diese Trennung im späten 1. Jh. klar angelegt und, auch infolge der Kriege zwischen Rom und jüdischen Gruppen (vgl. 2.2.2), im 2. Jh. weitgehend abgeschlossen gewesen sei [pointiert: 7.2.3: Dahlheim; schon differenzierter 7.2.3: Dunn]. In den letzten Jahren hat die Forschung dagegen oft Quellen in das Zentrum ihrer Überlegungen gestellt, die nicht die wachsende Distanzierung von Juden und Christen betonen, sondern durchschnittliche Gläubige in ihrem Alltag und mit ihren Bräuchen in den Blick rücken. Im Ergebnis war die Separierung christlicher und jüdischer Milieus trotz der angesprochenen frühen Ansätze [7.2.3: Schröter/Edsall/Verheyden] noch im 4. Jh. in vielen Regionen nicht nachhaltig vollzogen. Zugleich betont die Forschung die Vielgestaltigkeit jüdischen Lebens, an dem auch (Juden-)Christen lange Zeit Anteil hatten [7.2.3: Tiwald].

gnostische Deutungsgemeinschaften

Seit langer Zeit umstritten ist, wie deutlich zwischen den unterschiedlichen Gruppen, die sich auf Jesus als Glaubensinhalt und, aus der Rückschau, Stifter einer neuen Religion bezogen, differenziert werden sollte. Offen ist vor allem die Frage, ob die in Selbst- oder Fremdbeschreibungen als „gnostisch“ bezeichneten Gemeinden als Teile des christlichen Spektrums oder als eigenständige und, in Ansätzen, zusammengehörige religiöse Strömung angesehen werden sollten. Als Ziel wurde *gnosis*, Selbst- und Gotteserkenntnis, von unterschiedlichen Religionen angestrebt [7.2.3: Colpe/Mortley]. Nach vielen aktuellen Bestimmungsversuchen [7.2.3: Pearson; von Ostheim] gingen im engeren Sinn gnostische Deutungsgemeinschaften oft davon aus, dass Erkenntnis eher durch Charismatiker und Offenbarungen vermittelt werden konnte. Diese Haltung habe häufig zur Skepsis gegenüber der Ausbildung einer kirchlichen Organisation und eines Amtscharismas ihrer Funktionsträger geführt. Im Resultat konnte ein elitistisches Verständnis von Zugehörigkeit entstehen, da Erkenntnis nach solchen Interpretationen nur in abgestufter Form erreichbar oder nur Auserwählten zugänglich war. Sodann war vielen dieser Gruppierungen eigen, dass sie der materiellen Welt mit großer Zurückhaltung gegenüberstanden, ja sie oft als böse charakterisierten. Zur Materie wurden auch der menschliche Leib und aus der platonischen Philosophie abgeleitete Seelenteile gerechnet, die daher nicht vom höchsten Gott selbst, der als Inbegriff des Guten galt, geschaffen worden sein konnten. Ihre Kreation wurden meist Zwischenwesen wie einem speziellen Schöpfergott zugewiesen. Die scharfe Kontrastierung von gut und schlecht war in „gnostischen" Gedanken zumindest weit verbreitet.

„Orthodoxie"

Viele Informationen über gnostische Gruppen haben sich allerdings nur bei ihnen feindseligen Autoren wie Irenaeus (2. Jh.) erhalten. Solche Vertreter einer Mehrheitskirche zielten nicht so sehr darauf ab, eine schon klar definierte Rechtgläubigkeit zu bewahren, als eine solche „Orthodoxie" durch die Ausgrenzung präzise bestimmter Häretiker (Ketzer) überhaupt erst zu erschaffen. Diese Vermessung religiöser Gemeinschaften an den Idealen einer selbst zugeschriebenen Rechtgläubigkeit hat lange fortgewirkt. Ein Kongress von Fachleuten in Messina [7.2.3: Bianchi] hatte deswegen 1966 vorgeschlagen, die vielen gnostischen Strömungen des 2./3. Jh. als eigenständige religiöse Bewegung zu deuten und unter dem Klammerbegriff „Gnostizismus" zusammenzuführen. Die auf dem Kongress vorgenommene Unterscheidung zwischen *gnosis* und Gnostizismus hat allerdings kein Fundament in den Quellen.

Gnostiker als Christen

Gegen das analytische Potential dieser Unterscheidung hat sich besonders Chr. Markschies [etwa: 1.3] gewandt, der betont, dass viele gnostische Gruppen ihrem Selbstverständnis nach Christen gewesen seien. Die von ihnen entwickelten Lehrgebäude hätten aber in größerem Ausmaß als die sich herausbildende „Orthodoxie" die christliche Tradition mit Elementen der zeitgenössischen Philosophie, speziell des kaiserzeitlichen Platonismus, verbunden. Ziel sei gewesen, in den orthodoxen Texten verbleibende Leerstellen auszufüllen, aber auch den Austausch mit anderen intellektuellen Strömungen zu erleichtern. Diese Herangehensweise überwiegt zurzeit in der Forschung [etwa 7.2.3: Chiapparini]. Beide genannten Ansätze gehen davon aus, dass es in der Hohen Kaiserzeit ein breites Spektrum vergleichbarer gnostischer Positionen gegeben hat. Dagegen versuchen andere Beiträge wie etwa die einschlägige Monographie D. Brakkes [7.2.3], eine gnostische Gedankenschule im engeren Sinne auszumachen. In Anlehnung an Irenaeus verwendet Brakke daher den Begriff „gnostisch" nur für Gruppen, die sich auf einen bestimmten Anfangs-Mythos beziehen (die sogenannten Sethianer). Diese Engführung hat sich aber bisher nicht durchgesetzt.

Nag Hammadi

Noch immer nicht näherungsweise ausgeschöpft sind die Aussagepotentiale jener Quellen, die der Fund von in großen Teilen gnostischen Texten unterschiedlicher Zeitstufen 1945 im ägyptischen Nag Hammadi bekannt gemacht hat. Aufarbeitungen des Materials mit unterschiedlichen Schwerpunkten erscheinen in großer Zahl, so etwa von O. Lehtipuu und S. Petersen [7.2.3] zu Genderaspekten. Hilfreich für den akademischen Unterricht sind besonders Übersetzungen gnostischer Texte [bspw. 7.2.3: Schenke/Kaiser/Bethge].

sozial heterogene Anhängerschaft

Die in der älteren Forschung bisweilen vertretene Annahme, das frühe Christentum sei eine Religion der Armen und sozial Schwachen gewesen, ist schon vor längerer Zeit widerlegt worden. Neuere Darstellungen gehen von einer sozial heterogenen Anhängerschaft aus [7.2.3: Schröter]. Zumindest im 3. Jh. haben sich auch mehr als nur ganz vereinzelte Senatoren einer Form von Christentum zugewandt [7.2.3: Eck]. Zuletzt hat A. Weiß [7.2.3] argumentiert, dass praktisch von Anfang an auch Mitglieder der soziopolitischen Elite christliche Überzeugungen übernommen hätten. Die Grundlage dieser These bilden allerdings vor allem Episoden im Neuen Testament. Da deren Historizität umstritten ist, bleiben Zweifel bestehen. Weiß' Ergebnisse sind dennoch ein wichtiger Indikator für die soziale Durchlässigkeit schon der frühen christlichen Gemeinden.

7.2.4 Zu kirchlichen Strukturen im Imperium

Monepiskopat

Aus der frühzeitig belegten christlichen Gemeindefunktion des Episkopen ist in einem sehr langen, nicht geradlinig verlaufenden Prozess jenes Bischofsamt entstanden, das in der Forschung oft als Monepiskopat bezeichnet wird. Ein einzelner Bischof wurde zum Gemeindeoberhaupt. Die entwickelte Form dieser Institution, in der der Bischof mit klaren Entscheidungsbefugnissen ausgestattetet war, wird bisweilen als monarchischer Episkopat charakterisiert [7.2.4: Gemeinhardt, 14.2]. Der Monepiskopat entstand in der Hohen Kaiserzeit. Über die einzelnen Etappen dieses Prozesses wird jedoch nach wie vor kontrovers diskutiert. Viel hängt dabei von der Bewertung und chronologischen Einordnung der Briefe ab, die unter dem Namen Ignatios von *Antiocheia* überliefert sind. Die innerchristli-

Ignatios von *Antiocheia*

che Tradition datiert sein Martyrium, den Tod durch Hinrichtung, in das frühe 2. Jh. Ignatios' Schreiben scheinen zu belegen, dass die Genese eines die Gemeinde repräsentierenden Bischofsamts zur Abfassungszeit bereits weit vorangeschritten war. Aufgrund dieser Darstellung, aber auch wegen chronologischer Unstimmigkeiten hat ein erheblicher Teil der Forschung die christliche Tradition jedoch in Zweifel gezogen [Überblick bei 7.2.4: Lookadoo]. Einige Beiträge gehen davon aus, dass die Briefe nicht dem historischen Ignatios zugewiesen werden können, andere akzeptieren zwar dessen Autorschaft, nicht aber die eusebianische Angabe, wonach Ignatios in trajanischer Zeit hingerichtet worden sei soll. Solche Ansätze datieren die Briefe erst um 140, oder, in der deutschen Forschung vorherrschend, um 170 n. Chr. Einigkeit besteht aber insoweit, dass sich die Ausbildung des Monepiskopats lange hinzog und von regionalen Besonderheiten geprägt war.

die bischöfliche Selbstdarstellung

Werden in dieser Kontroverse philologische [7.2.4: Zwierlein] oder chronologische Argumente geltend gemacht, hat P. Kritzinger [7.2.4] mit typisch kulturhistorischen Ansätzen die bischöfliche Selbstdarstellung neu untersucht. Auffällige Repräsentationselemente trugen nicht nur zur Verfestigung der Institution Bischof bei, sondern boten wie die Kontrolle von Geldern [7.2.4: Dockter] immer wieder Anlässe für Spannungen in den Gemeinden.

Taufe

Die Taufe als zentralen Ritus schon der frühen Christen hat E. Ferguson [7.2.4] einer umfassenden Untersuchung unterzogen. Figürliche Deutungen des Taufakts diskutiert R. Jensen [7.2.4]. Trotz Abweichungen im Detail wird die Weichenstellung zur Einigung auf einen Kernbestand allgemein akzeptierter Schriften, der im Neuen Testament münden sollte, in der sich langsam abgrenzenden Mehrheitskirche meist in das 2. Jh. datiert [7.2.4: Theißen, 283–4].

Ausgestaltung des römischen Bistums

Das frühe Konzilswesen behandelt die Forschung wegen der schmalen Quellenbasis eher im Vorspann zu Untersuchungen anderer Themen oder zu Analysen der späteren Regional- und Reichskonzile. Die wenigen Informationen diskutieren etwa E. Baumkamp [7.2.4] in einer Studie des sich ausbildenden innerchristlichen Kommunikationssystems und Th. Graumann [7.2.4] mit Blick auf Formen der Beschlussfassung. Zu der langsamen Ausgestaltung des römischen Bistums und den sukzessive ausgebauten Ansprüchen des römischen Bischofs auf eine Leitungsposition in der organisierten Christenheit liegt die konzise Darstellung J. Martins vor [7.2.4]. Interne Konflikte in der römischen Gemeinde seit dem 3. Jh. verhandelt E. Wirbelauer [7.2.4].

Märtyrerverehrung

Zu den wichtigsten Mitteln der Kohärenzstiftung in den frühen christlichen Gemeinden zählte der sich schon im 2. Jh. ausbildende Märtyrerkult, ein Begriff, der allerdings viele unterschiedliche Phänomene unter einem weiten Dach zusammenführt [7.2.4: Moss]. Die Forschung zu Unterschieden und Gemeinsamkeiten der Märtyrerverehrung profitiert besonders von neuen Texteditionen mit Kommentaren. Exemplarisch hat O. Zwierlein die Überlieferung zu Bischof Polykarp aufgearbeitet [7.2.4], dessen Tod er in die 160er Jahre verortet. Die jeweiligen Ausprägungen der Verehrung von Märtyrern unterschieden sich schon deswegen, weil sie in aller Regel von konkreten Räumen mitinspiriert wurden, wie bspw. S. Diefenbach [7.2.4] für die Stadt Rom schon des 3. Jh. zeigt.

7.2.5 Zum Manichäismus

Sprachenreichtum

Die Geschichte des Manichäismus innerhalb des Imperium Romanum beginnt zwar im 3. Jh., die Blütezeit dieser Lehre im Reich wurde jedoch erst die Spätantike. Im Darstellungszeitraum hat sie sich vor allem im Sassanidenreich und in Zentralasien ausgebreitet. Die von Mani gegründete Religion zeichnet sich besonders durch ihre weite geographische Verbreitung und durch den Sprachenreichtum der Verehrerinnen und Verehrer aus. Die wichtigsten Hilfsmittel der Forschung zum Manichäismus, aber auch für den Unterricht sind daher neue Editionen, Übersetzungen und Kommentare, die in den Schrift- und Bilderbestand einführen. Für das zentrale Zeugnis des sogenannten Kölner Mani-Kodex' haben dies L. Koenen und C. Römer geleistet [7.2.5]. Hohe Bedeutung kommt auch allerdings komplex und fragmentarisch überlieferten Briefen Manis zu [7.2.5: Gardner, Mani]. I. Gardners Einführung in das Leben des historischen Mani geht auch auf die Verbreitung der Religion ein [7.2.5: Gardner, Founder]. Die römischen Unterdrückungsmaßnahmen sind unter 5.2 angesprochen worden. Der Manichäismus wird ansonsten in vielen Darstellungen gnostischer Gedankengebäude als eine Art Kulminations- oder Abschlussphase mitbehandelt [7.2.5: Ries].

III Quellen und Forschungsliteratur

A Quellen

Unter III A. 3 und 4 werden Ausgaben der Schriftquellen aufgeführt, auf die im Darstellungs- oder Forschungsteil Bezug genommen wird. Aufgelistet werden eine nach wissenschaftlichen Prinzipien erstellte Edition und eine Übersetzung bzw. ein zweisprachiger Text. Neuere kritische Ausgaben enthalten allerdings oft auch eine Übersetzung. Die genannten Texte bilden nur einen Auszug aus der Überlieferung. In das ganze Spektrum der erhaltenen Werke führen die unter 1 zitierten Literaturgeschichten ein. Den Autoren ist in Klammern ein Hinweis auf die Kapitel in den Teilen I und II hinzugefügt, in denen ihre Schriften behandelt werden. Kommentare zu Autoren, aber auch zu Inschriften, Papyri, Münzen oder archäologischen Befunden werden als Forschungsliteratur gewertet. Bei Inschriften und Münzen werden nur die Zusammenstellungen (Corpora) angegeben, in denen die allermeisten einschlägigen Quellen herausgegeben worden sind. Aufgrund der Vielzahl der Corpora ist dieses Verfahren für die Papyrologie nicht zielführend. Für diese Grundwissenschaft werden nur essentielle Internetressourcen aufgeführt.

A.1 Literaturgeschichten

D. Flach, Römische Geschichtsschreibung. 4. Aufl. Darmstadt 2013.

M. von Albrecht, Geschichte der römischen Literatur. Von Andronicus bis Boethius. Mit Berücksichtigung ihrer Bedeutung für die Neuzeit. 2 Bände. 3. Aufl. Berlin 2012.

B. Zimmermann/A. Rengakos (Hrsg.), Handbuch der griechischen Literatur der Antike 3.1. Die pagane Literatur der Kaiserzeit und Spätantike. München 2022.

A.2 Quellenzusammenstellungen

V. Arangio-Ruiz/G. Baviera/S. Riccobono (Hrsg.), Fontes iuris romani antejustiniani. 3 Bde. 2. Aufl. Florenz 1968–1972.

B. Bleckmann/J. Groß (Hgg.), Historiker der Reichskrise des 3. Jh. Bd. 1. Kleine und fragmentarische Historiker der Spätantike, Paderborn 2016.

R. Fink (Hrsg.), Roman Military Records on Papyrus. Ann Arbor 1971.

https://doi.org/9783112206065-003

H. Freis (Hrsg.), Historische Inschriften zur Römischen Kaiserzeit von Augustus bis Konstantin. 2. Aufl. Darmstadt 1994.

P. Guyot/R. Klein, Das frühe Christentum bis zum Ende der Verfolgungen. Eine Dokumentation. Übers. und Komm. 2 Bde. Darmstadt 1993–4.

J. H. Oliver, Greek Constitutions of Early Roman Emperors from Inscriptions and Papyri. Philadelphia 1989.

J. Wehnert (Hrsg.), Bibliothek antiker jüdischer und christlicher Literatur. Texte aus der Entstehungszeit der Bibel. 3 Bde. Paderborn 2024.

A.3 Zitierte frühchristliche Schriften [7.2.3; 7.2.4]

Schriften des Urchristentums 1. Die Apostolischen Väter. Eingel., hrsg., übertr. und erl. von J. Fischer. Darmstadt 10. Aufl. 1993 (darin der Erste Clemens-Brief und die Ignatius-Briefe).

Schriften des Urchristentums 2. Didache (Apostellehre), Barnabasbrief, Zweiter Klemensbrief, Schrift an Diognet. Eingel., hrsg., übertr. und erl. von K. Wengst. Darmstadt 1984.

A.4 Andere literarische Quellen

Die Namensangaben folgen dem Lexikon: Der Neue Pauly. Enzyklopädie der Antike. Stuttgart/Weimar 1996–2002.

Acta Cypriani [4.2.1]

H. Seeliger/W. Wischmeyer (Hrsg.), Märtyrerliteratur. Eingel., übers. und komm. Berlin/München/Boston 2018, 185–202.

P. Ailios Aristeides [1.3; 2.2.3; 2.3.1; 7.2]

Aristides. ed. W. Dindorf. 3 Bde. Leipzig 1829.

Aelii Aristidis Smyrnaei quae supersunt omnia ed. B. Keil. Vol. II or. XVII–LIII continens. 2. Aufl. Berlin 1958.

P. Aelius Aristides. The Complete Works. Transl. C. A. Behr. 2. Bde. Leiden 1981–1986.

Apuleius [1.3; 7.2.2]

Apulei Platonici Madaurensis opera quae supersunt. Ed. R. Helm/C. Moreschini. Neuaufl. Leipzig 1991–1993.

Apuleius. De magia. Eingel., übers. und mit interpr. Essays vers. von J. Hammerstaedt. Darmstadt 2002.

N. Holzberg, Der Goldene Esel oder Metamorphosen. Lat.-dt. Mit einer griechisch-deutschen Ausg. von (Ps.?-)Lukian, Lukios oder Der Esel von R. Kussl. Berlin 2023.

Aurelius Victor [1.3; 4.; 4.3.1; 5.; 5.3]

M. A. Nickbakht / C. Scardino, Aurelius Victor. Historiae abbreviatae. Paderborn 2021.

Cassius Dio [1.3; 2.2.1; 2.2.2; 2.3.1; 2.3.2: 2.3.3; 3.; 3.1; 3.2.1; 3.2.3; 3.2.4; 4.]

Cassii Dionis Cocceiani historiarum romanarum quae supersunt. 3 Bd. Hrsg. von U. Boissevain, Berlin 1895–1901.

Dio's Roman History. With an Engl. Transl. by E. Cary. 9 Vol. London/Cambridge 1914–1927.

Cicero (M. Tullius) [7.]

M. Tulli Ciceronis De re publica. De legibus. Cato maior de senectute. Laelius de amicitia. Ed. J. Powell. Oxford 2006

Cicero. Staatstheoretische Schriften. Lat.-dt. von K. Ziegler. 4. Aufl. Berin 1988.

M. Tulli Ciceronis De divinatione. De fato. Timaeus. Rec. O. Plasberg/W. Ax. Stuttgart 1977.

M. Tullius Cicero. Über die Wahrsagung. Hrsg., übers. und erl. von C. Schäublin. München/Zürich 1991.

Collatio legum Mosaicarum et Romanarum [5.2]

R. M. Frakes (Hrsg.), Compiling the Collatio legum Mosaicarum et Romanarum in Late Antiquity. Oxford 2011, 157–201.

M. Cornelius Fronto [1.3; 2.2.3; 2.3.1]

M. Cornelii Frontonis Epistulae. Schedis (...) E. Hauleri usus ed. M. van den Hout. 2. Aufl. Leipzig 1988.

The Correspondence of M. Cornelius Fronto. Ed. and Transl. by C. Haines. 2 Bde. 2. Aufl. 1962–1963.

Cyprianus [1.3; 4.2.1; 4.2.2; 7.2.4]

Sancti Cypriani Episcopi Epistularium. Ed. G. Diercks. 2 Bde. Turnhout 1994–6.

J. Baer, Des heiligen Kirchenvaters Caecilius Cyprianus Briefe. München 1928.

Dexippos [4.]

G. Martin, Dexipp von Athen. Ed., Übers. und begleitende Studien, Tübingen 2006.

Emannsche Kaisergeschichte [4.3.1]

B. Bleckmann (Hrsg.), Enmannsche Kaisergeschichte. Rufius Festus, Breviarium. Paderborn 2022.

Epiktetos [2.3.2]

Epicteti dissertationes ab Arriano digestae. Accedunt frag., enchiridion ex rec. Schweighaeuseri, gnomologiorum Epicteteorum. Rel. iterum rec. H. Schenkl. Leipzig 1916.

Epictetus. The Discourses as Reported by Arrian, the Manual, and Fragments. With an Engl. Transl. by W. Oldfather, 2 Bde. Cambridge/London 1925–1928.

Epitome de Caesaribus [1.3; 2.2.1; 4.; 4.3.1; 5.; 5.3]

B. Bleckmann/B. Court/A. Knöpges, Profane Zeitgeschichte des ausgehenden 4. und frühen 5. Jh. Ediert, übers. und komm. Paderborn/Boston/Leiden u. a. 2023.

Eusebios von Kaisareia [1.3; 5.; 5.2; 5.3; 7.2.4]

E. Schwartz/Th. Mommsen (Hrsg.), Eusebius, Werke 2, 1–3. Historia ecclesiastica (GCS 9,1–3). Leipzig 1903–9; Mart. Pal. (GCS 9, 2). Leipzig 1908. Ndr. 1999.

F. Winkelmann, Eusebius Werke I/1. Vita Constantini. 2. Aufl. Berlin 1991.

R. Helm, Eusebius, Werke 7. Die Chronik des Hieronymus. 2. Aufl. Berlin 1956.

H. Gärtner/H. Kraft/P. Haeuser (Hrsg.), Eusebius von Caesarea. Kirchengeschichte. 5. Aufl. Darmstadt 2006.

Eusebius. Martyrs of Palestine. From Nicene and Post-Nicene Fathers. Transl. by A. McGiffert. Revised by K. Knight. Buffalo/New York 1890.

B. Bleckmann/H. Schneider (Hrsg.), Eusebius von Caesarea. De vita Constantini. Über das Leben Konstantins. Gr.-dt. Turnhout 2007.

Eutropius [1.3; 4.; 4.3.1; 5.; 5.3]

B. Bleckmann/J. Groß, Eutropius. Breviarium ab urbe condita. Paderborn 2018.

Herodian [1.3; 2.3.3; 3.; 3.1; 3.2.4; 4.; 4.1.2; 4.1.1]

Herodianus. Regnum post Marcum. Ed. C. Lucarini. München 2005.

Herodian. History of the Empire. Transl. by C. Whittaker. Cambridge/London 1969–1970.

Historia Augusta [1.3; 2.2.1; 2.2.2; 2.2.3; 2.3.1; 2.3.3; 3.1; 3.2.3; 3.2.4; 4.1.1; 4.3.1; 4.3.1]

Scriptores Historiae Augustae. Ed. E. Hohl/C. Samberger/W. Seyfarth. 2 Bde. 3./5. Aufl. Stuttgart/Leipzig 1997.

E. Hohl, Historia Augusta. Römische Herrschergestalten. 2 Bde. Zürich 1985.

Iohannes Lydus [5.1.2]

Ioannis Lydi liber de mensibus. Ed. R. Wuensch, Leipzig 1898.

Ioannes Lydus, On the months. De mensibus. Transl. and Ed. by A. C. Bandy. Lewiston 2013.

Iohannes (von Antiocheia) [5.2]

U. Roberto, Ioannis Antiocheni Fragmenta ex Historia chronica. Berlin 2005.

Iustinianus [1.3; 4.; 5.; 2.2.1; 3.2.2; 3.2.4; 4.1.2; 5.]

P. Krueger (Hrsg.), Corpus Iuris Civilis 2. Codex Iustinianus. Rec. et retr. P. Krüger. Ndr. der 14. Ed. Berlin 1967.

Digesta Iustiniani Augusti. Rec. Th. Mommsen/P. Krüger. 2 Bde. Ndr. Berlin 1962–1963.

F. Blume/B. Frier (Hrsg.), The Codex of Justinian. A New Annotated Translation with Parallel Latin and Greek Text. 3 Bde. Cambridge 2016.

Digesten 1–39. Corpus Iuris Civilis, Text und Übersetzung, Bd. 2–6. Hrsg. von R. Knütel u.a, Heidelberg 1995–2024.

Iustinus [1.3; 2.2.2]

Justin Martyr. Dialogue avec Tryphon. Intr., éd. crit., trad., notes par P. Bobichon. 2 Bde. Fribourg 2003.

F. Schleritt, Justin der Märtyrer. Bittschrift (Apologie I und II), in: J. Wehnert (Hrsg.), Bibliothek antiker jüdischer und christlicher Literatur. Tbd. 2. Paderborn 2024, 1745–1834.

Iuvenalis [2.2.2]

W. Clausen (Hrsg.), A. Persi Flacci et D. Iuni Iuvenalis Saturae. 2. Aufl. Oxford 1992.

Iuvenal, Satiren / Saturae. Lat.-dt. Hrsg., übers. und mit Anm. vers. von S. Lorenz. Berlin/Boston 2017.

Lactantius [1.3; 5.; 5.1.1; 5.1.2; 5.2]

L. Caeli Firmiani Lactanti opera omnia 2.2. L. Caecilii qui inscriptus est De mortibus persecutorum liber vulgo Lactantio tributus. Rec. S. Brandt/G. Laubmann. Prag/Wien/Leipzig 1897.

A. Städele (Hrsg.), Laktanz. De mortibus persecutorum. Die Todesarten der Verfolger. Lat.-dt. Turnhout 2003.

Lucretius [7.]

Lucreti de rerum natura libri sex. Rec. brevique an. crit. instr. C. Bailey. 2. Aufl. Oxford 1922.

Lucretius, De rerum natura. With an Engl. Transl. by W. Rouse. Revised by M. Smith. 3. Aufl. Cambridge/London 1992.

Lukianos [7.2.3]

Luciani Opera. Rec. brevique adn. crit. instr. M. MacLeod. 4 Bde. Oxford 1972–1987.

Lucian in Eight Volumes. With an Engl. Transl. by A. Morris Harmon/K. Kilburn/M. MacLeod. London 1913–1967.

Marcus (Aurelius) [2.3.2]

Marci Aurelii Antonini ad se ipsum libri XII. Ed. J. Dalfen 2. Aufl. Leipzig 1987.

Marcus Aurelius. Wege zu sich selbst. Hrsg. und übers. von R. Nickel. München/Zürich 1990.

Notitia Dignitatum [5.]

O. Seeck, Notitia Dignitatum. Berlin 1876.

Origo Constantini [5.3]

B. Bleckmann/C. Scardino (Hrsg.), Panegyrische Zeitgeschichte des 4. und 5. Jh. Paderborn 2023, 101–188.

Panegyrici Latini [5.; 5.3]

R. Mynors, XII Panegyrici Latini, Oxford 1964.

C. Nixon/B. Rodgers, In Praise of Roman Emperors. The Panegyrici latini. Berkeley/Los Angeles/Oxford 1994.

Pausanias [1.3; 2.2.2; 7.1]

Pausaniae Graeciae descriptio. Ed. M. da Rocha-Pereira. 3 Bde. 2. Aufl. Leipzig 1989–1990.

Pausanias. Description of Greece. With an Engl. Transl. by W. Jones. 5 Bde. London/New York/Cambridge 1918–1955.

Petros Patrikios [4.3.1]

C. Müller, Fragmenta Historicorum Graecorum. Vol. 4, Paris 1851, 181–199.

T. Banchich, The Lost History of Peter the Patrician. An Account of Rome's Imperial Past from the Age of Justinian. London 2015.

(Flavios) Philostratos [1.3; 2.2.2; 3.]

Flavii Philostrati Vitae sophistarum. Rec. brevique adn. crit. instr. R. Stefec. Oxford 2016.

Flavius Philostratus. Vita Apollonii Tyanei. Ed. G. Boter. Berlin 2022.

K. Brodersen (Hrsg.), Philostratos. Leben der Sophisten. Wiesbaden 2014.

V. Mumprecht (Hrsg.), Philostratos. Das Leben des Apollonios von Tyana. Berlin 2014.

Plinius d. Ä. [7.1]

C. Plini Secundi naturalis historiae libri XXXVII. Rec. K. Mayhoff. 6 Bde. Stuttgart/München 1892–1909. Ndr. 1967–2002.

C. Plinius Secundus d. Ä. Naturkunde. Lat.-dt. Hrsg. und übers. von W. Glöckler/R. König/J. Hopp u. a. 32 Bde. München/Zürich 1973–2004.

Porphyrios [4.3.1; 5.2; 7.2.2]

Die Seele im Kosmos. Porphyrios, Über die Nymphengrotte in der Odyssee. Eingel., übers. und mit interpr. Essays vers. von M. Baumbach u. a. Tübingen 2019.

Porphyre. La vie de Plotin. Par L. Brisson. Bd. 2. Études d'introduction, texte grec et trad. française, comm., notes complém., bibliogr. Paris 1992.

Plotin. Schriften in dt. Übers. Übers. von R. Harder. Neubearbeitung von R. Harder/R. Beutler/W. Theiler. 2. Tbd. Schriften 39–54. Porphyrius: über Plotins Leben. Hamburg 2020.

Tertullianus [1.3; 7.2.4]

E. Dekkers, Quinti Septimii Florentis Tertulliani Opera. Bd. 1, Turnhout 1954, 85–171.

Tertullian. Apologeticum. Lat.-dt. Verteidigung des christlichen Glaubens. Eingel. und übers. von T. Georges. Freiburg/Basel/Wien 2015.

Zonaras [4.3.1]

Ioannis Zonarae epitome historiarum. Ed. L. Dindorf. 6 Bde. Leipzig 1868–1875.

T. Banchich (Hrsg.), The History of Zonaras from Alexander Severus to the Death of Theodosius the Great. London 2009.

Zosimos [4.3.1; 4.3.2; 5.]

F. Paschoud, Zosime. Histoire Nouvelle. 5 Bde. Paris 1979–2003.

S. Rebenich (Hrsg.), Zosimos. Neue Geschichte. Übers. und eingel. v. O. Veh. Stuttgart 1990.

A.5 Hilfsmittel und Corpora der Epigraphik

Zusammenstellung publizierter Inschriftensammlungen (Corpora):

F. Bérard u. a., Guide de l'épigraphiste. Bibliographie choisie des épigraphies antiques et médiévales. 4. Aufl. Paris 2010.

Wichtige Suchmaschinen für Inschriften, Metadaten oder typische Wortverbindungen:

Epigraphik-Datenbank Clauss-Slaby (EDCS). http://www.manfredclauss.de (04.08.25).

Searchable Greek Inscriptions (Packard Humanities Institute). http://epigraphy.packhum.org/inscriptions (04.08.25).

Bedeutende Sammlungen (Corpora) lateinischer Inschriften:

CIL = Corpus Inscriptionum Latinarum. Das CIL wird seit einiger Zeit neu herausgegeben. Für aktuelle Informationen siehe https://cil.bbaw.de/ (09.08.2025).

ILS = Inscriptiones Latinae Selectae. Hrsg. von H. Dessau. 3 Bde. Berlin 1892–1916. Ndr. 1962.

AE = L'Année épigraphique. Begründet von R. Cagnat. Paris 1888 ff. Jährliche Zusammenstellungen neu publizierter lateinischer Inschriften, Berichte über Neufunde und Neulesungen.

Für die Hohe Kaiserzeit wichtige Corpora griechischer Inschriften:

IGR(R) = Inscriptiones Graecae ad res romanas pertinentes. Hrsg. von R. Cagnat/G. Lafaye. Bd. I, II und IV. Paris 1906–1927. Ndr. Rom 1964.

SEG = Supplementum Epigraphicum Graecum. Leiden 1923 ff. Jährliche Übersicht über neu publizierte und neugelesene griechische Inschriften sowie einschlägige Forschungsliteratur.

A.6 Hilfsmittel der Papyrologie

Wichtige Internetressourcen der Papyrologie:

https://www.trismegistos.org (04.08.25).
Vor allem für ägyptische Quellen bedeutendes Portal.

Die wichtigste Meta-Suchmaschine für die Papyrologie:

http://papyri.info/search (04.08.25).

A.7 Hilfsmittel und Corpora der Numismatik

Wichtiges Portal für die Recherche u. a. hochkaiserzeitlicher Reichsprägungen:

Online Coins of the Roman Empire (OCRE): http://numismatics.org/ocre (04.08.25).

Eine gelungene Online-Einführung bietet die Plattform:
https://pecunia.zaw.uni-heidelberg.de/NumiScience/antike-numismatik (04.08.25).

Bedeutende im Druck vorliegenden Zusammenstellungen kaiserzeitlicher Münzen:
Roman Imperial Coinage (RIC). Genannt werden nur die Bände zur Hohen Kaiserzeit:
R. Abdy/P. Mittag, Hadrian. London 2019 (= RIC 2, 3).
H. Mattingly/E. Sydenham, Antoninus Pius–Commodus. London 1930 (RIC 3).
H. Mattingly/E. Sydenham, Pertinax–Geta. London 1936 (RIC 4a).
H. Mattingly/E. Sydenham/C. Sutherland, Macrinus–Pupienus. London 1938 (RIC 4b).
H. Mattingly/E. Sydenham/C. Sutherland, Gordianus III.–Uranius Antoninus. London 1949 (RIC 4c).
P. H. Webb, Valerian–Florianus. London 1927 (RIC 5a).
P. H. Webb, Probus–Amandus. London 1933 (RIC 5b).
C. Sutherland, From Diocletian's Reform to the Death of Maximinus. London 1967 (RIC 6).

Bedeutendste Zusammenstellung provinzialer Prägungen:
Roman Provincial Coinage (RPC): https://rpc.ashmus.ox.ac.uk (04.08.25).

B Forschungsliteratur

Die unter III. B aufgeführten Titel bieten nur einen Auszug aus der umfangreichen Forschung. Weitere Beiträge können etwa mit diesen fachspezifischen Bibliographien gesucht werden:

Gnomon Bibliographische Datenbank (GBD). http://www.gbd.digital/gbd (04.08.25).
Propylaeum – Fachinformationsdienst Altertumswissenschaften. http://www.propylaeum.de (04.08.25).
L'Année Philologique. Seit 1928 ff.

Überblick über weitere Hilfsmittel:
M. Schröter, Erfolgreich recherchieren. Altertumswissenschaften und Archäologie. Boston/Leiden 2017.

Im Forschungsteil besprochene Fachliteratur

B.1 Forschung zur Hohen Kaiserzeit als Unterepoche

B 1.1 Ihre Zeit prägende ältere Forschung zur Hohen Kaiserzeit

K. Christ, Geschichte der Römischen Kaiserzeit. Von Augustus bis Konstantin. 1. Aufl. München 1988/6. Aufl. 2009.

N. Baynes/A. Adcock/M. Charlesworth u. a. (Hrsg.), The Cambridge Ancient History Volume XII. The Imperial Crisis and Recovery A. D. 193–324. Cambridge 1939.

A. Garzetti, From Tiberius to the Antonines. A History of the Roman Empire AD 14–192. London 1974 (italienisches Orginal 1960).

E. Gibbon, The History of the Decline and Fall of the Roman Empire. Hrsg. von D. Womersley. 3 Bd. London 1994 (1776–1789).

A. Heuß, Römische Geschichte. Neu hrsg. von H.-J. Gehrke. Paderborn 2016.

L. Homo, Le Haut-Empire. 6. Aufl. Paris 1941.

U. Kahrstedt, Geschichte des Griechisch-Römischen Altertums. München 1948.

J. Molthagen, Der römische Staat und die Christen im 2. und 3. Jh. 2. Aufl. Göttingen 1975.

J. Moreau, Die Christenverfolgung im Römischen Reich. Berlin 1961.

M. Rostovtzeff, The Social and Economic History of the Roman Empire. 2 Bde. 2. Aufl. Oxford 1957.

B.1.2 Aktuelle sozial-, kultur-, rechts- und imperialgeschichtliche Forschung zur Hohen Kaiserzeit

G. Alföldy, Römische Sozialgeschichte. 4. Aufl. Stuttgart 2011.

C. Ando, Imperial Ideology and Provincial Loyalty in the Roman Empire. Berkeley 2000.

C. Ando/M. Lavan (Hrsg.), Roman and Local Citizenship in the Long Second Century CE. New York 2021.

H. Brandt, Die Kaiserzeit. Römische Geschichte von Octavian bis Diokletian 31 v. Chr.–284 n. Chr. München 2021.

J.-P. Coriat, Le Prince législateur. La technique législative des Sévères et les méthodes de création du droit impérial à la fin du principat. Rom 1997.

A. Eich, Die römische Kaiserzeit. Die Legionen und das Imperium. 2. Aufl. München/Darmstadt 2018.

P. Eich, Geschichte der Frühen Römischen Kaiserzeit. Berlin/Boston 2025.

P. Eich, Zur Metamorphose des politischen Systems in der römischen Kaiserzeit. Die Entstehung einer „personalen Bürokratie“ im langen 3. Jh. Berlin 2005.

E. Flaig, Den Kaiser herausfordern. Die Usurpation im Römischen Reich. 2. Aufl. Frankfurt 2019.

O. Hekster, Emperors and Ancestors. Roman Rulers and the Constraints of Tradition. Oxford 2015.

A. H. M. Jones, The Later Roman Empire. A Social, Economic and Administrative Survey. Oxford 1964.

M. Kulikowski, The Triumph of Empire. The Roman World from Hadrian to Constantine. Cambridge, Mass. 2016.

U. Manthe, Geschichte des römischen Rechts. 6. Aufl. München 2019.

F. Millar, The Emperor in the Roman World. 2. Aufl. London 1992.

M. Sommer, Römische Geschichte. 2 Bd., 2. Rom und sein Imperium in der Kaiserzeit. 2. Aufl. Stuttgart 2014.

F. Vittinghoff (Hrsg.), Europäische Wirtschafts- und Sozialgeschichte in der römischen Kaiserzeit. Stuttgart 1990.

A. Winterling, Aula Caesaris. Studien zur Institutionalisierung des römischen Kaiserhofes in der Zeit von Augustus bis Commodus. München 1999.

B.1.3 Zu den wichtigsten Quellen der Hohen Kaiserzeit

B. Bleckmann/B. Court/A. Knöpges, Profane Zeitgeschichtsschreibung des ausgehenden 4. und frühen 5. Jh. Paderborn 2023.

A. Brent, Cyprian and Roman Carthage. Cambridge 2010.

R. Burgess, Studies in Eusebian and post-Eusebian Chronography. Stuttgart 1999.

J. Creed, Lactantius. De mortibus persecutorum. Ed. and Transl. Oxford 1984.

A. Cooley, The Cambridge Manual of Latin Epigraphy. Cambridge/New York/Melbourne u. a. 2012.

J. Corke-Webster, Eusebius and Empire. Constructing Church and Rome in the „Ecclesiastical History“. Cambridge 2019.

H. Dessau, Über Zeit und Persönlichkeit der Scriptores historiae Augustae, in: Hermes 24, 1889, 337–392.

O. Elder/A. Mullen, The Language of Roman Letters. Bilingual Epistolography from Cicero to Fronto. Cambridge 2019.

M. Fiedrowicz, Apologie im frühen Christentum. Die Kontroverse um den christlichen Wahrheitsanspruch in den ersten Jahrhunderten. 5. Aufl. Paderborn/München/Wien 2005.

J. Fündling, Kommentar zur Vita Hadriani der Historia Augusta. 2 Bde. Bonn 2006.

C. Howgego, Ancient History from Coins. London 1995.

S. Katz, The Cambridge History of Judaism. Bd. 4. The Late Roman Rabbinic Period. Cambridge 2006.

J. Lagouanère/S. Fialon (Hrsg.), Tertullianus Afer. Tertullien et la littérature chrétienne d’Afrique. Turnhout 2015.

C. Markschies, Gnosis und Christentum. Berlin 2009.

W. Metcalf (Hrsg.), The Oxford Handbook of Greek and Roman Coinage. New York 2012.

F. Millar, A Study of Cassius Dio. Oxford 1963.

Th. Mommsen, Die Scriptores Historiae Augustae, in: Hermes 25, 1890, 228–292.

W. Riess, Apuleius und die Räuber. Ein Beitrag zur historischen Kriminalitätsforschung. Stuttgart 2001.

H.-A. Rupprecht, Kleine Einführung in die Papyruskunde. Darmstadt 2005.

T. Schmitz, Bildung und Macht. Zur sozialen und politischen Funktion der zweiten Sophistik in der griechischen Welt der Kaiserzeit. München 1997.

G. Schnebelt, Reskripte der Soldatenkaiser. Ein Beitrag zur römischen Rechtsgeschichte des dritten nachchristlichen Jh. Karlsruhe 1974.

M. Zimmermann, Kaiser und Ereignis. Studien zum Geschichtswerk Herodians. München 1993.

B.2 Zum kurzen zweiten Jahrhundert ca. 120–193

B.2.1 Zu den tiefen Wurzeln der Hohen Kaiserzeit im 1. Jh.

G. Alföldy, Konsulat und Senatorenstand unter den Antoninen. Prosopographische Untersuchungen zur senatorischen Führungsschicht. Bonn 1977.

H. Beck/P. Scholz/U. Walter (Hrsg.), Die Macht der Wenigen. Aristokratische Herrschaftspraxis, Kommunikation und „edler" Lebensstil in Antike und Früher Neuzeit. München 2008.

A. Bérenger, Le métier de gouverneur dans l'empire romain de César à Dioclétien. Paris 2014.

P. Brunt, Princeps and equites, in: JRS 73, 1983, 42–75.

T. Carboni, La parola scritta al servizio dell'Imperatore e dell'Impero. L'*ab epistulis* e l'*a libellis* nel II secolo d. C. Bonn 2017.

M. Christol, Essai sur l'évolution des carrières sénatoriales dans la seconde moitié du IIIe siècle ap. J.-C. Paris 1986.

C. Davenport, A History of the Roman Equestrian Order. Cambridge 2019.

H. Devijver, The Equestrian Officers of the Roman Army. 2 Bde. Amsterdam 1989–Stuttgart 1992.

R. Haensch, Capita Provinciarum. Statthaltersitze und Provinzialverwaltung in der römischen Kaiserzeit. Mainz 1997.

P. Leunissen, Konsuln und Konsulare in der Zeit von Commodus bis Alexander Severus. Amsterdam 1989.

S. Pfeiffer, Die Zeit der Flavier. Vespasian, Titus, Domitian. Darmstadt 2009.

H.-G. Pflaum, Les carrières procuratoriennes équestres sous le Haut-Empire romain. 3 Bde. Paris 1960–1.

B. Shaw, Social Status and Economic Behavior. A Hidden History of the Equites?, in: Ancient Society 50, 2020, 153–202.

K. Strobel, Kaiser Traian. Eine Epoche der Weltgeschichte. 2. Aufl. Regensburg 2019.

R. J. A. Talbert, The Senate of Imperial Rome. Princeton 1984.

B. Thomasson, Laterculi Praesidum. 3 Bde. Göteborg 1972–1990.

J. Wiesehöfer, Das antike Persien von 550 v. Chr. bis 650 n. Chr. Düsseldorf 2005.

A. Zissos (Hrsg.), A Companion to the Flavian Age of Imperial Rome. Chichester 2016.

B.2.2 Zur friedlichen Integration des Imperiums unter Hadrian und Antoninus Pius

B.2.2.1 Zu Hadrians Neuerungen und ihrer längerfristigen Bedeutung

A. Birley, Hadrian. The Restless Emperor. London 1998.

M. Boatwright, Hadrian and the Cities of the Roman Empire. 3. Aufl. Princeton 2003.

D. Breeze, Hadrian's Wall. A Study in Archaeological Exploration and Interpretation. Oxford 2019.

A. Caballos Rufino (Hrsg.), De Trajano a Adriano. Roma matura. Roma mutans. Sevilla 2019.

P. Eich, Centre and Periphery. Administrative Communication in Roman Imperial Times, in: St. Benoist (Hrsg.), Rome, a City and its Empire in Perspective. The Impact of the Roman World through Fergus Millar's Research. Leiden/Boston 2012, 85–108.

A. Groslambert, Lambèse sous le Haut-Empire. Ier–IIIe siècles. Du camp à la cité. Lyon/Paris 2010.

H. Halfmann, Itinera principum. Geschichte und Typologie der Kaiserreisen im Römischen Reich. Stuttgart 1986.

R. Hingley/R. Hartis (Hrsg.). Contextualizing Hadrian's Wall. The Wall as „Debatable Lands", in: O. Hekster/T. Kaizer (Hrsg.), Frontiers in the Roman World. Boston/Leiden 2011, 79–96.

M. Horster, Bauinschriften römischer Kaiser. Untersuchungen zu Inschriftenpraxis und Bautätigkeit in Städten des westlichen Imperium Romanum in der Zeit des Prinzipats, Stuttgart 2001.

Th. Opper, Hadrian. Empire and Conflict. London 2008.

I. Piso, Fasti provinciae Daciae 2. Bde. Bonn 1993–2013.

F. Pringsheim, The Legal Policy and Reforms of Hadrian, in: JRS 24, 1934, 144–149.

E. Schallmayer, Der Limes. Geschichte einer Grenze. 4. Aufl. München 2023.

Chr. Seebacher, Zwischen Augustus und Antinoos. Tradition und Innovation im Prinzipat Hadrians. Stuttgart 2021.

A. Thiel, Hadrian in Germany and the Construction of the *limes* Palisade in A. D. 120, in: Britannia 53, 2022, 31–54.

K. Tuori, Hadrian's Perpetual Edict. Ancient Sources and Modern Ideals in the Making of a Historical Tradition, in: Legal History 27, 2006, 219–237.

H.-U. Wiemer (Hrsg.), Staatlichkeit und politisches Handeln in der römischen Kaiserzeit. Berlin/Boston 2006.

M. Zahrnt, Latium maius und Munizipalstatus in Gigthis und Thisiduo in der Africa Proconsularis, in: ZPE 79, 1989, 177–180.

B.2.2.2 Zur römischen Hellenisierung der Ostprovinzen

W. Eck, Judäa – Syria Palästina. Die Auseinandersetzung einer Provinz mit römischer Politik und Kultur. Tübingen 2014.

W. Eck, Friedenssicherung und Krieg in der römischen Kaiserzeit. Wie ergänzt man das römische Heer?, in: A. Eich (Hrsg.), Die Verwaltung der kaiserzeitlichen römischen Armee. Stuttgart 2010, 87–109.

W. Eck, Die staatliche Organisation Italiens in der hohen Kaiserzeit. München 1979.

S. Goldhill (Hrsg.), Being Greek under Rome. Cultural Identity, the Second Sophistic and the Development of Empire. Cambridge 2001.

M. Goodman, Rome and Jerusalem. The Clash of Ancient Civilizations. London 2007.

S. Holder, Bildung im kaiserzeitlichen Alexandria. 1. bis 3. Jh. n. Chr. Stuttgart 2020.

W. Horbury, Jewish War under Trajan and Hadrian. Cambridge 2014.

A. Jördens, Priester, Prokuratoren und Präfekten. Tempelverwaltung im römischen Ägypten, in: Chiron 44, 2014, 119–16.

C. P. Jones, The Panhellenion, in: Chiron 26, 1996, 29–56.

H. Knell, Des Kaisers neue Bauten. Hadrians Architektur in Rom, Athen und Tivoli. Mainz 2008.

M. Lavan, Slaves to Rome. Paradigms of Empire in Roman Culture. Cambridge 2013.

H. Leppin, Christlicher Intellektualismus und religiöse Exklusion. Justin und der Dialog mit Tryphon, in: Ders./S. Alkier (Hrsg.), Juden, Christen, Heiden. Religiöse Inklusion und Exklusion in Kleinasien bis Decius. Tübingen 2018, 363–390.

E. Muñiz Grijalvo/J. Cortés Copete/F. Lozano Gómez (Hrsg.), Empire and Religion. Religious Change in Greek Cities under Roman Rule. Leiden/Boston 2017.

J. Oliver, The Athens of Hadrian, in: A. Piganiol/H. Terrasse (Hrsg.), Les Empereurs romains d'Espagne. Paris 1965, 123–132.

B. d'Orgeval, L'Empereur Hadrien. Oeuvre législative et administrative. Paris 1950.

G. Seelentag, Trajan, Hadrian und Antoninus Pius. Deutungsmuster und Perspektiven, in: A. Winterling (Hrsg.), Zwischen Strukturgeschichte und Biographie. Probleme und Perspektiven einer neuen römischen Kaisergeschichte. München 2011, 295–315.

J. Tobin, Herodes Attikos and the City of Athens. Patronage and Conflict unter the Antonines. Amsterdam 1997.

M. Vitale, Das Imperium in Wort und Bild. Römische Darstellungsformen beherrschter Gebiete in Inschriftenmonumenten. Münzprägungen und Literatur. Stuttgart 2017.

C. Weikert, Von Jerusalem zu Aelia Capitolina. Die römische Politik gegenüber den Juden von Vespasian bis Hadrian. Göttingen 2016.

T. Wellhausen, Kriegsherr und Reisekaiser? Eine vergleichende Studie zur Baupolitik der Kaiser Traian und Hadrian. Göttingen 2018.

T. Whitmarsh, The Second Sophistic. Oxford 2005.

I. Worthington, Athens after Empire. A History from Alexander the Great to the Emperor Hadrian. New York 2021.

B.2.2.3 Zur Regierungszeit des Antoninus Pius

A. Birley, Marcus Aurelius. A Biography. 2. Aufl. London 1987.

Y. Le Bohec, La guerre en Afrique romaine sous le Haut-Empire. Chronologie, in: ders./M. Coltelloni-Trannoy (Hrsg.), La guerre dans l'Afrique romaine sous le Haut-Empire. Paris 2014, 23–34.

D. Breeze, Edge of Empire. The Antonine Wall. Rome's Scottish Frontier. Edinburgh 2008.

E. Champlin, Fronto and Antonine Rome. Cambridge 1980.

P. Desideri/F. Fontanella (Hrsg.), Elio Aristide e la legitimazione greca dell' impero di Roma. Bologna 2013.

J. Fündling, Marc Aurel. Darmstadt 2008.

I. Israelowich, Society, Medicine and Religion in the „Sacred Tales" of Aelius Aristides. Leiden/Boston 2012.

E. Meyer-Zwiffelhoffer, Politikōs archein. Zum Regierungsstil der senatorischen Statthalter in den kaiserzeitlichen griechischen Provinzen. Stuttgart 2002.

C. Michels, Antoninus Pius und die Rollenbilder des römischen Princeps. Herrscherliches Handeln und seine Repräsentation in der Hohen Kaiserzeit. Berlin/Boston 2018.

C. Michels/P. F. Mittag (Hrsg.), Jenseits des Narrativs. Antoninus Pius in den nicht-literarischen Quellen. Stuttgart 2017.

M. T. Schmitt, Die römische Außenpolitik des 2. Jh. n. Chr. Friedenssicherung oder Expansion? Stuttgart 1997.

B.2.3 Zu den Regierungszeiten von Marc Aurel und Commodus

B.2.3.1 Zur Doppelherrschaft von Marcus und Verus

G. Adams, Marcus Aurelius in the Historia Augusta and Beyond. Lanham 2013.

R. Duncan-Jones, The Impact of the Antonine Plague, in: JRA 9, 1996, 108–36.

C. Elliott, Pox Romana. The Plague that Shook the Roman World. Princeton 2024.

P. Erdkamp/J. G. Manning/K. Verboven (Hrsg.), Climate Change and Ancient Societies in Europe and the Near East. Diversity in Collapse and Resilience. Cham 2021.

V. Grieb (Hrsg., mit C. Koehn), Marc Aurel. Wege zu seiner Herrschaft. Gutenberg 2017.

K. Harper, The Fate of Rome. Climate, Disease and the End of an Empire. Princeton/Oxford 2017.

E. Lo Cascio (Hrsg.), L'impatto della „peste antonina". Bari 2012.

W. Scheidel, Progress and Problems in Roman Demography, in: ders. (Hrsg.), Debating Roman Demography. Leiden 2001, 1–81.

W. Scheidel/I. Morris/R. Saller (Hrsg.), The Cambridge Economic History of the Greco-Roman World. Cambridge 2007.

O. Schipp, Die Adoptivkaiser. Nerva, Trajan, Hadrian, Antoninus Pius, Marc Aurel, Lucius Verus und Commodus. Darmstadt 2011.

P. van Minnen, Agriculture and the „Taxes-and-Trade" Model in Roman Egypt, in: ZPE 133, 2000, 133, 205–220.

M. Wendler, Zwischen Concordia und Konkurrenz. Überlegungen zur sogenannten „Samtherrschaft" von Marc Aurel und Lucius Verus, in: Gymnasium 128, 2021, 147–175.

B.2.3.2 Zu Marcus' Donaukriegen und den Anfängen des Commodus

M. Avenarius, Marc Aurel und die Dogmatik des römischen Privatrechts, in: M. van Ackeren/J. Opsomer (Hrsg.), Selbstbetrachtungen und Selbstdarstellungen. Der Philosoph und Kaiser Marc Aurel im interdisziplinären Licht. Wiesbaden 2012, 203–282.

B. Bleckmann, Die Germanen. Von Ariovist bis zu den Wikingern. München 2009.

P. Brunt, Stoicism and the Principate, in: PBSR 43, 1975, 7–35.

C. Gill, The School in the Roman Imperial Period, in: B. Inwood (Hrsg.), The Cambridge Companion to the Stoics. Cambridge 2003, 33–58.

R. Hund, Studien zur Außenpolitik der Kaiser Antoninus Pius und Marc Aurel im Schatten der Markomannenkriege. Rahden 2017.

W. Kerr, A Chronological Study of the Marcomannic Wars of Marcus Aurelius. Princeton 1995.

R. Klein, Marc Aurel. Darmstadt 1979.

A. Rubel/H.-U. Voß (Hrsg.), Experiencing the Frontier and the Frontier of Experience. Barbarian Perspectives and Roman Strategies to Deal with New Threats. Summertown 2020.

K. Strobel, Krisen und Expansionspolitik im Wechselspiel. Vom Vierkaiserjahr bis Julius Philippus, in: F. Mitthof/P. Schreiner/O. Schmitt u. a. (Hrsg.), Handbuch zur Geschichte Südosteuropas. Bd. 1. Berlin/Boston 2019, 267–324.

M. Van Ackeren, Die Philosophie Marc Aurels. 2 Bde. Berlin/Boston 2011.

B.2.3.3 Zur Alleinherrschaft des Commodus

C. de Ranieri, La gestione politica di età Commodiana e la parabola di Tigidio Perenne, in: Athenaeum 86, 1998, 397–417.

C. de Ranieri, Retroscena politici e lotte dinastiche sullo sfondo della vicenda di Aurelio Cleandro, in: RSA 27, 1997, 139–189.

O. Hekster, Commodus. An Emperor at the Crossroads. Amsterdam 2002.

C. Rothschild/T. Thompson (Hrsg.), Galen's „De indolentia". Essays on a Newly Discovered Letter. Tübingen 2014.

M. P. Speidel, Commodus the God-Emperor and the Army, in: JRS 83, 1993, 109–114.

J. Toner, The Day Commodus Killed a Rhino. Understanding the Roman Games. Baltimore 2014.

P. Veyne, Brot und Spiele. Gesellschaftliche Macht und politische Herrschaft in der Antike. München 1994 (Paris 1976).

F. von Saldern, Studien zur Politik des Commodus. Rahden 2003.

H. Zilling, Jesus als Held. Odysseus und Herakles als Vorbilder christlicher Heldentypologie. Paderborn 2011.

B.3 Zur Severerzeit

C. Ando, Imperial Rome AD 193 to 284. The Critical Century. Edinburgh 2008.

A. Birley, Septimius Severus. The African Emperor. Updated, Rewritten, Expanded and Reillustrated. 2. Aufl. London 1988.

L. de Blois, Image and Reality of Roman Imperial Power in the Third Century AD. The Impact of War. London 2019.

A. Daguet-Gagey, Septime Sévère. Rome. L'Afrique et l'Orient. Paris 2000.

A. Galimberti, Herodian's World. Empire and Emperors in the III century. Leiden/Boston 2022.

J. Hoffmann-Salz/M. Heil/H. Wienholz (Hrsg.), The Eastern Roman Empire under the Severans. Old Connections, New Beginnings? Göttingen 2024.

A. Kemezis, Greek Narratives of the Roman Empire under the Severans. Cambridge 2014.

C. Lange/J. Madsen (Hrsg.), Cassius Dio. Greek Intellectual and Roman Politician. Leiden/Boston 2016.

A. Lichtenberger, Severus Pius Augustus. Studien zur sakralen Repräsentation und Rezeption der Herrschaft des Septimius Severus und seiner Familie. Leiden/Boston 2011.

J. Madsen/A. Scott, Introduction. Reviewing Cassius Dio, in: dies. (Hrsg.), Brill's Companion to Cassius Dio. Leiden/Boston 2023, 1–18.

C. Rowan, Under Divine Auspices. Divine Ideology and the Visualisation of Imperial Power in the Severan Period. Cambridge 2012.

A. Scott, Emperors and Usurpers. A Historical Commentary on Cassius Dio's Roman History 79 (78)–80 (80) (A. D. 217–229). Oxford 2018.

G. Weber, Kaiser, Träume und Visionen in Prinzipat und Spätantike. Stuttgart 2000.

B.3.1 Zur zweiten Bürgerkriegszäsur

G. Berghammer, Caracalla. Die Militärautokratie des Kaisers Severus Antoninus. Gutenberg 2022.

S. Bingham, The Praetorian Guard. A History of Rome's Elite Special Forces. London/New York 2013.

E. Birley, Septimius Severus and the Roman Army, in: ES 8, 1969, 63–82.

M. Dondin-Payre, Exercice du pouvoir et continuité gentilice. Les Acilii Glabriones. Rom 1993.

W. Eck, Prosopographica, in: ZPE 101, 1994, 227–232.

A. Imrie, The Antonine Constitution. An Edict for the Caracallan Empire. Leiden/Boston 2018.

K. Kröss, Die politische Rolle der stadtrömischen Plebs in der Kaiserzeit. Leiden/Boston 2017.

S. Pasek, Coniuratio ad principem occidendum faciendumque. Der erfolgreiche Staatsstreich gegen Commodus und die Regentschaft des Helvius Pertinax 192/193 n. Chr. München 2013.

N. Sojc/A. Winterling/U. Wulf-Rheidt (Hrsg.), Stadt und Palast im severischen Rom. Stuttgart 2013.

M. A. Speidel, Ein Bollwerk für Syrien. Septimius Severus und die Provinzordnung Nordmesopotamiens im 3. Jh., in: Ders., Heer und Herrschaft im Römischen Reich der Hohen Kaiserzeit. Stuttgart 2009, 181–210.

B.3.2 Zu den ersten Severern

B.3.2.1 Zu Severus' Kriegen und seinen Reformen

G. Alföldy, Septimius Severus und der Senat, in: BJ 168, 1968, 112–160.

A. Bowman, The Town Councils of Roman Egypt. Toronto 1971.

A. Bowman/D. Rathbone, Cities and Administration in Roman Egypt, in: JRS 82, 1992, 107–127.

H. Cameron, Making Mesopotamia. Geography and Empire in a Romano-Iranian Borderland. Leiden/Boston 2019.

C. Davenport, Soldiers and Equestrian Rank in the Third Century AD, in: PBSR 80, 2012, 89–123.

R. Duncan-Jones, Money and Government in the Roman Empire. Cambridge 1994.

W. Eck, Septimius Severus und die Soldaten, in: B. Onken/D. Rohde (Hgg.), In omni historia curiosus. Festschrift für Helmuth Schneider zum 65. Geburtstag. Wiesbaden 2011, 63–77.

P. Edwell, Rome and Persia at War. Imperial Competition and Contact. 193–363 CE. London/New York 2021.

K.-L. Förg, Discordia civium. Soziopolitische Spannungen und Konflikte auf munizipaler Ebene im Römischen Reich. Bonn 2023.

M. Handy, Die Severer und das Heer. Berlin 2009.

S. James, The Roman Military Base at Dura-Europos, Syria. An Archaeological Visualization. New York/Oxford 2019.

Th. Kruse, Der königliche Schreiber und die Gauverwaltung. Untersuchungen zur Verwaltungsgeschichte Ägyptens in der Zeit von Augustus bis Philippus Arabs. 2 Bde. München/Leipzig 2002.

I. Mennen, Power and Status in the Roman Empire. AD 193–284. Leiden/Boston 2011.

F. Millar, The Roman Near East 31 BC–AD 337. Cambridge 1993.

F. Mitthof, Annona Militaris. Die Heeresversorgung im spätantiken Ägypten. Ein Beitrag zur Verwaltungs- und Heeresgeschichte des Römischen Reiches im 3.–6. Jh. Florenz 2001.

M. Sommer, Roms orientalische Steppengrenze. Palmyra – Edessa – Dura-Europos – Hatra. Eine Kulturgeschichte von Pompeius bis Diocletian. Stuttgart 2005.

B.3.2.2 Zur severischen Familienherrschaft

J. Crook, Consilium Principis. Imperial Councils and Counsellors from Augustus to Diocletian. Cambridge 1955. Ndr. 1975.

W. Eck, Der Kaiser, die Führungsschichten und die Administration des Reiches (von Vespasian bis zum Ende der Antoninischen Dynastie), in: ders., Die Verwaltung des Römischen Reiches in der Hohen Kaiserzeit, 2 Bde., 2. Basel 1998, 3–145.

N. Hodgson, The British Expedition of Septimius Severus. Britannia 2014.

T. Honoré, Ulpian. 2. Aufl. Oxford 2002.

T. Honoré, Emperors and Lawyers. 2. Aufl. Oxford 1994.

J. Langford, Maternal Megalomania. Julia Domna and the Imperial Politics of Motherhood. Baltimore 2013.

S. Lusnia, Creating Severan Rome. The Architecture and Self-Image of L. Septimius Severus. Brüssel 2014.

S. Nadolny, Die severischen Kaiserfrauen. Stuttgart 2016.

J. Rantala, The *ludi saeculares* of Septimius Severus. The Ideologies of a New Roman Empire. London/New York 2017.

R. Syme, Lawyers in Government. The Case of Ulpian, in: ders., Roman Papers 3. Oxford 1984, 863–868.

B.3.2.3 Zur Herrschaft von Caracalla

C. Ando (Hrsg.), Citizenship and Empire in Europe 200–1900. The Antonine Constitution after 1800 Years. Stuttgart 2016.

A. Besson, Constitutio Antoniniana. L'universalisation de la citoyenneté romaine au IIIe siècle. Basel 2020.

B. Bleckmann, Die Alamannen im 3. Jh. Althistorische Bemerkungen zur Ersterwähnung und Ethnogenese, in: MH 59, 2002, 145–171.

K. Buraselis, Theia dorea. Das göttlich-kaiserliche Geschenk. Studien zur Politik der Severer und zur Constitutio Antoniniana. Wien 2007 (1989).

M. Edwards/S. Swain (Hrsg.), Approaching Late Antiquity. Oxford 2004.

A. Jördens, P. Giss. I 40. Der status quaestionis, in: Quaderni Lupiensi di Storia e Diritto 12, 2022, 305–335.

A. H. M. Jones, „I appeal unto Caesar", in: Ders., Studies in Roman Government and Law. Oxford 1960, 51–65.

M. Lavan, The Spread of Roman Citizenship. 14–212 CE. Quantification in the Face of High Uncertainty, in: P&P 230, 2016, 3–45.

E. Lo Cascio, Dall'antoninianus al „laureato grande": l'evoluzione monetaria del III secolo alla luce della nuova documentazione di età dioclezianea, in: Opus 3, 1984, 133–201.

R. Rilinger, Humiliores–honestiores. Zu einer sozialen Dichotomie im Strafrecht der römischen Kaiserzeit. München 1988.

A. N. Sherwin-White, The Roman Citizenship. 2. Aufl. Oxford 1973.

R. Turcan, Vies de Macrin, Diaduménien, Héliogabale. Texte établi, trad. et comm. Paris 1993.

B.3.2.4 Zu den Regierungen von Elagabal und Severus Alexander

P. Bang/C. Bayly (Hrsg.), The Oxford World History of Empire. 2 Bd., 2. The History of Empires. Oxford 2021.

C. Bertrand-Dagenbach, Alexandre Sévère et „l'Histoire Auguste". Brüssel 1990.

M. Canepa, The Two Eyes of the Earth. Art and Ritual of Kingship between Rome and Sasanian Iran. Berkeley 2008.

L. de Arrizabalaga y Prado, The Emperor Elagabalus. Fact or Fiction? Cambridge 2010.

L. de Blois, Administrative Strategies of the Emperor Severus Alexander and his Advisers, in: A. Kolb (Hrsg.), Konzepte, Prinzipien und Strategien der Administration im römischen Kaiserreich. Berlin 2006, 45–52.

N. Di Cosmo/M. Maas (Hrsg.), Empires and Exchanges in Eurasian Late Antiquity. Rome, China, Iran, and the Steppe, ca. 250–750. Cambridge/New York/Melbourne u. a. 2018.

W. Eck, Ein neues Militärdiplom für die misenische Flotte und Severus Alexanders Rechtsstellung im J. 221/222, in: ZPE 108, 1995, 15–34.

M. Icks, The Crimes of Elagabalus. The Life and Legacy of Rome's Decadent Boy Emperor. London 2011.

E. Lipiński, Elaha Gabal d'Émèse dans son contexte historique, in: Latomus 70, 2011, 1081–1101.

F. Nasti, L'attività normativa di Severo Alessandro. Neapel 2006.

B. Salway, Iterated Consulships and the Government of Severus Alexander, in: ZPE 177, 2011, 281–288.

S. Zinsli, Kommentar zur Vita Heliogabali der Historia Augusta. Bonn 2014.

B.4 Zu größeren Entwicklungslinien des Imperiums im kurzen 3. Jh.

B. Bleckmann, Die Reichskrise des 3. Jh. in der spätantiken und byzantinischen Geschichtsschreibung. Untersuchungen zu den nachdionischen Quellen der Chronik des Johannes Zonaras. München 1992.

B. Bleckmann/J. Groß (Hrsg.), Historiker der Reichskrise des 3. Jh. Paderborn 2016.

M. Christol, L'empire romain du IIIe siècle. Histoire politique 192–325 après J.-Chr. 2. Aufl. Paris 1997.

A. Eich/P. Eich, Thesen zur Genese des Verlautbarungsstils der spätantiken kaiserlichen Zentrale, in: Tyche 19, 2004, 75–104.

J. Grusková/G. Martin, „Dexippus Vindobonensis" (?). Ein neues Handschriftenfragment zum sog. Herulereinfall der Jahre 267/268, in: WS 127, 2014, 101–120.

J. Grusková/G. Martin, Ein neues Textstück aus den „Scythica Vindobonensia" zu den Ereignissen nach der Eroberung von Philippopolis, in: Tyche 29, 2014, 29–43.

J. Haas, Die Umweltkrise des 3. Jh. n. Chr. im Nordwesten des Imperium Romanum. Interdisziplinäre Studien zu einem Aspekt der allgemeinen Reichskrise im Bereich der beiden Germaniae sowie der Belgica und der Raetia. Stuttgart 2006.

N. Hächler, Kontinuität und Wandel des Senatorenstandes im Zeitalter der Soldatenkaiser. Prosopographische Untersuchungen zu Zusammensetzung, Funktion und Bedeutung des „amplissimus ordo" zwischen 235–284 n. Chr. Leiden 2019.

O. Hekster, Rome and its Empire, AD 193–284. Edinburgh 2008.

K.-P. Johne/U. Hartmann/Th. Gerhardt (Hrsg.), Die Zeit der Soldatenkaiser. Krise und Transformation des Römischen Reichs im 3. Jh. 2 Bde. Berlin 2008.

E. Manders, Coining Images of Power. Patterns of Representation of Roman Emperors on Imperial Coinage, AD 193–284. Leiden/Boston 2012.

G. Martin, Dexipp von Athen. Edition, Übersetzung und begleitende Studien. Tübingen 2006.

L. Mecella, Dexippo di Atene, Rom 2013.

M. Peachin, Iudex vice Caesaris. Deputy Emperors and the Administration of Justice during the Principate. Stuttgart 1996.

M. Peachin, Roman Imperial Titulature and Chronology, A. D. 235–284. Amsterdam 1990.

M. Sommer, Die Soldatenkaiser. 4. Aufl. Darmstadt 2020.

S. Wahlgren, Symeonis Magistri et Logothetae Chronicon. Berlin/New York 2006.

B.4.1 Zu den Jahrzehnten zwischen den späten Severern und der Mitte des 3. Jh.

B.4.1.1 Zur Herrschaft des Maximinus Thrax

H. Börm, Die Herrschaft des Kaisers Maximinus Thrax und das Sechskaiserjahr 238. Der Beginn der „Reichskrise"?, in: Gymnasium 115, 2008, 69–86.

K. Dietz, Senatus contra principem. Untersuchungen zur senatorischen Opposition gegen Kaiser Maximinus Thrax. München 1980.

K. Haegemans, Imperial Authority and Dissent. The Roman Empire in AD 235–238. Leuven 2010.

A. Lippold, Kommentar zur Vita Maximini duo der Historia Augusta. Bonn 1991.

G. Moosbauer, Die vergessene Römerschlacht. Der sensationelle Fund am Harzhorn. München 2018.

B.4.1.2 Zum Beginn der strategischen Defensive unter Gordian und Philipp

R. Delmaire, Largesses sacrées et *res privata*. L'*aerarium* impérial et son administration du IVe au VIe siècle. Rom 1989.

J. Drinkwater, The Alamanni and Rome 213–496. Oxford/New York 2007.
H. Elton, Warfare in Roman Europe, AD 350–425. Oxford 1996.
D. Feissel/J. Gascou, Documents d'archives romains inédits du Moyen Euphrate (IIIe siècle après J.-C.), in: JS 1995, 65–119.
A. Gillett, History, Ethnology, and Methodology, in: Ders. (Hrsg.), On Barbarian Identity. Critical Approaches to Ethnicity in the Early Middle Ages. Turnhout 2002, 1–18.
P. Heather, Empires and Barbarians. The Fall of Rome and the Birth of Europe. Oxford/New York 2010.
P. Huyse, Die dreisprachige Inschrift Šabuhrs I. an der Ka'aba-i Zardušt. 2 Bde. London 1999.
C. Körner, Philippus Arabs. Ein Soldatenkaiser in der Tradition des antoninisch-severischen Prinzipats. Berlin/New York 2002.
P. Parsons, Philippus Arabs and Egypt, in: JRS 57, 1967, 134–141.
R. Wenskus, Stammesbildung und Verfassung. Das Werden der frühmittelalterlichen *gentes*, 2. Aufl. Köln 1971.

B.4.2 Zu den religiösen Konflikten und militärischen Problemen der Jahre 249–260

B.4.2.1 Zur Regierung des Decius

B. Bleckmann, Zu den Motiven der Christenverfolgung des Decius, in: K.-P. Johne/U. Hartmann/Th. Gerhardt (Hrsg.), Deleto paene imperio Romano. Stuttgart 2006, 57–71.
W. Kinzig, Christenverfolgung in der Antike. München 2019.
S. Röder, Kaiserliches Handeln im 3. Jh. als situatives Gestalten. Studien zur Regierungspraxis und zu Funktionen der Herrschaftsrepräsentation des Gallienus. Berlin/Bern/Brüssel u. a. 2019.
K.-H. Schwarte, Valerians Christengesetze, in: W. Eck (Hrsg.), Religion und Gesellschaft in der römischen Kaiserzeit. Kolloquium zu Ehren F. Vittinghoffs. Köln/Wien 1989, 103–163.
R. Selinger, Die Religionspolitik des Kaisers Decius. Anatomie einer Christenverfolgung. Frankfurt 1994.

B.4.2.2 Zur Herrschaft Valerians. Forschung zum Konzept einer „Reichskrise"

A. Alföldi, Studien zur Geschichte der Weltkrise des 3. Jh. n. Chr. Darmstadt 1967.
G. Alföldy, Die Krise des römischen Reiches. Geschichte, Geschichtsschreibung und Geschichtsbetrachtung. Ausgewählte Beiträge. Stuttgart 1989.
L. Bakker, Raetien unter Postumus. Das Siegesdenkmal einer Juthungenschlacht im Jahre 260 n. Chr. aus Augsburg, in: Germania 71, 1993, 369–386.
W. Eck, Postumus und das Grenzkastell Gelduba, in: M. Angeli Bertinelli/A. Donati (Hrsg.), Epigrafia di Confine – Confine dell'Epigrafia. Faenza 2005, 140–153.
T. Glas, Valerian. Kaisertum und Reformansätze in der Krisenphase des Römischen Reiches. Paderborn 2014.

P. Kelly, Third-Century Price Inflation Reassessed, in: Theoretical Roman Archaeology Journal 4, 1, 2021, 1–22.

K. Strobel, Das Imperium Romanum im „dritten Jahrhundert“. Modell einer historischen Krise? Zur Frage mentaler Strukturen breiterer Bevölkerungsschichten. Stuttgart 1993.

C. Witschel, Krise – Rezession – Stagnation? Der Westen des römischen Reiches im 3. Jh. n. Chr. Frankfurt 1999.

B.4.3 Zum zeitweiligen Verlust der Einheit

4.3.1 Zur Alleinherrschaft des Gallienus

T. Banchich, The Lost History of Peter the Patrician. An Account of Rome’s Imperial Past from the Age of Justinian. London/New York 2015.

T. Banchich/E. Lane (Hrsg.), The History of Zonaras. From Alexander Severus to the Death of Theodosius the Great. London/New York 2009.

B. Bleckmann, Überlegungen zur Enmannschen Kaisergeschichte, in: G. Bonamente/K. Rosen (Hrsg.), Historiae Augustae Colloquium Bonnense. Bari 1997, 11–37.

W. Eck/S. Puliatti (Hrsg.), Diocleziano. La frontiera giuridica dell’impero. Pavia 2018.

M. Gawlikowski, Tadmor – Palmyra. A Caravan City between East and West. Krakau 2021.

M. Geiger, Gallienus. Frankfurt/Bern/Wien u. a. 2013.

K. Hallof/M. Heil, Ein neues senatorisches Epitheton, in: Klio 82, 2000, 483–491.

U. Hartmann, Das palmyrenische Teilreich. Stuttgart 2001.

I. König, Die gallischen Usurpatoren von Postumus bis Tetricus. München 1981.

C. Mallan/C. Davenport, Dexippus and the Gothic Invasions. Interpreting the New Vienna Fragment, in: JRS 105, 2015, 203–226.

M. Nicasie, Twilight of Empire. The Roman Empire from the Reign of Diocletian until the Battle of Adrianople. Amsterdam 1998.

F. Paschoud, Zosime. Histoire Nouvelle. Livres 1, 2. Texte ét. et trad. Paris 1971.

R. Raja (Hrsg.), The Oxford Handbook of Palmyra. Oxford/NewYork 2024.

S. Ratti, Vies des deux Valériens et des deux Galliens. Texte établi par O. Desbordes. Trad. et comm. 2. Aufl. Paris 2002.

M. Sommer, Roms orientalische Steppengrenze. Palmyra – Edessa – Dura-Europos – Hatra. Eine Kulturgeschichte von Pompeius bis Diocletian. Stuttgart 2005.

S. von Reden u. a. (Hrsg.), Handbook of Ancient Afro-Eurasian Economies, 3 Bde. Berlin/Boston 2020–2024.

B.4.3.2 Zur Beseitigung der sichtbarsten Probleme des Reichs 268–284

K. Altmayer, Die Herrschaft des Carus, Carinus und Numerianus als Vorläufer der Tetrarchie. Stuttgart 2014.

J. Bardill, Constantine. Divine Emperor of the Christian Golden Age. Cambridge 2012.

S. Berrens, Sonnenkult und Kaisertum von den Severern bis zu Constantin I. (193–337 n. Chr.). Stuttgart 2004.

J.-P. Callu, La politique monétaire des empereurs romains de 238 à 311. Paris 1969.
J.-M. Carrié, Les crises monétaires de l'Empire romain tardif, in: B. Théret (Hrsg.), La monnaie dévoilée par ses crises. 2 Bde., 1. Paris 2007, 131–163.
R. Carson, The Reform of Aurelian, in: RN 7, 1965, 225–235.
H.-J. Drexhage, Preise, Mieten, Pachten, Kosten und Löhne im römischen Ägypten bis zum Regierungsantritt Diokletians. St. Katharinen 1991.
S. Estiot, Monnaies de l'Empire romain 12.1. D'Aurélien à Florien. 2 Bde. Paris 2004.
K. Feld, Barbarische Bürger. Die Isaurier und das Römische Reich. Berlin/New York 2005.
M. Haklai-Rotenberg, Aurelian's Monetary Reform. Between Debasement and Public Trust, in: Chiron 41, 2011, 1–39.
C. Katsari, The Roman Monetary System. The Eastern Provinces from the First to the Third Centuries AD. Cambridge 2011.
T. Kotula, Autor de Claude II le Gothique. Péripétie d'un mythe, in: REA 96, 1994, 499–509.
G. Kreucher, Der Kaiser Marcus Aurelius Probus und seine Zeit. Stuttgart 2003.
S. Mitchell, Cremna in Pisidia. An Ancient City in Peace and in War. London 1995.
D. Rathbone, Monetisation, not Price Inflation, in Third-Century A. D. Egypt?, in: C. King/D. Wigg (Hrsg.), Coin Finds and Coin Use in the Roman World. Berlin 1996, 321–339.
K. Strobel, Die Aufwertung des Jahres 301 und ihre epigraphische Dokumentation in Aphrodisias. Ein Beitrag zur tetrarchischen Währungspolitik, in: Tyche 30, 2015, 145–172.
A. Watson, Aurelian and the Third Century. London/New York 1999.

B.5 Zur Tetrarchie als Scharnierzeit

T. Barnes, Constantine and Eusebius. Cambridge 1981.
D. Boschung/W. Eck (Hrsg.), Die Tetrarchie. Ein neues Regierungssystem und seine mediale Präsentation. Wiesbaden 2006.
A. Bowman/A. Cameron/P. Garnsey (Hrsg.), The Cambridge Ancient History 12. The Crisis of Empire, A. D. 193–337. Cambridge 2005.
U. Brandl/M. Vasić, Roms Erbe auf dem Balkan. Spätantike Kaiservillen und Stadtanlagen in Serbien. Mainz 2007.
F. Carlà-Uhink/C. Rollinger (Hrsg.), The Tetrarchy as Ideology. Reconfigurations and Representations of an Imperial Power. Stuttgart 2023.
S. Corcoran, The Empire of the Tetrarchs. Imperial Pronouncements and Government, AD 284–324. Ndr. Oxford 2002.
A. Giardina, Explosion of Late Antiquity, in: A. Cameron (Hrsg.), Late Antiquity on the Eve of Islam. Farnham 2013, 1–23.
A. Goltz/H. Schlange-Schöningen (Hrsg.), Das Zeitalter Diokletians und Konstantins. Bilanz und Perspektiven der Forschung. Festschrift für A. Demandt. Köln/Wien 2022.

J. Grant Couper, Gallic Insurgencies? Annihilating the Bagaudae, in: T. Howe/L. Brice (Hrsg.), Brill's Companion to Insurgency and Terrorism in the Ancient Mediterranean. Leiden/Boston 2016, 312–343.

J. Harke, Iuris prudentia Diocletiana. Kaiserliche Rechtsprechung am Ende des 3. Jh. Berlin 2019.

W. Kuhoff, Diokletian und die Epoche der Tetrarchie. Das römische Reich zwischen Krisenbewältigung und Neuaufbau 284–313 n. Chr. Frankfurt 2001.

B. Leadbetter, Galerius and the Will of Diocletian. London 2009.

S. Mitchell, A History of the Later Roman Empire, AD 284–700. Hoboken 2023.

C. Nixon/B. Rodgers (Hrsg.), In Praise of Later Roman Emperors. The „Panegyrici Latini". Introd., Transl., and Hist. Comm. with the Latin Text of R. Mynors. Berkeley 1994.

R. Pfeilschifter, Die Spätantike. Der eine Gott und die vielen Herrscher. München 2. Aufl. 2017.

P. Porena, Le origini della prefettura del pretorio tardoantica. Rom 2003.

U. Roberto, Diocleziano. Roma 2014.

T. Şare Ağtürk, The Painted Tetrarchic Reliefs of Nicomedia. Uncovering the Colourful Life of Diocletian's Forgotten Capital. Turnhout 2021.

T. C. Skeat, Papyri from Panopolis in the Chester Beatty Library Dublin. Dublin 1964.

S. Williams, Diocletian and the Roman Recovery. London 1985.

B.5.1 Zum Strukturwandel und zu Kontinuitäten um die Wende zum 4. Jh.

B.5.1.1 Zur Etablierung der ersten Tetrarchie und zur Provinzialisierung Italiens

T. Barnes, Constantine. Dynasty, Religion and Power in the Later Roman Empire. Malden, MA/Oxford/Chichester 2011.

T. Barnes, The New Empire of Diocletian and Constantine. Cambridge 1982.

F. Kolb, Praesens Deus. Kaiser und Gott unter der Tetrarchie, in: A. Demandt/S. Schlange-Schöningen/A. Goltz (Hrsg.), Diokletian und die Tetrarchie. Aspekte einer Zeitenwende. Berlin/New York 2004, 27–37.

F. Kolb, Diocletian und die Erste Tetrarchie. Improvisation oder Experiment in der Organisation monarchischer Herrschaft? Berlin/New York 1987.

E. Mayer, Rom ist dort, wo der Kaiser ist. Untersuchungen zu den Staatsdenkmälern des dezentralisierten Reiches von Diocletian bis zu Theodosius II. Bonn 2002.

P. Porena, La riorganizzazione amministrativa dell'Italia, in: A. Melloni/P. Brown/G. Dagron u. a. (Hrsg.), Costantino I. Enciclopedia costantiniana sulla figura e l'immagine dell'imperatore del c. d. Editto di Milano, 313–2013. 3 Bde., 1. Rom 2013, 329–349.

R. Rees, Diocletian and the Tetrarchy. Edinburgh 2004.

W. Seston, Dioclétien et la tétrarchie, 1. Guerres et réformes (284–300). Paris 1946.

B.5.1.2 Zu den administrativen und militärischen Reformen der Tetrarchen

J.-M. Carrié, Dioclétien et la fiscalité, in: AnTard 2, 1994, 33–64.

A. Chaniotis/T. Fujii, A New Fragment of Diocletian's Currency Regulation from Aphrodisias, in: JRS 105, 2015, 227–233.

G. di Vita-Evrard, L. Volusius Bassus Cerealis, légat du Proconsul d'Afrique T. Claudius Aurelius Aristobulus, in: A. Mastino (Hrsg.), L'Africa romana 2. Sassari 1985, 149–177.

P. Eich, Raum als Strukturkategorie imperialer Administration. Provinzteilungen und -zusammenschlüsse im frühen 4. Jh., in: S. Schmidt-Hofner/P. Eich/C. Ambos (Hrsg.), Raumordnung, Norm und Recht in historischen Kulturen Europas und Asiens. Heidelberg 2016, 253–280.

G. Fisher, Rome, Persia, and Arabia. Shaping the Middle East from Pompey to Muhammad. London 2020.

G. Gautier, Le monnayage en argent de la réforme de Dioclétien. Bordeaux 2021.

K. Harper, The Greek Census Inscriptions of Late Antiquity, in: JRS 98, 2008, 83–119.

M. Hendy, Studies in the Byzantine Monetary Economy c. 300–1450. Cambridge 1985.

A. H. M. Jones, Census Records of the Later Roman Empire, in: JRS 43, 1953, 49–64.

J. Migl, Die Ordnung der Ämter. Prätorianerpräfektur und Vikariat des Römischen Reiches von Konstantin bis zur Valentinianischen Dynastie. Frankfurt 1994.

C. Morley, The Arabian Frontier. A Keystone Frontier of the Sasanian Empire, in: E. Sauer (Hrsg.), Sasanian Persia. Between Rome and the Steppes of Eurasia. Edinburgh 2017, 268–283.

L. Noethlichs, Die Entstehung der Diözesen als Mittelinstanz des spätrömischen Verwaltungssystems, in: Historia 31, 1982, 70–81.

B. Palme, Praesides und correctores der Augustamnica, AnTard 6, 1998, 123–135.

S. Parker, Strata diocletiana, in: Y. Le Bohec (Hrsg.), Encyclopedia of the Roman Army. Malden, MA 2015, 929–933.

W. Scheidel/A. Monson (Hrsg.), Fiscal Regimes and the Political Economy of Premodern States. Cambridge 2015.

P. Southern, The Roman Army. A Social and Institutional History. Oxford 2007.

P. Thonemann, Estate and the Land in Late Roman Asia Minor, in: Chiron 37, 2007, 435–478.

C. Whately, Organization and Life in the Late Roman Army. A Bibliographic Essay, in: A. Sarantis/N. Christie (Hrsg.), War and Warfare in Late Antiquity. Current Perspectives, 2 Bde., 1. Leiden/Boston 2013, 209–237.

C. Zuckerman, Sur la liste de Vérone et la province de Grande Arménie, la division de l'empire et la date de création des diocèces, in: V. Déroche/D. Feissel/C. Morrisson (Hrsg.), Mélanges G. Dagron. Paris 2002, 617–637.

B.5.2 Zur Verfolgung von Christen und Manichäern

W. Ameling (Hrsg.), Die Christianisierung Kleinasiens in der Spätantike. Bonn 2017.

A. Luijendijk (Hrsg.), Greetings in the Lord. Early Christians and the Oxyrhynchus Papyri. Cambridge 2008.

V. Minale, Legislazione imperiale e manicheismo da Diocleziano a Costantino. Neapel 2013.

S. Mitchell/P. Pilhofer (Hrsg.), Early Christianity in Asia Minor and Cyprus. From the Margins to the Mainstream. Leiden 2019.

W. Portmann, Zu den Motiven der Diokletianischen Christenverfolgung, in: Historia 39, 1990, 212–248.

K.-H. Schwarte, Diokletians Christengesetz, in: R. Günther/S. Rebenich (Hrsg.), E fontibus haurire. Beitrage zur römischen Geschichte und ihren Hilfswissenschaften. Paderborn 1994, 203–240.

D. Serra/M. Cecini, El Senatoconsulto y el edicto de Diocleciano y Maximiano contra Christianos, in: Anejos de Antegüedad y Cristianismo 10. Murcia 2022.

M. S. Shin, The Great Persecution. A Historical Re-examination. Turnhout 2018.

M. Sperandio, Diocleziano e i cristiani. Diritto, religione, politica nell'era dei martiri. Neapel 2013.

B.5.3 Zum Zerfall der zweiten Tetrarchie und zum Aufstieg Constantins I.

B. Bleckmann, Konstantin der Große. Reinbek 1996.

H. Brandt, Konstantin der Große. Der erste christliche Kaiser. München 2006.

D. Burgersdijk/A. Ross (Hrsg.), Imagining Emperors in the Later Roman Empire. Leiden/Boston 2018.

R. Holloway, Constantine & Rome. New Haven/London 2004.

I. König, Origo Constantini. Anonymus Valesianus, Teil 1. Text und Kommentar. Trier 1987.

H. Leppin/H. Ziemssen, Maxentius. Der letzte Kaiser in Rom. Mainz 2007.

A. Omissi/A. J. Ross (Hrsg.), Imperial Panegyric from Diocletian to Honorius. Liverpool 2020.

C. Ware, A Literary Commentary on *Panegyrici Latini* VI (7). An Oration Delivered before the Emperor Constantine in Trier, ca. AD 310. Cambridge/New York 2021.

J. Wienand, Der Kaiser als Sieger. Metamorphosen triumphaler Herrschaft unter Constantin I. Berlin 2012.

I. Wood, Europe in Late Antiquity. Berlin/Boston 2025.

B.6 Zum Imperium als Erfahrungsraum

P. Bang, The Roman Bazaar. A Comparative Study of Trade and Markets in a Tributary Empire. Cambridge 2008.

D. French, Roman Roads and Milestones of Asia Minor. 2 Bde. Oxford 1981–1988.

B. Frier, Demography, in: A. Bowman/P. Garnsey/D. Rathbone (Hrsg.), The Cambridge Ancient History 11. The High Empire, A. D. 70–192. Cambridge 2000, 787–816.

E. Lo Cascio/L. Tacoma (Hrsg.), The Impact of Mobility and Migration in the Roman Empire. Leiden/Bosten 2017.

M. Rathmann, Untersuchungen zu den Reichsstraßen in den westlichen Provinzen des Imperium Romanum. Mainz 2003.

W. Scheidel/J. Friesen, The Size of the Economy and the Distribution of Income in the Roman Empire, in: JRS 99, 2009, 61–91.

G. Woolf, The Life and Death of Ancient Cities. A Natural History. Oxford 2020.

B.6.1 Zu den im Imperium erhobenen Abgaben

R. Bernhardt, Die Immunitas der Freistädte, in: Historia 29, 1980, 190–207.

A. Bowman, The Town Councils of Roman Egypt. Toronto 1971.

P. Brunt, The Revenues of Rome, in: JRS 71, 1981, 161–172.

M. Cottier u. a. (Hrsg.), The Customs Law of Asia. Oxford 2008.

S. de Laet, Portorium. Etude sur l'organisation douanière chez les Romains, surtout a l'époque du Haute-Empire. Brügge 1949.

P. Erdkamp/K. Verboven/A. Zuiderhoek (Hrsg.), Capital, Investment and Innovation in the Roman World. Oxford 2020.

J. France, Quadragesima Galliarum. L'organisation douanière des provinces alpestres, gauloises et germaniques de l'Empire romain. Rom 2001.

J. France, Remarques sur les tributa dans les provinces nord-occidentales du Haut Empire romain, in: Latomus 60, 2001, 359–379.

F. Grelle, Stipendium vel tributum. L'imposizione fondiaria nelle dottrine giuridiche del II e III secolo. Neapel 1963.

S. Günther, „Vectigalia nervos esse rei publicae". Die indirekten Steuern in der Römischen Kaiserzeit von Augustus bis Diokletian. Wiesbaden 2008.

K. Hopkins, Rome, Taxes, Rents and Trade, in: Kodai 6–7, 1995/6, 42–75.

K. Hopkins, Taxes and Trade in the Roman Empire (200 B. C.–A. D. 400), in: JRS 70, 1980, 101–125.

P. Kritzinger, Das römische Zollsystem bis in das 3. Jh. n. Chr., in: Ders./F. Schleicher/T. Stickler (Hrsg.), Studien zum römischen Zollwesen. Duisburg 2015, 11–55.

B. Le Teuff, Enregistrer les propriétés dans les cités de l'Orient romain. Archives civiques et documents cadastraux sous le Haut-Empire, in: Fr. Lerouxel/A.-V. Pont (Hrsg.), Propriétaires et citoyens dans l'Orient romain. Bordeaux 2016, 57–173.

L. Neesen, Untersuchungen zu den direkten Staatsabgaben der römischen Kaiserzeit (27 v. Chr.–284 n. Chr.). Bonn 1980.

S. Schmidt, Stadt und Wirtschaft im römischen Ägypten. Die Finanzen der Gaumetropolen. Wiesbaden 2014.

W. Seston/M. Euzennat, Un dossier de la chancellerie romaine. La Tabula Banasitana. Étude de diplomatique, in: CRAI 115, 3, 1971, 468–490.

H. Schwarz, Soll oder Haben? Die Finanzwirtschaft kleinasiatischer Städte in der Römischen Kaiserzeit am Beispiel von Bithynien, Lykien und Ephesos. Bonn 2001.

S. Wallace, Taxation in Egypt from Augustus to Diocletian. Princeton 1938.

A. Zuiderhoek, The Ancient City. Cambridge 2017.

B.6.2 Zu Produktion, Distribution und Konsum

B.6.2.1 Zu älteren und neueren Deutungen der Ökonomien im Imperium

A. Bowman/A. Wilson (Hrsg.), Quantifying the Roman Economy. Methods and Problems. Oxford 2009.

T. Brughmans/A. Wilson (Hrsg.), Simulating Roman Economies. Theories, Models, and Computional Models. Oxford 2022.

K. Bücher, Die Entwicklung der Volkswirtschaft. Tübingen 1893.

H.-J. Drexhage/H. Konen/K. Ruffing, Die Wirtschaft des Römischen Reiches (1.–3. Jh). Eine Einführung. Berlin 2002.

P. Erdkamp, Beyond the Limits of the „Consumer City". A Model of the Urban and Rural Economy in the Roman World, in: Historia 50, 2001, 332–356.

M. Finley, The Ancient Economy. 2. Aufl. London 1985.

R. Goldsmith, Premodern Financial Systems. A Historical Comparative Study. Cambridge 1987.

M. Hobson, The North African Boom. Evaluating Economic Growth in the Roman Province Proconsularis (146 B. C.–439 A. D.). Portsmouth 2015.

P. Horden/N. Purcell, The Corrupting Sea. A Study of Mediterranean History. 5. Aufl. Oxford 2005.

J. Leidwanger, Roman Seas. A Maritime Archaeology of Eastern Mediterranean Economies. New York 2020.

E. Lo Cascio, Eine neue Wirtschaftsgeschichte des Römischen Reichs. Paradigmen und Ansätze. Bonn 2017.

A. Maddison, The World Economy. A Millenial Perspective. Paris 2001.

E. Meyer, Die wirtschaftliche Entwicklung des Altertums, in: Ders., Kleine Schriften. Jena 1910, 79–168.

N. Morley, Metropolis and Hinterland. The City of Rome and the Italian Economy 200 B. C.–A. D. 200. Cambridge 1996.

S. Murray/S. Bernard (Hrsg.), Models, Methods, and Morality. Assessing Modern Approaches to the Greco-Roman Economy. Cham 2024.

K. Ruffing, Wirtschaft in der griechisch-römischen Antike. Darmstadt 2012.

R. Saller, Pliny's Roman Economy. Princeton 2022.

C. Schäfer (Hrsg.), Connecting the Ancient World. Mediterranean Shipping, Maritime Networks and their Impact. Rahden 2016.

R. Takahashi, The Ties that Bind. The Economic Relationships of Twelve Tebtunis Families in Roman Egypt. London 2021.

W. Tietz, Hirten – Bauern – Götter. Eine Geschichte der römischen Landwirtschaft. München 2015.

S. von Reden, Antike Wirtschaft. Berlin/Boston 2015.

S. von Reden/K. Ruffing (Hrsg.), Handbuch antike Wirtschaft. Berlin/Boston 2023.

A. Wilson, Indicators for Roman Economic Growth. A Response to W. Scheidel, in: JRA 22, 2009, 71–82.

B.6.2.2 Zu Akteuren und den Rahmenbedingungen ökonomischen Handelns

A. Bowman/A. Wilson (Hrsg.), Trade, Commerce, and the State in the Roman World. Oxford 2018.

H. Brandt, Gesellschaft und Wirtschaft Pamphyliens und Pisidiens im Altertum. Bonn 1992.

P. Erdkamp, A Companion to the Roman Army. Malden/Oxford/Carlton 2007.

L. de Blois/E. Lo Cascio (Hrsg.), The Impact of the Roman Army. Religious Aspects and Dispersion of Cults. Leiden/Boston 2007.

U. Heimberg, Villa rustica. Leben und Arbeiten auf römischen Landgütern. Mainz 2011.

E. Höbenreich, Annona. Juristische Aspekte der stadtrömischen Lebensmittelversorgung im Prinzipat. Graz 1997.

J. Hoffmann-Salz, Die wirtschaftlichen Auswirkungen der römischen Eroberung. Vergleichende Untersuchungen der Provinzen Hispania Tarraconensis, Africa Proconsularis und Syria. Stuttgart 2011.

A. Marzano/G. Métraux (Hrsg.), The Roman Villa in the Mediterranean Basin. Late Republic to Late Antiquity. Cambridge 2018.

H. Pavis D'Escurac, La préfecture de l'annone, service administratif impérial d'Auguste à Constantin. Paris 1976.

P. Rothenhöfer, Die Wirtschaftsstrukturen im südlichen Niedergermanien. Untersuchungen zur Entwicklung eines Wirtschaftsraums an der Peripherie des Imperium Romanum. Rahden 2005.

M. Versluys/M. Pitts, Globalisation and the Roman World. World History, Connectivity and Material Culture. Cambridge/New York 2015.

B.7 Sakrale Landschaften und imperiale religiöse Tendenzen

C. Ando, The Matter of the Gods. Religion and the Roman Empire. Berkeley 2008.

M. Beard/J. North/S. Price (Hrsg.), Religions of Rome. 2 Bde. Cambridge 1998.

C. Geertz, Religion as a Cultural System, in: Ders., The Interpretation of Cultures. Selected Essays. London 1993, 87–125.

B. Linke, Antike Religion. München 2014.

V. Rosenberger, Religion in der Antike. Darmstadt 2012.

J. Rüpke, Die Religion der Römer. Eine Einführung. München 2001.

J. Rüpke/M. Biran/Y. Pines (Hrsg.), The Role of Religions in Imperial History. Bd. 1. Empires and Gods. Berlin 2024.

J. Rüpke/A. Glock, Fasti sacerdotum. Die Mitglieder der Priesterschaften und das sakrale Funktionspersonal römischer, griechischer, orientalischer und jüdisch-christlicher Kulte in der Stadt Rom. Von 300 v. Chr. bis 499 n. Chr. 3 Bde. Stuttgart 2005.

J. Rüpke/G. Woolf (Hrsg.), Religion in the Roman Empire. Stuttgart 2021.

J. Scheid, Quand faire, c'est croire. Les rites sacrificiels des Romains. Paris 2005.

J. Scheid, Romulus et ses frères. Le collège des frères arvales, modèle du culte public dans la Rome des empereurs. Rom 1990.

B.7.1 Zu Beispielen für verortete Religion

C. Ando/J. Rüpke (Hrsg.), Religion and Law in Classical and Christian Rome. Stuttgart 2006.

R. Bagnall/D. Rathbone, Egypt from Alexander to the Copts. An Archaeological and Historical Guide. London 2004.

H. Cotton/W. Eck/B. Isaac u. a. (Hrsg.), Corpus Inscriptionum Iudaeae/Palaestinae. Bd. 1: Jerusalem, Teil 1. Berlin 2010.

T. Derks, Gods, Temples and Ritual Practices. The Transformation of Religious Ideas and Values in Roman Gaul. Amsterdam 1998.

S. Eid Paturel, Baalbek-Heliopolis, the Bekaa, and Berytus from 100 BCE to 400 CE. A Landscape Transformed. Leiden 2019.

M. Goodman, Judaism in the Roman World. Collected Essays. Leiden/Boston 2007.

R. Gordon, The Veil of Power. Emperors, Sacrificers, and Benefactors, in: M. Beard/J. North/R. Gordon (Hrsg.), Pagan Priests. Religion and Power in the Ancient World. London 1990, 199–233.

M. Hutton, Describing Greece. Landscape and Literature in the Periegesis of Pausanias. Cambridge 2005.

T. Kaizer, The Variety of Local Religious Life in the Near East in Hellenistic and Roman Periods. Leiden 2008.

F. Kolb, Rom. Die Geschichte der Stadt in der Antike. 2. Aufl. München 2002.

A. Kouremenos (Hrsg.), The Province of Achaea in the 2nd Century CE. The Past Present. London/New York 2022.

H. Lapin, Rabbis as Romans. The Rabbinic Movement in Palestine 100–400 C. E. Oxford 2013.

J. Latham, Performance, Memory, and Processions in Ancient Rome. The *pompa circensis* from the Republic to Late Antiquity. New York 2016.

B. Maier, Die Kelten. Geschichte, Kultur und Sprache. Tübingen 2015.

M. Pretzler, Pausanias. Travel Writing in Ancient Greece. London 2007.

C. Schmidt Heidenreich, Le glaive et l'autel. Camps et piété militaire sous le Haut-Empire romain. Rennes 2013.

W. Spickermann, Religionsgeschichte des römischen Germaniens, Bd. 1: Germania Superior. Tübingen 2003.

R. Stepper, Augustus und Sacerdos. Untersuchungen zum römischen Kaiser als Priester. Stuttgart 2003.

F. van Haeperen, Le collège pontifical (3ème s. a. C.–4ème s. p. C.). Contribution à l'étude de la religion publique romaine. Brüssel 2002.

S. Weksler-Bdolah, Aelia Capitolina – Jerusalem in the Roman Period in Light of Archaeological Research. Boston 2019.

M. Witte/J. Schröter/V. Lepper (Hrsg.), Torah, Temple, Land. Constructions of Judaism in Antiquity. Tübingen 2021.

G. Woolf, Becoming Roman. The Origins of Provincial Civilization in Gaul. Cambridge 1998.

B.7.2 Zu imperialen religiösen Tendenzen

J. Elsner/I. Rutherford (Hrsg.), Pilgrimage in Graeco-Roman and Early Christian Antiquity. Seeing the Gods. Oxford 2005.

O. Stoll, „Städte Arabiens mit herrlichen Tempeln..." oder: von Ägypten in die Provinz Arabien, in: L. De Blois/E. Lo Cascio (Hrsg.), The Impact of the Roman Army. Religious Aspects and Dispersion of Cults. Leiden/Boston 2007, 439–461.

B.7.2.1 Zu Kaiserkulten

A. Abramenko, Die munizipale Mittelschicht im kaiserzeitlichen Italien. Zu einem neuen Verständnis von Sevirat und Augustalität. Frankfurt 1993.

H. Bru, Le pouvoir impérial dans les provinces syriennes. Représentations et célébrations d'Auguste à Constantin 31 av. J.-C. –337 ap. J.-C. Leiden/Boston 2011.

B. Burrell, Neokoroi. Greek Cities and Roman Emperors. Leiden/Boston 2004.

M. Clauss, Kaiser und Gott. Herrscherkult im römischen Reich. Stuttgart 1999.

J. Deininger, Die Provinziallandtage der römischen Kaiserzeit von Augustus bis zum Ende des 3. Jh. n. Chr. München 1965.

R. Duthoy, Les „Augustales", in: ANRW 2, 16, 2, 1978, 1254–1309.

B. Edelmann-Singer, Koina und Concilia. Genese, Organisation und sozioökonomische Funktion der Provinziallandtage im römischen Reich. Stuttgart 2015.

D. Fishwick, The Imperial Cult in the Latin West. Studies in the Ruler Cult of the Western Provinces of the Roman Empire. 3 Bde. Leiden 1987–1991.

I. Gradel, Emperor Worship and Roman Religion. Oxford 2002.

A. Kolb/M. Vitale (Hrsg.), Kaiserkult in den Provinzen des Römischen Reiches. Organisation, Kommunikation und Repräsentation. Berlin/Boston 2016.

S. Pfeiffer, Der römische Kaiser und das Land am Nil. Kaiserverehrung und Kaiserkult in Alexandria und Ägypten von Augustus bis Caracalla. Stuttgart 2010.

S. Price, Rituals and Power. The Roman Imperial Cult in Asia Minor. Cambridge 1984.

B.7.2.2 Zu „Gruppenreligionen": Mithras, Isis, Religionsphilosophien

J. Alvar, The „Romanization" of „Oriental" Cults, in: S. Nagel/F. Quack/C. Witschel (Hrsg.), Entangled Worlds. Religious Confluences between East and West in the Roman Empire. The Cults of Isis, Mithras, and Jupiter Dolichenus. Tübingen 2017, 23–45.

P. Athanassiadi (Hrsg.), Pagan Monotheism in Late Antiquity. Oxford 1999.

C. Auffarth, Mysterien (Mysterienkulte), in: RAC 25, 2013, 422–471.

C. Auffarth, Religio migrans. Die „Orientalischen Religionen" im Kontext antiker Religionen, in: C. Bonnet/S. Ribichini/D. Steuernagel (Hrsg.), Religioni in contatto nel mondo antico. Rom 2007, 333–363.

R. Beck, The Religion of the Mithras Cult in the Roman Empire. Mysteries of the Unconquered Sun. Oxford/New York 2006.

N. Belayche, *DEAE SYRIAE SACRUM*. La romanité des „cultes orientaux", in: RH 302, 2000, 565–592.

L. Bricault/M. Stadler (Hrsg.), Hymnen und Aretalogien im antiken Mittelmeerraum. Von Inana bis Isis. Wiesbaden 2021.

W. Burkert, Antike Mysterien. Funktionen und Gehalt. 4. Aufl. München 2003.

M. Clauss, Mithras. Kult und Mysterium. Darmstadt 2012.

M. Clauss, Cultores Mithrae. Die Anhängerschaft des Mithras-Kultes. Stuttgart 1992.

F. Cumont, Les religions orientales dans le paganisme Romain. 4. Aufl. Paris 1930.
J. Dillon, The Middle Platonists. Ithaca, NY 1977.
R. Gordon, Institutionalized Religious Options. Mithraism, in: J. Rüpke (Hrsg.), A Companion to Roman Religion. Malden/Oxford/Chichester 2007, 392–405.
R. Gordon, Mithras, in: RAC 24, 2012, 964–1009.
R. Gordon/G. Petridou/J. Rüpke (Hrsg.), Beyond Priesthood. Religious Entrepreneurs and Innovators in the Roman Empire. Berlin/Boston 2017.
S. Heyob, The Cult of Isis among Women in the Graeco-Roman World. Leiden 1975.
L. Mazurek, Isis in a Global Empire. Greek Identity through Egyptian Religion in Roman Greece. Cambridge/New York/Melbourne u. a. 2022.
M. McCarthy/M. Egri (Hrsg.), The Archaeology of Mithraism. New Finds and Approaches to Mithras-Worship. Leuven/Paris/Bristol 2020.
St. Mitchell/P. Van Nuffelen (Hrsg.), One God. Pagan Monotheism in the Roman Empire. Cambridge 2010.
S. Nagel, Die Ausbreitung des Isiskultes im Römischen Reich, 2 Bde. Wiesbaden 2019.
J. Rüpke (Hrsg.), Gruppenreligionen im römischen Reich. Sozialformen, Grenzziehungen und Leistungen. Tübingen 2007.
G. Sfameni Gasparro, Soteriology and Mystic Aspects in the Cult of Cybele and Attis. Leiden 1985.
H. Wendt, At the Temple Gates. The Religion of Freelance Experts in the Roman Empire. New York 2016.
Chr. Witschel, „Orientalische Kulte“ im römischen Reich. Neue Perspektiven der altertumswissenschaftlichen Forschung, in: M. Blömer/E. Winter (Hrsg.), Iuppiter Dolichenus. Vom Lokalkult zur Reichsreligion. Tübingen 2012, 13–38.

B.7.2.3 Zu christlichen Strömungen und ihrem Umfeld

U. Bianchi (Hrsg.), Le origini dello gnosticismo. Testi e discussioni. Leiden 1967.
D. Brakke, The Gnostics. Myth, Ritual, and Diversity in Early Christianity. Cambridge/London 2000.
G. Chiapparini, Valentino gnostico e platonico. Il Valentinianesimo della „Grande Notizia“ di Ireneo di Lione. Fra esegesi gnostica e filosofia medioplatonica. Mailand 2012.
W. Dahlheim, Die Welt zur Zeit Jesu. 3. Aufl. München 2014.
J. Dunn, The Partings of the Ways between Christianity and Judaism and their Significance for the Character of Christianity. London 1991.
W. Eck, Zum Eindringen des Christentums in den Senatorenstand bis zu Konstantin I., in: Chiron 1, 1971, 281–406.
O. Lehtipuu/S. Petersen (Hrsg.), Christliche Apokryphen. Marginalisierte Texte des frühen Christentums. Stuttgart 2020.
H. Leppin, Die frühen Christen von den Anfängen bis Konstantin. 3. Aufl. München 2021.
J.-M. Mayeur, dt. Ausg. von N. Brox (Hrsg.), Die Geschichte des Christentums. Religion, Politik, Kultur. Bd. 1. L. Pietri, dt. Ausg. Th. Böhm (Hrsg.), Die Geschichte des Christentums. Die Zeit des Anfangs bis 250. Freiburg 2002; Bd. 2, C. Pietri/L. Pietri. dt. Ausg. Th. Böhm (Hrsg.), Das Entstehen der einen Christenheit (250–430). Freiburg 1996.

R. Mortley/C. Colpe, Gnosis I (Erkenntnislehre), in: RAC 11, 1981, 446–537.
M. von Ostheim, Selbsterlösung durch Erkenntnis. Die Gnosis im 2. Jh. n. Chr. Basel 2013.
B. Pearson, Ancient Gnosticism. Traditions and Literature. Minneapolis 2007.
H.-M. Schenke†/U. Kaiser/H.-G. Bethge (Hrsg.), Nag Hammadi Deutsch. NHC I–XIII, Codex Berolinensis 1 und 4, Codex Tchacos 3 und 4. 3. Aufl. Berlin 2013.
J. Schröter, Die Entstehung des Christentums. Von den Anfängen bis zu Konstantin dem Großen. München 2024.
J. Schröter/B. A. Edsall/J. Verheyden (Hrsg.), Jews and Christians. Parting Ways in the First Two Centuries CE? Reflections on the Gains and Losses of a Model. Berlin/Boston 2021.
M. Tiwald, Frühjudentum und beginnendes Christentum. Gemeinsame Wurzeln und das Parting of the Ways. Stuttgart 2022.
A. Weiß, Soziale Elite und Christentum. Studien zu *ordo*-Angehörigen unter den frühen Christen. Berlin/Boston 2015.

B.7.2.4 Zu kirchlichen Strukturen im Imperium

E. Baumkamp, Kommunikation in der Kirche des 3. Jh. Bischöfe und Gemeinden zwischen Konflikt und Konsens im Imperium Romanum. Tübingen 2014.
S. Diefenbach, Römische Erinnerungsräume. Heiligenmemoria und kollektive Identitäten im Rom des 3. bis 5. Jh. n. Chr. Berlin/Boston 2007.
H. Dockter, Klerikerkritik im antiken Christentum. Göttingen/Bonn 2013.
E. Ferguson, Baptism in the Early Church. History, Theology, and Liturgy in the First Five Centuries. Grand Rapids, MA/Cambridge 2009.
P. Gemeinhardt, Geschichte des Christentums in der Spätantike. Tübingen 2022.
T. Graumann, The Acts of the Early Church Councils. Production and Character. Oxford 2021.
R. M. Jensen, Living Water. Images, Symbols, and Settings of Early Christian Baptism. Leiden/Boston 2011.
P. Kritzinger, Ursprung und Ausgestaltung bischöflicher Repräsentation. Stuttgart 2016.
J. Lookadoo, The Date and Authenticity of the Ignatian Letters. An Outline of Recent Discussions, in: Currents in Biblical Research 19, 2020, 88–114.
J. Martin, Der Weg zur Ewigkeit führt über Rom. Die Frühgeschichte des Papsttums und die Darstellung der neutestamentlichen Heilsgeschichte im Triumphbogenmosaik von Santa Maria Maggiore in Rom. Stuttgart 2010.
C. Moss, Ancient Christian Martyrdom. Diverse Practices, Theologies, and Traditions. Cumberland 2012.
G. Theißen, Die Entstehung des Neuen Testaments als literaturgeschichtliches Problem. Heidelberg 2007.
E. Wirbelauer, Die Nachfolgerbestimmung im römischen Bistum (3.–6. Jh.). Doppelwahlen und Absetzungen in ihrer herrschaftssoziologischen Bedeutung, in: Klio, 76, 1994, 388–437.
O. Zwierlein, Die Urfassungen der Martyria Polycarpi et Pionii und das Corpus Polycarpianum. 2 Bde. Berlin/Boston 2014.

B.7.2.5 Zum Manichäismus

I. Gardner, Mani's Epistles. The Surviving Parts of the Coptic Codex Berlin P. 15998. Stuttgart 2022.

I. Gardner, The Founder of Manichaeism. Rethinking the Life of Mani. Cambridge 2020.

L. Koenen/C. Römer (Hrsg.), Der Kölner Mani-Kodex. Über das Werden seines Leibes. Opladen 1988.

J. Ries, Gnose, gnosticisme, manichéisme. Turnhout 2011.

Anhang

Abkürzungsverzeichnis

In den Teilen I oder II verwendete Abkürzungen von Autorennamen oder Werktiteln

Eus. H. e.	Eusebius, historia ecclesiastica (Kirchengeschichte).
Eus. Mart. Pal.	de martyribus Palaestinae (Über die Märtyrer Palästinas).
Lact. Mort.	Lactantius, De mortibus persecutorum (Über die Todesarten der Verfolger).
Plin. n. h.	Plinius, naturalis historia (Naturgeschichte).
v. Aur.	Scriptores Historiae Augustae, vita Aureliani.
v. Hadr.	Scriptores Historiae Augustae, vita Hadriani.
v. Max.	Scriptores Historiae Augustae, vita Maximinorum duorum.
v. Sev.	Scriptores Historiae Augustae, vita Severi.
IKoeln^2	B. Galsterer/H. Galsterer (Hssg.), Die römischen Steininschriften aus Köln. 2. Aufl. Mainz 2010.
P. Giss. I.	E. Kornemann/P. Meyer/O. Eger (Hrsg.), Griechische Papyri im Museum des Oberhessischen Geschichtsvereins zu Giessen. Bd. 1. Berlin/Leipzig 1910–1912.
Philostr. VS	Philostratus, Vitae Sophistarum (Leben der Sophisten).

In Teil III verwendete Kürzel von Zeitschriften und Lexika

AncSoc	Ancient Society
ANRW	Aufstieg und Niedergang der römischen Welt
AnTard	Antiquité Tardive
BJ	Bonner Jahrbücher des Rheinischen Landesmuseums in Bonn und des Vereins von Altertumsfreunden im Rheinlande
CBR	Currents in Biblical Research
CRAI	Comtes rendus à l'Académie des Inscriptions et Belles Lettres
ES	Epigraphische Studien
JRA	Journal of Roman Archeology
JRS	Journal of Roman Studies
JS	Journal des Savants
MH	Museum Helveticum
P&P	Past and Present
PBSR	Papers of the British School at Rome
RAC	Reallexikon für Antike und Christentum
REA	Revue des études anciennes
RH	Revue historique
RN	Revue numismatique

https://doi.org/9783112206065-004

RSA	Rivista storica dell'antichità
TRAJ	Theoretical Roman Archaeology Journal
WS	Wiener Studien
ZPE	Zeitschrift für Papyrologie und Epigraphik

Zeittafel

68/69 n. Chr.	Bürgerkrieg im Imperium Romanum. Seit Ende 69 regiert für über fünfundzwanzig Jahre die Dynastie der Flavier (die Kaiser Vespasian, Titus und Domitian).
späteres 1. Jh.	Es gibt erste Belege für einen römischen Mithras-Kult. Domitian erneuert den Isis-Tempel auf dem Marsfeld.
um 100	Aus dieser Zeit hat sich im syrischen Raum eine erste christliche Gemeindeordnung, die sogenannte *Didache*, erhalten.
Anfang des 2. Jh.	Nach der christlichen Tradition soll Bischof Ignatios von *Antiocheia* (Antakya) zu dieser Zeit das Martyrium erlitten haben. Die Forschung zweifelt diese Datierung an.
116/7	Der Angriffskrieg des Kaisers M. Ulpius Traianus auf das Partherreich scheitert. Sein Nachfolger P. Aelius Hadrianus bricht den Krieg 117 auf Basis des Status quo ante ab.
117–138	Alleinregierung Hadrians
118	sogenannte „Verschwörung" der vier Konsulare. Mögliche Widersacher des neuen Kaisers werden mit einer zweifelhaften Begründung beseitigt.
121–123	Hadrians erste lange (West-)Reise als Alleinherrscher führt über Süddeutschland und Britannien in seine Heimatregion in Spanien. Anschließend (123–125) reist er durch den östlichen Reichsteil.
123	Friedensschluss mit den Parthern
128–133/134	Hadrian reist erneut durch den östlichen Reichsteil und hält sich dabei noch zweimal länger in Athen auf.
132–136	Bar Kochba-Aufstand in und um Judäa. Das jüdische Kerngebiet wird im Anschluss an den römischen Sieg in *Syria Palaestina* umbenannt.
136–138	Nachfolgekrise in Rom. Hadrians erster Kandidat L. Aelius Caesar stirbt schon Anfang 138. Hadrian adoptiert danach T. Aurelius Fulvus Boionius Antoninus, der wiederum die später Marcus Aurelius und Lucius Verus genannten Nachfolger adoptiert.
138–161	Regierung des T. Aelius Hadrianus Antoninus, der wegen seiner Unterstützung für den bei der Oberschicht unbeliebten Hadrian *Pius* (der Pflichtbewusste) genannt wird.
117–161	Längere „Friedensphase" im Imperium, in der nur wenige militärische Konflikte ausgetragen werden. Diese Zeit galt der älteren Forschung als Hochzeit wirtschaftlichen Wohlstands. Diese Einschätzung wird heute nur noch selten vertreten.
161–169	„Samtherrschaft" von M. Aurelius Antoninus (= Marc Aurel) und L. Aurelius Verus (= L. Verus)

https://doi.org/10.1515/9783112206065-005

162–166	Nach einem Konflikt um Armenien greift L. Verus den Rivalen im Osten, das Partherreich, frontal an. Auf dem Rückzug verteilen die Truppen einen neuartigen Erreger (die Pocken?) in weiten Teilen des Reichs.
ca. 164	Der spätere Historiograph L. Cassius Dio Cocceianus wird geboren. Sein Geschichtswerk dient oft als Leitquelle für das 2. Jh. bis in die Zeit um 229 n. Chr.
169	Tod des L. Verus
seit 169	Marcus führt an der Donau Krieg gegen germanische Gruppen wie die Markomannen.
175	Die Usurpation des C. Avidius Cassius scheitert.
nach etwa 180	Irenaeus von Lyon schreibt sein Werk gegen christliche Häretiker (*adversus haereses*), das das moderne Verständnis gnostischer Gruppen stark geprägt hat.
180	Commodus wird Alleinherrscher. Den Krieg nördlich der Donau beendet er zeitnah durch ein Abkommen.
wohl 181	Erster Usurpationsversuch gegen Commodus. Seine Regierung erreicht nie die Stabilität der Herrschaft seines Vaters.
ca. 187	Tod des bedeutenden Redners Ailios Aristeides, eines Vertreters der sogenannten Zweiten Sophistik
192	Rom wird kurzzeitig in *colonia Commodiana* umbenannt.
31.12.192	Commodus ermordet. P. Helvius Pertinax wird für drei Monate Kaiser.
28.3.193	Pertinax wird ermordet. Bietergefecht zweier Bewerber an der Prätorianerkaserne. M. Didius Iulianus wird kurzzeitig Herrscher.
193	Die Statthalter (Legaten) L. Septimius Severus (*Pannonia Superior*), L. Pescennius Niger (*Syria*) und D. Clodius Albinus (*Britannia*) usurpieren die Macht. Severus besiegt Iulianus in Rom und entlässt die alte Garde, die durch Soldaten aus den Donaulegionen ersetzt wird.
194	Nach einem Abkommen mit Albinus (193), der Caesar (designierter Nachfolger) wird, schlägt Severus' Armee Pescennius Nigers Truppen bei *Issos*.
195	Erster Partherkrieg des Severus. *Mesopotamia* wird römische Provinz. Severus erklärt sich zum Mitglied des alten Kaiserhauses der Antoninen. Sein Sohn wird entweder 195 oder 196 unter dem Namen M. Aurellius Antoninus zum Caesar ernannt.
195 (?)–197	Bürgerkrieg gegen Clodius Albinus, der 197 in der Schlacht von Lyon geschlagen wird und den Tod findet. Hinrichtungen von Senatoren aus dem anderen Lager und massive Konfiskationen schließen sich an.
197/198	zweiter Partherkrieg des Severus

199/200	Reformen in Ägypten, dessen Vororte mehr Selbständigkeit erhalten.
203	Severus und seine mobile Zentrale halten sich im römischen Nordafrika auf. Der römische Provinzialkomplex auf dem afrikanischen Kontinent wird noch einmal substantiell erweitert.
205	Der bis dahin angeblich allmächtige Prätorianerpräfekt C. Fulvius Plautianus wird hingerichtet. In der Folge übernehmen mehrfach bekannte Juristen die Position als Stabschef.
208–211	Krieg im nördlichen Britannien. Severus stirbt 211. Seine Söhne M. Aurellius Antoninus (= Caracalla) und P. Septimius Geta sollen ihm nachfolgen.
Ende 211	Caracalla lässt Geta ermorden. Politische Säuberung der Oberschicht
212	Alle noch als Fremde geltenden freien Reichsbewohnerinnen und -bewohner erhalten das römische Bürgerrecht (die sogenannte *Constitutio Antoniniana*).
213	erster Schriftbeleg für die Alamannen am Oberrhein
215	Die Zentrale gibt mit dem sogenannten „Antoninianus" eine neue Münze aus, die offenbar überbewertet war.
unter Caracalla	erneute Solderhöhung durch Caracalla nach einer ersten Anhebung unter seinem Vater. Die Quellen geben ausnahmsweise konkrete Zahlen an, denen für die Berechnung der imperialen Ausgaben erhebliche Bedeutung zukommt.
216/217	Partherkrieg Caracallas
217	Caracalla wird auf dem Feldzug ermordet. Sein Prätorianerpräfekt M. Opellius Macrinus wird nach Aushandlungen in der Invasionsarmee erster ritterlicher Herrscher Roms.
218	Nach Sparmaßnahmen der neuen Regierung wird ein Verwandter des getöteten Kaisers, Varius Avitus, als unehelicher Sohn Caracallas ausgegeben. In den folgenden Kämpfen gegen diesen Prätendenten finden Macrinus und sein Sohn M. Opellius Diadumenianus den Tod.
bis Sommer 219	Der neue Herrscher bleibt zunächst im Osten. Wir nennen ihn nach seiner Hauptgottheit, deren Priester er war, Elagabal.
Spätsommer 219	Elagabal in Rom. Die Darstellung seiner Regierung bei den Historiographen reiht Vorwürfe und Vorurteile der Eliten aneinander.
221	Die Elagabal-Regierung ernennt Elagabals Cousin Bassianus Alexianus zum Caesar. Elagabal und seine Mutter werden weniger als ein Jahr später erschlagen.
222	Alexianus übernimmt unter dem Namen M. Aurellius Severus Alexander die Herrschaft. Neben seiner Mutter Iulia Mamaea regiert anfangs der prominente Jurist Domitius Ulpianus als Gardepräfekt für Alexander, wird aber schon 223 von den Prätorianern ermordet.

224	Die parthische Dynastie der Arsakiden wird gestürzt. Die neue Dynastie der Sassaniden begründet in den Kerngebieten des Reichs im Iran und Irak eine wieder stärker persisch geprägte Herrschaft.
nach 229	Der Historiograph Cassius Dio zieht sich in seine bithynische Heimat zurück und vollendet sein Geschichtswerk.
231–233	erster Perserkrieg des Imperiums. Alexanders Angriff auf den Nachbarn scheitert unter Verlusten. Der Krieg wird ohne Vertrag abgebrochen.
Anfang der 230er	Angriffe von Barbaren auf die Rhein- und Donauregionen. Alexander eilt nach Westen.
235	Alexander und seine Mutter werden bei Mainz von den eigenen Soldaten getötet. Der ritterliche Offizier C. Iulius Maximinus übernimmt die Regierung. Drei Jahre führt er erfolgreiche, aber kostspielige Kriege gegen die Barbaren in Zentraleuropa.
Anfang 238	In der Provinz *Africa Proconsularis* erheben sich der Statthalter M. Antonius Gordianus und sein gleichnamiger Sohn gegen Maximinus, werden aber rasch beseitigt. Der Senat stellt mit D. Caelius Calvinus Balbinus und M. Clodius Pupienus Maximus zwei Gegenkaiser auf, denen der Enkel des älteren Gordian als Gordian III. an die Seite gestellt wird.
wohl April 238	Maximinus und sein Sohn werden vor Aquileia erschlagen.
Anfang Mai 238	Pupienus und Balbinus werden von Prätorianern getötet. Gordian III. regiert allein weiter.
239/240–270	Schapur I. Großkönig des Sassanidenreichs. Er führt mehrere erfolgreiche Feldzüge gegen Rom.
244	Gordian III. stirbt bei einem Versuch, den persischen Rivalen auszuschalten, im heutigen Irak. Sein Prätorianerpräfekt und möglicherweise Mörder, M. Iulius Philippus, übernimmt die Herrschaft. Philippus muss von den Persern Frieden erkaufen.
spätestens ab 245	schwere Kämpfe an der unteren Donau. Diese lange, vage Flussgrenze wird zum Schwerpunkt der Defensivbemühungen der Zentralregierung.
248	Tausendjahrfeier Roms
249	Philippus wird vom Oberkommandierenden an der unteren Donau, C. Messius Q. Decius Valerianus, besiegt. Decius verlangt in der Folge per Edikt von allen Reichsbewohnerinnen und -bewohnern ein Opfer für die Götter.
ca. 250	L. Caelius Firmianus Lactantius, der später ein bekannter christlicher Rhetor wurde, wird geboren.
251	Decius und sein Sohn Q. Herennius Etruscus fallen im Kampf gegen Goten bei *Abrittus* (Razgrad).

253	Nach zwei kurzen Herrschaftszeiten übernimmt P. Licinius Valerianus die Regierung, die er mit seinem Sohn P. Licinius Egnatius Gallienus teilt. Nacheinander werden auch zwei Söhne von Gallienus an der Familienherrschaft beteiligt. Die Licinier teilen das Reich und seine militärischen Aufgabenbereiche lose untereinander auf. Gallienus baut eine Interventionsarmee mit größeren Kavallerie-Kontingenten auf.
257/258	Beginn erster reichsweiter Verfolgungsmaßnahmen gegen christliche Kirchen, Kleriker und hochrangige Christen
258	Hinrichtung des Bischofs Thascius Cyprianus von *Carthago*. Cyprians Werke sind wichtige Quellen für die organisierte Christenheit dieser Zeit.
260	Valerian wird vom Perserkönig Schapur I. bei *Edessa* (Şanlıurfa) festgenommen. Chaotische Zustände im Ostteil des Imperiums. Der hohe Fiskalagent (T.?) Fulvius Macrianus organisiert die Gegenwehr. Der Stadtherr von *Palmyra* (Tadmor), Septimius Odaenathus, kann die Perser zurückschlagen und wird in der Folge Gallienus' Oberkommandierender im Osten. Gallienus bricht die Christenverfolgung ab. M. Cassianus Latinius Postumus putscht am Rhein gegen die Herrschaft der Licinier. Auch an der Donau kommt es 260/1 zu Usurpationen, die von der Zentralregierung niedergeschlagen werden.
spätestens 261	Der gesamte Westteil des Reichs unterstellt sich dem Gegenkaiser Postumus, der meist am Rhein agiert.
Herbst 261	Gallienus und Odaenathus besiegen die Gegenkaiser T. Fulvius Macrianus Junior und T. Fulvius Quietus im Osten. Odaenathus stößt 262/3 tief ins Perserreich vor.
nach 262	Das Reichsgebiet stabilisiert sich.
267	Odaenathus und sein ältester Sohn Hairan/Septimius Herodianus werden ermordet. Für den jüngeren Sohn L. Iulius Aurelius Septimius Vaballathus herrscht in der Folge seine Mutter Zenobia über weite Teile des römischen Ostens, jedoch ohne Anerkennung der kaiserlichen Regierung.
268	Gallienus ermordet. Ein Reitergeneral der zentralen Interventionsarmee, M. Aurelius Claudius (II.), wird Herrscher.
269	Sieg des Claudius gegen die Goten (daher *Gothicus*) im Donaugebiet. Claudius kann aber die Expansion des palmyrenischen Machtbereichs nicht nachhaltig stören und Schwächen des Gallischen Sonderreichs nicht ausnutzen. Er stirbt 270 an der damals grassierenden Seuche.
270	Ein weiterer Kavalleriegeneral der neuen Interventionsarmee wird Kaiser: L. Domitius Aurelianus. Nach ersten Rückschlägen entscheidet er, die dakischen Provinzen (im heutigen Rumänien) zu räumen, um die Donaufront zu stabilisieren.

272	Aurelian greift das palmyrenische Teilreich an. Vaballathus usurpiert aufgrund dieser Aggression die Kaiserwürde. Doch unterliegen seine Truppen der Interventionsarmee des Mittelreichs. Palmyra wird besiegt und nach einem Aufstand 273 zur Garnisonsstadt degradiert.
274	Aurelians Armee wendet sich gegen den letzten Kaiser des gallischen Sonderreichs, C. Esuvius Tetricus. Nach Aurelians Sieg bei Châlons-sur-Marne untersteht das Imperium wieder einem einzelnen Herrscher.
	Eine Münzreform Aurelians löst eine Inflation aus.
275	Aurelian wird ermordet. Nach einem Intervall wird der Konsular M. Claudius Tacitus Herrscher, der aber schon 276 ebenfalls den Tod findet.
276–282	Regierung des M. Aurelius Probus
276/7	Tod des Religionsstifters Mani in einem Kerker im Perserreich
282	Sturz des Probus, der durch seinen Prätorianerpräfekten M. Aurelius Carus ersetzt wird. Dessen Sohn M. Aurelius Carinus regiert den Westen, Carus zieht mit dem jüngeren Sohn M. Aurelius Numerianus gegen die Perser.
283	Carus stirbt im Gebiet des heutigen Irak (durch einen Blitzschlag?).
284	Numerian findet unter ungeklärten Umständen den Tod. Diocles, der Kommandeur einer Garde-Einheit, reißt die Herrschaft an sich. An der Morava verliert er 285 zwar gegen Carinus, den aber die eigenen Truppen fallen lassen. Diocles nennt sich später C. Aurelius Valerius Diocletianus.
285	Diocletian ernennt Aurelius Valerius Maximianus zum Caesar (Unterkaiser), 286 auch zum Augustus (Oberherrscher).
Ende 286	M. Aurelius Maus(aeus) Carausius putscht und beherrscht mehrere Jahre ein britannisches Sonderreich.
287	Beginn des langen Prozesses der Ausgestaltung eines neuen Steuersystems
293	Zwei zusätzliche Caesares werden ernannt: Flavius Valerius Constantius (I.) regiert meist in Gallien und am Rhein, C. Galerius Valerius Maximianus oft im Donauraum.
wohl 297	Constantius erobert Britannien für die Zentralregierung zurück.
297/8	Galerius schlägt nach einer ersten Niederlage die Perser schwer.
301	Währungs- und Höchstpreisedikt. Die kaiserliche Regierung wertet die Münzen unterhalb der Goldmünze deutlich auf und schreibt gleichzeitig Höchstpreise für viele Waren vor. Dieser Dirigismus scheitert.

302	Diocletian wendet sich gegen die Manichäer. Diese Religion wird später auch unter christlichen Kaisern verfolgt.
24.2.303	Erlass eines Verfolgungsedikts gegen die Christen. Möglicherweise folgen bis 304 drei weitere Edikte mit weiteren antichristlichen Bestimmungen bis hin zu einem allgemeinen Opfergebot.
305	Diocletian dankt ab und überredet Maximian zu dem gleichen Schritt. Neue Augusti werden Constantius und Galerius. Zu neuen Caesares werden Galerius Valerius Maximinus (Daia) und Flavius Valerius Severus (II.) ernannt.
306	Constantius I. stirbt in York. Sein ältester, vielleicht illegitimer Sohn C. Flavius Valerius Constantinus wird von der Armee seines Vaters zum (Mit-)Herrscher ausgerufen. Unsicher ist, ob dies eine illegale Machtergreifung war. Die anderen Herrscher anerkennen Constantin bald darauf als Caesar.
28.10.306	Der Sohn des Maximian, M. Aurelius Valerius Maxentius, usurpiert die Macht in der Stadt Rom. Sein Vater eilt ihm danach zur Hilfe und tritt wieder als Augustus auf. Rasche Gegenmaßnahmen der legitimen Herrscher enden in der Festsetzung und mit der Tötung des Augustus Severus 307.
307	Maximian erhebt Constantin am Rhein zum Augustus. Constantin und Maxentius stellen die antichristlichen Maßnahmen spätestens in dieser Zeit endgültig ein.
308	Konferenz von *Carnuntum* (Petronell). Diocletian kann Maximian erneut zum Rückzug bewegen. Valerius Licinianus Licinius wird unmittelbar zum Augustus ernannt. Er soll wohl den Krieg gegen den Usurpator Maxentius in Italien führen.
310	Maximian greift in Gallien vergeblich erneut nach der Macht. Im gleichen Jahr scheint er Selbstmord begangen zu haben.
30.4.311	Galerius erlässt angesichts einer schweren Erkrankung ein Toleranzedikt, das die Verfolgung der Christen zeitweilig auch im Osten beendet. Mit diesem Rechtsakt wird das Christentum wohl zum ersten Mal als legitime Religion anerkannt. Nach dem Tod des Galerius nehmen Licinius und Maximinus jeweils Teile seines Herrschaftsgebietes ein.
312	Constantin marschiert in Italien ein, zieht vor Rom und besiegt Maxentius in der Schlacht an der Milvischen Brücke (28.12.312). Der christliche Autor Laktanz berichtet von einem christlichen Traum Constantins vor der Schlacht.
312/313	Constantin weist innerchristliche Streitigkeiten zum ersten Mal an Bischofskonzile. 325 beruft der Kaiser ein erstes ökumenisches Konzil nach *Nikaia* (Iznik) ein.

Anfang 313	Constantin und Licinius gestalten in einer Konferenz in Mailand Galerius' Toleranzedikt weiter aus und informieren die Statthalter über ihre Beschlüsse. Christlichen Gemeinden wird konfisziertes Eigentum zurückgegeben. Daraus entstehen rasch Konflikte unter unterschiedlichen christlichen Gruppen.
30.4.313	Licinius schlägt Maximinus bei Adrianopel (Edirne).
vermutlich 313	Tod Diocletians
ca. 325	Tod des Laktanz, auf den wahrscheinlich die wichtige Schrift „Über die Todesarten der Verfolger" (*de mortibus persecutorum*) zurückgeht.
ca. 337/340	Tod des Kirchenhistorikers Eusebios von Caesarea

Karten

Karte 1 (Seite 282): K. STROBEL, Kaiser Traian. Eine Epoche der Weltgeschichte. Regensburg 2010, Umschlag. Kartograph: Mario Kollegger.

Karte 2 (Seite 283): Römisches Reich, Gebiet der Parther und Sasaniden um 114 n. Chr. bzw. um 260 n. Chr. © Peter Palm, Berlin.

Karte 3 (Seite 284): Einfälle germanischer Volksstämme in das Römische Reich (3. Jh.). © Peter Palm, Berlin.

Karte 4 (Seite 285): Reichsteile unter Diocletian, Maximian, Galerius, Constantius Chlorus und von Rom aufgegebene Gebiete. © Peter Palm, Berlin.

https://doi.org/10.1515/9783112206065-006

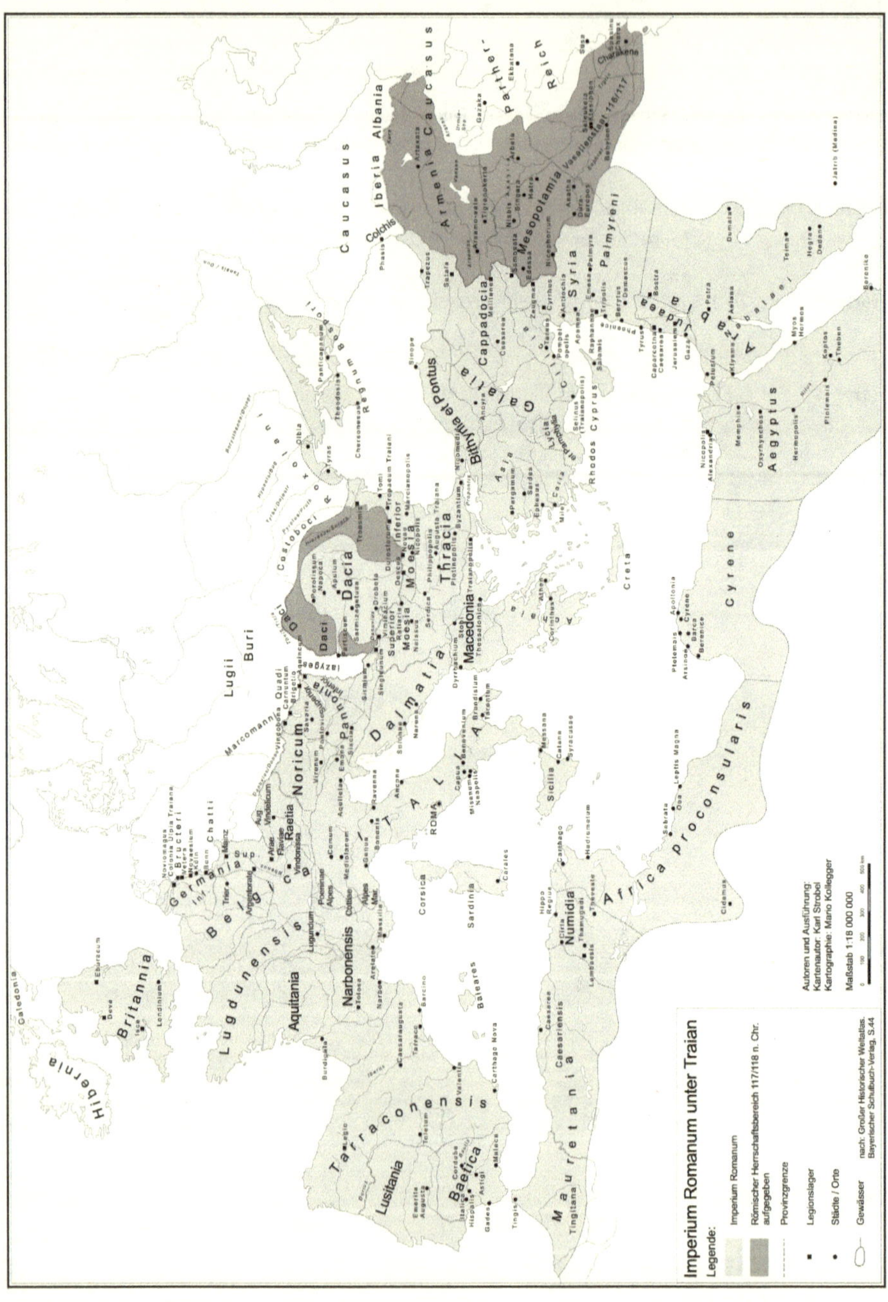

Karte 1: K. Strobel, Kaiser Traian. Eine Epoche der Weltgeschichte. Regensburg 2010, Umschlag. Kartograph: Mario Kollegger.

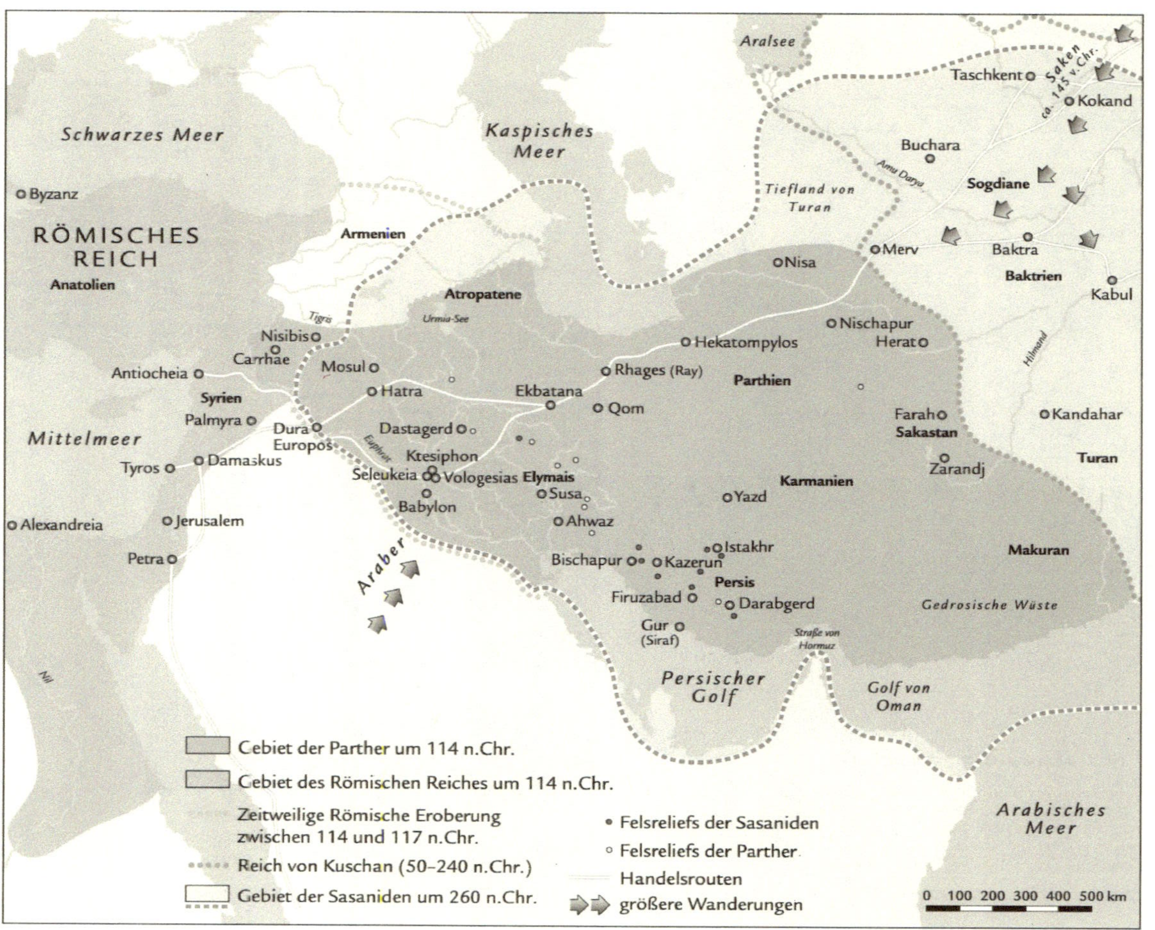

Karte 2: Römisches Reich, Gebiet der Parther und Sasaniden um 114 n. Chr. bzw. um 260 n. Chr. © Peter Palm, Berlin.

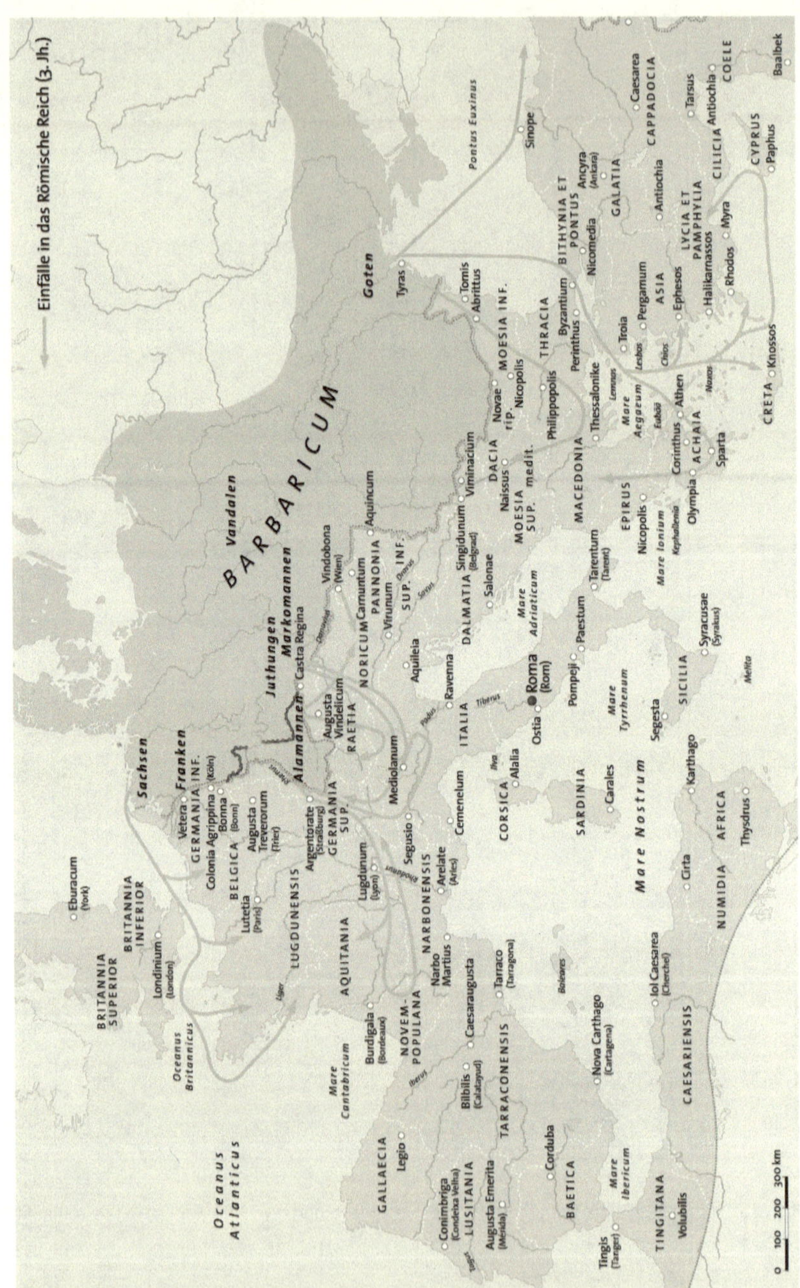

Karte 3: Einfälle germanischer Volksstämme in das Römische Reich (3. Jh.). © Peter Palm, Berlin.

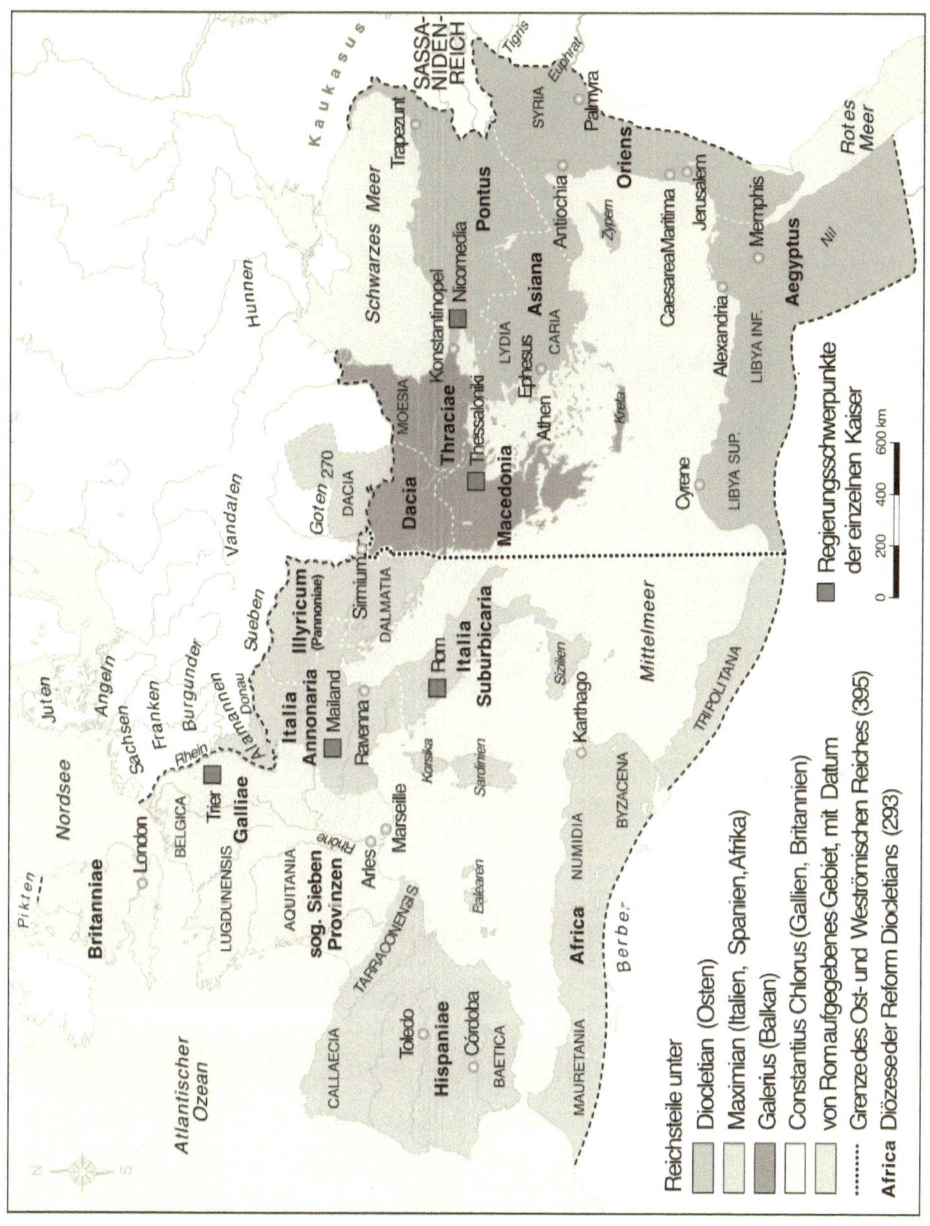

Karte 4: Reichsteile unter Diocletian, Maximian, Galerius, Constantius Chlorus und von Rom aufgegebene Gebiete. © Peter Palm, Berlin.

Antike Personen, Dynastien und Ethnien

https://doi.org/10.1515/9783112206065-007

Orte, Länder, Regionen

https://doi.org/10.1515/9783112206065-008

Autorinnen und Autoren

https://doi.org/10.1515/9783112206065-009

Sachregister

https://doi.org/10.1515/9783112206065-010

Oldenbourg Grundriss der Geschichte

Herausgegeben von Hans Beck, Karl-Joachim Hölkeskamp, Achim Landwehr, Benedikt Stuchtey und Steffen Patzold

Band 1a
Wolfgang Schuller
Griechische Geschichte
6., akt. Aufl. 2008. 275 S., 4 Karten
ISBN 978-3-486-58715-9

Band 1b
Hans-Joachim Gehrke
Geschichte des Hellenismus
4. durchges. Aufl. 2008. 328 S.
ISBN 978-3-486-58785-2

Band 2
Jochen Bleicken
Geschichte der Römischen Republik
6. Aufl. 2004. 342 S.
ISBN 978-3-486-49666-6

Band 3
Werner Dahlheim
Geschichte der Römischen Kaiserzeit
3., überarb. und erw. Aufl. 2003. 452 S., 3 Karten
ISBN 978-3-486-49673-4

Band 4
Jochen Martin
Spätantike und Völkerwanderung
4. Aufl. 2001. 336 S.
ISBN 978-3-486-49684-0

Band 5
Reinhard Schneider
Das Frankenreich
4., überarb. und erw. Aufl. 2001. 224 S., 2 Karten
ISBN 978-3-486-49694-9

Band 6
Johannes Fried
Die Formierung Europas 840–1046
3., überarb. Aufl. 2008. 359 S.
ISBN 978-3-486-49703-8

Band 7
Hermann Jakobs
Kirchenreform und Hochmittelalter 1046–1215
4. Aufl. 1999. 380 S.
ISBN 978-3-486-49714-4

Band 8
Ulf Dirlmeier/Gerhard Fouquet/Bernd Fuhrmann
Europa im Spätmittelalter 1215–1378
2. Aufl. 2009. 390 S.
ISBN 978-3-486-58796-8

Band 9
Erich Meuthen
Das 15. Jahrhundert
4. Aufl., überarb. v. Claudia Märtl 2006. 343 S.
ISBN 978-3-486-49734-2

Band 10
Heinrich Lutz
Reformation und Gegenreformation
5. Aufl., durchges. und erg. v. Alfred Kohler 2002. 283 S.
ISBN 978-3-486-48585-2

https://doi.org/10.1515/9783112206065-011

Band 11
Heinz Duchhardt / Matthias Schnettger
Barock und Aufklärung
5., überarb. u. akt. Aufl. des Bandes „Das Zeitalter des Absolutismus" 2015. 302 S.
ISBN 978-3-486-76730-8

Band 12
Elisabeth Fehrenbach
Vom Ancien Régime zum Wiener Kongreß
5. Aufl. 2008. 323 S., 1 Karte
ISBN 978-3-486-58587-2

Band 13
Dieter Langewiesche
Europa zwischen Restauration und Revolution 1815–1849
5. Aufl. 2007. 261 S., 4 Karten.
ISBN 978-3-486-49734-2

Band 14
Lothar Gall
Europa auf dem Weg in die Moderne 1850–1890
5. Aufl. 2009. 332 S., 4 Karten
ISBN 978-3-486-58718-0

Band 15
Gregor Schöllgen/Friedrich Kießling
Das Zeitalter des Imperialismus
5., überarb. u. erw. Aufl. 2009. 326 S.
ISBN 978-3-486-58868-2

Band 16
Eberhard Kolb/Dirk Schumann
Die Weimarer Republik
8., aktualis. u. erw. Aufl. 2012. 349 S., 1 Karte
ISBN 978-3-486-71267-4

Band 17
Klaus Hildebrand
Das Dritte Reich
7., durchges. Aufl. 2009. 474 S., 1 Karte
ISBN 978-3-486-59200-9

Band 18
Jost Dülffer
Europa im Ost-West-Konflikt 1945–1991
2004. 304 S., 2 Karten
ISBN 978-3-486-49105-0

Band 19
Rudolf Morsey
Die Bundesrepublik Deutschland
Entstehung und Entwicklung bis 1969
5., durchges. Aufl. 2007. 343 S.
ISBN 978-3-486-58319-9

Band 19a
Andreas Rödder
Die Bundesrepublik Deutschland 1969–1990
2003. 330 S., 2 Karten
ISBN 978-3-486-56697-0

Band 20
Hermann Weber
Die DDR 1945–1990
5., aktual. Aufl. 2011. 384 S.
ISBN 978-3-486-70440-2

Band 21
Horst Möller
Europa zwischen den Weltkriegen
1998. 278 S.
ISBN 978-3-486-52321-8

Band 22
Peter Schreiner
Byzanz
4., aktual. Aufl. 2011. 340 S., 2 Karten
ISBN 978-3-486-70271-2

Band 23
Hanns J. Prem
Geschichte Altamerikas
2., völlig überarb. Aufl. 2008. 386 S., 5 Karten
ISBN 978-3-486-53032-2

Band 24
Tilman Nagel
Die islamische Welt bis 1500
1998. 312 S.
ISBN 978-3-486-53011-7

Band 25
Hans J. Nissen
Geschichte Alt-Vorderasiens
2., überarb. u. erw. Aufl. 2012. 309 S., 4 Karten
ISBN 978-3-486-59223-8

Band 26
Helwig Schmidt-Glintzer
Geschichte Chinas bis zur mongolischen Eroberung 250 v. Chr.–1279 n. Chr.
1999. 235 S., 7 Karten
ISBN 978-3-486-56402-0

Band 27
Leonhard Harding
Geschichte Afrikas im 19. und 20. Jahrhundert
2., durchges. Aufl. 2006. 272 S., 4 Karten
ISBN 978-3-486-57746-4

Band 28
Willi Paul Adams
Die USA vor 1900
2. Aufl. 2009. 294 S.
ISBN 978-3-486-58940-5

Band 29
Willi Paul Adams
Die USA im 20. Jahrhundert
2. Aufl., aktual. u. erg. v. Manfred Berg
2008. 302 S.
ISBN 978-3-486-56466-0

Band 30
Klaus Kreiser
Der Osmanische Staat 1300–1922
2., aktual. Aufl. 2008. 262 S., 4 Karten
ISBN 978-3-486-58588-9

Band 31
Manfred Hildermeier
Die Sowjetunion 1917–1991
3. überarb. und akt. Aufl. 2016. XXX S.
ISBN 978-3-486-71848-5

Band 32
Peter Wende
Großbritannien 1500–2000
2001. 234 S., 1 Karte
ISBN 978-3-486-56180-7

Band 33
Christoph Schmidt
Russische Geschichte 1547–1917
2. Aufl. 2009. 261 S., 1 Karte
ISBN 978-3-486-58721-0

Band 34
Hermann Kulke
Indische Geschichte bis 1750
2005. 275 S., 12 Karten
ISBN 978-3-486-55741-1

Band 35
Sabine Dabringhaus
Geschichte Chinas 1279–1949
3. akt. und überarb. Aufl. 2015. 324 S.
ISBN 978-3-486-78112-0

Band 36
Gerhard Krebs
Das moderne Japan 1868–1952
2009. 249 S.
ISBN 978-3-486-55894-4

Band 37
Manfred Clauss
Geschichte des alten Israel
2009. 259 S., 6 Karten
ISBN 978-3-486-55927-9

Band 38
Joachim von Puttkamer
Ostmitteleuropa im 19. und 20. Jahrhundert
2010. 353 S., 4 Karten
ISBN 978-3-486-58169-0

Band 39
Alfred Kohler
Von der Reformation zum Westfälischen Frieden
2011. 253 S.
ISBN 978-3-486-59803-2

Band 40
Jürgen Lütt
Das moderne Indien 1498 bis 2004
2012. 272 S., 3 Karten
ISBN 978-3-486-58161-4

Band 41
Andreas Fahrmeir
Europa zwischen Restauration, Reform und Revolution 1815–1850
2012. 228 S.
ISBN 978-3-486-70939-1

Band 42
Manfred Berg
Geschichte der USA
2013. 233 S.
ISBN 978-3-486-70482-2

Band 43
Ian Wood
Europe in Late Antiquity
2025. 408 S., 3 Karten
ISBN 978-3-11-035264-1

Band 44
Klaus Mühlhahn
Die Volksrepublik China
2017. 324 S.
ISBN 978-3-11-035530-7

Band 45
Jörg Echternkamp
Das Dritte Reich. Diktatur, Volksgemeinschaft, Krieg
2018. 344 S., 2 Karten
ISBN 978-3-486-75569-5

Band 46
Christoph Ulf/Erich Kistler
Die Entstehung Griechenlands
2019. 328 S., 26 Abb.
ISBN 978-3-486-52991-3

Band 47
Steven Vanderputten
Medieval Monasticisms
2020. 304 S.
ISBN 978-3-11-054377-3

Band 48
Christine Hatzky/Barbara Potthast
Lateinamerika 1800–1930
2021, 370 S., 2 Karten
ISBN 978-3-11-034999-3

Band 49
Christine Hatzky/Barbara Potthast
Lateinamerika seit 1930
2021, 416 S., 1 Karte
ISBN 978-3-11-073522-2

Band 50/1
Raimund Schulz/Uwe Walter
Griechische Geschichte ca. 800–322 v. Chr.
Band 1: Darstellung
2022. 278 S., 7 Karten
ISBN 978-3-486-58831-6

Band 50/2
Raimund Schulz/Uwe Walter
Griechische Geschichte ca. 800–322 v. Chr.
Band 2: Forschung und Literatur
2022. 378 S.
ISBN 978-3-11-076245-7

Band 51
Peter-Franz Mittag
Geschichte des Hellenismus
2023. 348 S., 2 Karten
ISBN 978-3-11-064859-1

Band 52
Jörg Requate
Europa an der Schwelle zur Hochmoderne (1870-1890)
2023. 350 S., 3 Karten
ISBN 978-3-11-035937-4

Band 53
Friedrich Kießling
Europa im Zeitalter des Imperialismus 1890–1918
2023. 385 S.
ISBN 978-3-486-76385-0

Band 54
Matthias Schnettger
Das 17. Jahrhundert
2024. 348 S., 3 Karten
ISBN 978-3-11-073767-7

Band 55
Stefan Jordan
Geschichtsschreibung. Geschichte und Theorie
2024. 256 S., 13 Abbildungen
ISBN 978-3-11-061078-9

Band 56
Peter Eich
Geschichte der Frühen Römischen Kaiserzeit
2025. 301 S.,3 Karten
ISBN 978-3-11-064855-3

www.ingramcontent.com/pod-product-compliance
Lightning Source LLC
LaVergne TN
LVHW050954080826
845145LV00006B/1499

* 9 7 8 3 1 1 9 1 4 7 8 6 6 *